아주 흥미로운 책이다. 내용도 그렇지만, 대화의 동기와 전개 면에서도 유익하고 배울 점이 많다. 창조와 진화, 신학과 과학에 대해 서로 다른 입장을 가진 그룹의 사람들이 단순히 논박하고 주장하기 위해서가 아니라 서로를 이해하고 자신의 견해를 보다 명료화하기 위해 함께 논의의 장을 펼쳤다는 점에서 고무적이다. '젊은 지구 창조론'과 '오랜 지구 창조론', '진화적 창조론'은 오늘날 한국 교회 내에서 창조와 진화와 관련해서 서로 다른 입장을 취할 수 있는 이론으로 소개되고 있지만, 서로 대화가 이뤄지지 못하고 있는 실정이다. 이 책은 젊은 지구 창조론을 대변하는 남침례회 신학교 교수들이 진행자와 청중으로 참여하고 이 진행자들이 던진 질문에 믿어야 할 이유(RTB, 오랜 지구 창조론)와 바이오로고스(BioLogos, 진화적 창조론)의 연구자들이 다양한 주제들—계시, 성경, 생명의 기원과 진화, 인류의 기원과 독특성, 자연 악(죽음, 포식, 고통), 하나님의 행위와 기적, 과학적 증거의 문제 등—에 대해 답변하는 형식으로 서술된다. 각각의 주제마다 흥미로운 긴장이 감도는 답변이 제시되어 있다. 학생들과 함께 읽고 진지하게 토론하고 싶은 책이다.

박영식 서울신학대학교 교양학부 교수, 『창조의 신학』 저자

우주, 지구, 생명, 생물, 인간의 기원과 관련하여 매우 드물고도 유익한 책이 등장했다! 넓게는 과학과 신앙의 문제요 좁게는 창조-진화의 이슈를 다룬 책이지만, 저술의 취지와 내용의 전개 방식에 있어서 유례없이 독보적인 특징을 선보인다. 이 책은 오랜 지구 창조론을 대표하는 RTB와 진화적 창조론을 대표하는 바이오로고스 두 단체 사이의 대화와 토의 결과인데, 이 두 단체의 대화에 젊은 지구 창조론 입장을 가진 남침례회 신학교 교수들이 중재 역할을 하며 대화를 이끌어 간다는 점에서 독특하다.

이 책은 진화와 창조에 관한 주제 및 이슈와 관련하여 우리에게 큰 깨달음과 통찰력을 선사한다. 물론 이 책의 유익은 여기에만 국한되지 않는다. 생각과 견해가 서로 다른 그리스도인들끼리 어떻게 건설적으로 교류할지—진술은 명확하고 날카롭게 그러나 태도는 겸허하고 평화롭게—도 능란히 가르쳐 주는 책이다.

송인규 한국교회탐구센터 소장, 전 합동신학대학원대학교 조직신학 교수

정말 오랫동안 기다렸던 책이 출간되었다. 이 책은 겉으로는 오랜 지구 창조론과 진화적 창조론의 논쟁으로 보이지만 진화론, 젊은 지구 창조론(창조과학), 지적 설계, 성경 무오, 성경 해석, 과학주의, 역사적 아담, 악의 문제, 공통 조상 등 과학과 기독교의 관계를 다룰 때 등장하는 대부분의 주요 개념들을 다룬다. 하지만 이 책의 가장 중요한 가치는, 기본적으로 같은 신앙 고백과 성경관을 지닌 복음주의 진영의 학자들이 어떻게 "사랑 안에서 참된 것을" 말할 수 있는지(엡 4:15)에 대한 좋은 모범을 제시한다는 점이다. 지난 40여 년 동안 한국 교회는 젊은 지구 창조론으로 인해 너무나 많은 지적 영토를 잃어 버렸다. 이 책이 실토회복(失土回復)의 출발점이 될 것이라 믿는다.

양승훈 에스와티니 기독의과대학교 총장, 『인류의 기원과 역사적 아담』 저자

과학과 신앙의 접점에서 성숙한 대화가 가능할까? 그 가능성을 보여 준 이 책이 무척 반갑다. 겸손하나 날카롭고 학문적이나 신실한 대화를 따라가다 보면 창조에 대한 두 가지 입장인 '진화적 창조론'과 '오랜 지구 창조론'의 견해가 차례로 드러난다. 이 책은 신앙을 의심하거나 반과학적 주장으로 점철된 소모적인 논쟁 대신에, 성경과 인류의 기원, 진화와 자연신학의 주요 이슈들에 대해 깊이 있는 논점과 통찰을 제공한다. 그런 면에서 창조를 깊이 있게 이해하기 위한 모두의 필독서다. 이 책을 통해 독자들은 희미한 스케치로 남아 있는 창조의 그림을 보다 선명하고 세련되게 그려 갈 수 있을 것이다.

우종학 서울대학교 물리천문학부 교수, 과학과신학의대화 대표

이 책은 세 가지 점에서 아주 유익하다. 첫째, 과학에 관해서라면 공포를 가지고 있는 나 같은 문과생도 어렵지 않게 읽을 수 있게 잘 쓰였다. 둘째, 창조에 관해 그리스도인들이 받아들이고 있는 대표적인 두 견해를 명료하게 파악하고 차이를 이해할 수 있도록 쓰였다(특히 1장을 보라. 1장만 봐도 얻는 것이 많을 것이다!). 셋째, 이렇듯 갈등이 첨예한 문제에 대한 좋은 대화의 실례를 볼 수 있다.

이 중에 가장 좋은 점은, 어려운 개념들이 등장해도 그 개념들에 대한 깔끔한 설명이 등장하고, 궁금한 점이 생길 때마다 대신 물어봐 주는 남침례회 신학교의 진행자들 덕분에 학구적인 책을 읽는 느낌보다는 대화를 보는 느낌이 든다는 것이다. 이 주제에 관심이 있는 사람뿐 아니라, 창조의 신비에 대해 알고 싶은 모든 그리스도인에게 아주 유익한 책이다!

이정규 시광교회 담임목사, 『예수님의 기도학교』 저자

믿어야 할 이유(RTB)와 바이오로고스(BioLogs)의 이 대화는 크게 칭찬받을 만하며, 여러 이유로 중요하기도 하다. 첫째, 대화의 어조가 평화적이고 우아하며 겸손하다. 둘째, 대화 참여자들이 상대 참여자들의 기독교적 진실성을 신뢰한다. 셋째, 대화 참여자들이 과학적 발견에 비추어 성경 해석의 의미를 놓고 논쟁할 때 성경의 권위를 진지하게 다룬다. 넷째, 대화의 진행자로 참여하고 있는 남침례회 신학자들이 양편 당사자에게 명확함과 추가적인 정교함을 요구하는 방식으로 대화를 효과적으로 이끌면서 초점을 잡아 나간다. 마지막으로, 이 대화는 오랜 지구 창조론을 지지하는 강력한 증거를 당연한 것으로 간주함으로써 대화가 젊은 지구 창조론 대 오랜 지구 창조론에 대한 논쟁을 넘어서 기독교 공동체가 주목할 필요가 있는 보다 긴급한 문제들로 나아가게 한다.

폴 코판 팜 비치 애틀랜틱 대학교 철학 및 윤리학 석좌교수

기원, 특히 인간 기원의 문제는 복음주의 개신교 신자들 사이에서 여전히 주요 쟁점이 되고 있다. 이 책에서 바이오로고스와 RTB 두 단체는 그들 사이의 심각한 차이에도 서로를 존중하며 의견을 주고받는 일의 모범을 만들었다. 그 결과, 중요하고 시의적절한 주제에 관한 지적이고 탁월한 논의가 완성되었다.

트렘퍼 롱맨 3세 웨스트몬트 대학 성경학 교수

이 책에는 기원 논쟁을 훨씬 넘어서는 문화적 의미가 있다. 심각한 견해차를 지닌 그리스도인들이 여러 해 동안 서로를 이해하고 사랑하고자 애쓰면서 함께 예배하는 쪽을 택했다. 분노로 가득 찬 분열이라는 특징을 지닌 사회에서 이 책이 기록하고 있는 화해를 위한 고된 작업은 진귀하고 아름다우며 우리 모두에게 본보기가 된다.

조수아 스와미다스 워싱턴 대학교 의과대학 조교수

이 책은 상반된 견해를 가진 두 집단이 전문 지식을 바탕으로 대화를 나누는 시민 담론의 모델을 제공한다. 창조와 진화 논쟁에 관심이 있는 누구라도 이 책에 제시된 다양한 입장들의 공통 특징인 관대함과 명료함을 통해 유익을 얻을 것이다.

데니스 알렉산더 페러데이 과학과종교연구소 명예소장

케네스 키슬리, 짐 스텀프, 조 아귀에가 엮은 이 책은 '과학과 신학의 핵심 쟁점들에서는 의견이 일치하지 않으나 예수에 대한 사랑을 공유하고 있는 세 집단'을 함께 모은 '선례가 없는 프로젝트'의 결과물이다. 이 책이 특별히 성공적인 이유는, 세계적 수준의 지성인들이 이 논쟁을 통해 그동안 교회와 학계를 그토록 분열시켜 왔던 과학과 신앙의 문제에 대해 신선하리만큼 객관적이고 학문적인 개요를 제공하기 때문이다. 이 책에 실린 에세이와 인터뷰들은 기원 연구에 관심을 가진 누구에게나 적절하고 신중하게 연구된 자료들을 제공하는 한편, 신학적이고 과학적인 상이점과 일치점을 분명하게 전해 준다. 대학 총장이자 정통 기독교 신앙을 지닌 사람으로서 나는 이 책의 출간이 신앙 공동체와 학계 모두를 위한 의미 있는 한 걸음이 되리라고 믿는다.

카를로스 캄포 애슐랜드 대학교 총장

이 대화는 아주 분명히 귀 기울여 들을 만한 가치가 있다! 이 책은 자기 생각을 분명하게 표현할 줄 아는 서로 다른 입장을 지닌 이들이 서로 의견이 일치하지 않는 문제들에 대해 분명하게 그리고 서로를 존중하면서 자신들의 의견을 개진한다는 점에서 매우 만족스럽다. 그와 동시에 이 책은 매우 불만족스러운데, 그것은 좋은 의미에서 그러하다. 이 책을 읽는 동안 나는 나의 가정들이 도전을 받고 나의 지평이 확장되는 것을 발견했다. 이 책을 읽은 후에 나는 이전과는 달리 생각하게 되었다. 대화의 진행자를 포함해 모든 참여자가 탁월한 일을 해냈다.

존 '잭' 콜린스 커버넌트 신학교 구약학 교수

이 책의 주장들을 이해하는 데 필요한 문헌의 광대함과 과학적이고 신학적인 배경의 깊이를 고려한다면, 어쩌면 그리스도인들이 다른 신자들은 어떻게 과학과 신앙을 화해시키는지를 오해하는 일은 불가피할 것이다. 이 책의 결론부에서 데보라 하스마는 이 책의 독특성을 아주 잘 요약한다. "참가자들은 다른 이들을 곤란하게 하기 위해서가 아니라 그들의 견해를 이해하고자 하는 참된 갈망에서 질문을 던졌다. 사람들은 자신들의 불일치에 대해 분명하게 그러나 악의나 사람들의 눈길을 끌려는 의도 없이 그렇게 했다." 이 책에서는 남침례회 신학교 교수들이(젊은 지구 창조론) 진행자와 청중의 역할을 하고, RTB(오랜 지구 창조론)와 바이오로고스(진화적 창조론)가 각각 어떻게 자신들의 모델이 과학적으로 타당하며 보수적인 기독교 신학과 양립할 수 있다고 여기는지를 성심껏 토론한다. 이 책은 다수의 유명한 저자들—과학자와 신학자인 그들은 각각 자신들의 전공 분야의 문제를 다룬다—과 함께 성경의 무오성, 하나님의 형상, 아담과 하와, 악의 문제, 지구의 나이, 공통 조상 같은 여러 중요한 문제들을 다룬다. 이 책이 가치가 있는 것은 지식에 대한 기여 때문이 아니다. 이 책에서 다뤄지는 모든 개념은 다른 곳에서도 출간된 적이 있기 때문이다. 오히려 이 책의 중요성은 이해에 대한 공헌 때문이다. 이 책은 우리가 어떻게 창조 세계의 나머지와 관계하고 하나님과 관계하는가 하는 중요한 문제에 관한 건설적인 대화의 한 예를 제공한다.

제럴드 라우 『한눈에 보는 기원 논쟁』 저자

창조론 대화가 필요해

IVP(InterVarsity Press)는
캠퍼스와 세상 속의 하나님 나라 운동을 지향하는
IVF(InterVarsity Christian Fellowship)의 출판부로
생각하는 그리스도인을 위한 문서 운동을 실천합니다.

Originally published by InterVarsity Press
as *Old-Earth or Evolutionary Creation?*
edited by Kenneth Keathley, J. B. Stump, and Joe Aguirre.
ⓒ 2017 by Kenneth D. Keathley, BioLogos Foundation, and Reasons to Believe.
Translated and printed by permission of InterVarsity Press,
P.O. Box 1400, Downers Grove, IL 60515, USA. www.ivpress.com
All rights reserved.

This Korean Edition ⓒ 2021 by Korea InterVarsity Press
156-10 Donggyo-ro, Mapo-gu, Seoul 04031, Republic of Korea.

이 책은 한국교회탐구센터의 지원으로 번역·출간되었습니다.

창조론 대화가 필요해

Old-Earth or Evolutionary Creation? Discussing Origins with Reasons To Believe and BioLogos

오랜 지구 창조론인가 × 진화적 창조론인가

휴 로스·데보라 하스마 외 지음
케네스 키슬리·짐 스텀프·조 아귀에 엮음
김광남 옮김

Ivp

차례

감사의 글   13

서론   우리는 어떻게 여기까지 왔나?   15
1장   **경계들** 각 단체를 정의하는 견해는 무엇인가?   25
2장   **성경 해석** 성경 권위의 본질은 무엇인가?   55
3장   **최초의 부부** 아담과 하와에 관한 가능한 입장은 무엇인가?   87
4장   **죽음, 포식, 고통** '자연의 악'은 악한가?   115
5장   **하나님의 행동** 하나님은 자연계와 어떻게 상호 작용을 하시는가?   141
6장   **과학적 방법** 방법론적 자연주의 혹은 자연신학?   171
7장   **생물학적 진화** 생물학적 진화란 무엇인가?   199
         그것이 생명의 역사를 설명해 주는가?
8장   **지질학적 증거** 지구의 자연사와 생명의 기원은 무엇인가?   227
9장   **화석 증거** 호미니드는 누구였는가?   253
10장   **생물학적 증거** 유전학은 공통 조상을 가리키는가?   283
11장   **인류학적 증거** 인간은 어떻게 독특한가?   313
결론   다음 단계는 무엇인가?   343

해설   351
참고 도서   360
기고자들   367

감사의 글

이 책은 여러 사람의 협력과 관대한 지원 덕분에 결실을 보았다. 그것이 시간이든 재정적 지원이든 환대든 혹은 전문성이든, 그들의 도움이 없었더라면 우리는 이 훌륭한 결과물을 독자의 손에 들려 줄 수 없었을 것이다.

특별히 바이오로고스(BioLogos)와 믿어야 할 이유(Reasons to Believe, RTB), 남침례회 신학교 교수들의 대면 대화를 지원하기 위해 보조금을 제공한 존 템플턴 재단에 감사드린다.

RTB의 편집팀에 속한 산드라 디마스, 아만다 워너, 조슬린 휘웅은 아주 유용한 교열 기술을 제공하면서 조 아귀에가 RTB 학자들의 에세이를 일정에 맞춰 편집하도록 도왔다.

우리는 뉴올리언즈 침례신학교와 사우스이스턴 침례신학교의 행정적 지원에 깊이 감사드린다. 그들은 우리의 모임을 위해 그들의 캠퍼스 시설을 사용할 수 있게 해 주었다. 또 우리에게 숙박 시설과 회의실을 내주었고, 조직적인 도움을 제공해 주었다.

마지막으로 우리는 '러스 부시 신앙과문화센터' 행정팀의 에밀리 해리슨에게 특별한 감사의 말을 전해야 한다. 그녀는 켄 키슬리가 모임 일정을 짜고, 여행 물품들을 준비하며, 나중에는 이 책을 편집하는 과정에서 꼭 필요한 도움을 제공했다. 또한 그녀는 남침례회 저자들을 도와 그들의 기고문을 정리하느라 지칠 줄 모르고 일했다. 깊이, 깊이 감사드린다.

   오직 주께 영광!(*Soli Deo Gloria*)

케네스 키슬리, 짐 스텀프, 조 아귀에

서론

우리는 어떻게 여기까지 왔나?

휴 로스, 데보라 하스마, 케네스 키슬리

이 책은 전례가 없는 프로젝트의 결과물이다. 과학과 신학의 중요한 쟁점들에는 동의하지 않으나 예수님에 대한 사랑은 공유하는 세 그룹을 한데 모아 놓으면 어떤 일이 벌어질까? 서로에 대한 불신을 극복하는 일이 가능할까? 다른 이를 공격하지 않으면서 자신의 입장을 제시하는 일은 어떨까? 토론에서 이기려 하기보다 겸손하게 배우려는 자세를 보이는 것은 가능할까? 과도하게 양극단으로 치닫는 오늘의 문화 속에서 그런 대화는 거의 불가능해 보인다. 그러나 우리는 우리의 공통점―교회의 하나됨을 요구하시는 그리스도에 대한 사랑과 하나님의 창조 세계를 연구하는 일에 대한 열정―덕분에 우리의 차이점에 관한 진심 어린 대화에 필요한 공동의 기반을 찾을 수 있었다. 이 책에서 우리는 우리가 지난 몇 년간의 대화를 통해 배운 것을 나누는 자리에 여러분을 초대한다.

2007년에 시작된 이 대화는 수년간 바이오로고스(BioLogos)의 창설을 이끌었던 바이오로고스 지도자들과 믿어야 할 이유(Reasons to Believe, RTB) 지도자들 사이에서 시작되었다. 2011년에는 남침례회(Southern Baptist Convention, SBC)를 대표하는 신학자들이 바이오로고스와 대화를 시작했다. 2013년에 이르러 3자 대화가 본격화되었다. 이 세 그룹은 창조와 진화의 문제에 대한 다양한 입장을 대표한다. 전국적 규모의 조사 결과는 대부분의 남침례회 신자들이 가장 널리 알려진 '젊은 지구 창조론'을 받아들이고 있음을 보여 준다. 그 견해에 따르면, 하나님은 수천 년 전에 지구와 생명체를 창조하셨고, 창세기 1장은 문자적 24시간으로 이루어진 여섯 날을 가리킨다. 이 책은 젊은 지구 창조론을 상세히 다루지 않고, 대신 다른 두 견해에 초점을 맞춘다. 바로 믿어야 할 이유(RTB)가 대표하는 '오랜 지구 창조론'과 바이오로고스가 대표하는 '진화적 창조론'이다. RTB와 바이오로고스 두 단체 모두 하나님이 수십억 년 전에 우주를 창조하셨다는 것과 창세기 1장이 오래된 우주에 대한 증거를 부정하지 않으면서도 적어도 그 본문의 권위와 메시지에 충실한 방식으로 해석될 수 있다는 것을 믿는다. 그러나 그 두 그룹은 생물학적 진화에 대한 견해와 창세기 1장에 대한 해석적 접근법을 비롯해 몇 가지 신학적 입장에서 서로 다르다. 이 책은 독자에게 각 그룹의 견해를 소개할 것이고, 그들이 서로 동의하는 부분과 동의하지 않는 부분에 관해 나누는 활발한 토론을 제시할 것이다.

우리는 이 책을 그 두 단체의 지도자들을 통해 각 단체에 대한 소개를 듣는 것으로 시작할 것이다.

믿어야 할 이유   휴 로스

믿어야 할 이유(RTB)는 휴 로스(Hugh Ross)가 전도 사역자로 섬기던 교회가 그에게 과학을 통한 전도 조직을 만들라고 주문했던 1986년에 시작되었다. 그 조직은 12명의 자원봉사자들과 3백 명의 우편물 수신자 명단, 휴가

펴낸 창세기 1장에 관한 몇 권의 소책자가 전부였을 정도로 작게 시작했다. 그러나 1년 만에 휴와 캐시 부부의 아파트 겸 사무실로부터 교회에서 임대한 20평 공간으로 이사할 정도로 커졌다. 오늘날 RTB의 유급 직원은 40여 명에 이르며 1백 명 이상의 사람들이 자원봉사팀에서 일하고 있다.

RTB의 목표는 과학뿐 아니라 삶의 모든 분야에서 자원봉사자를 모아 훈련시켜 우리의 공동 사명에 참여하게 만드는 것이다. 그 사명은 자연이라는 책에 대한 점점 확장되는 지식과 이해를 사용해 아직 예수 그리스도께 헌신하지 않은 사람들에게 성경의 영감과 무오성을 보여 주는 것이다. 우리는 사람들에게 자연에 새겨진 하나님의 지문을 보여 주려 하며, 그런 증거를 통해 불신자들이 창조주이자 주님과 구주이신 그리스도께 그들의 삶을 바치도록 설득한다. RTB는 과학을 불신자들에게 하나님이 "계신 것과 또한 그가 자기를 찾는 자들에게 상 주시는 이심을"(히 11:6) 알려 주기 위한 주된 도구로 여긴다(시 19편; 롬 1장을 보라).

변증 단체인 RTB는 교회에 다니지 않는 청년과 성인이 그리스도께 다가가는 데 있어서 가장 효과적인 것으로 입증된 일들에 초점을 맞춘다. RTB는 경쟁하는 세계관들의 결점과 모순을 드러내기보다 검증 가능한 성경적 창조 모델을 만들어 기독교를 위해 적극적 변론을 수행하는 데 집중한다. RTB는 베드로전서 3:15-16의 정신을 따라 온유함과 존중, 당당함으로 그리스도 안에 있는 소망에 대한 타당한 이유를 찾고 선포하는 일에 열중한다. 또한 고린도후서 5:18-20의 정신을 따라 사랑과 진리, 평화를 통해 화해를 추구한다는 목표를 지니고 서로 다른 창조 신학을 지닌 그리스도인들과 관계함으로써, 그런 대화를 지켜보는 비그리스도인들이 우리가 그들을 그리스도와 화해시키는 데 도움을 주려 한다는 것을 믿도록 그들을 고무한다.

바이오로고스

데보라 하스마

바이오로고스는 세계적인 생물학자들 중 한 명이자 현 미국 국립보건원 원장인 프랜시스 콜린스(Francis Collins)에 의해 설립되었다. 그는 인간 게놈 프로젝트를 이끈 직후인 2006년에 『신의 언어』(*The Language of God: A Scientist Presents Evidence for Belief*, 김영사)라는 책을 출간했다. 이 책은 그 자신이 무신론에서 기독교 신앙으로 옮겨 간 이야기를 전한다. 그는 과학이 성경의 믿음과 상충하지 않으며, 진화 과정을 통해 다양한 생명을 창조하시고 돌보시는 적극적인 하나님을 보여 준다고 주장한다. 이런 견해는 기독교에 관해 긍정적으로 말하는 유력한 과학자를 본 적이 없는 세속의 과학자들과 진화에 관해 긍정적으로 말하는 복음주의자를 본 적이 없는 복음주의적 그리스도인들 양쪽 모두로부터 광범위한 호기심을 얻어 냈다. 그 책의 인기가 높아지자 콜린스의 우편함은 온갖 질문들로 가득 찼다. 콜린스는 그중에서도 가장 일반적인 질문들 몇 가지를 다루기 위해 '바이오로고스'(BioLogos)라는 웹사이트를 만들었다.

지금 바이로로고스 웹사이트에는 과학과 기독교 신앙의 문제를 다루는 1천 개 이상의 논문과 비디오, 간증, 설교들이 실려 있다. 매년 1백만 명 이상이 우리 웹사이트를 방문한다. 우리의 온라인 게시판은 젊은 지구 창조론자로부터 주류 그리스도인까지, 심지어 불가지론자와 무신론자, 타 종교의 추종자들까지 다양한 배경을 가진 사람들을 끌어들이고 있다. 또한 바이오로고스는 교사를 위한 워크숍, 과학자와 신학자를 위한 학술대회, 목회자와 기독교 지도자를 위한 모임을 후원한다. 그동안 너무 많은 이들이 과학(특히 생물 진화)을 기독교의 적이라고 이해했기 때문에 교회를 떠나거나 자기들이 하나님께 자신들의 삶을 바칠 수 없다고 느꼈다. 우리의 목표는 그리스도를 하늘과 땅에 속한 모든 것의 창조주로 선포함으로써(골 1:16) 그런 이들이 다시 신앙을 갖도록 혹은 처음으로 복음에 대해 생각해 보도록 초대하는 것이다. 우리는 우리의 대화를 그리스도의 향기로 가득 채우기 위해(고후 2:15) 우리와 다른 견해를 가진 이들과 예의 바르고 겸손하게 대화한다.

이 대화는 어떻게 시작되었나? 휴 로스와 데럴 포크

RTB와 바이오로고스의 공식적인 관계는 2006년 10월 17일에 시작되었다. 그날 RTB의 생화학자 파제일 '퍼즈' 라나(Fazale 'Fuz' Rana)와 물리학자 데이브 록스타드(Dave Rogstad)가 RTB의 웹사이트인 '크리에이션 업데이트'(Creation Update)를 위해 바이오로고스의 설립자 프랜시스 콜린스를 인터뷰했다.[1] 그러나 그 관계는 비공식적으로는 그보다 훨씬 더 일찍 시작되었다. 휴 로스는 1990년대 초반에 텔레비전 프로그램을 통해 이타주의와 인간 예외주의(human exceptionalism, 인간이 지구에서 가장 영리한 존재이고 따라서 독특하고 우월하다는 확신—옮긴이)에 관해 유망한 바이오로고스 학자인 제프 슐로스(Jeff Schloss)를 몇 차례 인터뷰했다. 1990년대 말에 바이오로고스의 유전학자 데럴 포크(Darrel Falk)는 라나와 로스를 만났고, 그 후에 로스와 천체물리학자 제프 즈위링크(Jeff Zweerink)는 그리스도인 천문학자들을 위한 웹사이트의 사무국장 데보라 하스마(Deborah

---

1 인터뷰 내용은 http://c450903.r3.cf2.rackcdn.com/2006/cu339.mp3에서 찾아볼 수 있다. RTB의 Creation Update 팟캐스트 www.reasons.org/explore/type/creation-update-2 를 참고하라.

Haarsma)를 인터뷰했다.

다음번 공식적인 회합은 2009년 6월 22일에 있었다. 그날 당시 바이오로고스의 회장이었던 포크는 RTB의 학자들과 점심 식사를 함께했다. 그 후 RTB 학자들과 포크는 콜린스와 전화로 대화를 나눴는데, 그때 우리는 바이오로고스와 RTB의 지도자들이 함께 모여 하루 동안 대화를 나누는 문제에 대해 논의했다. 그 대화가 있기 전인 2009년 8월 24일에 포크는 RTB 본부에서 라나와 로스와 여러 시간 대화를 나눴고, 당시 정부의 생물학 연구소를 이끌고 있던 RTB 자원봉사자인 린 카르타(Lynn Carta)와 전화 통화를 했다.

바이오로고스와 RTB 양측 지도부 사이의 첫 번째 대화는 2010년 1월 23일에 콜린스의 집에서 이루어졌다. 바이오로고스 측 참가자들은 프랜시스 콜린스와 피터 엔즈(Peter Enns), 데럴 포크, 제프 슐로스였다. RTB 측 참가자들은 린 카르타와 퍼즈 라나, 휴 로스, 케네스 샘플즈(Kenneth Samples)였다. 이 만남의 목적은 두 단체의 주장들 중 일치하는 분야와 일치하지 않는 분야를 명확하게 밝히고 미래의 대화를 위한 목표를 정하는 것이었다. 결국 다음 네 가지 목표에 대한 합의가 이루어졌다.

1. 창조와 진화의 다양한 측면들에 대한 자신의 믿음과 입장을 서로에게 분명하게 밝힌다.
2. 우리 사이의 중요한 차이점들 중 적어도 몇 가지를 해소할 방법의 윤곽을 그린다.
3. 그리스도인과 비그리스도인 모두가 창조와 진화에 관련된 특정한 쟁점들에 대한 우리 각각의 입장에 관해 배우고, 우리의 대화를 지켜보며, 이어서 우리와 대화할 수 있는 공개 포럼을 마련한다.

4. 우리의 상호 교류를 통해 기독교 공동체가 어떻게 관점과 해석의 차이에 접근해야 할지에 대한 모델을 제시한다.

두 단체의 지도자들은 이런 목표를 이루기 위해 캘리포니아주 라구나 비치(2010년 9월 14일)와 캘리포니아주 뉴포트 비치(2012년 8월 23일), 조지아주 스톤 마운틴(2013년 10월 3-5일)에서 다시 만났다. 그러는 사이에 바이오로고스와 RTB가 성경 본문을 비롯해 생명과 인간의 기원과 역사에 관해 서로 동의하는 부분과 동의하지 않는 부분을 제시하는 공개 포럼과 토론이 캐나다 밴쿠버 브리티시 콜럼비아(2010년 11월 11-14일)와 홍콩(2011년 2월 18-19일), 플로리다주 아멜리아 아일랜드(2012년 2월 26-29일), 일리노이주 휘튼(2012년 3월 29일), 남부 캘리포니아 KKLA 라디오 방송국(2012년 7월 10일), 캘리포니아주 아나하임(2012년 7월 14일), 조지아주 애틀랜타(2013년 10월 3일), 캘리포니아주 아주사(2014년 2월 11일)에서 열렸다. 남침례회 소속 신학자들이 진행자로 참가한 첫 번째 공개 포럼은 2014년 11월 19일에 샌디에고에서 복음주의 신학회(Evangelical Theological Society)가 개최한 학술대회에서 열렸다.

이 책을 발전시키는 데 초점을 맞추면서 이 책의 거의 모든 필진이 참가했던 모임은 뉴올리언즈(2014년 5월)와 샌디에고(2014년 11월), 노스캐롤라이나주 웨이크 포레스트(2015년 4-5월)에서 열렸다. 바이오로고스-RTB 관계의 모든 역사에 관해서는, 휴 로스가 쓴 "바이오로고스-RTB 대화의 역사"를 보라.[2]

---

2 Hugh Ross, "History of the BioLogos-Reasons to Believe Dialogue", Reasons to Believe, January 31, 2015, www.reasons.org/articles/history-of-BioLogos-Reasons-To-Believe-relationship.

남침례회 신학자들의 진행자 역할   케네스 키슬리

2011년에 페퍼다인 대학교에서 열린 한 학술대회 기간에 데럴 포크와 케네스 키슬리가 만남을 가졌다. 당시에 포크는 아직 바이오로고스의 회장직에서 물러나지 않은 상태였고, 키슬리는 남부 캘리포니아 웨이크 포레스트에 위치한 남침례회(SBC) 소속 사우스이스턴 침례신학교의 교수로 재직 중이었다. 대화 끝에 포크가 키슬리와 SBC의 다른 교수들에게 바이오로고스와의 대화에 참여해 달라고 요청했다. 그 대화는 "남침례교의 목소리"라는 제목으로 바이오로고스의 웹사이트에 블로그 게시글 형식으로 연재되었다.[3] 이 최초의 교류가 그 후 SBC가 RTB-바이오로고스 대화에 참여하는 결과를 낳았다.

우리는 이 대화에 참여한 남침례회 신학교의 교수들이 보수적인 복음주의를 대표한다고 안전하게 말할 수 있다. 그들은 '침례교의 신앙과 메시지'(Baptist Faith and Message, SBC의 신앙 고백문)와 '성경 무오에 관한 시카고 선언'(Chicago Statement on Biblical Inerrancy)에 서명한 이들이다. 그 두 문서는 성경이 신앙과 실천에 관한 모든 문제에서 절대적으로 신뢰할 수 있는 최종적 권위임을 보증하는 축자영감설을 긍정한다. SBC 소속의 참가자들 모두는 헌신된 성경 무오론자들이다.

여러 면에서 SBC의 참가자들은 의도된 청중 노릇을 하면서 그 대화에 기여했다. 그들은 질문을 제기하고, 후속 질문을 던지며, 때때로 자기들이 받은 답에 대해 우려를 표명했다. 대화는 때때로 거리낌이 없었으나 늘 따뜻했다. 우리의 모임은 예배로 시작되었고, 이 예배의 정신은 대화 내내 지

---

3 "Southern Baptist Voices Series", BioLogos, March 2, 2012, http://biologos.org/blogs/archive/southern-baptist-voices-series.

속되었다.

이 책의 목표와 구조

이 책은 전통적인 두 견해 사이의 논쟁이 아니다. 두 단체 모두가 다루는 과학-신앙 문제들의 범위와 각각의 창조 모델에 내포된 과학과 신학 문제들의 전문적 성격을 감안한다면, 두 단체 모두는 말할 것도 없고 그중 어느 한쪽 모델을 옹호하는 데도 이 책 한 권으로는 모자랄 것이다. 오히려 이 책의 목적은, 평신도 독자가 과학-신앙 문제들을 확인하고, 두 단체가 지지하는 것이 무엇인지 파악하며, 그들 대화의 본질과 그들이 그 대화를 통해 이루고자 하는 바가 무엇인지 이해하고, 자신과 교회 전체가 어떻게 그 대화를 통해 유익을 얻을 수 있는지 인식하도록 돕는 것이다.

RTB와 바이오로고스의 대화가 이런 목표들에서 벗어나지 않고 그 두 단체가 참으로 서로 이해심을 갖고 관계를 지속할 수 있도록, 남침례회 소속 신학자들 한 팀이 그 두 단체의 대화를 중재하기로 했다. 이 신학자들은 그들이 제기한 첫 질문과 후속 질문을 통해 각각의 저자들이 각 장에 대한 기고문을 발전시키도록 도왔다. 또 그들은 그 기고문들에 대해 신학적 논평을 제공했다.

예수님은 "너희가 서로 사랑하면 이로써 모든 사람이 너희가 내 제자인 줄 알리라"고 선언하셨다(요 13:35). 그동안 과학-신앙 문제에서 서로 대립하는 그리스도인들 가운데서 이 사랑이 늘 분명하게 드러나지는 않았다. 많은 창조론자들이 동료 신자들을 향해 드러내 보였던 적대감과 인격 모독은 불신자들에게 걸림돌이 되었다.

이 책의 주된 목적은, 창조론을 주장하는 두 단체가 서로 강력하게 의견의 불일치를 보이면서도 여전히 서로를 기독교적 사랑과 존경, 상대방 입장의 장점을 기꺼이 진지하게 생각하고자 하는 마음으로 대할 수 있음을 보여 주는 것이다. 이 두 단체와 남침례회 소속 진행자들 모두는, 이 대화가 그리스도인들이 교회를 분열시킬 듯 위협하고 있는 여러 논쟁들과 관련해 어떻게 다정하게 화해를 추구할 수 있는지에 대한 모델 역할을 할 수 있다고 믿는다.

이 책은 그 두 단체가 나눈 서면 대화의 출발점이다. 이 책은 우리가 바라는 바 그 대화와 화해에 대한 추구가 미래에 나올 책과 논문뿐 아니라 공적인 연설 기회를 통해서 이루어질 방식에 대한 로드맵으로 끝난다.

바이오로고스와 RTB, SBC 진행자들은 자신들의 대화와 화해에 대한 추구에 나머지 기독교 공동체 모두가 참여하기를 바란다. 우리는 보다 큰 기독교 공동체의 개입이 모든 그리스도인이 불신자들에게 기독교 신앙을 위한 타당한 이유와 증거를 제시할 보다 많은 기회들로 이어질 것이라고 확신한다. 또 우리는 이 책이 많은 비그리스도인들을 끌어들여 우리의 대화를 관찰하도록 만듦으로써 그들이 전에는 결코 고려해 본 적이 없었을, 기독교를 위한 증거들에 노출될 수 있기를 기도한다.

1장 경계들

각 단체를 정의하는 견해는 무엇인가?

로버트 스튜어트, 데보라 하스마,
휴 로스, 케네스 샘플즈

남침례회 진행자　　　　　　　　　　　　　　　로버트 스튜어트

나는 우리의 대화를 아주 많이 즐겼다. 특히 바이오로고스와 RTB의 양측 구성원들 가운데서 분명하게 드러나는 활기찬 믿음을 즐겼다. 또 나는 늘 우리 대화 과정의 일부가 되었던 서로를 존중하는 어조와 따뜻한 교제에 감사했다.

적어도 찰스 다윈의 『종의 기원』(The Origin of Species, 동서문화사)이 출간된 이후 그리스도인들은 과학과 신학의 관계―혹은 관계의 결여―를 이해하는 방식과 관련해 일종의 지도 역할을 해 왔다. 근래에는 복음주의자들 중에서 특별히 기독교와 과학의 관계에 초점을 맞추는 다양한 단체들이 나타났다. 바이오로고스와 RTB는 기독교와 과학 사이에 존재하는 조화를 보여 주고자 하는 단체들 중에서도 가장 널리 알려지고 가장 존경받는 그룹에 속해 있다.

이 토론과 관련해서 무엇보다도 중요한 두 분야가 있다. 하나는 과학이고, 다른 하나는 기독교 신학이다. 또한 하나님이 어떤 분이시고 그분이

무엇을 하셨는지를 알 수 있는 두 가지 중요한 방법이 있다. 하나는 일반계시(자연이라는 책)이고, 다른 하나는 특별계시(성경)다. 과학은 자연을 해석하고 신학은 성경을 해석한다. 감사하게도, 바이오로고스와 RTB 모두 신학을 사랑하는 과학자와 과학을 사랑하는 신학자로 구성되어 있다.

그러나 두 그룹 사이에는 중요한 차이가 존재한다. 나는 데보라와 휴에게 각각 그들의 단체가 어떻게 시작되었는지와 그 단체들의 목적 및 핵심 가치, 전제, 방법 중 일부를 과학적·신학적으로 간략하게 소개해 주기를 요청한다. 각각의 답변을 각 단체의 독특한 정체성과 사명에 맞춰 자유롭게 제시해 주기 바란다.

바이오로고스   데보라 하스마

오랜 시간 동안 대화와 교제를 나누는 과정에서 로버트와 휴를 비롯해 다른 이들이 자주 바이오로고스의 견해와 조직에 관해 물었다. 여기서 나는 우리 단체에 대한 개요를 제시하고 몇 가지 공통 질문들에 답하고자 한다.

우리의 사명은 무엇인가? 서론에서 설명한 것처럼, 바이오로고스는 유전학 분야의 세계적인 리더이자 복음주의 그리스도인인 프랜시스 콜린스에 의해 설립되었다. 바이오로고스의 사명은, 우리가 하나님의 창조에 대한 진화론적 이해를 제시할 때 교회와 세상이 과학과 성경의 믿음 사이의 조화를 보도록 초청하는 것이다.

우리는 다음과 같은 핵심적 서약을 지킨다.

- 우리는 성경의 권위와 영감을 지지하고 역사적 기독교 신앙을 받아들인다.
- 우리는 하나님을 수십억 년에 걸쳐 모든 생명을 창조하신 분으로 인정하면서 진화적 창조를 긍정한다.
- 우리는 자연계와 성경을 연구하면서 진리를 추구하고 계속해서 배운다.
- 우리는 겸손을 추구하고, 우리와 다른 견해를 가진 이들과 예의 바른 대화를 나눈다.
- 우리는 과학에서부터 교육, 사업 관행에 이르기까지 모든 분야에서 탁월함을 추구한다.

우리가 말하는 기독교 신앙이란 무엇인가? 우리가 그 말로써 의미하는 것은, 사도신경과 니케아신경으로부터 오늘에 이르기까지 수천 년에 걸쳐 그리스도인들이 고수해 온 것과 동일한 핵심적 믿음이다. 우리는 삼위일체-성부, 성자, 성령 하나님-를 믿는다. 우리는 하나님이 보이는 것과 보이지 않는 것 모두를 포함해 세상 만물을 창조하셨다고 믿는다. 하나님은 그분의 창조 세계를 초월하시며 그것을 무로부터 가져오셨다[무로부터의 창조(creatio ex nihilo)]. 하나님은 창조 세계에 내재하시며 창조적이고 지속적인 방식으로 그 세계에 참여하신다[지속적 창조(creatio continua)]. 그리고 하나님은 새로운 창조를 위해 현재 사물의 질서를 변화시키실 것이다[새로운 창조(creatio ex vetere)]. 모든 사람은 하나님의 형상대로 창조되었으나 모두가 하나님께 맞서 죄를 지었고 하나님의 구원 은총이 필요한 상태에 있다. 온전한 하나님이자 온전한 인간인 하나님의 아들이 나사렛 예수의 모습으로 성육하셨다. 그분의 물리적 죽음과 역사적인 육체의 부활이 인간의 구원과 영생에 이르는 유일한 길을 제공한다. 성령은 오늘날 하나님의 백성에게 확신을 주시고, 그들을 구비시키고 인도하시며, 그들에게 능력을 부여하신다. 성경, 곧 구약과 신약의 모든 책은 하나님에 의해 영감을 받았고 믿을 만하며 우리의 신앙과 삶에 대해 권위를 지닌다. 이런 핵심적 기독교 신앙은 개신교에만 해당되는 것이 아니라 기독교 세계 안에서 공유된다. 바이오로고스 공동체는 복음주의 개신교계에 초점을 맞춘다. 하지만 그동안 우리는 가톨릭 학자들에게 지원금을 제공하고, 동방정교회의 신학적 통찰에 관해서 토론하며, 모든 분파의 교부들에 관해서도 글을 써 왔다.

바이오로고스는 어떻게 성경적 믿음에서 진화로 나아가는가? 요한복음 1장과 골로새서 1장은 만물이 그리스도를 통해 창조되었고 만물이 그분 안에서 하나가 된다고 가르친다. 자연계는 그리스도의 창조물이기에 우리는 그것을 조사하고 거기에서 발견하는 증거를 진지하게 다루려고 한다. 그 증거는 수십억 년에 걸친 다양한 생명체의 진화적 발전에 관한 설득력 있는 이야기를 전한다. 그러므로 우리는 기독교의 핵심적 주장을 고수하면서도 진화에 대한 과학적 증거를 받아들인다. 이 증거가 하나님이 세상에 다양한 생명체를 가져오신 방법에 대한 현재 우리가 얻을 수 있는 최고의 설명이라 여긴다. 거기에는 인류가 약 20만 년 전에 수천 명의 개체군에서 시작되었다는 과학적 증거가 포함되어 있다.

왜 우리는 '유신 진화'(theistic evolution)가 아니라 '진화적 창조'(evolutionary creation)라는 용어를 사용하는가? '진화적 창조'는 하나님의 '창조'를 명사로 강조하고 '진화'를 수식어로 삼는다. '진화적 창조'와 '젊은 지구 창조' 및 '오랜 지구 창조' 사이에는 유사성이 있다. 그 모든 견해가 하나님이 행동하신 **방법**에 대해서는 서로 견해의 차이를 보이지만, 하나님이 세상을 창조하셨다는 것에는 동의한다.

우리의 텐트는 얼마나 큰가? 바이오로고스는 회원으로 이루어진 조직이 아니라 앞에 서술된 서약을 중심으로 모인 공동체다. 우리의 이사회와 9명의 직원, 동료들은 우리 단체의 사명 진술과 핵심적 서약, 신앙 고백을 철저히 긍정한다. 그런 핵심적 인물들 외에도 우리의 고문들과 수백 명의 게스트 블로거들, 다른 친구들은 대체로 이런 선언들 대부분을 긍정한다. 그러나 그들이 자신들이 그것들에 동의한다는 서명을 해야 하는 것은 아니다. 때때로 우리는 심각하게 서로 다른 견해를 가진 게스트 블로거들을 초청한다. 그들에게 우리가 함께 논의해 볼 만한 생각들이 있기 때문이다. 우리의 온라인 게시판에서는 가진 견해에 상관없이 모두가 환영을 받는다. 그곳에서 유일하게 요구되는 사항은, 서로를 존중하는 어조를 유지하고 논의 중인 주제에서 벗어나지 않는 것이다.

우리가 RTB와 대화하면서 발견한 사실들 중 하나는, 바이오로고스 견해의 텐트가 RTB의 텐트보다 크다는 사실이다. 바이오로고스의 핵심적 공언과 신앙 고백 모두에 동의하는 이들 사이에도 여전히 아주 넓은 견해차가 존재한다. 먼저 인간 기원의 문제에 대해 생각해 보자. 앞에서 진술한 공언들(예를 들어, 하나님이 인간을 자신의 형상대로 창조하셨다; 그들이 죄를 지었다; 인류의 시원에는 둘 이상의 사람들이 있었다) 안에도 아담과 하와를 이해하는 몇 가지 서로 다른 방식이 존재한다. 거기에는 아담과 하와가 보다 큰 집단을 이끌었던 두 명의 실제적·역사적 인물들이었다는 개념이 포함되어 있다.

이 책에서 바이오로고스의 저자들은 바이오로고스 공동체 안에서 말한다. 그들이 여기서 쓰는 내용은 우리의 핵심적 서약과 신앙 고백의 경계 안에 들어 있다. 그러나 그들의 견해가 바이오로고스의 유일한 견해가 아닐 수도 있음을 명심하라. 우리의 텐트에 속한 다른 이들은 그런 견해에 동의하지 않을 수도 있다. 그런 의견 불일치 중 가장 두드러지는 점은 각

장에서 지적할 것이다.

우리의 견해는 다른 견해들과 어떻게 다른가? 성경적 믿음에 대한 바이오로고스 헌신은 과학 문제와 관련해 우리와 의견을 달리하는 그리스도인들과 연합할 수 있는 강력한 기초를 제공한다. 진화적 창조론은 젊은 지구 창조론(Young-Earth-Creation, YEC)—지구와 우주가 불과 수천 년 전에 24시간으로 이루어진 여섯 날 동안에 만들어졌다는 견해—과 분명히 다르지만, 우리는 그리스도와 성경의 권위에 대한 그들의 헌신을 존중한다.

우리의 기독교적 헌신이야말로 우리의 견해와 무신 진화론 사이의 가장 큰 차이다. 오늘의 문화 속에서 **진화**라는 단어는 무신론적 세계관과 밀접하게 결합되어 있다. 많은 그리스도인들이 그 단어 자체를 싫어하거나 심지어 혐오할 정도다. 그러나 바이오로고스에 속한 우리는 이런 결합을 철저히 거부한다. 진화 과학은 무신론적 세계관을 요구하지 않는다! 오히려 대부분의 과학자들처럼 우리는 **진화**라는 단어를 과학적 과정 혹은 이론을 가리키기 위해 사용한다. 과학자들이 중력에 관한 이론이나 광합성 과정을 가리키는 것과 동일한 방식으로 말이다. 태양 주위를 도는 행성들의 궤도에 대해 생각해 보라. 대부분의 그리스도인들은 하나님이 그 행성들의 움직임을 통제하신다는 것**과** 중력이 그런 궤도를 설명한다는 것을 편안하게 믿는다. 영적 설명과 과학적 설명은 서로 배타적이지 않다. 마찬가지로 바이오로고스에 속한 우리는 하나님이 수십억 년의 세월에 걸쳐 모든 생명체의 발전을 지배하고 계시다는 것**과** 진화 과학이 그 과정에 대한 정확한 설명이라는 것을 믿는다. 그러므로 바이오로고스는 진화가 하나님을 대체했다거나 인간을 하찮은 존재나 목적 없는 존재로 만든다고 주장하는 진화주의(evolutionism)와 같은 이데올로기를 거부한다.

마찬가지로 바이오로고스는 과학이 지식과 진리의 유일한 근원이며,

과학이 하나님과 종교의 가면을 벗겼다고, 혹은 물질계가 실제의 전체를 이룬다고 주장하는 물질주의와 과학주의를 배격한다. 오히려 우리는 하나님이 일반적으로 인간이 '자연법칙'이라 부르는, 신뢰할 만하고 일관성 있는 과정을 사용해 세계를 유지하신다고 믿는다. 또한 우주는 자립적이고 하나님은 자연계나 인간의 역사 속에서 더는 활동하지 않으신다고 주장하는 이신론과 같은 이데올로기를 배격한다.

우리의 견해는 RTB의 견해와 어떻게 다른가? RTB와 바이오로고스는 하나님의 창조를 이해하는 수단으로서 과학과 성경적 기독교에 함께 헌신한 것을 감사하며 기뻐한다. 더 나아가 그 두 그룹은 이런 문제들을 논의하는 **방법**이 중요하다는 점에 동의한다. 바이오로고스는 과학과 신앙이라는 논쟁적인 문제와 관련해 그리스도인들 가운데서 벌어지는 논쟁은 그리스도의 몸인 교회 안에 계신 성령에 대한 가시적 징표로서 겸손, 예의, 정직, 연민을 갖고 이루어질 수 있으며, 마땅히 그래야만 한다고 주장한다. RTB는 이 목표에 대한 그들의 동일한 헌신을 진술했을 뿐 아니라 우리와의 대화를 통해 그것을 적극적으로 예시해 주었다.

두 그룹은 모두 하나님이 자신을 두 책, 곧 자연이라는 책과 성경이라는 책[벨직 신앙 고백(Belgic Confession) 2조를 보라]을 통해 계시하신다고 확언한다. 두 계시 모두 하나님으로부터 오기에 그것들은 서로 상충하지 않는다. 그것들은 서로 다른 것을 가리킬 수는 있으나 서로 **반대되는** 것을 말하지는 않는다. 명백한 갈등은 해석의 단계에서 나타난다. 왜냐하면 과학자들이 자연계를 이해하는 방식에 언제나 동의하거나 그리스도인들이 성경을 해석하는 방식에 언제나 동의하는 것은 아니기 때문이다. 바이오로고스에 속한 우리는 RTB 웹사이트에 실려 있는 두 책을 해석하는 방식에 관한 다음과 같은 진술에 동의한다.

우리는 하나님의 두 계시(성경과 자연)가 적절하게 해석될 경우, 서로 동의하리라고 믿는다. 명백한 갈등이 나타날 때, 우리는 우리의 이해가 불완전함을 인정하면서 자료—성경의 자료와 과학의 자료 모두—를 재검토한다. 때때로 과학의 자료는 성경의 자료와 불분명하게 혹은 어색하게 들어맞는 것처럼 보인다. 그러나 우리는 그런 경우를 그 두 계시 모두를 좀더 깊이 연구할 기회로 여긴다.[1]

두 그룹 모두가 이 틀에서 시작하지만, 그들은 그 두 책이 계시하는 내용에 대해서는 서로 아주 다른 결론에 도달한다. 가장 차이가 큰 분야는 과학, 곧 생명의 진화 및 인간의 기원에 관한 견해와 관련되어 있다. 바이오로고스는 인간을 포함해 모든 생명이 하나의 공통 조상으로부터 유래했고 자연의 진화 과정이 종들의 발전을 초래할 수 있다는 설득력 있는 과학적 증거를 발견한다. 두 그룹 모두가 하나님이 인간을 창조하기 위해 사용하신 방법에 관해서는 동의하지 않을지라도, 하나님이 인간을 창조하셨다고 믿는다는 것에 유념하라.

차이가 나타나는 또 다른 중요한 분야는 성경의 무오성에 대한 접근법이다. 두 그룹 모두 성경을 하나님에 의해 영감을 받은 것이자 신뢰할 만한 것으로, 그리고 우리의 삶에 대해 권위를 지닌 것으로 여기며 진지하게 대한다. 그러나 바이오로고스의 텐트에는 무오성에 관한 다양한 견해가 포함되어 있다. 어떤 이들은 성경을 믿음과 실천의 문제에서 오류가 없는 것으로 여기면서 그 용어를 받아들인다. 그러나 다른 이들은 성경을 권위가 있고 영감을 받은 것으로 여기며 진지하게 다루기는 하지만, **무오한**

---

1   "Our Creation Model Approach", Reasons to Believe, www.reasons.org/about/our-creation-model-approach.

(inerrant)이라는 단어가 자신들의 견해를 설명하는 데 유용하지 않다고 여긴다. 우리 텐트에 속한 이들 대부분은 성경이 과학 이전의 상황에서 계시되었고 그 상황에서 하나님이 자신의 메시지를 그 당시 사람들의 이해에 맞추셨음을 강조한다. 그러므로 하나님은 고대 히브리인들에게 과학을 가르치려고 하지 않으셨다. 성경은 모든 시대의 사람들을 **위한** 하나님의 계시다. 그러나 그것은 우리에게 오기 전에 최초의 청중**에게** 전해진 하나님의 말씀이었다. 그 상황이 아주 중요하다.

우리 두 단체는 성경과 과학의 관계를 바라보는 방식에서 중요한 차이를 드러낸다. 바이오로고스에 속한 우리는 성경이 특별한 과학적 예측을 한다고 여기지 않는다. 또한 우리 자신의 과학적 모델을 발전시키지도 않는다. 대신 우리는 보다 큰 과학 공동체 안에서 발생하는 과학의 과정을 긍정한다. 과학적 방법 자체가 보일(Robert Boyle, 17세기 영국의 자연철학자 겸 물리학자)과 갈릴레오(Galileo Galilei, 17세기 이탈리아의 천문학자), 패러데이(Michael Faraday, 19세기 영국의 물리학자 겸 화학자)에게 그랬던 것처럼, 성경적 세계관으로부터 자연스럽게 뒤따라 나오며, 그 어떤 세계관을 지닌 과학자에 의해 발견된 진리라도 하나님의 진리라고 강조한다. 그러므로 바이오로고스에 속한 우리가 받아들이는 **과학적** 결론은 온갖 세계관을 가진 과학자들이 받아들이는 결론과 거의 같아 보인다. 우리는 이것을 놀랍게 여기지 않는데, 그것은 무신론자를 포함해 모든 과학자는 하나님이 일반계시인 자연계를 연구하기 때문이다. 우리 바이오로고스의 관점이 대부분 과학자들의 관점과 다른 점은, 우리가 순전히 과학적인 결론에 대해 취하는 보다 큰 종교적·철학적 관점에서 나타난다. 성경을 통해 드러나는 하나님의 특별계시에 의지해 우리는 호전적인 무신론자들이 과학의 이름으로 제기하는 주장을 철저하게 배격한다.

때때로 바이오로고스에 속한 우리는 이런 질문을 받는다. "만약 당신들의 과학이 세속 세계의 과학처럼 보인다면, 어째서 당신들은 하나님을 믿는가?" 그런 질문에 대한 우리의 답은 대체로 이렇다. "우리가 믿는 이유는 다른 그리스도인들이 믿는 이유와 거의 같다." 다시 말해, 우리는 우리에게 구주가 필요하다는 깊은 확신, 성령이나 기도 응답에 대한 영적 경험, 혹은 성경이 우리의 삶과 오늘의 세상에서 얼마나 잘 들어맞는지를 목도하는 것 같은 이유로 예수님을 따르는 일에 우리의 삶을 바친다. 대개 우리는 과학을 하나님과 의미에 관한 종교적 질문에 답할 준비가 되어 있지 않은 제한된 도구로 여긴다. 그러나 우리가 기독교 신앙의 렌즈로 자연계를 볼 때, 우리는 하나님에 대한 우리의 성경적 이해와 상충하기보다 공명하는 광대하고 오래되고 정교하게 지음받은 화려한 창조 세계를 발견한다. 참으로 하늘은 하나님의 영광을 선포한다.

믿어야 할 이유 휴 로스와 케네스 샘플즈

믿어야 할 이유(RTB)의 사명은, 건실한 이성과 과학적 연구—가장 최신의 발견들을 포함해—가 성경의 진리에 대한 확신 및 성경과 자연 모두를 통해 계시되는 인격적이고 초월적인 하나님에 대한 믿음을 침식하기보다 계속해서 지지한다는 것을 사람들에게 보임으로써 기독교 복음을 전하는 것이다.

RTB는 30년이 넘게 사역해 오고 있다. RTB의 변증 사역은 휴와 캐시 부부의 아파트 책상과 식탁에서 처음 태동할 때부터 '다양한 신념을 가진 이들의 참여'라는 원칙 위에 세워졌다. 자원봉사자들은 과학뿐 아니라 삶의 모든 분야로부터 왔다. 그들은 자연이라는 책에 대한 자신들의 확대되는 지식과 이해를 이용해 아직 예수 그리스도께 헌신하지 않는 사람들에게 자연에 새겨진 하나님의 솜씨를 보여 주고, 그런 하나님의 지문들을 통해 불신자들에게 그들의 삶을 유일한 창조주이자 주님과 구주이신 분께 바치도록 설득한다는 공동의 사명을 갖고 그 단체의 공동 설립자들 주위에 모였다.

현재 수백 명에 이르는 직원들과 자원봉사자들 중 많은 이들이 과학과 신학 분야의 박사 학위를 갖고 있으나, 대다수의 구성원들은 그렇지 않다. 그들의 교육적·직업적·인종적 배경의 다양성은 기존의 비영리 기독교 단체들의 다양성에 뒤지지 않고 오히려 능가한다. 각자의 배경은 그처럼 다양할지라도, RTB 구성원들이 견지하는 신학적 관점과 사명은 아주 좁게 집중된다.

RTB의 모든 직원과 객원 연구원, 지부장들은 4쪽에 이르는 교리 선언과 기독교 행동 서약, RTB 사명 선언에 서명해야 한다. 교리 선언은 분명하게 개신교적이고 복음주의적이며, 개혁주의 신조들의 형태를 따르고 있다. 그러나 종말론과 영적 은사, 인간의 자유의지와 하나님의 예정 역설에 관해서는 다양한 관점들을 허락한다. 그러므로 우리의 텐트에는 사실상 모든 개신교 종파와 심지어 몇몇 가톨릭교도, 콥틱 정교회 그리스도인들까지 들어와 있다. 그들은 모두 우리의 교리 선언과 행동 서약, 사명 선언을 전심으로 받아들이는 이들이다.

RTB의 교리 선언에는 성경의 무오성에 대한 강한 헌신이 포함된다. 그러나 RTB는 복음주의자들이 그 용어에 부여하는 다양한 정의들을 감안해, 소속 학자들에게 성경의 무오성에 관한 국제 협의회(International Council on Biblical Inerrancy, ICBI)가 정의하고 적용하는 무오성의 기준을 고수하도록 요구한다. 특히, 과학과 신앙 연구와 관련해 다음과 같은 ICBI 의 선언을 따른다.

- 우리는 성경 해석에 사용되는 모든 선(先)이해는 성경의 가르침과 조화를 이루어야 하며 그것에 의해 교정되어야 한다고 확언한다.
- 우리는 성경이 그것 자체와 일치하지 않는 외부의 선이해, 곧 자연주의와 진화주의, 과학주의, 세속적 인본주의, 상대주의 등에 그것을 맞춰야 한다는 것을 인정하지 않는다.
- 우리는 하나님이 모든 진리의 입안자이시므로 성경의 진리와 성경 외적 진리를 포함해 모든 진리는 일관성이 있으며 서로 일치한다고 확언한다. 또한 성경이 자연이나 역사, 혹은 다른 그 어떤 것과 관련된 문제들이라도 그것들을 다룰 때 그것이 우리에게 진리를 전한다고 확언한다. 더 나아가 우리는 어느 경우에는 성경 외의 자료가 성경의 가르침을 분명히 밝히고 잘못된 해석에 대한 교정을 촉진하는 데 가치가 있음을 인정한다.
- 우리는 성경 밖의 견해가 성경의 가르침을 부인하거나 그것보다 우선권을 갖는다고 인정하지 않는다.
- 우리는 특별계시와 일반계시의 조화, 그 결과로 인한 성경의 가르침과 자연의 사실 사이의 조화를 인정한다.
- 우리는 참된 과학적 사실이 참된 성경 구절의 의미와 전혀 일치하지 않는다는 것을 인정하지 않는다.
- 우리는 창세기 1-11장이—그 책의 나머지가 그러한 것처럼—사실이라고 확언한다.
- 우리는 창세기 1-11장의 가르침이 신화적이라는 것을 인정하지 않는다. 또한 초기 역사나 인간의 기원에 관한 과학적 가설들이 창조에 관한 성경의

가르침을 뒤엎기 위해 소환될 수 있다는 것을 인정하지 않는다.[2]

RTB는 ICBI의 주장을 따르면서 성경에 영감을 부여하시는 성령께서 인간 저자들의 오류를 용인하신다는 것을 부정한다.

　RTB는 계시의 두 책(성경과 자연)이라는 교리(벨직 신앙 고백 2조)에 동의한다. 또한 성경에 대한 문자적 해석과 자연에 대한 문자적 해석의 완전한 조화에 동의한다. 우리는 신학적으로 모두 일치주의자들(concordists, 성경의 주장과 과학적 사실이 일치한다고 믿는 이들—옮긴이)이다. 그러나 우리 중 누구도 엄격한 일치주의자는 아니다. 우리는 성경과 자연의 많은 부분이 그것들이 함께 말하는 부분에서 겹치지만, 성경의 대부분은 과학적 문제들에 대해 침묵하며, 자연의 기록들 거의 모두가 하나님을 증거하기는 하나 그중 대다수는 성경의 특정한 구절을 다루지 않는다는 것을 인정한다.

　RTB에 속한 모든 이는 성경을 모든 세대의 사람을 위한 계시로 여긴다. 그런 이들로서 우리는 성경의 특정한 구절이 인간이 아닌 호미니드(hominids, 9장을 보라—옮긴이), 공룡 혹은 근본적인 입자를 가리킨다는 사변을 거부한다. 오직 산업화 이후 세대만이 자연계의 그런 구성 요소들의 존재를 인식할 것이기 때문이다. 우리는 또한 성경 본문들이 저자들의 동시대인만을 위한 것이라는 가설도 거부한다. 베드로가 그의 첫 번째 서신에서 설명하듯이, 성경의 모든 구절이 모든 세대에게 의미가 있을지라도 어떤 본문은 미래의 세대에게 더 많은 것을 계시하기 때문이다(벧전 1:10-12). 특히 RTB에 속한 우리는 성경이 예측 능력, 곧 미래의 역사적 사건과

2　이런 진술들은 ICBI Chicago Statement on Biblical Hermeneutics, 1982, 19-22조, the Dallas Theological Seminary Archives, http://library.dts.edu/Pages/TL/Special/ICBI_2.pdf,에서 가져왔다.

과학적 발견을 예측하는 능력을 갖고 있다고 믿는다.

RTB가 변증 단체이기는 하나, 우리의 우선순위는 전도다. 우리는 우리의 변증 주제를 교회에 다니지 않는 성인을 그리스도를 향한 믿음으로 이끄는 데 효과적인 도구로 발전할 수 있는 프로젝트에 국한시킨다. 우리는 사람들을 이신론이나 무신론 혹은 지적 설계에 대한 믿음으로 회심시키는 데 만족하지 않는다. 우리는 그런 '회심'이 종종 하나님에 대한 무관심을 낳는 현상에 주목한다. 우리의 목표는 언제나 사람들을 예수 그리스도와의 영원하고 인격적인 관계로 이끌어 가는 것이다.

RTB의 또 다른 과제는 불신자들이 그리스도인이 되도록 이끌기 위해 성경적 창조 모델을 개발하고 보급하는 것이다. 우리는 대부분의 사람들이 드러난 결점들에도 보다 나은 모델이 그 자리를 대체하는 모습을 보기 전까지는 자신들의 세계관 모델에 집착하리라는 것을 인정한다. 그러므로 우리는 그보다 나은 모델을 제공하는 데 모든 노력을 집중한다. 우리의 목표는 다음 세 가지를 제공하는 성경적 창조 모델을 발전시키는 것이다. 첫째, 과학자들이 지금까지의 자연 기록으로부터 얻어 낸 모든 자료에 대한 최상의 설명이다. 둘째, 자연계에서 관찰되는 모든 것을 위한 가장 포괄적인 설명이다. 셋째, 미래의 과학적 발견을 예견하는 일에서 가장 큰 예측 성공이다.

일반 은총 교리는 우리 창조 모델의 많은 내용들이 주류 과학과 완벽하게 일치하리라고 기대하도록 이끄는 반면, 특별 은총 교리는 그중 주목할 만한 부분이 주류 과학의 내용과 직접 모순되리라는 결론을 내리도록 이끈다. 이런 갈등을 보다 분명하게 보여 주는 과학 분야는 혼(魂)적 짐승(보다 고등한 종인 인간과 결합하고 특출난 방식으로 그들을 섬기고 기쁘게 해 줄 수 있도록 하나님이 마음, 의지, 감정을 부여하신 새, 포유류, 몇 종류의 고등 파충류)의 특출론과 가장 긴밀히 연관되는 분야다. 또한 인간(보다 고등한 존재인 하나님과 결합하고 그를 섬기고 기쁘게 해 드릴 수 있도록 하나님이 영을 부여하신 존재)의 특출성을 보여 주고 인간의 사악함과 하나님의 성품, 하나님의 구속 사역에 대해 언급하는 과학들은 이런 단절을 보다 강력하게 증명할 것이다.

RTB에 속한 우리가 일반적으로 취하는 전략은, RTB와 주류 과학의 일치하는 영역을 이용해 학식 있는 불신자들에게 우리가 이성과 논리, 진리가 이끄는 곳이라면 어디든 가겠다는 약속을 소중히 여긴다는 확신을 심어 주는 것이다. 다음으로 RTB는 RTB와 주류 과학이 일치하지 않는 영역을 이용해 동일한 사람들이 회개하도록 설득하고, 그들이 자연의 기록에서 분명하게 드러나는 확실한 것들에 대한 불만족스럽거나 불완전한 설명에 몰입하지 않고 그 대신 성경적 창조 모델을 택하도록 설득한다. 우리는 사람들을 그들이 그들에게 신성하게 부여된 운명을 완수하는 데 필요한 모든 자원을 얻도록 우주의 역사 내내 적극적으로 역할을 하시는 하나님께로 초대한다.

우리의 선교 현장은 무신론자와 불가지론자, 무관심한 자에게 국한되지 않는다. 그들 외에도 우리는 힌두교도와 불교도, 이슬람교도, 유대교도, 외계 지적 생명체 탐사(SETI)에 열광하는 이, 비기독교적인 지적 설계 신학에 열중하고 있는 이에게 다가가고자 한다. 그러므로 우리는 이런 지적 설계 지지자들이 예수 그리스도를 그들의 인격적인 창조주이자 주님과 구주로 받아들이도록 도전하기 위해 우리의 성경적 창조 모델을 충분히 상세하고 폭넓게 개발하려고 노력한다.

RTB에 속한 모든 이는 창조의 각 날이 24시간보다 훨씬 길다고 여기는 창세기 1장에 대한 해석을 고수한다. 또 우리는 그날들이 발생 순서대로이고, 무엇보다도—배타적으로는 아니지만—자연의 역사를 형성하는 일에 하나님이 개입하셨음을 전하기 위해 의도되었다고 믿는다. 이런 해석은 우리가 자연사의 인간 이전 시대(prehuman eras, 처음 여섯 번의 창조의 날들)와 인간 시대(human era, 하나님이 그분의 창조 사역에서 물러나 쉬셨던 일곱째 날) 사이의 과학적 이분법을 기대하도록 이끈다. 우리는 방법론적 자연주의(methodological naturalism, 자연 현상을 설명하는 일에 초자연적 요소를 끌어들이지 않고 자연을 통해 설명하려는 입장—옮긴이)가 하나님이 쉬시는 날(인간 시대)에 발생하는 자연적 현상을 완전하게 설명하리라고 기대하지만, 그것이 창조의 여섯 날(인간 이전 시대) 동안 일어난 모든 자연적 현상에 대해 적절한 설명을 제공하는 일에서는 실패할 것이라고 예상한다. 특히 우리는 그것이 성경의 창조 본문에서 묘사되는 창조의 행위들을 설명하는 데 실패할 것이라고 예상한다. 다시 말해, 자연주의는 인간의 최초 출현에 의해 구분된 경계에서 과학적으로 발견될 수 있는 불연속성을 예측하지 못하지만, RTB의 창조 모델은 그것을 예측한다고 지적한다.

성경의 창조 기사를 해석할 때 우리는 혼돈을 질서와 기능적 복잡성으로 변화시키기를 기뻐하시는 하나님을 묘사하는 것으로 여긴다. 로마서 8:20-21이 전하듯이 통제되지 않는 자연은 전체적으로 부패하는 경향을 보인다. 그러므로 우리는 자연계에서 나타나는 분명한 질서와 기능적 복잡성을 하나님의 개입에 대한 증거로 해석한다(이 책 9장을 보라). 우리는 하나님이 인간의 삶 속에서도 혼돈을 변화시키기를 기뻐하신다고 여긴다.

우리가 성경의 무오성과 창조 신학에 관해 믿는 것은 사회 문제와 창조 세계에 대한 돌봄에 관한 우리의 신학에 영향을 준다. 그러므로 RTB의 성경적 창조 모델의 중요한 귀결은 우리 구성원들 모두가 신학과 관련해서는 분명하게 보수적인 입장을 취하고, 지구와 그 안의 생명을 돌봐야 할 우리의 책임을 인정한다는 것이다. 우리는 성경이 생명의 신성함을 지지한다는 것과 생명은 수태에서 시작된다는 것을 믿는다. 그러므로 낙태에 반대한다. 또 우리는 성경이 성관계는 법적으로 인정되는 결혼 관계에 속한 남자와 여자에게만 허용되어야 한다고 가르친다고 믿는다. 우리는 모든 형태의 성적 부도덕과 음란한 행위를 실패한 친밀감에 대한 예로 여긴다. 실패한 친밀감으로 고통당하는 이들이 오직 그리스도와의 관계만이 줄 수 있는 하나님 및 다른 이들과의 사랑과 친밀감을 회복하도록 돕는 것을 우리의 책임이라고 여긴다.

우리는 창세기 1-2장과 욥기 37-39장을 인간에게 지구와 하나님이 부여하신 모든 자원을 그들 자신의 유익뿐 아니라 모든 지구 생명체의 유익을 위해서 관리할 책임을 지우는 본문으로 해석한다. 이런 맥락에서 우리는 하나님이 우리가 우리의 돌봄 사역에서 인간의 안녕과 지구의 나머지 생명 전체의 안녕 사이에서 선택할 필요가 없도록 지구의 자원 안에 돌봄을 위한 수단을 제공하셨다고 믿는다. 그러므로 RTB 창조 모델의 일부는 만유의 안녕을 증진시키는 돌봄의 해결책을 찾고 구현하는 일에 대한 헌신이다.

마지막으로, RTB는 모든 직원과 지부장에게 베드로전서 3:14-16과 고린도후서 5:18-20의 권면을 따르는 삶의 방식을 실천하도록 요구한다. 그런 삶의 방식에는 박해와 중상을 환영하는 것이 포함된다. RTB는 박해와 중상을 RTB 사역이 아직 그리스도를 받아들일 준비가 되어 있지 않거나 그리스도 안에서 우리가 누리는 안전의 깊이를 시험하고 있는 불신자들에게 효과적으로 도전하고 있음을 알려 주는 징표로 여긴다. 그런 상황은 우리에게 불신자들이 기독교를 향해 제기하는 반대에 맞서서 논리적이고 이성적이며 증거에 입각한 대응책을 적극적으로 개발하도록 요구한다. 비그리스도인들에 대한 우리의 모든 증언 과정에서 상대방을 존중하는 태도와 부드러움, 떳떳한 양심을 발전시키는 것을 의미한다. 또 그것은 먼저 우리의 견해에 동의하지 않는 신자들과 다음으로 불신자들과 화해하는 사역을 온전하게 행함으로써 모든 상황에서 우리가 만나는 이들이 그리스도와 화해하도록 사랑과 연민의 정신으로 그들을 돕는 것을 의미한다.

후속 질문   로버트 스튜어트

데보라에게 '진화적 창조'는 '유신 진화'와 실제로 다른가? 아니면 언어적 구별일 뿐인가? 실제적 차이가 있다면, 진화적 창조론자의 전제나 방법은 유신 진화론자들의 그것과 어떻게 다른가? 각각은 실제로 과학 연구를 어떻게 수행하며, 과학과 신학의 관계를 어떻게 보는가?

  신학적으로 말하자면, 바이오로고스는 넓은 텐트를 갖고 있다. 바이오로고스는 '역사적 기독교 신앙'을 포용하는 모든 이를 받아들인다. 바이오로고스는 진화에 관한 사고와 관련해서도 동일하게 넓은 텐트를 갖고 있는가? 바이오로고스의 텐트에는 라마르크주의[Lamarckism, 용불용설(用不用說), 곧 자주 사용하는 기관은 발달하고 그렇지 않은 기관은 퇴화한다는 주장—옮긴이]를 긍정하지만 다윈주의는 거부하는 이가 포함되는가? 점진주의(gradualism, 오랜 세월에 걸쳐 지속된 소진화적 변화가 쌓여 새로운 종이 탄생한다는 주장—옮긴이)를 거부하는 이도 포함되는가? 진화에 대한 우리의 이해는 얼마나 '정통적'이 될 필요가 있는가?

  휴에게 RTB의 일치주의적 접근법에 관해 더 듣고 싶다. 특히 RTB는 '엄격한 일치주의'와 RTB의 일치주의를 어떻게 구별하는가? 또한 성경의 예측 능력에 관해서도 좀더 듣고 싶다. 이에 관해 몇 가지 예를 들어 줄 수 있는가?

데보라와 휴 모두에게 여러분의 단체들은 정당한 과학(legitimate science)에 대한 헌신이라는 한 가지 대단히 중요한 가치를 공유하고 있는 것처럼 보인다. 그러나 여러분의 두 그룹 사이에는 분명한 차이가 존재한다. 바이오로고스의 청중은 그리스도인과 비그리스도인 모두인 반면, RTB의 청중은 주로 불신자다. 바이오로고스의 목적은 과학과 기독교 신앙 사이에 모순이 없음을 보이는 것인 반면, RTB의 목적은 적절하게 수행되는 과학을 이용해 복음을 전하는 것이다. 여러분은 이렇게 서술된 여러분 그룹의 목적을 인정하는가? 그렇지 않다면, 자유롭게 달리 진술해 주기 바란다.

바이오로고스의 답변   데보라 하스마

유신 진화와 진화적 창조 '진화적 창조'(evolutionary creation, EC)와 '유신 진화'(theistic evolution, TE)의 차이는 의미론적이기도 하고 실체적이기도 하다. 그 용어들은 동일한 핵심적 의미를 공유한다. 그것은 하나님이 '진화'라는 과정을 이용해 생명을 창조하셨다는 것이다. '유신 진화'라는 용어가 훨씬 오랫동안 사용되어 왔고, 바이오로고스에 속한 어떤 이들은 특별히 학문적 맥락에서 그것이 갖고 있는 연속성 때문에 지금도 계속 그 용어를 사용한다. 그러나 그 용어와 연관된 신학은 잘 정의되어 있지 않다. 그동안 인격적인 하나님을 믿지 않는 이들과 이신론자를 포함해 여러 견해를 가진 이들이 그것을 주장해 왔다. '진화적 창조'라는 용어는 보다 새

로운 것이다. 대개 창조주를 성경의 하나님과 자신들의 인격적 구주로 보는 그리스도인들이 그것을 주장한다. **창조**를 명사로 사용하는 것은 이런 핵심 교리를 환기시킨다. 또한 우리가 이런 교리를 중심으로 젊은 지구 창조론자들 및 오랜 지구 창조론자들과 함께 공유하는 일치를 긍정한다. 우리가 '진화적 창조'라는 말을 사용하는 것은, **창조론자**를 '젊은 지구 창조론자'에 대한 흔한 약칭으로서가 아니라 창조주를 믿는 사람으로 정의하기 위한 노력이다.

'유신 진화'는 진화 과학의 특별한 형태를 의미할 수 있다. 아무도 '유신 중력'이나 '유신 광합성' 같은 용어를 사용하지 않는다. 그것은 그리스도인이든 아니든 우리 모두가 동일한 과학적 과정을 보고 있기 때문이다. '유신 진화'라는 용어는, '유신'이 떨어져 나간다면 '진화'라는 단어가 부전승으로 무신론적인 것이 되리라는 것을 의미한다. 우리는 그런 암시를 피하고자 한다.

우리의 과학적 텐트 크기 바이오로고스는 '다원주의'에 대한 지지를 요구하는가? 다원주의라는 용어는 논의를 명확하게 하기보다 흐리게 하는 경향이 있다. 지난 수십 년간 그 용어는 그리스도인들에 의해서뿐 아니라 과학계 안에서도 여러 방식으로 사용되었기 때문이다. 다윈의 원래 이론은 시간이 흐르면서 확대되었고 광범위하게 수정되었다. 바이오로고스는 현재의 과학적 증거와 주류 과학의 합의가 가장 강력하게 드러나는 분야들을 강조하며, 진화생물학 전문가들 사이에서 논쟁이 되는 분야들과 관련된 논쟁 및 논의를 장려한다. 그러므로 우리는 지구상 모든 생명체의 공통 조상을 포함해 '변화를 동반한 계승'(descent with modification, 다윈이 자신의 진화론에 대해 사용한 표현이다―옮긴이)에 의한 생명 발전으로서의 진화를 강력하게 긍정한다. 공통 조상에 동의하지 않는 이들은 바이오로고스의 텐트에 속하지 않을 것이다. 그러나 우리는 바이오로고스 안에서 오늘날 과학 공동체 가운데 논의되고 있는 문제들—가령 진화에서 다양한 자연 메커니즘들이 상대적으로 중요한가 하는 문제나 과연 유전자나 유기체가 진화 이야기에서 가장 핵심적인가 하는 문제들—에 관한 논쟁이 벌어지는 것을 환영한다. 진화가 위기에 처한 이론이 아님에 유념하라. 과학자들은 과연 진화가 일어났는지 혹은 지구상의 모든 생명체가 공통 조상이라는 나무를 공유하는지에 대해 의심하지 **않는다**.

RTB와의 공통점과 차이점 로버트는 우리 두 단체의 공통점이 '정당한 과학'에 대한 우리의 헌신에서 나타나고, 차이는 각각의 청중과 목적에서 나타난다고 주장한다. 나는 그것을 달리 설명한다. 내가 휴와 나눈 교류를 바탕으로 추정하건대, 그 역시 그러하리라고 생각한다.

과학의 측면에서 정당한 과학이 주류 과학의 '결론'을 가리킨다면, 그때 우리 두 단체는 분명히 동의하지 않을 것이고, 특히 진화 과학과 관련해 그러할 것이다. 그러나 정당한 과학이 우리가 과학 연구에 부여하는 '가치'를 가리킨다면, 그때 RTB와 바이오로고스는 훨씬 더 가까워진다.

최근의 어느 공개 포럼에서 진행자가 휴와 나에게 우리 사이의 주된 불일치가 무엇이냐고 물었다. 우리는 그것에 대해 논의했고, 성경 해석에서의 차이가 적어도 과학적 차이만큼이나 강력하다는 데 동의했다. RTB는 특별계시 교리가 기독교의 과학적 설명이 특히 동물 및 인간과 연관된 주제 영역에서 주류 과학의 설명과 다를 것을 요구한다고 믿는다. 바이오로고스는 그 주장에 동의하지 않는다. 오히려 우리는 성경이 자연계의 모든 영역에서 과학을 할 수 있는 강력한 토대를 제공하고, 일반계시의 증거가 천문학과 지질학에 대해 그런 것처럼 동물과 인간의 진화와 관련해서도 신뢰할 만하다고 믿는다. 우리는 특별계시가 하나님의 형상과 인간의 영적 능력 같은 주제를 이해하기 위한 핵심적인 토대라는 데 동의한다. 그것은 우리가 '혼'(*nephesh*)을 지닌 피조물이기 때문이 아니다. 오히려 우리는 과학을 한계를 지닌 것, 영적 문제에 충분히 답할 수 없는 것으로 여긴다. 또 우리는 성경이 그분의 백성에 대한 하나님 역사의 미래에 관해 정확하게 예언할지라도, 특정한 과학적 예측을 한다고 보지 않는다. RTB는 그들의 일치주의를 '유연한 혹은 온건한 일치주의'라고 설명할지 모르나, 우리는 그들의 일치주의적 주장들 중 많은 것들—가령 "주께서 하늘을 휘장같이 치셨다"(시 104:2)라는 구절이 빅뱅 때 있었던 우주의 팽창에 대한 설명이라는 주장—이 성경 본문에 의해 보증되지 않는다고 느낀다.

목적 및 청중과 관련해 말하자면, 두 단체 모두 과학과 신앙의 적극적인 상호 작용을 보여 주는 일에 열중한다. 또한 두 단체 모두 자신들의 활동을 단순한 학문적 논의가 아닌 기독교적 사역으로 여긴다. 이 분야에서 우리의 차이는 내용보다는 강조점과 접근법의 문제일 수 있다. RTB는 비그리스도인을 그리스도께 인도하는 일과 전도에 보다 집중하는 반면, 바이오로고스는 그리스도인이 기독교 신앙과 과학의 갈등을 알아차리고 믿음에서 떠나지 않게 하는 데 보다 집중한다. 그러나 RTB와 바이오로고스는 공통적으로 그리스도인과 비그리스도인 두 그룹 모두를 대상으로 사역하고 있다. 두 단체는 주류 과학과의 합의를 비그리스도인에게 믿음을 심어 주기 위한 전략으로 사용한다. 그러나 바이오로고스에 속한 우리는 주류 과학이 발견한 것들에 대해 심각한 이견을 갖고 있지 않다. 오히려 그런 이견을 자신들의 복음 전도 사역에서 핵심 요소로 만드는 RTB의 접근법에 위험한 요소가 있다고 여긴다. 성령은 여러 수단을 사용해 사람들을 그리스도께 이끄신다. 우리는 사람들이 그런 식으로 믿음에 이르는 것에 감사한다. 그러나 우리는 사람들에게 그들이 그리스도께 나아오는 과정의 일부로서 진화에 대한 적절하지 않은 견해들을 받아들이도록 요구하는 것은 위험하다고 여긴다. 바이오로고스에 속한 우리는 주류 과학을 인정하며 우주에 대한 전체적인 그림—과학으로부터 인간의 문화, 인간의 경험에 이르기까지—이 무신론적 세계관보다는 기독교적 세계관에 더 잘 들어맞는다고 주장하면서 세계관에서의 차이에 초점을 맞춘다. 우리는 무신론적 주장들을 다루고 신앙에 이르는 것을 가로막는, 우리가 감지할 수 있는 과학적 장벽들을 제거하기 위해 노력한다. 그러나 결국 우리는 대부분의 사람들이 과학과 별 상관이 없는 이유로 믿음에 이르는 모습을 발견한다. 주로 영적 경험과 그와 연관된 모든 것, 예수 그리스도의 가르침과 죽음과 부활과의 만남 같은 것으로 믿음에 이르는 것을 본다.

믿어야 할 이유의 답변   휴 로스와 케네스 샘플즈

우리의 일치주의적 접근법 일치주의(concordism)는 신학자와 과학자 모두로부터 질타를 받아 왔다. 그것이 종종 과학과 성경을 통합하기 위한 '융합 모델' 혹은 유사 융합 모델과 동일시되기 때문이다. 다음 표1이 그것을 잘 예시한다. '별개의 영역 모델'은 성경과 자연 혹은 과학의 세계를 서로 별개이자 양립하는 영역들로 여긴다. 진화적 창조론자들이 지지하는 '상호 보완 모델'은 둘 사이에서 아주 약간의 겹침만 발견할 뿐이다. 예컨대, 대부분의 진화적 창조론자들은 성경이 우주에 시작이 있었음을 분명하게 가르친다고 믿는다. 하지만 그들은 성경이 지구의 물리적 역사나 지구상 생명의 역사를 다룬다는 것을 부정한다.

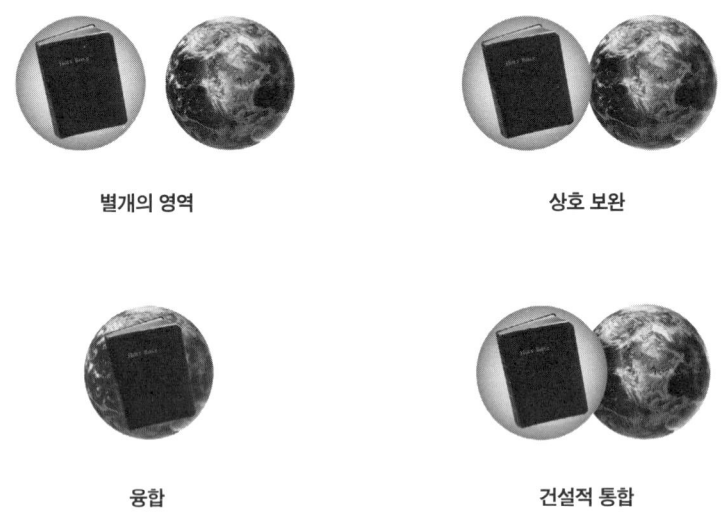

별개의 영역   상호 보완

융합   건설적 통합

표1. 과학과 성경의 통합을 위한 모델들

'엄격한 일치주의'라고도 불리는 융합 모델은 성경과 과학 사이에서 거의 전적인 겹침을 발견한다. 이 모델에서는 사실상 모든 성경 구절이 과학적 의미를 지닌 것으로 보이고, 사실상 자연의 모든 사실이 성경적 의미를 지닌 것으로 보인다. 예컨대, 이런 견해를 지닌 이들은 종종 성경이 공룡과 몇 종류의 호미니드 종들, 외계 생명체, 소립자 물리학에 관한 과학적 정보를 제공한다고 주장한다.

RTB는 '유연한 혹은 온건한 일치주의'라고도 알려진 '건설적 통합(constructive integration) 모델'을 고수한다. 우리는 성경과 과학 사이의 상당하지만 전적이지는 않은 중첩을 발견한다. 예컨대, 우리는 창세기 1-11장이 우주와 지구, 지구상의 생명체, 인간의 기원과 역사에 관한 문자적이고 연대기적으로 질서가 잡힌 설명을 제공한다고 믿는다. 우리는 욥기 37-39장과 시편 104편, 잠언 8장이 몇몇 다른 성경 구절들과 함께 자연의 역사에 대한 창세기 1-11장의 설명에 상당한 과학적 정보를 덧붙인다고 믿는다. 그러나 우리는 성경 대부분의 가르침이 과학적으로 중립적이거나 타당하지 않다는 것과 대부분의 과학적 발견은 성경이나 기독교 신앙과는 별 관련이 없다는 것을 인정한다.

성경의 예측 능력 성경의 예측 능력에 대한 견해가 RTB와 바이오로고스 사이의 주된 차이로 보인다. 두 단체가 이 문제와 관련해 분명하게 동의하는 지점은, 구약의 많은 구절들이 여러 세기를 앞질러 그리스도의 초림과 관련된 사건들을 아주 상세하게 기술하고 정확하게 예측했다는 믿음이다. 또 우리는 구약과 신약이 그리스도의 성육신과 무관한 미래의 역사적 사건들을 예언하고 있다는 데 동의할 수 있다.

RTB는 성경이 인간의 역사에 속한 미래의 사건들을 폭넓게 예측하고 있다고 주장한다. 예컨대, 우리는 다니엘서가 페르시아와 그리스, 로마제국 역사의 핵심적 사건들을 정확하게 예측한다고 여긴다.³ 또 우리는 현대 이스라엘 국가의 역사에서 벌어진 많은 사건들을 성경의 예언에 대한 성취로 여긴다.

성경이 인간의 역사 속 사건들을 예측하듯이, 우리는 또한 그것이 자연의 역사를 예측하고 있음을 발견한다. 한 가지 분명한 예가 창세기 1장에 나온다. 그 장은 자연 창조의 10가지 기적들을 분명하게 묘사하며, 그 기적들에 정확한 연대기적 순서를 부여한다.⁴ 또 다른 예는 성경이 빅뱅 우주론이 천문학자들에 의해 발견되기 수천 년 전에 빅뱅 우주론의 근본적

---

3   Hugh Ross and Tim Callaha, *Does the Bible Have Predictive Powers?*, Reason to Believe, MP3 aduio, http://shop.reasons.org/Does-the-Bible-Have-Predictive-Powers-p/y10m01.htm.
4   Hugh Ross, *Navigating Genesis* (Covina, CA: RTB Press, 2014), pp. 25, 80.

인 특징들을 설명하는 것이다.[5]

우리는 성경의 일관성 있는 예측 능력을 전도를 위한 가장 중요한 도구들 중 하나로 여긴다. 이는 우리가 그리스도께 이끌었던 이들 중 교회에 다니지 않았던 이들과 처음에는 성경적으로 문맹이나 다름없었던 미국의 성인들 대부분의 증언을 기초로 한다. 이들은 성경의 독특한 예측 능력에 대한 설명이 그들에게 전환점이 되었다고 말했다. 그들은 그런 설명으로 성경이 영감에 의해 쓰인 책이고, 권위적이고 무오한 하나님의 말씀임을 깨달았다고 증언했다.

지적 설계론과의 관계 RTB에 속한 우리는 지적 설계 운동이 나타나기 오래전부터 혹은 디스커버리 연구소(Discovery Institute, 지적 설계론을 지지하는 과학자 단체—옮긴이) 같은 단체들이 창설되기 전부터 지적 설계에 대한 증거를 연구해 알리고 있었다. 그러나 우리는 예수 그리스도를 지적 설계자로 분명하게 확인하고 젊은 지구 창조론과 지구적 홍수 지질학을 분명하게 거부한다는 점에서 대부분의 지적 설계 운동의 지지자들과 다르다. 가장 중요한 차이점은, 우리는 검증과 반증과 예측이 가능한 성경적 창조 모델의 맥락에서 그리스도를 지적 창조자이자 모든 자연 영역의 설계자로 옹호한다는 것이다.

우리는 세속의 과학 공동체를 공격하기보다 그것과 교류한다. 우리의 모델이 갖고 있는 검증과 반증과 예측이 가능한 구성 요소들과 우리의 모델을 발전시키고 조정하는 것에 헌신함으로써 우리는 그 공동체로부터 청중을 얻는다. 그런 교류를 통해 우리는 교회에 다니지 않는 많은 과학자들이 그들의 삶을 주님이자 구주이신 예수 그리스도께 바치는 모습을 보

---

5   Hugh Ross, "Big Bang: The Bible Said It First", in *A Matter of Days*, 2nd ed. (Covina, CA: RTB Press, 2015), pp. 135-144.

아 왔다.

우리는 고전적 다윈주의와 신다윈주의를 모두 포함하는 생명의 기원과 역사에 관한 모든 형태의 자연주의적 모델이 잘못되었다고 주장하는 지적 설계 운동의 지지자들에게 동의한다. 그러나 우리는 과학자들이 자기들의 모델에서 수많은 결점을 지적받을지라도, 그것을 대체할 보다 나은 설명 능력과 보다 큰 예측 성공률을 지닌 모델을 찾기 전까지는 그 모델을 고수하리라는 것을 안다. 그러므로 우리는 우리의 노력을 성경적 창조 모델을 적극적으로 설명하는 데 집중한다.

전도의 사명 그리스도인과 비그리스도인 모두가 우리의 청중이다. 우리의 사명은 무엇보다도 전도다. 우리는 그리스도인들이 과학적 변증을 불신자들을 그리스도에 대한 신앙으로 이끄는 도구로 사용하도록 준비시키고 훈련시킨다. 또 우리는 직접 비그리스도인들에게 기독교 신앙과 성경의 영감과 무오성을 위한 과학적 증거들의 무게를 살펴보도록 호소한다. 더불어 비그리스도인들에게 우리가 제시한 증거들의 기초 위에서 회개하고 그들의 삶을 예수 그리스도께 바치라고 권면한다.

우리는 우리의 전도가 효과적인 방편이 되기 위해서는 단순히 과학과 성경 사이에 모순이 존재하지 않음을 보이는 것만으로 충분하지 않음을 안다. RTB의 사명은 검증과 반증과 예측이 가능한 성경적 창조 모델, 곧 경쟁하는 무신론적·유신론적 모델들보다 더 큰 설명 능력과 넓이를 보여 주는 모델이자 미래의 과학적 발견을 예측하는 데 훨씬 더 큰 성공률을 보여 주는 모델을 개발하고 공표하는 것이다.

우리는 우리의 성경적 창조 모델과 자연주의적이고 이신론적인 주류 과학 세계관들 사이의 차이를 살피는 일에 매달리고 있다. 더불어 우리는 우리의 성경적 창조 모델과 힌두교 및 불교, 이슬람교, 몰몬교, 다른 종교들의 창조 모델들의 차이를 살피고 있다. 이보다 적게 일하는 것은 위대한 위임(마 28:18-20)을 완수할 기회를 놓치는 것이라고 믿는다.

결론   로버트 스튜어트

질문에 응답해 준 데보라와 휴에게 감사한다. 두 사람 모두에게 감사해야 할 점이 많다.

유신 진화론과 진화적 창조론 사이의 실체적 차이에 관한 데보라의 설명은 매우 유용했다. 이전까지 나는 그 차이를 실체적이기보다는 의미론적인 것으로 이해했고, 주로 강조의 문제로 여겼다. '다원주의'라는 용어가 다양한 방식으로 이해된다는 그녀의 지적만큼이나 아무도 '유신 중력'이나 '유신 광합성' 같은 용어를 사용하지 않는다는 그녀의 주장 또한 잘 받아들일 수 있었다.

내가 사용한 '정당한 과학'이라는 용어는 아마도 잘못된 단어 선택이었을 것이다. 내 말의 의미는 '주류 과학의 결론'이 아니었다. 오히려 내가 의미했던 바는 특히 예측과 유익성, 일관성, 무엇보다도 어떤 이의 가설이나 모델을 시험하는 것과 관련된 '주류 과학의 방법'이었다. 나는 성경이 특정한 과학적 예측을 하는 것에 대한 데보라의 우려에 공감하지만, 그런 부정은 과학으로부터 나오는 결론도, 성경으로부터 나오는 결론도 아님을 지적해 둔다. 나는 바이오로고스가 비그리스도인 과학자들 가운데 존재하는 기독교 신앙에 대한 장벽들을 제거하기 위해 수행하고 있는 일에 크게 감사한다.

감사하게도, 휴는 우리에게 RTB가 견지하는 특별한 형태의 일치주의를 보다 잘 설명해 주었다. 게다가 RTB가 지적 설계론에 동의하는 정도를 명확하게 밝혀 주었다.

성경의 예측 능력에 대한 견해가 두 그룹 사이의 핵심적 차이라고 한 휴의 말은 옳다. 그러나 과연 그 차이가 성경이 과학적 예측을 하는 정도에 관한 것인지는 의문이다. 쟁점은 성경이 **얼마나 많은** 과학적 예측을 하느냐가 아니라 과연 성경이 **조금이라도** 예측을 하느냐 하는 것으로 보인다.

한 가지 계속되는 우려는 이것이다. 우리 모두가 성경에 대한 해석을 통해 성경이 실제로 의미하는 바를 찾아내는 데 실패할 수 있다는 것에 동의한다고 전제하면, RTB가 성경에 대한 잘못된 해석을 바탕으로 검증 가능한 과학적 예측을 할 수 있고, 그로 인해 그 예측이 반증되며, 어떤 이들이 기독교나 성경을 만족할 만한 과학보다는 잘못된 해석학의 결과로 여겨 거부하는 일이 가능하지 않겠느냐는 것이다. 이런 종류의 사역에는 커다란 책임이 뒤따른다.

2장 성경 해석

성경 권위의 본질은 무엇인가?

스티브 렘케, 존 월튼, 케네스 샘플즈

남침례회 진행자   스티브 렘케

복음주의 그리스도인들은 성경의 영감과 권위를 높게 여긴다. 많은 복음주의자들은 성경의 무오성에 대한 긍정을 적절한 성경관을 위한 리트머스 시험지로 여긴다. 물론 성령이 성경 본문에 영감을 불어넣는 데 통로가 되었던 인간 저자들은 현대 과학의 어휘들을 알지 못했다. 하나님이 고대인들에게 창조에 관한 복잡한 진리에 대해 알려 주시기 위해서는 하나님 편의 **적응**(accommodation), 곧 그분이 과학 이전 시대 사람들이 이해할 수 있는 언어를 사용하셔야 했다.

더 나아가 성경의 신적 영감은 현대 독자들이 성경을 올바로 해석하는 것을 보장하지 않는다. 창세기 1-11장은 어느 정도나 역사적인가? 아담과 하와는 문자적인 사람들이었는가, 아니면 인류의 상징적 대표자들이었는가? 창세기의 설명 중 '날들'(days)은 문자적인 24시간으로 이루어진 날들인가? 아니면 보다 긴 기간에 대한 상징인가? 또 성경이라는 책은 자연이라는 책과 어떤 관계가 있는가? **일치주의**(concordism)는 적절하게 이해된

자연이라는 책이 성경이라는 책과 절대로 충돌하지 않는다는 믿음인 반면, **비일치주의**(non-concordism)는 새로운 과학적 발견이 성경이 확언하는 것에 대한 우리의 이해를 바꾸도록 우리를 이끌어 갈 수도 있다고 단언한다.

우리는 이 장에 기고한 두 사람에게 다음의 특정한 질문들을 다루도록 요청했다.

- 성경의 영감에 대한 여러분의 견해는 무엇인가?
- '성경 무오에 관한 시카고 선언'(CSBI) 12조는 "성경은 전적으로 무오하며 모든 잘못, 오류, 혹은 기만으로부터 자유롭다"고 확언하고, "성경의 무류성과 무오성은 영적·종교적·구속적 주제에 국한되며 역사와 과학 분야에서의 확언에는 해당되지 않는다. 더 나아가 우리는 지구의 역사에 관한 과학적 가설들이 창조와 홍수에 관한 성경의 가르침을 뒤엎는 데 적절하게 사용될 수 있다"는 개념을 부인한다.[1] 이런 진술에 대한 여러분의 입장은 무엇인가?
- 성경이라는 책(특히 창조에 관한 성경의 설명)은 자연이라는 책(특히 우주의 기원에 관한 과학적 설명)과 어떤 관계인가?
- 성경의 창조 이야기, 특히 창세기 1-3장을 해석하는 데 어떤 해석학적 원리를 지침으로 삼고 있는가?

이 장에서 휘튼 칼리지의 구약학 교수 존 월튼(John H. Walton)은 바

---

[1] Chicago Statement on Biblical Inerrancy, International Council on Biblical Inerrancy, 1978; 그 내용은 Alliance of Confessing Evangelicals, www.alliancenet.org/the-chicago-statement-on-biblical-inerrancy에서 찾아볼 수 있다.

이오로고스의 입장을 대표한다. RTB의 선임 연구학자 케네스 샘플즈(Kenneth R. Samples)는 RTB의 견해를 옹호한다. 샘플즈는 컨커디어 대학교에서 사회과학(역사학과 철학)으로 학사 학위를 받았고 탈봇 신학교에서 신학으로 석사 학위를 받았다. 두 저자 모두 이 주제에 관해 활발하게 글을 써 왔다.

바이오로고스 존 월튼

스티브 렘케가 던진 질문의 본질은, 성경의 권위에 관한 것과 영감 및 무오성, 일치주의 같은 교리들이 서로 어떻게 연관될 수 있느냐 하는 것이다. 지금 나는 이 글을 바이오로고스의 공식적이거나 유일한 대변자로서가 아니라 바이오로고스 신앙 고백의 텐트에 속한 견해를 가진 한 명의 학자로서 쓴다.

성경의 권위 우리가 성경이 권위를 갖고 있다고 주장할 때, 우리는 성경이 하나님에 의해 영감을 받았다는 성경의 자기 주장을 토대로 삼는다. 그러므로 성경 메시지의 근원은 우리의 외부에 있다. 성경이 오직 우리가 그것이 말하기를 원하는 바 혹은 우리가 그것에게 말하게 하는 것만 전한다면, 성경은 우리 자신의 생각과 갈망에 대한 반영일 뿐이다. 물론 성경은 우리의 세상과 오늘 우리의 삶에 적절하며 그것에 대해 권위를 갖는다. 하지만 성경이 권위를 갖는 이유는, 그 책이 다른 곳에서 시작되기 때문이다. 성경은 반드시 그래야 한다. 그렇지 않으면 독립적인 권위를 전혀 갖지 못할 것이다. 하나님의 말씀은 우리의 관점, 생각, 행위를 최종 목표로 삼는다. 그러나 그 말씀의 근원과 도구는 우리가 아닌 다른 것이다. 그것의 기원은 우리 안에 있지 않으며, 그것의 최초 청중은 우리가 아니었다. 성경은 우리를 위해 존재하나, 우리에게 속해 있지 않다.

성경의 메시지는 하나님으로부터 온다. 그렇기 때문에 성경이 권위를 갖는다. 그것이 디모데후서 3:16의 기본적인 확언이다. 성경은 하나님이 숨결을 불어넣으신 그분의 말씀이다. 그런 전제를 감안할 때, 우리는 성경의 메시지를 찾는 법을 분별해야 하고 그것을 통해 하나님이 우리에게 말씀하시는 바를 배워야 한다. 여기서도 성경 자체가 길을 가리키는 것처럼 보인다. 베드로후서 1:20-21은 이렇게 말한다. "성경의 모든 예언은 사사로이 풀 것이 아니니 예언은 언제든지 사람의 뜻으로 낸 것이 아니요 오직 성령의 감동하심을 받은 사람들이 하나님께 받아 말한 것임이라." 예언에 해당하는 것은 성경의 다른 장르에도 해당한다고 여겨야 한다. 하나님은 인간 전달자들을 통해 자신의 계시를 전하기로 하셨다. 그래서 그분은 그들에게 자신의 권위를 부여하셨다. 성경은 인간을 매개로 우리에게 온다.

하나님이 말씀하셔야 했던 것은 무엇이든 고대 저자의 의사소통을 통해 전하셨다는 사실을 우리가 받아들이면, 즉시 두 가지 질문이 떠오른다. 첫째, 하나님은 그분의 메시지를 어떻게 인간 저자들과 최초의 청중에게 적응시키셨을까? 둘째, 하나님이 전하고자 하셨던 메시지는 저자의 이해에 제한되었을까?

적응 하나님이 인간과 소통하셨을 때 적응은 필수적이었다. 모든 소통 행위에는 그것을 청중의 필요와 상황에 맞추는 적응이 필요하다. 그런 필요와 상황에는 청중이 세상을 이해하는 배경적 믿음이 포함된다. 오늘 우리는 최초의 청중이 갖고 있던 믿음 중 일부를 받아들이지 않을 것이다. 그러나 문화에 대한 적응이 신학적 오류에 대한 인정을 필요로 하는 것은 아니다.[2] 그러므로 즉각 우리는 적응에 관한 두 가지 원칙을 제시할 수 있다. 첫 번째, 분명하게 잘못된 정보가 있을 경우(가령, 가장 작은 것으로서의 겨자씨, 견고한 하늘, 혹은 내장 속에서 발생하는 인지 과정), 우리는 특정한 구절 안에서 적응이 발생하고 있음을 알 수 있다. 두 번째, 신학이 정보에 의존할 경우(가령, 출애굽이나 부활), 우리는 어느 본문이 **단지 적응이 아니라는 것**을 알 수 있다. 첫 번째 원칙은 과연 은유가 포함되어 있는지에 관한 불확실성이 존재할 때 복잡해질 수 있다. 두 번째 원칙은 신학이 진술에 의존하는지의 문제가 쟁점이 될 때 복잡해질 수 있다.

원래의 의미와 의도 두 번째 질문, 곧 '하나님이 소통하고자 원하시는 메시지가 저자의 이해에 국한되는가?'에 답하기 위해, 먼저 우리는 과연 저자가 자신이 전하는 하나님으로부터 온 메시지를 이해했는지를 물어야 한다. 성경 어디에서도 우리는 저자들이 자기들에게 아무 의미도 없는 단어들을 주절거리고 있다고 생각할 만한 구절을 찾지 못한다. 그들은 자기들이 말하는 것을 이해했고 자신들의 청중이 그 말을 이해하리라고 기대했다. 그 말들은 그들 자신의 언어로 이루어졌고(따라서 그들은 그것을 이해할 수 있었다), 그들 자신의 문화라는 맥락 안에서 제공되었다(따라서 그것은 그들에게 의미가 있었다). 저자와 하나님 모두 최초의 청중이 자기들이 듣는 말에 응답하기를 기대했다.

보다 적절한 질문은, 과연 하나님이 저자가 인식할 수 있는 것 **이상의** 의미를 전하셨는가 하는 것이다. 다시 말해, 일단 우리가 성경의 저자가 그의 청중에게 전한 메시지가 하나님의 권위를 지니고 있다고 확신할지라도, 그 권위 있는 메시지가 **오직** 저자가 이해하는 것에서만 발견되는지, 아니

---

2   이에 대한 보다 상세한 논의를 위해서는, John Walton and D. Brent Sandy, *The Lost World of Scripture* (Downers Grove, IL: InterVarsity Press, 2013), pp. 39-48를 보라. 『고대 근동 문화와 성경의 권위』(CLC).

면 하나님이 본문 안에 더 많은 의미를 넣어 두셔서 결국 훗날의 청중에 의해 밝혀지고 이해될 수 있도록 하셨는지 하는 것이다.

그것은 예언적 신탁의 성취를 이루는 사건들이 일어나는 과정에서 우리가 보는 것과 정확하게 같아 보인다. 예언자들은 자기들이 이해하고 자신들의 청중에게 전했던 메시지, 그 청중이 이해하고 반응하기를 기대했던 특별한 메시지를 갖고 있었다. 그 메시지는 그 자체로 그들 자신의 시간과 상황 속에서 권위를 지녔다. 그러나 훗날 신약의 저자들이 나타났고, 때때로 그들은 그 메시지에 예언자들의 상황 속에서 인식될 수 있었던 것을 초월하는 어떤 의미가 있음을 밝혀냈다. 그런 선례에 기초해서 우리가 성경을 읽을 때와 새로운 사건이 펼쳐지고 우리 주변 세계에 대한 새로운 이해가 가능해질 때, 우리가 그와 동일한 일이 정기적으로 일어나리라고 기대해서는 안 되는가? 차이는 우리와 달리 훗날 구약을 해석하는 신약의 저자 역시 하나님이 그에게 부여하신 권위의 유익을 누린다는 것이다. 그러므로 그가 전하는 메시지 역시 신적 승인을 받고 나온다. 해석자로서 우리의 상황은 그것과는 다르다.

논의를 위해 한 가지 가정을 해 보자. 하나님이 저자의 말에 그가 아는 것 이상의 의미를 심어 놓으셨다고 하자. 그럴 경우 우리는 그 권위 있는 의미에 어떻게 도달하는가? 우리는 저자가 하나님의 권위를 받았다는 전제를 받아들였다. 그러므로 우리는 저자가 전하는 (그가 사용한 말과 문법 등에서 발견되는) 내용을 분석해야 한다. 권위 있는 의미가 저자 바깥에 있다면, 우리는 동일한 수단을 통해 그것에 도달하지 못한다. 그것이 문제다. 일단 우리가 저자의 의도 밖으로 움직인다면, 우리는 자신이 실제로 하나님이 말씀하고자 하셨던 바를 식별하고 있다는 확신을 얻지 못한다. 우리에게는 권위가 없으며, 영감받은 저자의 의도 안에서 표현되지 않은 의미도 알아차리지 못한다. 우리는 자신이 그것이 참되다고 확신한다는 이유로 어떤 확장된 의미가 하나님이 말씀하고자 하셨던 바가 분명하다고 결론지어서는 안 된다. 만약 그것이 하나님 자신의 뜻이 아니라 그저 우리 자신이 부여한 의미라면, 그것은 하나님의 말씀으로 간주되거나 하나님의 권위를 가져서는 안 된다.

일치주의 이제 우리는 확장된 권위라는 이 해석학적 원리를 성경에 대한 과학적 읽기와 관련해 살펴볼 필요가 있다. 성경 저자의 애초 의도를 넘어서는 확장된 의미에 도달하고자 하는 성경에 대한 일반적인 접근법들 중 하나는 '일치주의'라고 불린다. 일치주의적 해석자들은 하나님의 말씀과 하나님의 세계 사이에 접합점이 존재한다고 주장하며, 세계에 대한 보다 세련된 과학적 이해가 성경의 진술들과 통합될 수 있다고—거의 확실히 성경의 말씀에 저자가 결코 인식한 적이 없었을 의미를 적용함으로써—완곡하게 말한다. 그러나 그렇게 확장된 의미는 그것들이 영감을 받은 출처에서 나오는 것이 아니기 때문에 권위를 주장할 수 없다. 그런 의미들이 하나님이 의도하셨던 바를 인지하고 있다는 주장은 정당하지 않다. 왜냐하면 그것들은 우리 자신의 상상력과 무관하지 않기 때문이다.

우리 두 단체는 모두 '두 책'이 함께 읽힐 수 있으며 함께 읽혀야 한다고 확언한다. 그러나 우리는 두 책 읽기를 동일한 방식으로 수행하지는 않는다. 바이오로고스에 속한 우리는 일치주의가 활용하는 바로 그 유연함 속에서 그것의 약점을 인식하기 때문이다. 현대의 과학적 합의가 무엇이든, 일치주의자들은 성경이 그것을 지지한다는 것을 적절하게 발견할 수 있다. 사람들이 지구가 우주의 중심이라고 믿었을 때, 그들은 성경이 그런 믿음을 지지하는 것으로 인용할 수 있었다. 정상상태 우주론(steady-state universe)이 지배적인 모델이었을 때 성경은 그 모델에 맞춰 해석되었다.

그 후 빅뱅과 팽창 우주론(expanding universe)이 앞선 우주론들을 대체했을 때, 아주 분명하게 성경은 그 새로운 우주론을 지지하는 방식으로 해석되었다. 그러므로 이런 유연성은 그와 같은 방법론적 접근법을 신뢰하기 어렵게 만든다.

우리는 좀더 범위를 좁혀 저자의 의도 안에 내포된 권위 있는 메시지에 초점을 맞춰야 한다. 성경의 **말씀들**이 현대의 과학적 견해를 수용할 수 있는지가 성경 해석자에게 영향을 주어서는 안 된다. 바이오로고스에 속한 우리는 우리가 성경을 읽을 때 성경의 행간에 진화론이나 공통 조상론을 끼워 넣어 해석하거나 성경의 행간에서 그런 이론들을 발견해야 한다고 믿지 않는다. 우리는 성경 본문이 인간 저자의 의도에 부여된 권위에 의지해 주장하는 것을 가능한 한 정확하게 알아야 할 필요가 있다. 과학과의 상호 작용에 대한 우리의 관심은, 과연 **저자의 의도**가 현대 과학의 결론을 본질적으로 부정하는 주장을 하는가에 있다. 그렇다면, 그것은 실제로 문제가 될 것이다. 그러나 창세기 1-3장을 연구하면서 나는 성경의 권위 있는 메시지가 현대 과학의 발견과 상충하지 않음을 발견했다.[3]

무오성 성경 무오에 관한 시카고 선언(CSBI)은 내가 앞 단락에서 밝힌 특성들을 정확하게 확언한다. 그러나 어떤 이들은 그런 특성들을 **무오성**이라는 용어를 사용하지 않고 표현할 수도 있다. 그 선언문은 인간이 하나님의 말씀에 권위를 부여하는 게 아니라는 것과 권위는 그 말씀 안에 내재한다는 것을 인정한다(1조). 더 나아가 그것은 신약의 완성 이후 규범적 계시가 전혀 주어지지 않았음을 확언한다(5조). 이것은 우리 자신의 해석

---

[3] John Walton, *The Lost World of Genesis One* (Downers Grove, IL: InterVarsity Press, 2009)과 *The Lost World of Adam and Eve* (Downers Grove, IL: InterVarsity Press, 2015)를 보라. 『창세기 1장의 잃어버린 세계』(그리심). 『아담과 하와의 잃어버린 세계』(새물결플러스).

혹은 제기된 의미의 확장 중 어느 것도 (비록 우리가 그것들이 하나님이 이제까지 의미하셨던 것을 대변한다고 주장하고 싶을지라도) 규범적 계시가 될 수 없음을 의미한다. 즉 그런 제안들은 그것들이 곧 성경이 의미하는 것이라고 주장해서는 안 된다. CSBI의 12조가 무오성에 관해 말할 때 그것은 본문이 확언하는 것과 연결된다. 본문의 확언은 성경 저자로부터 온다. 과학의 가설들이 성경을 뒤엎어서는 안 된다. 그러나 우리 역시 멋대로 성경 본문의 행간에서 그 본문이 확언하지 않는 과학적 진술을 읽어 내서도 안 된다. 창조와 홍수의 경우에 해석자들은 오직 성경 저자가 그 자신의 언어로 표현하고 그 자신의 문화를 배경으로 이해했던 확언들에 대해서만 해석할 의무가 있다. 너무 자주 무시되는 해석학적 원리는, 우리가 본문을 현대의 것이 아니라 고대의 것으로 읽어야 한다는 것이다.

우리가 멋대로 성경 본문에 저자가 의도하지 않았던 새로운 의미를 부여한다면, 우리는 저자와 동등한 권위를 주장하는 셈이다. 즉 우리가 하나님과 통하는 독립적인 파이프라인을 갖고 있다고 주장하는 셈이다. 성령이 우리를 진리로 이끄신다는 전제 위에서 많은 이들이 자유롭게 그런 주장을 할 수는 있지만, 여기서 우리는 조심해야 한다. 기독교는 사람들이 성령의 이끄심을 주장하면서 온갖 일, 사실상 단지 그들 자신의 이기적인 욕망의 투사에 불과한 일을 시도했던 끔찍한 역사를 갖고 있다. 우리는 성령이 우리를 그분이 성경의 저자들에게 부여하셨던 것과 동일한 권위를 지닌 메시지로 이끌어 가고 계시다는 것을 어떻게 확신할 수 있는가? 결국, 그런 방법으로는 누구든 무엇이든 주장할 수 있다.

성령의 역할은 우리에게 성경 본문에 대한 권위 있는 확장된 의미를 제공하는 것이 아니다. 그분의 역할은 그분이 성경의 저자들에게 부여하신 권위 있는 메시지의 기초 위에서 우리의 삶에 갱신과 회복, 변화를 가져다

주시는 것이다(CSBI 17조). 우리는 본문으로부터 새로운 의미를 뽑아내지 못한다. 오히려 우리는 저자가 하나님이 택하신 도구로서 전했던 의미의 새로운 적용을 인식할 뿐이다. 오직 그런 식으로만 우리는, 우리가 하나님이 택하신 인간 도구들을 통해 그분 자신의 예시를 이해하려고 할 때, 권위의 연결 고리를 보존할 수 있다.

바이오로고스와 관련된 이들은, 그들이 **무오성**이라는 용어를 택하든 택하지 않든 상관없이 성경의 권위를 견지한다. 가장 중요한 점은 **무오성**이라는 단어를 사용하는 것이 중요하다고 여기는 이들도 바이오로고스 안에서 그들의 믿음에 문제를 일으키는 요소를 찾아내지 못하리라는 것이다.

믿어야 할 이유   케네스 샘플즈

나는 먼저 믿어야 할 이유(RTB)가 성경의 계시와 영감, 무오성에 대해 갖고 있는 넓은 관점을 개략적으로 소개할 것이다. 그 후에 성경 무오에 관한 시카고 선언(CSBI)에서 제기된 보다 구체적인 문제들과 함께 과학에 관한 문제와 과학과 성경의 관계에 관한 문제를 다룰 것이다.

성경과 계시 RTB는 성경의 하나님께서 자신의 피조물들이 그분의 존재와 성품과 명령에 대해 방황하며 암중모색하도록 내버려 두지 않으셨다는 역사적 기독교의 입장을 긍정한다. 기독교는 신적 계시의 진리 위에 세워진 믿음이다. 기독교 신학에서 **계시**는 자신의 피조물을 향한 하나님의 인격적 자기 노출을 가리킨다. 하나님은 적극적이고 결정적으로 주도권을 쥐시고 두 가지 방식으로 자신을 계시하셨다. 하나는 일반계시(창조 질서를 통해 드러나는 하나님에 대한 지식)이고, 다른 하나는 특별계시(구속사를 통해 드러나는 하나님에 대한 지식)이다.

하나님의 존재와 권능, 지혜, 위엄, 영광은 창조 질서를 통해 모든 세대에 모든 곳에서 일반적인 방식으로 알려진다. 거기에는 자연(시 19:1-4; 롬 1:18-21을 보라)과 역사(단 2:21; 행 17:26), 인간의 내적 양심(창 1:26-27; 롬 2:11-16)이 포함된다.

하나님의 보다 구체적인 자기 노출은 그분의 위대한 구속의 행위와 사건과 말씀을 통해서 온다(요 20:31; 딤후 3:15-17; 히 1:1-4을 보라). 그것은 특별한 때에 특별한 장소에서 나타난다. 이 상세한 계시는 두 단계를 거쳐 일어난다. 첫째, 하나님은 (구약의 예언자들에 의해 기록되고 해석되었던 것처럼) 히브리의 족장과 예언자, 왕을 포함하는 그분의 언약 백성을 통해 자신을 계시하셨다. 둘째, 하나님의 계시는 그분의 삶과 죽음, 부활이 신약의 사도들에 의해 기록되고 해석되었던 신-인(the God-man)이신 예수 그리스도의 성육신에서 절정에 이르렀다.

두 책 이론 이중의 계시라는 성경적 기초를 지닌 관점에 비추어, RTB는 그리스도인들이 역사적으로 '두 책 이론'이라 불러 왔던 것을 긍정한다. 하나님은 자연이라는 상징적인 책(하나님의 세계)과 성경이라는 문자적인 책(하나님의 문서화된 말씀) 모두의 저자이시다. 벨직 신앙 고백(Belgic Confession, 1561년에 나온 개신교 개혁주의 신앙 고백)은 아마도 두 책 은유를 설명하는 가장 좋은 역사적 예일 것이다.

우리는 두 가지 방법으로 그분을 안다. 첫째, 우주의 창조와 보존과 다스림을 통해서다. 그 우주는 우리의 눈앞에 있는 아름다운 책과 같아서, 그 안에 있는 크고 작은 모든 피조물은 마치 글자들처럼 우리가 하나님의 비가시적인 것들에 대해 생각하도록 만든다.…둘째, 하나님은 그분의 거룩한 말씀을 통해 우리가 이생에서 그분의 영광과 그분 백성의 구원을 위해 필요한 만큼 보다 공개적으로 우리에게 자신을 알리신다.[4]

동일하게 무한히 완전하신 하나님으로부터 나온 두 형태의 계시는 서로를 강화하고 보완한다. 그러므로 RTB는 모든 진리가 하나님의 진리라고 여긴다. 계시의 두 근원에 대한 인간의 해석은 실제로 상충할 수 있으나, 적절하게 이해되고 올바르게 적용된다면 상충하지 않을 수도 있다.

궁극적으로 신적 계시는 나뉠 수 없는 단일한 실재다. 그것의 두 형태를 구분하는 일은 적절하지만, 그것들을 서로 분리해서는 안 된다. (수많은 수학적·논리적·과학적 원리들을 포함해) 일반계시에서 아주 중요한 어떤 진리들은 특별계시에서는 명확하게 설명되지 않는다. 그러나 성경이 다루는 모든 문제(특별계시의 핵심은 성경 안에 구현되어 있다)에서 이 언어적 계시는 최종적인 것이자 최고의 것으로 간주되어야 한다. 계시의 우선성은 성경의 특수성과 그것의 독특한 명제적이고 자기인증적 성격 때문에 주어진다.

RTB는 문서화된 하나님의 말씀이 독특한 특수성과 권위를 갖는 것을 분명하게 확언한다. 성경은 하나님의 모든 계시를 서로 연관시키고 통일한다. 이런 일관성 때문에 우리는 자연이라는 책의 온전한 무게를 긍정하면서도 성경이라는 책의 독특한 권위와 신적 영감을 수용할 수 있다.

성경과 영감 RTB는 성경의 영감이라는 교리가 "모든 성경은 하나님의 감동으로 되었다"(딤후 3:16)라는 사도 바울의 진술을 통해 예증된다고 확언한다. 이 구절에서 성경을 묘사하는 데 사용된 그리스어 '데오프뉴스

---

[4] The Belgic Confession, article 2, in *Ecumenical Creeds and Reformed Confessions* (Grand Rapids: CRC Publications, 1988), p. 79.

토스(*theopneustos*)는 성경이 하나님의 창조적 숨의 산물임을 의미한다. 이는 하나님이 우주와 최초의 인간을 만드셨던 방법과 다르지 않다(창 2:7; 욥 33:4; 시 33:6). 게다가 사도 베드로는 "성경의 모든 예언은 사사로이 풀 것이 아니니 예언은 언제든지 사람의 뜻으로 낸 것이 아니요 오직 성령의 감동하심을 받은 사람들이 하나님께 받아 말한 것임이라"고 선언한다(벧후 1:20-21). 그러므로 성경의 영감은 인간 저자들의 기록이 자신의 계시를 반영하도록 하나님이 그것을 통해 그들을 감독하셨던 신적 행위로 정의될 수 있을 것이다.

하나님은 인간 저자들의 참된 공헌을 통해 성경 본문을 만드셨다. 그들은 그 기록 과업에서 자신들의 배경과 교육, 어휘, 문체들을 사용했다. 하지만 하나님은 그런 것들을 통해 영감을 받은 성경을 만드셨다. 인간에 의해 쓰였으나 성령의 독특한 권능과 감독을 받은 성경은 영감을 받은 하나님의 말씀이다.

성경과 무오성 RTB는 성경의 신적 영감이 성경 무오성 교리를 의미한다고 전심으로 믿는다(시 18:30; 119:89). 성경 무오에 관한 시카고 선언(CSBI)은 그 교리를 이렇게 설명한다.

> 성령에 의해 준비되고 감독을 받은 사람들에 의해 쓰인 하나님 자신의 말씀인 성경은 그것이 다루는 모든 문제에서 무오한 신적 권위를 갖는다.…전적으로, 언어적으로 하나님에 의해 제공된 성경은 그것의 모든 가르침에서, 곧 개인들의 삶 속에서 역사하는 하나님의 구원 은총에 대한 그것의 증언에서뿐 아니라, 그것이 하나님의 창조 행위에 관해, 세계사의 사건들에 관해, 그리고 하나님 섭리 아래에서 이루어진 그것의 문학적 기원에 관해 말하는 것에서도 오류나 잘못이 없다.[5]

절대적으로 신뢰할 만한 하나님의 성품과 도덕적 완전성(요 17:3; 롬 3:4을 보라), 최초의 육필 원고에 대한 그분의 직접적인 감독(딤후 3:16; 벧후 1:19-21)이 올바르게 이해되고 적절하게 해석될 경우, 모든 (역사적·과학적·도덕적·영적) 오류에서 자유로운 성경 본문을 낳았다. 예수 그리스도 자신이 성경은 하나님의 입으로부터 나왔으므로 오류가 없다고 가르치셨다(마 5:17-18; 요 10:35을 보라). 따라서 RTB는 성경 무오성에 관한 교리를 성경의 영감의 필수적인 함의로 여긴다. 그러므로 역사와 과학 분야에 관한 것을 포함해 성경이 말씀하는 모든 것은 참되며 신뢰할 만하다.

성경과 해석 RTB는 기록된 계시인 성경은 책임감 있게 객관적으로 해석되어야 한다고 믿는다. 이 해석의 과학은 '해석학'이라고 알려져 있다. 성경 본문의 의미를 신중하게 끌어내기 위해 RTB는 역사적-문법적 방법을 사용하면서 다음과 같은 견실한 해석학적 원리들을 따르고자 한다. 본문의 원래 의미와 의도를 발견하기 위해서는 신뢰할 만한 해석자가 신중하게 해야 할 일이 있다. 첫째, 문법을 살피고, 둘째, 사용되고 있는 문학의 장르를 결정해야 한다. 셋째, 본문의 문화적·역사적 배경을 조사하고, 넷째, 주어진 구절에 영향을 주는 직접적이고 보다 넓은 문맥을 연구하는 것이 필요하다.

또한 RTB는 정확한 성경 해석에는 성경이 성경을 해석하게 하는 것이 포함된다고 믿는다. 성경 구절은 동일한 주제를 다루는 다른 성경 구절들에 비추어 분석되어야 한다. 더 분명하고, 더 나중에 나온, 더 완전한 본문들이 시대적으로 더 앞서고, 더 모호한 본문들의 의미를 명확하게 밝혀 준다. 예컨대, 더 앞선 구약은 나중에 나온 신약에 비추어 설명된다. 그러

---

5   "A Short Statement", in Chicago Statement on Biblical Inerrancy.

므로 창세기 1-3장의 성경적 창조 이야기는, 창조라는 주제를 다루는 성경의 다양한 다른 구절들은 물론이고, 앞서 설명한 문학적 원칙들에 비추어 신중하게 해석되어야 한다.

성경과 과학 RTB는 자연이라는 책에서 나타나는 발견이 성경이라는 책에서 계시된 진리를 교정하지 못한다고 단언한다. 이것은 분명한 사실인데, 그것은 두 책 모두가 동일한 신적 근원으로부터 오기 때문이다. 그러나 다양한 과학이 발견한 확립된 사실들은 그동안 성경이 부적절하게 해석됐을지도 모른다는 증거가 될 수도 있다. 이 개념은 두 책을 통한 하나님의 계시가 서로 구별될 수는 있으나 분리될 수는 없는 통일된 전체라는 신학적 원리 위에 세워진다. 물론 자연이라는 책에 대한 과학적 해석은 실제로 자주 성경이라는 책의 신학적 해석과 충돌할 수 있다. 그 점에서 두 책 **모두**에 대한 단순한 해석이 반드시 그것들에 내재된 완전한 진리를 전하지는 않는다. 더 나아가 두 경우(자연과 성경) 모두에서 해석은 철학적 세계관에 대한 고려를 통해서도 깊은 영향을 받는다.

성경과 창조 RTB는 그 두 책을 통합하는 특별한 방법을 갖고 있다. 첫째, 우리는 **무로부터의**(*ex nihilo*) 창조(창 1:1; 잠 3:19; 요 1:3; 롬 4:17; 골 1:16; 히 1:2; 11:3)라고 알려진 성경적 근거를 지닌 역사적인 기독교의 입장을 긍정한다. 독특하게 성경적인 이 교리는 애초에 하나님(무한하고 영원하며 삼위이신 영) 외에는 아무것도 없었다고 가르친다. 하나님은 그분의 헤아릴 수 없는 지혜와 무한한 권능으로 홀로 (물질과 그것과 연관된 실재 같은 어떤 선재하는 물리적 실재로부터가 아니라) 무로부터 우주(현대 물리학의 언어로 말하자면, 모든 물질과 에너지, 시간, 공간)를 만들어 내셨다.

둘째, RTB는 창세기 1-11장이 실제 역사적 사건들을 묘사한다고 확언한다. 그러므로 아담과 하와는 인류의 조상으로서 하나님께 불순종하고 인류를 원죄에 빠뜨렸던 실제 사람들이었다. 신약의 저자들은 창세기 앞 장들의 역사적 성격을 긍정하고 그것에 의존한다.

RTB는 오랜 지구 창조론, 곧 창세기의 창조의 날들이 연대기를 표현한다고 해석하는 점진적 창조론자들의 입장을 긍정한다. 그날들은 24시간이 아니라 연속적인 시대들을 대표한다. 이런 견해에 따르면, 창세기 1장의 창조 주간은 그 이야기 속 사건들을 인간의 거주지로 준비되고 있던 지구의 표면이라는 관점에서 묘사한다.

RTB는 역사적으로 '날-세대 관점'(day-age view)을 고수하면서도 창조의 날들에 대한 다른 접근법들에서 타당성과 통찰을 발견한다. '유비적 날들 관점'(analogical days view)과 '틀 관점'(framework view)은 날-세대 관점과 다양한 지점에서 다르기는 하나 나란히 서 있는 해석의 자매 학교들처럼 보인다.

성경과 일치주의 RTB는 오늘날 일치주의와 일치주의적 변증학을 추구하는 세계 최고의 기독교 과학-신앙 단체로 자리매김하고 있다. RTB의 사명은, 견실한 이성과 (가장 최근의 발견을 포함하는) 과학적 연구가 성경의 진리에 대한 확신과 성경 및 자연 모두를 통해 계시되는 인격적이고 초월적인 하나님에 대한 믿음을 약화시키기보다 일관되게 지지한다는 것을 보임으로써 기독교 복음을 전파하는 것이다. 일치주의는 자연이라는 책과 성경이라는 책이 상당 부분 서로 겹치며 건설적으로 통합될 수 있다는 믿음이다. 일치주의는 계시가 일관성 있는 결합이라는 믿음으로부터 나온다. 또한 그것은 창세기 1-3장은 실제 시공간의 역사를 기록하고 있기에 자연이라는 책이 그 역사를 조사하는 데 사용될 수 있다고 믿는다.

RTB는 자연의 영역 중 몇 가지 측면을 묘사하는 적절하게 해석된 성경 구절들과 과학 분야에서 논쟁의 여지가 없을 정도로 잘 확립된 자료들 사이의 조화를 추구하는 **유연한** 일치주의적 관점을 긍정한다. RTB의 유연한 일치주의는 문자주의적 해석학이 성경의 모든 구절에 적용된다는 관점을 거부한다. RTB는 우리가 성경을 읽을 때 본문이 실제로 보증하는 것보다 더 많은 것을 본문에 집어넣어 읽어서는 안 된다고 주장한다. 과도한 해석은 성경의 견해를 공적인 웃음거리로 만들 수 있다. 확실히 과학적 연구나 역사적 연구는 언제나 과도한 해석이 옳지 않음을 입증할 수 있다.

다른 한편, 성경 본문에 그것이 가르치는 것보다 **적은** 의미를 부여하며 읽는 것 역시 문제가 될 수 있다. 세속주의자들은 종종 그런 식의 반응을 성경이 객관적 시험을 견딜 수 없음을 인정하는 것으로 해석한다. 어느 쪽이든, 성경의 진리 주장은 손상된다. 더 나아가 신자들은 본문에 적은 의미를 부여하며 읽음으로써 그리스도인의 삶과 증언에 적용할 수 있는 진리를 놓친다.

RTB의 입장에서 성경이 과학 및 창조와 관련된 내용을 많이 갖고 있다는 사실(그것은 창세기 1-11장 너머까지 확대된다)은 모종의 일치주의적 신학을 요구하는 것으로 보인다. 우리의 유연한 일치주의는 창세기 1-11장에 국한되지 않는다. 그것은 자연 영역의 기원과 역사, 현재 상태를 묘사하는 성경 본문 전체에 대한 일관성 있는 해석을 추구한다. RTB의 접근법은 자연을 다루는 성경 구절들과 논쟁의 여지가 없을 만큼 확실한 자연의 사실들 사이에서 조화를 찾는다. 그러나 늘 주류 과학이나 현대 과학에 동의할 필요는 없다.

일치주의적 모델은 성경이 단지 성경 저자가 살았던 세대만이 아니라 모든 세대에 대한 계시가 되게 한다. 성경 저자의 의도를 이해하는 것이 성경의 어느 구절을 정확하게 해석하기 위한 필요조건이기는 하나, 그런 요소 하나만으로는 성경의 영감 전체를 포착하기에 충분하지 않다. 일치주의는 오직 미래 세대에만 의미를 지니는 추가적인 메시지가 고대의 예언자들이 영감을 받아 한 말들 속에 끼워 넣어지는 것을 허락한다.

그런 노력을 하는 과정에서 우리는 혹시라도 우리가 어떤 계시는 높이고 다른 것은 거부하도록 강요받지 않을까 두려워하지 않는다. 성경에 영감을 불어넣으신 하나님은 우주와 지구, 지구상의 모든 생명체를 창조하신 바로 그 하나님이시다. 그분 안에는 거짓이나 속임수의 가능성이 없기에(시 33:4; 요 17:17), 자연의 기록은 결코 성경과 상충하지 않을 것이다. 충돌이 나타나는 곳에서 우리는 우리가 이쪽이나 저쪽 혹은 양쪽 모두를 오해했다고 확신할 수 있다. 아니면 그저 서로에 대한 더 많은 정보들이나 더 깊은 통찰이 필요한 것일 수도 있다. 어느 쪽이든, 우리는 성경과 자연에 대한 큰 지식과 이해를 얻을 뿐 아니라 양쪽 모두에 책임을 지고 계신 하나님에 대한 보다 큰 지식과 이해를 얻게 될 것이다.

후속 질문　　　　　　　　　　　　　　　　　　　　스티브 렘케

이 장에 기고한 두 사람 모두가 성경의 영감과 권위에 대한 높은 관점을 확언했다. 하지만 그들은 성경의 무오성과 관련해 사용하는 표현과 성경의 창조 이야기에 대한 해석에서 얼마간 입장의 차이를 보이고 있다. 내가 그들의 대화를 지켜보면서 얻은 결론은 다음과 같다.

바이오로고스와 RTB는 성경의 영감과 권위를 인정한다. RTB는 그 단체를 대표하는 이들에게 성경의 무오성에 대한 확언을 요구한다. 바이오로고스는 그런 요구를 하지 않으며, 무오성에 대해 RTB보다는 다양한 관점을 갖고 있는 듯 보인다. 바이오로고스와 연관된 이들 중 몇몇은 무오성

을 확언하지 않거나 성경의 권위를 인정하기 위해 다른 언어를 사용하는 것을 선호해 왔다. 존 월튼은 성경의 무오성을 긍정하며 바이오로고스 내에서 그것을 적극적으로 대표하는 사람이다.

바이오로고스와 RTB 모두 하나님이 자연이라는 책과 성경이라는 책 모두를 통해 자신을 계시하신다고 확언한다. 그러나 RTB의 유연한 일치주의에 대한 믿음과 바이오로고스의 일치주의에 대한 거부는 중대한 차이다. 두 단체 모두 딱딱하게 문자적으로 과학에 성경을 적용하는 것은 문제임을 인정한다. 그러나 성경과 과학이 상충하는 듯 보일 때, 바이오로고스는 그 주제에 관한 과학적 합의가 존재할 경우—설령 그것이 성경이라는 책을 새로운 관점에서 읽을 것을 요구할지라도—자연이라는 책에 더 많이 의지하는 것처럼 보인다. 이렇게 겉으로 드러나는 갈등은 바이오로고스에게는 크게 문제가 되지 않는다. 이 단체는 '두 영역' 해석 이론을 활용하기 때문이다. 이 이론에서 성경은 주로 영적 영역을 다루는 반면, 과학은 물질적 영역을 다룬다. 이들이 보기에 성경은 전문적인 과학 문제들을 다루기 위해 쓰인 것이 아니다. 반면에 RTB 역시 자연이라는 책에 큰 신뢰를 보이기는 하나, 이 단체가 지향하는 유연한 일치주의는—설령 과학이 성경과 모순되는 것처럼 보일지라도—그것을 따라 성경의 명백한 가르침으로 보이는 것을 수정하는 일을 주저하게 만든다.

이제 두 기고자에게 다음 두 가지 질문을 던지려고 한다.

- 젊은 지구 창조론(YEC)은 여러분 두 단체 모두가 창조 이야기를 자기들처럼 문자적으로 다루지 않는다고 비판해 왔다[가령, 그들은 창세기 1장에 나오는 '욤'(*yom*)이라는 히브리어가 여섯 차례의 24시간으로 이루어진 기간을 가리킨다고 여긴다]. 여러분이 이런 이야기를 달리 해석하기에 그런

> 비판자들은 과연 여러분 중 어느 쪽이라도 성경의 영감과 권위, 무오성에 대해 충분히 높은 관점을 지지하고 있는지 의심스러워한다. 여러분은 이런 비판에 어떻게 답하는가?
> - 우리가 창세기 1-2장 같은 창조 이야기를 해석할 때 따라야 하는 몇 가지 해석학적 지침들을 좀더 상세하게 설명해 줄 수 있는가?

바이오로고스의 답변   존 월튼

앞에서 분명하게 밝혔듯이, RTB와 바이오로고스는 성경 권위의 여러 측면들에 동의한다. 두 단체 모두 하나님의 계시를 위한 '두 책 모델'을 채택하고 그 책들 사이에 존재하는 일치를 확언한다. 두 단체 모두 성경이 인간 저자라는 수단을 통해 하나님에 의해 영감을 받았다는 전통적인 교리를 지지한다. 두 단체 모두 **무로부터의** 창조 교리를 대체로 받아들인다. 그러나 우리는 어느 구절들이 그 교리를 분명하게 밝히는지에 관해 의견이 일치하지 않는 듯 보인다(특히, RTB는 그 목록에 창세기 1:1을 포함시키는데, 나는 그것을 포함시키지 않는다).[6]

주된 차이점들은 특히 일치주의의 문제와 연관된 해석학에서 나타난다. 그 문제를 살피기에 앞서, 나는 미묘한 표현의 차이가 필요한 몇 가지 다른 문제들에 잠시 주목하고자 한다.

첫째, 하나님이 행위와 사건들을 통해 자신을 계시하신 것은 사실이다. 하지만 우리는 오직 성경 기자들의 증언을 통해서만 그런 행위와 사건들

---

[6] 무로부터의 창조는 바이오로고스의 교리적 확언이 아니다. 하지만 이 단체와 연관된 대부분의 사람이 그것을 받아들이고 있다.

에 접근할 수 있다. 우리는 그들을 신뢰한다(그들은 성령의 감독을 받았기 때문이다). 하지만 우리는 그들의 보고에 의존하고 있기에 우리가 의지하는 권위는 다시 그 기자들의 말과 관점에 귀속된다. 우리는 독자적으로 그 사건들을 평가하지 못하며 그 저자들을 통과해야 한다. 그들의 **관점들**이 하나님이 그들에게 부여하신 권위를 위한 우리의 원천이다. 일반계시로 범주화된 사건들 자체는 우리의 접근 범위 너머에 있다. 성경의 저자들은 그런 사건들을 보고하고 성경 본문이라는 권위 있는 특별계시에 비추어 그것들을 해석한다.

둘째, 샘플즈는 CSBI에 관해 숙고하면서 "역사와 과학 분야에 관한 것을 포함해 성경이 말씀하는 모든 것은 참되며 신뢰할 만하다"라는 요약적 진술을 제공한다. 그런 진술은 '말씀하다'(says)에 해당하는 뉘앙스를 제공하는 데 실패한다는 점에서 너무 모호하다. 무오성에 관한 전통적 견해는 본문이 '확언하는'(affirms, '말씀하는'보다 좁은 범주다) 것에 권위를 부여한다.

이런 두 주제는 흥미로운 대화에 도움이 된다. 하지만 지금 우리는 우리 두 단체를 구별하는 주된 해석학적 특징에 주목해야 한다. 샘플즈는 일치주의에 대한 유용한 정의를 제공한다. "일치주의는 자연이라는 책과 성경이라는 책이 상당 부분 서로 겹치며 건설적으로 통합될 수 있다는 믿음이다. 일치주의는 계시가 일관성 있는 결합이라는 믿음으로부터 나온다." 우리는 계시가 '일관성 있는 결합'이라는 것에 동의한다. 우리가 던져야 할 질문은 과연 일치주의가 이런 일관성을 반영하는 유일한 길인지, 일치주의를 통한 일관성이 해석학적 견고함을 통해 달성될 수 있는지 하는 것이다. 자연이라는 책으로부터 온 계시가 성경이라는 책을 통해 제시된 메시지를 **결정하는** 데 사용될 수 있는가? 일치주의는 실제로 건설적인 통합의 방법인가? RTB는 그렇다고 말한다. 그러나 바이오로고스와 연관된 이들은 그런 주장에 동의하지 않을 것이다.

　RTB가 주장하는 '유연한' 일치주의 안에서 그들은 "자연 영역의 몇 가지 측면을 묘사하는 적절하게 해석된 성경 구절들과 과학 분야에서 논쟁의 여지가 없을 정도로 잘 확립된 자료들 사이의 조화"를 추구한다. 머릿속을 맴도는 질문은 이것이다. 이때 '적절한' 해석을 위한 기준은 무엇인가? 본문이 원래의 저자가 의미했을 수 있는 것 이상을 말한다고 해석하는 것은 '적절한가?' 샘플즈는 "RTB는 우리가 성경 본문이 실제로 보증하는 것보다 성경 본문에 더 많은 것을 집어넣어 읽어서는 안 된다고 주장한다"라고 말함으로써 이 문제를 완화시키려 한다. 그러나 여기서 우리는 본문이 보증하는 것을 결정하기 위한 기초가 무엇인지 궁금해하지 않을 수 없다. 그것이 저자의 의도가 아니라면, 그때 보증은 어디로부터 오는가? 샘플즈는 그 질문에 "RTB의 접근법은 자연을 다루는 성경 구절들과 논쟁의 여지가 없을 만큼 확실한 자연의 사실들 사이의 조화를 찾는다"고 진술함으로써 답한다. 그러므로 그들은 그 보증이 우리가 '논쟁의 여지가 없는 과학'을 통해 자연계에 관해 '아는' 것으로부터 온다고 여긴다. 나는 우리가 성경을 그렇게 아무렇게나 해석해서는 안 된다고 주장한다.

　이것은 우리를 우리 사이 불일치의 핵심으로 이끌어 간다. 샘플즈는 "성경 저자의 의도를 이해하는 것이 성경의 어느 구절을 정확하게 해석하기 위한 필요조건이기는 하나, 그런 요소 하나만으로는 성경의 영감 전체를 포착하는 데 충분하지 않다"라고 말한다. 이 말을 통해 그는 성경과 동등한 무게를 지니고 성경 구절들에 고대의 저자들이 의도한 적이 없는 의미를 제공할 수 있는 성경 밖의 계시를 제시하고 있는 셈이다. RTB에게 과학적 지식은 분명히 이런 정보의 근원이다. 대조적으로 바이오로고스에 속한 우리는 기독교 신학이 전통적으로 일반계시를 긍정하기는 하나 그 계시가 성경의 진술에 의미를 더하는 데 사용될 수 있을 만큼 성경과 동등하게 여겨진 적이 없다고 생각한다. 그것은 오직 그것이 하나님을 지시할 때만 직설법의 역할을 한다. 즉 일반계시는 하나님에 대한 우리의 지식을 보완하고 성경의 진술에 대한 보다 큰 이해를 제공할 수 있으나, 성경 본문에 영감을 받은 의미를 덧붙이지 않는다. 특별계시는 일반계시를 완료하고 완성시키기 위해 필요하다. 그러나 상황이 반대가 될 수는 없다. 상보성과 지속성이 기대되기는 하지만, 특별계시는 절대로 일반계시에 의존하지 않는다.

성경 저자의 의도가 불충분하다는 입장을 택하는 것은 결국 샘플즈의 마지막 놀라운 단언으로 이어진다. "일치주의는 오직 미래 세대에만 의미를 갖는 추가적인 메시지가 고대의 예언자들이 영감을 받아 한 말들 속에 끼워 넣어지는 것을 허락한다." 이것은 해석학적으로, 신학적으로 매우 위험한 발언이다. 이때 끼워 넣어지는 개념은, 우리가 원래의 저자에게는 알려지지 않았을 '끼워 넣어진' 메시지를 확인해 줄 특별계시(가령, 신약)를 갖고 있는 한에서 예언에 적용될 때에야 효과가 있다. 일반계시를 통해 원래의 저자에게는 알려지지 않았던 끼워 넣어진 진리를 확인하기 위해 권위를 확장하는 것은 매우 위험하다. 그런 해석을 규제하기 위한 해석학은 존재하지 않는다.

마지막으로 우리는 렘케가 제기한 질문들로 돌아간다. 젊은 지구 창조론자들의 비판과 관련해, 나는 바이오로고스에 속한 모든 이를 대변할 수 없다. 그러나 나는 우리가 원래의 저자가 전하고자 했던 바를 가능한 한 완전하게 이해하는 것보다 본문을 더 문자적으로 대할 수는 없다고 주장한다. 나는 만약 젊은 지구 창조론자들이 현재의 문제를 다루기 위해 성경 본문을 현대의 렌즈를 통해 읽는다면 그들은 그것을 문자적으로 대하는 것이 아니라고 주장한다. 즉각적이고 피상적인 읽기가 문자적 읽기로 오해되어서는 안 된다. 권위와 영감, 무오성은 (하나님에 의해 권위를 부여받은 자인) 최초의 인간 저자가 의도했던 정보에 주어져야 한다. 개인적으로 나는 24시간 해석에 반대하지 않는다. 그러나 나의 해석으로 그 본문은 물질적 기원들이 24시간으로 이루어진 날들에 국한된다는 주장을 하지 않는다. 만약 나의 해석이 맞다면, 그 본문을 마치 그것이 물질적 창조에 적용되는 것처럼 읽는 것은 문자적 읽기가 아니다.

해석학적 지침에 관해서라면, 나는 내가 아주 명쾌하게 나의 입장을 밝혔다고 믿는다. 권위를 지닌 의미는 신성한 의미에 이르는 우리의 유일한 통로인 인간 저자의 의도와 연관되어야 한다. 인간 저자의 의도는 우리가 성경 본문에 우리의 현대적 개념들을 시대착오적으로 부과하지 않도록 저자 자신의 문화적·언어적 상황을 통해 알려져야 한다. 고대 근동에서 발견되는 관점들이 성경 본문의 의미를 결정하지는 않는다. 그러나 그것들은 우리가 고대 세계의 인지적 상황에 대한 보다 나은 이해를 향해 나아가도록, 고대의 사고방식과 우리 사고방식 사이의 차이를 인식하도록 자극할 수 있다.

믿어야 할 이유의 답변   케네스 샘플즈

믿어야 할 이유(RTB)에 속한 모든 학자는 존 월튼이 성경 권위의 본질에 관한 이 장에 기고한 글을 통해 유익을 얻었다. 우리는 그가 그 자신과 바이오로고스가 일반적으로 성경을 어떻게 이해하는지, 특히 성경과 과학의 관계를 어떻게 이해하는지를 아주 분명하고 사려 깊게, 집중해서 설명해 준 것에 감사한다. 또 우리는 우리 두 단체가 성경의 영감 및 권위와 관련해 상당한 공통적 기반을 갖고 있음에 감사한다. RTB에 속한 우리는 바이오로고스가 신성한 계시의 두 책에 깊이 헌신하고 그것들을 존중하는 것에 감사한다.

성경, 영감, 계시 성경이 객관적이고 영감을 받은 하나님의 계시로서 스스로 말하도록 허락해야 한다는 월튼의 말은 옳다. 그가 어떤 성경 본문이든 그것을 적절히 해석하는 데 중요하게 고려되어야 하는 사항이 저자의 의도라고 말하는 것도 옳다. 또 오늘을 살아가는 사람들이 성경의 최초 청중이자 직접적인 청중이 아니라는 그의 주장에도 동의한다.

그러나 때때로 어떤 성경 본문이 최초의 성경 저자가 알았거나 전하려고 의도했던 것보다 더 큰 의미를 지니고 있다는 것은 구약을 신약에 비추어 읽을 때 분명하게 드러난다. 예컨대, 신약의 저자들은 메시아 예수의 오심에 관한 구약의 진술들에서 애초의 예언자적 히브리 저자들이 알고 이해했던 것보다 훨씬 더 많은 것을 보았고, 그것에 대해 설명하기까지 했다. 그러므로 성경 저자의 의도는 주어진 본문을 이해하는 데 **필요한** 조건이지만, 때때로 그것은 성경의 영감에 관한 모든 것을 포착하는 데 완전히 **충분하지는** 않다고 결론짓는 것이 공정해 보인다.

사도들이 성경을 썼을 때, 그들은 특별한 신적 권위를 가지고 앞선 성경의 기록들을 새롭고 깊이 있는 방식으로 해석했다. 그러므로 우리는 오늘을 살아가는 이들이 사도들이 그랬던 것처럼 어느 본문에서 새로운 의미나 보다 큰 의미를 찾아내기 위한 사도적 권위를 갖고 있지 않다는 것에 동의한다. 하지만 미래 세대가 성경 본문에서 애초에 의도되었던 것보다 더 큰 의미를 찾아내 적용하고 그것에 대해 의견을 낼 수 있다고 결론짓는 것이 성경적으로 건전해 보인다.

특별한 예를 사용해 말하자면, 성경은 무로부터의 창조 교리를 가르친다. 많은 성경학자들이 그 교리가 적어도 구약에서는 암시적으로, 신약에서는 보다 명시적으로 제시되고 있다고 여긴다. 우주론에 관한 이 특별한 성경적 진리는 교회사에서도 아주 이른 시기에 확언된다. 그러므로 오늘날 그리스도인들이 자연이라는 책을 성경이라는 책에 비추어 읽고 (유일회적 시작을 지닌) 전통적인 빅뱅 우주론이 정상상태 우주론이나 진동 우주론 모델보다 무로부터의 창조와 더 잘 부합한다고 결론짓는 것은 적절해 보인다. 빅뱅과 기독교적 우주론(그리고 쌓여 가는 21세기의 증거)의 양립성에 관한 이런 특별한 판단은 하나님의 두 책 계시를 이성적으로 존중하면서 사용하는 것처럼 보인다. 그 두 책은 함께 읽혀야 하고 아주 조심스럽게 해석되어야 한다. 그러나 이 예에서 우리는 과학 이론들이 성경에 비추어 평가되어야지, 그 반대가 되어서는 안 된다는 것에 유의해야 한다.

성경과 일치주의 또한 월튼은 과거에 일치주의의 몇몇 형태들이 때때로 성경의 권위와 본문 해석을 위한 타당한 규칙들을 아무렇게나 다루었다고 지적한다. 그의 지적은 옳다. 그런 잘못된 관행은 어떤 이들이 신성한 계시로서의 성경의 진정성에 대해 의문을 갖게 만들었다. 그러나 오용이 있었다고 해서 적절한 사용을 필연적으로 배제해야 하는 것은 아니다.

두 책을 이해하는 것에 대한 RTB의 접근법은, 일반적으로 건전한 해석학적 원리에 기초해 두 책의 내용을 통합하고자 하는 유연한 일치주의를 반영한다. RTB는 성경을 과학에 비추어 해석하지 않고 오히려 성경에 최고의 명제적 계시라는 적절한 지위를 부여한다. 일반계시의 한 예인 과학은 성경을 수정하거나 능가하지 못한다. 하지만 과학은 우리가 어떤 성경 본문을 해석하는 우리의 현재 방식을 재평가할 필요가 있을지도 모른다고 제안할 수 있다. 과학 이론과 신학 이론은 거룩한 계시에 대한 단순한 해석을 나타낸다. 계시에 대한 해석으로서 그 둘 모두 가능한 오류에 종속된다. 요약하자면, 하나님의 계시는 절대 틀리지 않는다. 그러나 그 계시에 대한 인간의 해석은 틀릴 수 있다.

성경과 적응 이론 하나님의 적응 이론이라는 개념은 아주 신중하게 고찰되어야 한다. 무한하고 영원하며 영적인 삼위일체 하나님이 단순한 인간 피조물과 효과적으로 소통하시려면 그들이 이해할 수 있는 말로 말씀하셔야 한다는 것은 분명히 옳다. 또한 고대 세계에 살았던 이들의 경우, 과학에 대한 이해와 문제를 과학적으로 표현하는 능력에 한계가 있었으리라고 결론짓는 것 역시 타당하다. 그러나 성경 저자들의 기록은 성령에 의해 감독을 받았다. 따라서 신적 영감은 그들이 비과학적이거나 아마도 잘못된 개념을 표현하는 것을 막았을 것이다. 그러므로 예컨대, 예수님과 바울이 역사적 아담을 허위로 믿었다는 것은 성경의 영감과 무오성에 대한 복음적 이해와 명백하게 불일치하는 것으로 보인다.

성경과 세계관의 진리 주장 바이오로고스는 성경에 대한 기독교적 이해와 상충할 수 있는 과학 관련 문제들이 제기될 때 변증을 위한 도전에 취약해 보인다. 그럴 경우, 우리는 성경이 과학적인 문제들을 다루지 않는다는 입장에 숙이고 들어가기 쉽다. 현대 이전의 문화와 현대의 문화는 많은 문제들을 서로 다르게 바라보지만, 성경은 모든 시대에 속한 모든 이에게 참되게 말씀하기 위해 존재한다. 영적 진리와 도덕적 진리는 자연계에 관한 진리와 분리될 수 없고, 중요한 지식의 주장과도 분리될 수 없다.

그러므로 진리의 영역들을 분리하는 성경의 적응 이론은 불신자들에게 편의적이고 임시변통적이라는 인상을 주며, 따라서 강력한 변증적 설득력을 갖지 못한다. 적응주의가 너무 멀리 나가면, 그때 회의주의자들은 기독교를 참되게 검증할 길이 없다. 그것은 여러 다른 종교들처럼 단지 허위라고 입증할 수 없을 뿐이라고 여길 수도 있다. 이렇게 적응주의는 기독교를 잘해야 별로 중요하지 않는 종교로, 최악의 경우에는 얼토당토않은 종교로 만들 위험이 있다.

무책임한 일치주의자들이 이런저런 성경 본문에서 모든 과학적 견해를 찾아내는 것은 가능하다. 그러나 비일치주의적 적응주의자들이 성경을 자연계에 관한 진리 주장이 전혀 출입할 수 없는 구역으로 만듦으로써 모든 과학적 비판을 피하는 것 역시 가능하다. 일치주의자들이 때때로 성경을 아무렇게나 다뤄도 되는 것처럼 다루고 있다면, 비일치주의적 적응주의자들 역시 동일한 문제를 가진 것으로 보인다. 아마도 유연한 일치주의에 대한 필요가 있을 것이고, 또한 유연한 적응주의에 대한 동등한 필요도 있을 것이다.

스티브 렘케의 질문에 대한 답변 RTB는 '달력일 관점'(calendar-day view, 창조의 날들이 여섯 차례의 연속적인 24시간으로 이루어진 날들이라는 관점)을 그것의 심각한 주석상의 약점 때문에 부인한다. 그 관점에 대한 여섯 가지 비판을 간략히 서술하면 다음과 같다.

1. 창조의 날들(가령, "저녁이 되고 아침이 되니"에 대한 언급들)은, 만약 태양과 달이 넷째 날까지 창조되지 않았다면, 달력일 관점이 주장하는 것처럼 정상적인 달력일(혹은 태양일)이 될 수 없다. 하나님이 태양을 창조하시기 전에 초자연적으로 빛을 제공하셨다고 주장하는 것은 첫날부터 셋째 날까지의 날들을 달력일과는 분명히 다른 비정상적인 날들로 만든다.
2. 저녁과 아침에 대한 언급들은 24시간으로 이루어진 하루에 대한 엄격한 표현과 일치하지 않는다. 예컨대, 성경에서 안식일은 일몰에서 일몰 혹은

저녁에서 저녁으로 측정된다.

3. 창조의 여섯째 날의 사건들은, 이성적으로 생각해 볼 때, 단지 24시간으로 이루어진 하루 동안에 끝내기에는 너무 많고 또 중요하다. 아담은 단지 그날 오후에 몇 시간 동안이 아니라 일종의 경력을 쌓는 형태로 심혈을 기울이는 활동에 개입했던 것으로 보인다. 동물들에게 이름을 부여하고 동물의 왕국을 분류하는 일은 그에게 여러 해의 시간을 요구했을 수 있다. 동산을 관리하고 아내와의 관계를 발전시키는 것 역시 꽤 오랜 시간에 걸쳐 이루어졌을 것이다.

4. 창조의 날들이 지닌 병행 구조를 감안한다면, 만약 일곱째 날이 긴 시간(분명히 아직 발생하지 않은 역사의 완성)이라면, 그 앞의 날들 역시 그러할 것이다.

5. '날'에 해당하는 히브리어(yom)는 창세기의 모든 문맥에서 24시간을 의미하지 않는다(창 2:4을 보라).

6. 달력일의 어떤 형태들은 사실상 세 가지 서로 다른 형태의 날들로 정의된다. 첫째 날부터 셋째 날까지는 지구의 회전으로 이루어진 날들이다. 넷째 날부터 여섯째 날까지는 정상적인 태양일이다. 일곱째 날은 아주 긴 시간이다.

완전한 성경 무오성을 긍정하는 많은 복음주의 학자들은 과학에 호소하지 않으면서 순전히 주석적 근거 위에서 달력일 견해를 부정한다.

해석학적 지침에 관해서는, 창세기 1-3장의 성경적 창조 이야기는 그 주제를 다루는 성경의 다양한 다른 구절들과 함께 다음과 같은 문학적 원리에 비추어 신중하게 해석되어야 한다.

한 본문의 원래 의미를 발견하고 성경 저자의 의도를 찾아내기 위해서 신뢰할 만한 해석자가 조심스럽게 해야 할 일이 있다. 첫째, 본문의 문법을 조사하고, 둘째, 사용되고 있는 문학의 장르를 판단하는 것이다. 셋째, 그 본문의 문화적·역사적 상황을 살펴보고, 넷째, 그 구절에 영향을 주는 직접적인 문맥과 더 넓은 문맥 모두를 연구하는 것이다. 그 본문의 의미를 끌어내는 데는 성경이 성경을 해석하도록 허락하는 것이 필요하다. 하나의 구절은 동일한 주제에 관한 다른 구절들에 비추어 분석되어야 한다. 더 분명한, 더 최신의, 더 완전한 본문들이 더 앞서고, 더 모호한 구절들의 의미를 더 분명히 밝혀 준다. 예컨대, 더 앞선 구약은 더 나중에 나온 신약에 비추어 설명된다.

결론

스티브 렘케

성경의 권위에 관한 이 훌륭한 대화에서 두 명의 저자들에게 들은 내용을 요약하고 대조해 보자.

존 월튼과 켄 샘플즈 모두 성경의 영감에 대한 높은 관점과 무오성 교리를 긍정한다. 그러나 전체적으로 RTB가 무오성을 긍정하는 데 더 균일한 입장을 보인다. 그 단체의 대표자들에게는 그 교리에 대한 확언이 요구되기 때문이다. 바이오로고스 안에는 무오성을 이해하는 데 미묘한 차이를 보이는 광범위한 관점들이 포함되어 있다.

두 단체 모두 성경의 영감과 권위를 긍정하지만, 다양한 본문들에 대한 그들의 해석은 크게 다르다.

바이오로고스와 RTB 모두 오랜 지구 창조론, 곧 지구가 수천 년보다 훨씬 더 오래되었다는 주장을 긍정한다. 젊은 지구 창조론을 고수하는 보수적인 복음주의 그리스도인들은 두 단체 모두의 해석에 대해 의문을 제기해 왔다. 젊은 지구 창조론의 관점은, 성경의 이야기를 그들이 더 문자적인 해석학이라고 이해하는 것으로 해석하면서 창조가 수십만 년 전이 아니라 2만여 년 이전에 여섯 차례의 문자적인 24시간으로 이루어진 날들 동안에 발생했다고 주장한다. 바이오로고스와 RTB 모두 오랜 지구 창조론을 긍정하기에, 젊은 지구 창조론을 옹호하는 이들은 때때로 과연 그들이 성경의 영감과 무오성 교리를 견지하고 있는지 의문을 품는다. 그러나 바이오고로스와 RTB는 이것은 성경의 영감이 아니라 성경에 대한 해석의 문제라고 단언한다.

바이오로고스와 RTB는 자연이라는 책과 성경이라는 책 모두를 신성한 계시를 위한 적절한 도구로 인정한다. 그러나 바이오로고스는 보다 비일치주의적인 그들의 성경 읽기 방식 때문에 그 두 책이 서로 다른 목적을 갖고 있다고 믿는다. 즉 성경이라는 책은 신학적 진리를 드러내고, 자연이라는 책은 과학적 진리를 드러낸다고 믿는다. 월튼의 견해에 의하면, 성경의 주된 의미는 원래의 고대 저자가 그것을 통해 의미하고자 의도했던 것이다. 유연한 일치주의적 해석학에 대한 샘플즈의 긍정은 성경의 신적 저자가 그것의 인간 저자들에 의해 이해되지 않았던 의미들을 성경 본문에 끼워 넣었을 수 있다고 단언하도록 이끈다.

그동안 존 월튼과 켄 샘플즈 모두 학문적이고 전문적인 방식으로 복잡한 문제들을 다뤄 왔다. 덕분에 우리는 그들이 이런 기독교 담화의 모델을 만들어 준 것에 감사할 수 있다.

3장 최초의 부부

아담과 하와에 관한 가능한 입장은 무엇인가?

테드 카발, 로렌 하스마, 케네스 샘플즈

남침례회 진행자 테드 카발

지난 수십 년간 복음주의자들은 지구의 나이에 대해 논쟁하느라 굉장한 에너지를 썼다. 그 에너지의 많은 부분은 그 문제를 진화론의 핵심으로 여기는 이들에게서 나온다. 그러나 1859년에 다윈의 『종의 기원』이 출간된 이후 복음주의자들은 주로 보편적인 공통 조상에 관한 이론, 곧 모든 생물이 공통의 혈통을 갖고 있다는 주장에 관심을 가져 왔다. 그 관심의 핵심에는 그 이론이 성경의 가르침에 부합하느냐 하는 문제가 있다. 아담과 하와는 보다 낮은 생명 형태로부터 왔는가? 모든 인류는 그 최초의 부부에게서 왔는가? 혹은 도대체 최초의 부부가 존재하기는 했는가?

최근에 복음주의자들 사이의 논쟁은 아담의 역사성에 맞춰졌다. 그 문제와 연관된 구체적인 신학적 쟁점 중에는 하나님의 형상과 타락 및 원죄를 비롯해 신약의 저자들이 창세기의 아담을 이해하는 방식 등이 포함되어 있다. 그러므로 내가 로렌과 켄에게 제기하는 질문은 다음과 같다. 여러분이 생각할 때 성경의 아담과 하와를 이해하기 위한 가능한 선택지는 무엇인가? 여기서 이 '가능한'(viable)이라는 표현에 성경적 정통에 대한 충실성과 과학적 타당성 모두가 포함된다고 이해하자. 성경이 말하는 최초의 부부에 관한 우리의 견해는 인간의 기원에 관한 주류 과학의 이해와 어떻게 연결되어야 하는가? 여러분은 가능하지 않은 선택지들의 경계선을 어디에 그을 것인가?

바이오로고스   로렌 하스마

교회사를 통해 대부분의 그리스도인들은 성경이 모든 인간은 수천 년 전 메소포타미아에서 살았던 두 사람으로부터 내려왔다고 가르친다고 해석했다. 그러나 갈릴레오 시대에 천문학 분야에서 이루어진 발견이 당시 교회가 특정한 장소에 고정된 지구에 관해 말하는 성경 본문들을 달리 해석하도록 촉구했듯이, 오늘날 고고학, 화석학, 유전학 분야에서의 발견들은 오늘의 교회가 창세기 2-3장에 대해 다른 해석들을 고려하도록 촉구하고 있다.

오늘날 많은 그리스도인들은 아담과 하와에 관한 새로운 해석에 대해 우려를 표한다. 그러한 해석이 성경의 영감과 권위, 하나님의 형상대로 지음받은 인간, 원죄 교리에 관한 핵심적 가르침들을 위험에 빠뜨리지 않을까 걱정한다. 이런 반응은 이해할 만하다. 바이오로고스에 속한 우리는 이런 우려에 공감한다. 그러나 역사가 보여 주듯이, 때때로 교회가 과학의 결과들을 통해 성경 구절들을 해석하는 방식을 신중하게 재고하도록 촉구받는 일은 바람직하다. 바이오로고스는 과학이 신학이나 성경의 해석을 능가한다고 믿지 않는다. 그러나 우리는 신학과 성경에 대한 해석이 과학의 발견으로부터 유용한 통찰을 끌어낼 수 있다고 믿는다. 현재 이 작업은 아담과 하와에 관해 복음주의 학자들 사이에 합의를 이끌어 내지 못했으며, 바이오로고스는 가능한 넓은 범위의 제안들에 관한 논의가 계속되는 것이 중요하다고 믿는다.

조직신학 창세기 2-3장은 성경 전체가 가르치는 조직신학의 핵심 교리들과 연결되는데, 거기에는 다음과 같은 것들이 포함되어 있다.

- 인간은 하나님과 특별한 관계를 맺고 하나님의 창조 세계 안에서 역할을 수행하기 위해 "하나님의 형상대로" 창조되었다(창 1:27).
- 지금까지 살아온 모든 인간은 하나님의 계시된 뜻에 맞서 반역함으로써 죄를 지었다.
- 하나님은 그리스도의 성육신과 죽음, 부활, 승천, 약속된 재림을 통해 죄를 다루셨다.

바이오로고스는 이 핵심 교리들을 지지한다. 우리가 가능하다고 여기는 아담과 하와에 관한 견해는 그 교리들에 충실해야 한다. 2천 년 동안 교회는 매개 변수들 안에서 다양한 견해들을 탐구해 왔다. 그런 신학적 성찰들은 아담과 하와에 관한 현재의 제안들을 살필 때 가치 있는 자원이 된다.[1]

성경의 해석 창세기 2-3장 자체는 상징적 해석을 제안하는 말하는 뱀이나 기적의 나무들 같은 요소를 갖고 있을지라도, 그 본문을 오직 현대 유럽어 번역으로만 읽는 21세기의 독자들은 그것을 문자적-역사적 방식

---

1   Oliver Crisp가 바이오로고스 웹사이트에 게시한 글, 특히 원죄에 관한 교회의 발전하는 견해들에 관한 글을 보라.

으로 읽을 것이다. 이는 이해할 만한 방식이다. 그러나 앞 장에서 존 월튼이 말했듯이, 이런 고대의 구절들에 저자가 의도한 적이 없는 새로운 의미를 부여하며 읽지 않으려면, 반드시 그 구절들의 원래 문맥을 고려해야 한다. 고대 근동의 역사와 문화, 문학에 대한 오늘의 이해는 창세기 2-3장에 대한 문자적-역사적 해석이 최상의 해석이 아닐 수도 있음을 알려 준다.

창세기 1-11장의 한 측면에 대해 생각해 보자. 그것은 상징적인 표현을 지닌 압축된 역사다. 창세기 1장과 4-11장은 분명히 오랜 기간과 심원하고 지구적이며 신학적인 주제들을 압축하여, 종종 상징적 표현을 포함하는 지역적이고 응축된 이야기들에 담는다. 이런 본문들은 여러 중요한 것들을 가르치는데, 그 본문들의 장르는 애초에 그것들이 현대적 의미에서 문자적-역사적 본문이 되도록 의도되었던 것이 아님을 암시한다. 우리로서는 창세기 2-3장도 유사한 방식으로 해석하는 것이 일관성이 있고 적절해 보인다.

신약으로 돌아가서 바울이 사도행전 17:26에서 언급하는 '한 사람'과 로마서 5장에서 언급하는 아담에 대해 생각해 보자. 로마서 5장에서 모든 인류의 구주이신 그리스도에 관한 바울의 신학적 주장은 창세기 2-3장의 해석과 아담의 역사성과 관련해 무엇을 요구하는가?

바울이 "한 사람으로 말미암아 죄가 세상에 들어[왔다]"라고 말하기는 하나(롬 5:12), 사실 창세기 2-3장에는 아담과 하와 두 사람이 존재했다. 그러므로 바울이 로마서 5장에서 아담을 실재했던 역사적 인물로 여겼다고 할지라도, 그것은 두 사람 중 리더로서였을 뿐일 수 있다. 아담의 죄는 특별한 신학적·역사적 중요성을 갖는다. 하지만 그것은 시간적으로 최초의 죄가 아니었다. 그러므로 이 구절을 현대 과학에 비추어 간단하게 재해석하는 한 가지 방법은, 로마서 5장의 아담을 실재했던 역사적 인물, 곧 그의 죄가—그것이 시간적으로 첫 번째 죄는 아니었을지라도—특별한 신학적·역사적 중요성을 지니는, 아마도 두 명 이상의 개인들의 리더로 여기는 것이 될 것이다.²

바울은 '아담'이라 불리는 특별한 개인이 있었으리라고 추정하면서도 그를 이스라엘의 원형으로 여겼을 가능성이 있다. 이것은 제2성전기 유대교 안에서 공통적인 믿음이었다. 바울 시대의 유대인들은 아담과 하와의 이야기를 읽었고 그 안에서 이스라엘의 역사를 보았다. 그들은 낙원에 있었고, 하나님께 불순종했으며, 추방당했다.³ 그러므로 로마서 5장의 아담을 해석하는 또 다른 방식은 바울이 믿었을 가능성이 있는 이 두 번째 측면에 초점을 맞추는 것이다. 다시 말해, 아담은 우리의 첫 번째 조상과 오랜 기간에 존재했던 수많은 실제 사람들 모두를 대표하는 '문학적 인물'이었다. 모든 인간은 죄인이다. 죄는 많은 역사적 개인들의 행위를 통해 세상 안으로 들어왔다. 아담은 모든 사람과 인류의 최초 구성원들 모두를 대표하는 '원형적 인물'이다.⁴

세 번째로 제안된 해석은, 바울이 어떤 신학적 주장을 하기 위해 그 시대의 일반적인 신념을 취했다—그러나 가르치지는 않았다—는 것이다. 그리스도인들은 성경의 가르침을 믿는다. 하지만 우리는 인간 저자들이 그들 시대의 공통적인 문화적 신념으로 가지고 있던 모든 가정에 묶이지 않는다. 아마도 이에 대한 가장 유명한 성경의 모델은 하나님의 신실하심에

---

2 이런 견해에 관한 더 많은 내용은 Robin Collins와 David Opderbeck이 바이오로고스 웹사이트에 올린 블로그 글에서 찾아볼 수 있다.
3 N. T. Wright와 Daniel Kirk, Scot McKnight, Peter Enns는 바이오로고스 웹사이트에서 이런 연관성 중 일부를 확대해 설명한다.
4 John Walton, "A Historical Adam: Archetypal Creation View", in *Four Views on the Historical Adam*, ed. Matthew Barrett and Ardel B. Caneday (Grand Rapids: Zondervan, 2014)을 보라. 『아담의 역사성 논쟁』(새물결플러스). 이에 관한 더 많은 내용은 Robin Collins가 바이오로고스 웹사이트에 올린 블로그 글에서 찾아볼 수 있다.

관한 신학적 진리들을 가르치기 위해 지구가 특정한 장소에 고정되어 있다는 당시의 공통 신념을 가리키는 구약의 구절들일 것이다(대상 16:30; 시 93:1; 96:10). 바울 같은 신약의 저자들 역시 때때로 성령이 바라시는 신학적 주장을 하기 위해 그들 시대 문화의 공통적인—과학 이전 시기의—신념을 사용하도록('가르치도록'이 아니라) 고무된다.[5]

과학적 증거 RTB와 함께 바이오로고스 공동체는 지구가 수십억 년의 역사를 갖고 있다는 풍성한 증거가 존재한다는 과학 공동체의 합의에 동의한다. 그러나 RTB와 달리 바이오로고스는 유전학과 해부학, 생리학, 발생생물학의 증거가 인간과 아마도 그들과 가장 가까운 다른 영장류 동물 사이의 공통 조상을 지적한다는 과학 공동체의 합의에도 동의한다. 더 나아가 인간 개체군에서 나타나는 유전적 다양성은, 우리가 모든 인간이 유일한 한 쌍의 인간 부부로부터 내려왔다면 예상했을 법한 것과 일치하지 않는다. 유전적 데이터는 인간이 진화의 역사를 갖고 있으며, 인간 조상의 개체군 안에서 나타난 가장 최근의 '병목 현상'(bottleneck, 인간의 수가 갑자기 급격하게 줄어드는 현상)이 10만여 년 전에 인구가 수천 명 수준까지 줄어들었던 것이라고 여기는 모델과 가장 잘 일치한다. 바이오로고스의 필진이 쓴 이 책의 뒷 장들은 (바이오로고스 웹사이트에 올린 여러 논문은 물론이고) 인간의 진화에 대한 과학적 증거를 보다 상세하게 보여 주는 내용들을 제공할 것이다.

아담과 하와를 위한 가능한 시나리오들 연구의 세 분야를 간략하게 살펴보았으니, 이제 우리는 창세기 2-3장을 해석하기 위한 몇 가지 가능한 시나리오들에 대해 말할 수 있다. 가능한 시나리오들은 모두 우리의 조상

---

5 이에 대한 더 많은 설명은 Denis Lamoureux가 바이오로고스 웹사이트에 올린 글을 통해 찾아볼 수 있다.

개체군이 두 명의 개인 정도로 작지 않았다는 인간 진화에 관한 과학적 합의에 부합한다. 또한 이런 시나리오들은 하나님의 형상을 따라 창조된 인간에 관한 핵심 교리와 하나님이 계시하신 뜻에 대한 불순종으로서의 죄의 실재에 관한 핵심 교리와도 일치한다.

1. **고대 모든 인류의 대표적 조상들 중 변화된 한 쌍으로서의 아담과 하와** 우리의 조상 개체군이 불과 수천 명이었던 이른 시기에, 아마도 약 20만 년 전 아프리카에서 하나님은 특별히 한 쌍의 부부를 택해 특별계시를 받게 하셨을 뿐 아니라 그들을 변화시키셔서—아마도 성경의 초자연적 은사를 통해—그들이 참으로 거룩하게 되고, 하나님의 모든 영적이고 도덕적인 요구에 순종할 수 있게 하셨다. 그들은 한동안 죄를 짓지 않을 수 있었으나, 그럼에도 결국 죄를 지었다. 그로 인해 그들이 결백하게 살아갈 수 있도록 허락되었던 특별한 은사가 철회되었다. 그들이 계시를 받고 불순종한 이후 긴 세월 동안 그 집단과 그 후손들은 당시에 살고 있던 다른 인간 집단들과 문화적으로 섞이다가 결국 유전적으로 뒤섞였다. 그런 식으로 죄의 영적·심리적·문화적 영향이 모든 사람에게 퍼져 나갔다.

2. **모든 인류의 고대의 대표적 조상들의 작은 집단으로서의 아담과 하와** 우리의 조상 개체군이 불과 수천 명이었던 때, 하나님이 특별히 수십 명의 사람으로 이루어진 작은 가족 집단 하나를 택해 특별한 계시를 받게 하셨다. 잠재적으로 그들은 그들을 위한 하나님의 기대를 따라 살아갈 수 있었다. 그러나 그들은 죄를 짓는 쪽을 택했다. 우리는 타락을 단일한 사건으로 묘사할 수도 있고, 이 집단을 위한 수습 기간 중에 발생했던 하나의 과정으로 묘사할 수도 있다. 죄를 지은 그 최초의 작은 집단은 오늘날 모든 인류의 조상 중 일부였으나 그들이 온 인류의 유일한 조상은 아니었다. 그들이 계시를 받고 불순종한 이후 긴 세월 동안 그 집단과 그 후손들

은 당시에 살고 있던 다른 인간 집단들과 문화적으로 섞이다가 결국 유전적으로 뒤섞였다. 그런 식으로 죄의 영적·심리적·문화적 영향이 모든 사람에게 퍼져 나갔다.[6]

3. **모든 인류의 최근 대표자 한 쌍으로서의 아담과 하와** 4만 년에서 8만 년 전 사이 어느 때, 하나님이 특별히 한 쌍의 부부를 택해 특별한 계시를 받게 하셨고 그들이 온 인류의 대표자들(그러나 조상들은 아니다)로 행동하게 하셨다. 그들은 하나님께 불순종했고 그로 인해 어떤 집중적인 역사적 사건을 통해 죄에 빠졌다. 결국 남은 인류 모두가 추가적인 영적 은사를 받고 하나님 앞에서 죄 없는 은총의 상태를 누릴 기회를 상실했다.[7]

4. **우리의 모든 조상에 관한 고도로 압축된 역사 속에서 문학적 인물들로 나타나는 아담과 하와** 오랜 발전의 역사를 통해 우리의 조상들이 충분히 진보했을 때, 하나님은 일반계시와 특별계시 모두를 사용해 그들이 어떻게 행동해야 하는지를 보이셨고 불순종의 결과가 무엇인지 가르치셨다. 그러나 그들은 거듭해서 불순종을 택했다. 그들은 불순종을 통해 하나님과 자신들의 관계를 해쳤고, 그들 서로의 관계를 해쳤으며, 그들 자신을 해쳤다. 이런 결과가 세대를 통해 전해졌다. 유전학과 고고학 같은 과학은 우리의 조상이 어떻게 동물적 이기심으로부터 인간의 사악한 불순종으로 옮겨 갔는지를 보여 주지 못하지만, 하나님은 그것에 대해 아신다.[8]

---

6   이 시나리오와 다음 시나리오의 몇 가지 버전은 Robin Collins와 John Walton, Peter Enns, Daniel Harrell, Tremper Longman, David Opderbeck이 바이오로고스 웹사이트에 게시한 글에서 보다 깊이 있게 설명된다.
7   Denis Alexander는 그의 책 *Creation or Evolution: Do We Have to Choose?* (Oxford: Monarch Books, 2014)와 바이오로고스 웹사이트에 게시한 글에서 이 시나리오를 좀더 깊이 있게 다룬다.
8   이 시나리오는 Alister McGrath, Tremper Longman, Denis Lamoureux, and Denis Alexander가 바이오로고스 웹사이트에 게시한 글에서, 그리고 Alexander의 책 *Creation or Evolution*에서 보다 심도 있게 다뤄진다.

이 네 가지 일반적인 유형의 시나리오들에는 각각 여러 가지 가능한 변형들이 있다.[9] 우리는 이런 시나리오들이 각각 동등하게 유망하거나 같은 수의 학자들에 의해 옹호된다고 주장하지 않는다. 몇몇 시나리오들은 어떤 신학적 질문에 답하는 방식에서 다른 것들보다 더 큰 도전에 직면한다. 그러나 우리가 지금까지 자연과학으로부터 배웠던 모든 것과 양립하고, 성경의 영감과 권위를 긍정하며, 이 장의 서두에서 언급된 핵심적인 신학적 원리들을 고수하는 이 네 가지 시나리오들 각각의 버전을 제안하는 그리스도인 학자들이 있다. 바이오로고스는 그런 견해들 중 어느 것도 공개적으로 지지하지 않으나 각각의 신학적 결과들을 도출하는 학자들 사이의 지속적인 대화를 지원한다.

죄의 문제가 아주 막대해서 속죄와 같은 놀라운 해결책을 요구한다면, 아마도 그 어떤 하나의 단순하고 깔끔한 이론도 우리가 원죄를 이해하는 데 필요한 모든 것을 망라하지 못할 것이다. 우리가 앞으로 몇십 년간 이 작업을 계속해 나갈 경우, 지금 우리가 발전시키고 있는 몇 가지 이론들은 결국 폐기될 수도 있을 것이다. 그러나 남아 있는 이론들은 성경에 대한 우리의 이해와 하나님이 예수 그리스도를 통해 수행하신 구조의 막대한 크기에 대한 우리의 인식을 심화시켜 줄 것이다.

믿어야 할 이유 케네스 샘플즈

나는 믿어야 할 이유(RTB)가 아담과 하와의 정체성 및 역할과 관련해 신

---

9 "Human Origins" at BioLogos, http://biologos.org/common-questions/human-origins에 있는 논문들과 링크들을 보라.

학적으로 고수하는 바가 무엇인지를 설명하는 것으로 시작하려고 한다. 이어서 나는 두 가지 기본적인 대안적 견해들을 간략하게 평가한 후 그것들의 신학적 가능성에 대해 살펴볼 것이다. 마지막으로, 나는 RTB의 입장이 아담과 하와의 정체성 및 성경의 계시 안에서 전통적 견해가 갖는 역할과 관련해 최고의 신학적이고 변증적인 설명이 될 수밖에 없는 몇 가지 이유를 제시할 것이다.

RTB의 전통적 견해 오래된 지구와 점진적 창조론을 주장하는 변증 단체인 RTB는 아담과 하와에 관한 전통적인 신학적 견해를 긍정한다. 이 견해는 신학적으로 보수적인 유대인들과 그리스도인들에 의해 여러 세기 동안 유지되어 왔다. 이는 성경에 기초해 다음 다섯 가지로 요약될 수 있다.

첫째, 하나님은 다른 동물들로부터 비롯된 오랜 진화 과정에 의존하지 않고 땅의 흙으로부터 직접 즉각적으로 아담과 하와를 온전히 기능하는 존재로 창조하셨다(창 2:7). 아담 창조의 즉각성에 대한 본문의 증거는 땅의 흙으로부터 살아 있는 존재로 (진화를 통해 생물이 생물로 이동하는 것이 아니라 **무생물**에서 생물로) 이동하는 창조에 관한 묘사에서 발견된다.[10] 창세기 2:7에 나오는 "지으시니"에 해당하는 히브리어 단어는 정교한 예술 작품을 만드는 토기장이의 세심한 작업을 암시한다.[11] 나중에 하와는 아담의 몸으로부터 직접 즉시 만들어졌다(창 2:21-23).

둘째, 아담과 하와는 창조의 면류관으로, 또 남자와 여자로 하나님의 분명한 모양과 형상을 따라 창조되었다(창 1:26-27). 창세기 2장은 인간과 동물 모두가 땅의 흙으로부터 만들어졌다고 밝힌다(창 2:7, 19). 그러나 인

10　Millard Erickson, *Christian Theology* (Grand Rapids: Baker, 1998), pp. 506-507. 『복음주의 조직신학』(CH북스).
11　Walter A. Elwell, ed., *Evangelical Dictionary of Biblical Theology* (Grand Rapids: Baker, 1996), "Adam"을 보라.

간만이 특별한 품위와 위엄을 지닌 하나님의 형상을 지니고 있다. 그러므로 성경적으로 말하면, 우리는 동물과 인간이 단지 **정도**의 문제일 뿐 여러 물리적(해부학적·생리학적·생화학적·유전적) 유사성을 공유하고 있음을 발견하게 되리라고 합리적으로 예상할 수 있다. 이것은 그들이 땅의 흙이라는 동일한 근원을 갖고 있음을 보여 준다. 그러나 또한 우리는 인간의 경우에 그들이 하나님의 형상을 따라 지음받음으로 인해 (아마도 영성·합리성·도덕성을 통해 드러나는) **종류**라는 측면에서 심원한 차이를 드러내는 것에 주목해야 한다.[12] 동물과 인간에 대한 객관적·과학적·철학적 비교는 이렇듯 성경적으로 예상되는 결과와 잘 어울리는 것처럼 보인다. 즉 우리가 인간을 동물과 비교할 때, 어떤 차이들은 **정도**의 범주에서 나타나지만, 다른 것들은 **종류**의 범주에서 나타난다.

셋째, 모든 인간은 그들의 최초 부모이자 선조인 인류의 조상 아담과 하와로부터 유래되었다(창 5:1). 구약과 신약의 모든 구절이 인류의 기원과 통합성을 아담에게서, 아담 안에서 찾는다. 창세기 5장은 아담으로부터 노아에 이르는 가계의 명단을 포함하고 있다. 사도 바울은 그의 아레오바고 설교에서 "그분은 한 사람에게서 모든 민족을 만드셨다"고 말한다(행 17:26, 현대인의 성경). 아담에 대한 바울의 이 분명한 언급은 아담의 역사성과 그가 온 인류의 조상으로서 했던 역할을 지지한다.

넷째, 아담과 하와가 하나님께 맞서 행한 불순종이 세상에 죄를 들여왔다(창 3:11-19). 그 죄의 결과는 최초의 부부에게 영적인 죽음, 궁극적으로 물리적인 죽음을 초래했다. 더 나아가 아담과 하와는 인류의 대표자들이었기에, 그들의 죄는 그들의 모든 후손에게 유전되었다(시 51:5; 58:3; 롬

---

12 Kenneth Richard Samples, *A World of Difference: Putting Christian Truth-Claims to the Worldview Test* (Grand Rapids: Baker, 2007), pp. 181-185.

5:12, 18-19). 인간이 독특한 죄인이라는 히브리 성경의 관점은 고대 근동의 기록들에서 나타나는 다른 인류학적 관점들과 구별된다.[13]

다섯째, 인간이 타락해 죄에 빠진 직후, 구속에 대한 구약의 약속이 베일에 싸인 상태로 제시되었다. 하나님은 뱀에게 저주를 선포하신 후에 선언을 하신다. 뱀과 여자의 후손 사이에 싸움이 있을 것인데, 그 싸움에서 뱀은 머리에 상처를 입을 것이고 여자의 후손은 발꿈치에 상처를 입을 것이라고 말씀하신다(창 3:15). 역사적인 기독교 신학은 이 갈등을 사탄과 예수 그리스도 사이의 싸움을 가리키는 것으로 해석한다. 그 싸움에서 예수님은 상처를 입으시지만 사탄은 파멸이라는 치명적 상처를 받는다(롬 16:20). 이 구절은 원복음(protoevangelium), 곧 복음에 대한 최초의 선언이라고 불린다.

그러므로 아담에 대한 전통적인 성경적 묘사는 그가 온 인류의 조상인 실제 역사적 인물이자 최초의 사람이었다는 것이다. 이것이 RTB가 참되다고 확언하는 성경적 입장이다.

신화적 아담이라는 견해가 갖고 있는 문제점들 일부 성경학자들은 창세기의 처음 장들을 신화적, 알레고리적, 혹은 상징적인 것으로 여기면서 역사적 아담이라는 개념을 거부한다. 이런 관점에서 보면, 아담은 단지 문학적 인물일 뿐이다. 그러나 이런 입장은 복음주의 개신교의 성경 연구에서 이루어진 광범위한 합의를 반영하지 않는다.

창세기의 처음 장들을 신화로 해석할 것을 요구하는 주석적 혹은 문학적 요소는 존재하지 않는다.[14] 사실 문학적 근거에 의하면, 비록 그것이 상

13　Elwell, *Evangelical Dictionary*, "Adam"을 보라.
14　R. B. Gaffin Jr., "Adam", in *New Dictionary of Theology*, ed. Sinclair B. Ferguson, David F. Wright, and J. I. Packer (Downers Grove, IL: InterVarsity Press, 1988), p. 5. 『(아가페)신학 사전』(아가페출판사).

징적 표현을 포함하고는 있으나, 우리는 창세기 1-11장이 창세기의 후반에 나오는 족장들에 관한 내러티브만큼이나 역사적이라고 주장할 수 있다. 그것은 신화에 사로잡혀 있던 이교적인 고대 근동 문화에 대한 반론의 역할을 했다. 그러므로 창세기가 유사한 신화적 장르라는 특색을 가질 가능성은 없어 보인다.

구약의 족보들(창 5장; 대상 1장)은 아담 안에서 역사적 인물과 인류의 최초 부모를 발견한다. 신약에서 누가의 족보는 아담을 역사적 예수의 조상 명단 첫머리에 위치시킨다(눅 3장). 많은 성경학자들은 그 족보들이 간격들을 포함하고 있고, 따라서 몇몇 역사적 인물들을 누락시킨다고 여긴다. 그러나 성경의 족보는 허구적이거나 신화적 인물을 덧붙이는 것으로 알려지지 않았다. 그러므로 학자들은 그것들을 역사적인 것으로 다룬다.[15]

예수님이 결혼에 관해 가르치시던 중에 아담과 하와를 분명하게 언급하신 것은(마 19:4-6) 그 두 성경적 인물이 실제 역사적 인물이었을 때만 의미가 있을 것 같다. 예수님은 아담과 하와를 최초의 문자적인 남성과 여성으로 묘사하시고 그들의 육체적 결합을 이후에 있을 모든 결혼의 토대로 삼으신다.[16]

아담과 그리스도를 비교하는 사도 바울의 신학적 추론은(롬 5:12-19; 고전 15:21-22, 45-49) 예수 그리스도의 삶과 죽음, 부활의 역사적 실재성과 아담의 삶과 타락, 죽음의 역사적 실재성 사이의 본질적이고 불가분한 연관성을 지적하는 것처럼 보인다. 만약 바울이 역사적 그리스도를 신화적 아담과 비교하고 있다면, 로마서 5장과 고린도전서 15장에 나타나는 바울

---

15 Mike Reeves, "Adam and Eve", in *Should Christians Embrace Evolution? Biblical and Scientific Responses*, ed. Norman C. Nevin (Phillipsburg, NJ: P&R, 2011), pp. 43-56.
16 Norman L. Geisler, *Baker Encyclopedia of Christian Apologetics* (Grand Rapids: Baker, 1999), "Adam, Historicity of"을 보라.

의 핵심적인 신학적 주장의 논리는 무너질 것 같다.[17] 바울은 첫 아담과 마지막 아담(그리스도) 사이의 극도로 긴밀한 유사성을 제시한다. 다시 말해, 그의 행위가 죽음으로 이어졌던 첫 아담이 없다면, 자신의 생명을 주어야 할 필요가 있는 마지막 아담도 없다.

앞서 말한 것이 바울의 신학적 추론을 올바르게 제시하고 있다면, 죄와 죽음에 관한 보다 넓은 기독교적 이야기를 설명하기 위해 역사적 아담이 필요해 보인다. 역사적 아담은 그리스도의 성육신과 속죄, 부활을 위한 논리적 근거를 제공한다.

예수님과 사도 바울은 아담을 실제 역사적 인물로 여긴다. 또한 바울의 신학은 복음 줄거리의 필수적인 일부로서 역사적 아담을 필요로 하는 것처럼 보인다. 신화적 아담이라는 견해는 역사적 기독교가 근본적으로 바뀔 정도로 복음을 왜곡한다. 이런 격변은 신화적 아담이라는 견해를 성경적인 정통 기독교의 경계 밖으로 내몬다. 그러므로 RTB는 이 입장을 성경적으로 건전하고 신학적으로 가능한 것으로 보지 않는다.

조상이 아닌 아담이라는 견해의 문제점들 일부 성경학자들은 아담이 인류의 조상이 아닌 역사적 인물일 수 있다고 주장한다. 이 주장에 따르면, 아담은 인류의 대표자 역할을 하지만 인류의 문자적 조상은 아니다.

대조적으로 사도 바울은 인류의 기원과 통합을 인류의 부계 조상으로서의 아담에게 두고 있다(행 17:26). 그러므로 인류의 물리적 조상이기도 한 역사적 아담과 더불어 실제로 기원과 통합, 죄성이라는 측면에서 공통의 인류가 존재한다. 아담과 그 후손들의 이런 긴밀한 연대는 창세기 1-3장이 가르치는 내용이며 성경의 줄거리를 의미 있게 만든다.[18] 인간은 하나로 연

17　Reeves, "Adam and Eve", pp. 44-45.
18　Elwell, *Evangelical Dictionary*, "Adam"을 보라.

결된 참되고 고귀한 가족이다. 그들은 하나님의 형상을 지닌 자들이기 때문이다. 그러나 그들은 깊은 상처를 갖고 있다. 그들은 그들의 타락한 조상이자 대표자인 아담과 집단적인 관계를 공유하기 때문이다.

아담이 인류의 대표자이기는 하나 물리적 조상이 아니라고 주장하는 것은 성경에서 나타나는 인류의 연대에 손상을 입힌다. 더 나아가 성경에서 아담이라는 역사적 인물은 온 인류 조상으로서의 역할로부터 쉽게 분리될 수 없다. 그러므로 단지 역사적인 **대표자**일 뿐 인류의 물리적 **조상**은 아닌 아담은 로마서에 등장하는 아담과 그리스도에 관한 바울의 비교 논리를 손상시킬 수 있다.

조상이 아닌 아담이라는 견해는 신화적 아담이라는 견해만큼 교리적으로 말이 안 되지는 않는다. 그러나 조상으로서의 아담의 역할을 제거하는 것은 일반적으로 성경의 견해와, 특별하게는 성경의 무오류성과 보조를 맞추기가 극도로 어렵다.

아담과 하와의 역사성과 인류 최초 조상으로서의 그들의 역할은 신학에 있어서 주변적 문제가 아니다. 최초 인간의 전통적인 정체성과 목적을 제거하는 견해는 무엇이든 심각한 신학적 영향을 끼칠 수밖에 없다.

전통적인 견해가 최상의 설명이 될 수밖에 없는 이유 아담을 역사적 인물이자 모든 인간의 물리적 조상으로 여기는 전통적인 신학적 견해는 강력한 성경적 설명력을 가진 견해다.[19] 그것은 기원과 통합, 독특성이라는 측면에서 아담과 그의 후손들 사이의 결정적인 연대를 고려한다. 그런 입장은 인간의 상태와 삶 전체를 이해할 수 있게 해 준다. 모든 인간은 하나

---

[19] C. John Collins, *Did Adam and Eve Really Exist? Who They Were and Why You Should Care* (Wheaton, IL: Crossway, 2011), pp. 133-135. 『아담과 하와는 실제로 존재했는가』(새물결플러스).

님의 형상을 지닌 자로서 고귀하지만, 동시에 고난과 불가피한 죽음을 마주하고 있는 타락한 죄인으로서 도덕적으로 결함이 있다. 이것이 각 사람의 경우에 해당되는 이유는 그들이 그들의 대표적 조상인 아담과 연결되어 있기 때문이다. 아담은 그의 아내 하와와 함께 고의적인 불순종을 통해 세상에 죄를 들여왔다. 그러므로 이런 합리적인 견해는 우리가 위대한 기독교 사상가 블레이즈 파스칼(Blaise Pascal)이 '인간의 위대함과 사악함의 수수께끼'라고 불렀던 것을 이해할 수 있게 해 준다.[20]

또한 전통적인 견해는 복음에 관한 성경의 가르침과 쉽게 보조를 맞춘다. 사도 바울이 말하는 마지막 아담이신 예수 그리스도는 자신의 삶과 죽음과 부활을 통해 인간을 구속해 주기 위해 인간의 특성을 입고 성육신하셨다. 아담과 우리의 물리적 연대 때문에 우리 모두가 죽는다. 그러나 우리가 믿음으로 그리스도와 영적으로 연대한 것 때문에 우리 모두는 결국 다시 살아나게 될 것이다. 전통적인 견해는 성경의 권위 및 무오성과도 일치한다.

아담과 하와에 대한 전통적인 견해를 지지하는 것은, 우리의 성경적 확신이 과학 공동체 내에서 합의된 인간의 진화는 특별한 최초의 부부를 허락하지 않는다는 입장과 상충한다는 것을 의미할 수 있다. 그러나 정통 그리스도인들은 그런 도전과 계속 마주해 왔다. 인간의 기원이라는 분야에서 나타나는 과학적 사고는 복잡하고, 알 수 없는 것들과 불확실한 것들로 가득 차 있으며, 어떤 분야에서는 매우 유동적이기도 하다. RTB는 변화와 해석에 대해 열려 있는 현재의 과학적 합의를 이유 삼아 아담의 역사성 및 인류의 조상됨이라는 핵심적인 성경적 진리를 무시하는 것은 현

20　Blaise Pascal, *Pensées*, trans. A. J. Krailsheimer, rev. ed. (New York: Penguin, 1995), pp. 13, 434. 『팡세』(민음사).

명하거나 신중한 태도가 아니라고 여긴다.

과학과 신앙의 문제들과 관련해, 그리스도인들은 삶의 모든 분야에서—심지어 지적 불확실성이 있는 분야에서조차—지적이고 합리적인 믿음을 행사하라는 명령을 받고 있다.

후속 질문   테드 카발

로렌에게 당신은 오늘날 모든 인간은 죄를 짓는 경향이 있고 죄를 짓지 않을 수 없다고 확언한다. 또 당신은 복음주의자들에게 바이오로고스가 아담에 대한 비역사적이고 진화적인 관점에 열려 있는 것이 원죄와 양립할 수 있다고 확신시키려는 것처럼 보인다. 당신이 가능하다고 제시하는 견해 안에서 아담은 모든 사람을 상징한다. 그러나 당신이 "우리의 조상들은 동물적 이기심으로부터 인간의 사악한 불순종으로 옮겨 갔다"라고 쓸 때 그 과도기적 측면은 최초의 인간이 죄인으로 창조되었음을 의미하는 것처럼 보이지 않는가? 다시 말해, 원죄는 그 초기의 인간들이 자신들에게 유전된 동물적/사악한 본성을 인식하게 만드는 양심을 개발하는 것으로 구성되었던 것 아닌가? 내가 당신을 올바르게 이해한 것이라면, 왜 복음주의자들이 이것을 원죄에 관한 가능한 이론으로 여겨야 하는가?

케네스에게 그동안 RTB 사역의 많은 부분은 양쪽 다 올바르게 해석될 경우 성경의 데이터와 과학의 데이터 사이에 존재하는 상관성을 강조해 왔다. 그러나 당신은 다음과 같이 쓴다.

아담과 하와에 대한 전통적인 견해를 지지하는 것은, 우리의 성경적 확신이 과학 공동체 내에서 합의된 인간의 진화는 특별한 최초의 부부를 허락하지 않는다는 입장과 상충한다는 것을 의미할 수 있다.…인간의 기원이라는 분야에서 나타나는 과학적 사고는 복잡하고, 알 수 없는 것들과 불확실한 것들로 가득 차 있으며, 어떤 분야에서는 매우 유동적이기도 하다. RTB는 변화와 해석에 대해 열려 있는 현재의 과학적 합의를 이유 삼아 아담의 역사성 및 인류의 조상됨이라는 핵심적인 성경 진리를 무시하는 것은 현명하거나 신중한 태도가 아니라고 여긴다.

이런 견해는 RTB의 전통적인 입장과 어떻게 일치하는가? 이것은 자신에게 유리한 것만 골라서 제시하는 과학이라는 비난을 어떻게 피할 수 있는가?

바이오로고스의 답변   로렌 하스마

하나님은 최초의 인간들을 죄인으로 창조하지 않으셨다. 그러나 하나님은 최초의 인간들이 죄를 선택할 능력을 갖도록 창조하셨다. 아우구스티누스의 전통적 견해와 RTB의 시나리오를 비롯해 내가 앞서 묘사했던 모든 시나리오는 그것에 동의한다. 다만 그것들은 하나님이 **어떻게** 그 최초의 인간들에게 그런 능력을 주셨는지와 관련해 얼마간 의견이 다를 뿐이다.

하나님은 동물과 인간을 창조하실 때 그들에게 자신들을 돌보고자 하는 갈망을 부여하셨다. 이것은 하나님이 피조물을 위해 선하게 공급하신 것이다. 그러나 인간으로서 우리는 우리 자신에 대한 사랑이 하나님에 대한 사랑 및 다른 이들에 대한 사랑과 경쟁할 수 있음을 안다. 우리가 무엇보다도 하나님을 사랑하는 일에서 실패할 때, 이웃을 우리 자신처럼 사랑하는 일에서 실패할 때 죄가 우리의 상황 속으로 들어온다. 아우구스티누스는 하나님이 인간을 창조하실 때 어떻게, 왜 그들이 서로 경쟁하는 사랑을 갖게 하셨는지, 그런 사랑을 어지럽힘으로써 죄를 지을 능력을 갖게 하셨는지에 대해 이론을 세웠다. 이것은 성경으로부터뿐 아니라 당대 최고의 그리스 자연철학과 형이상학으로부터 나왔다. 현대 과학은 성경과 상충되지 않지만, 일부 고대 그리스 자연철학과 상충된다.

동물, 특히 가장 지적이고 사회적인 영장류 동물에 대한 현대 과학의 연구는 그들이 (인간이 보기에) 이기적인 행동을 향하는 성향과 (역시 인간이 보기에) 이타적인 행동을 향하는 경쟁적 성향을 지녔음을 보여 준다. 신경생물학, 유전학, 발생생물학은 동일한 유전자와 유사한 뇌 구조의 일부가 인간과 동물이 함께 갖고 있는 이런 경쟁적인 행동 성향에 관여하고 있음을 보여 준다. 유전자와 뇌의 유사성이 존재하는 것은 하나님이 우리를 창조하기 위해 사용하셨던 진화적 방법 때문인 것으로 보인다.

과학은 하나님이 우리에게 죄를 선택할 수 있는 능력을 포함해 우리가 가진 능력들을 주신 방법에 관해 무언가를 말해 줄 수 있다. 그러나 과학은 정확하게 언제, 어떻게 하나님의 계시가 최초로 인간의 역사 속으로 들어왔는지 알려 주지는 못한다. 과학은 하나님이 그분의 뜻에 대한 사악한 반역으로 간주하신 최초의 행동이 언제 일어났는지 알려 주지 못한다. 인간의 사악한 반역이 우리 종의 역사 속에서 일찍이 일어났는지 혹은 뒤늦게 일어났는지, 우리가 그것을 집중적인 역사적 사건으로 보아야 하는지 아니면 오랜 세월에 걸쳐 퍼져 나간 것으로 보아야 하는지는 과학이 다루지 않는 문제들이다. 우리는 그런 문제들과 관련해 서로 경쟁하는 답들이 갖고 있는 신학적 의미를 찾아내기 위해 신학자와 성경학자에게 의존한다.

아담과 하와에 대한 진화론적 시나리오들로 인해 제기되는 도전적인 신학적 문제들 중 일부는 전통적인 아우구스티누스의 견해 혹은 RTB의 견해를 유지함으로써 회피할 수 있다. 그러나 이런 선택은 다른 신학적 결과를 가져온다. 과학 자체는 우리가 성경을 해석하는 방법을 지시하지 않는다. 과학은 단지 우리에게 우리가 전에는 생각해 보지 않았던 새로운 신학적 문제에 주의를 환기시킬 뿐이다. 이와 관련해 한 가지 역사적 예가 있다. 갈릴레오의 연구 이전에는 지구가 특정한 장소에 고정되어 있다고 가르치는 시편 93:1과 그와 유사한 다른 구절들을 해석하는 데 거의 아무런 신학적 문제가 없었다. 그런데 갈릴레오와 다른 이들이 이루어 낸 과학적 발견은 지구가 움직인다는 것을 강력하게 가리켰다. 그러나 이런 과학적 발견은 우리에게 성경에 대한 우리의 해석을 바꾸도록 요구하지 않는다. 오늘날에도 여전히 우리는 성경이 지구가 특정한 장소에 고정되어 있다고 가르친다고 믿을 수 있다. 한 가지 가능성은 하나님이 우리의 과학적 측정을 속이셔서 (혹은 마귀가 우리를 속이도록 허락하셔서) 우리가 움직이는 지구에 관한 거짓된 자료를 믿게 하시는 것이다. 다른 가능성은 우리 인간이 (우리는 유한하고 사악하기에) 지구가 움직이고 있다는 방대한 자료에도 그 문제에 관한 우리의 의식과 추론 능력을 신뢰하지 않는 것이다. 세 번째 가능성은 수많은 과학자들이 공모해 지구가 움직이고 있다는 거짓된 믿음을 만들어 내는 것이다. 그리스도인들은 이런 세 가능성을 압도적으로 거부한다. 그것들은 모두 굉장한 신학적 문제들을 갖고 있기 때문이다. 첫 번째 가능성은 우리가 하나님에 대해 믿는 것과 조화되지 않는다. 두 번째 가능성은 하나님의 형상을 지닌 자로서 우리가 자신에 대해 믿는 것과 조화되지 않는다. 세 번째 가능성을 긍정하는 것은 과학자들에 대해 잘못된 증언을 하는 것이다. 움직이는 지구에 대한 과학적 증거는 그 자체로는 우리에게 성경이 말하는 고정된 지구에 대한 해석을 포기하도록 요구하지 않는다. 과학적 증거는 교회가 이전에는 인식하지 못했던 문제, 곧 성경이 말하는 고정된 지구와 관련된 신학적 문제를 지적할 뿐이다.

오늘날 진화와 관련된 상황은 갈릴레오의 상황과 정확하게 일치하지는 않는다. 그러나 몇 가지 유사성이 있다. 우리는 인간이 동물과 공통 조상을 공유한다는 것과 우리 모두가 한 쌍의 유일한 부부로부터 유래하지 않았다는 것을 가리키는, 서로를 보강하는 수많은 증거들이 존재한다고 확신한다. 과학적 자료와 과학적 합의의 힘은 누군가에게 성경에 대한 그의 해석을 바꾸도록 요구하지 않는다. 하지만 그것은 전통적인 아우구스티누스의 시나리오나 RTB 시나리오에 대해 중대하고 새로운 신학적 도전을 제기한다. 바이오로고스 공동체에 속한 학자들은 아담과 하와에 관한 여러 진화적 시나리오들에 신학적 문제는 거의 없는 반면 진보를 위한 보다 큰 기회가 존재한다고 결론지었다.

믿어야 할 이유의 답변

케네스 샘플즈

RTB 학자팀의 모든 구성원은 로렌 하스마가 아담과 하와에 관한 가능한 입장의 범위에 관해 쓴 에세이를 읽고 많은 유익을 얻었다. 우리는 과학과 신학 양쪽 분야의 다양하고 전문적인 정보를 요약하고 조직하는 로렌의 능력에 깊은 인상을 받았다.

나의 답변은 다음 여섯 개의 분야에 초점을 맞출 것이다. 나는 첫째, RTB가 취하는 아담과 하와에 관한 전통적 견해를 개략하고, 둘째, 그 입장이 어떻게 기독교 세계관과 인생관을 가장 잘 설명하는지를 요약하며,

셋째, 전통적 관점을 재고하도록 제공된 이유들을 적시한 후 그것들에 간략하게 대응할 것이다. 넷째, 아담과 하와에 대한 대안적 견해에 어떤 신학적 한계가 있는지를 고찰하고, 다섯째, 테드 카발의 특별한 질문에 답하며, 마지막으로 과학과 신앙의 문제들에 관해 바이오로고스가 취하는 전반적인 입장에 대해 우리가 갖고 있는 우려를 제시할 것이다.

RTB의 전통적 견해 로렌 하스마와 하나의 단체로서의 바이오로고스가 RTB의 전통적 견해를 거부하고 있으므로, 한 번 더 RTB의 입장을 다음 다섯 가지로 설명하겠다.

1. 하나님은 아담을 땅의 흙으로부터 초자연적으로, 직접, 즉각, 완전히 기능하는 형태로 창조하셨고(창 2:7), 하와는 나중에 아담의 몸으로부터 창조되었다(창 2:21-23).
2. 하나님은 아담과 하와를 하나님의 형상대로 독특하게 창조하셨다(창 1:26-27).
3. 아담과 하와는 창조된 처음 인간이었고 온 인류의 조상이었다(창 5:1; 행 17:26).
4. 아담과 하와의 불순종 행위는 세상에 죄를 가져왔고(창 3:11-19), 그 원죄는 그들의 모든 후손에게 유전되었다(시 51:5; 58:3; 롬 5:12, 18-19).
5. 인간이 죄를 짓고 타락한 후, 미래의 구속에 관한 하나님의 약속이 주어졌다(창 3:15).

역사적 기독교 세계관에 대한 최상의 설명 바이오로고스의 입장보다 RTB의 입장이 나은 점은 그것이 아담을 역사적 인물인 동시에 온 인류의 물리적 조상으로 본다는 데 있다. 이 견해는 창조, 타락, 구속, 완성이라는 광범위한 역사적 기독교의 세계관에 가장 잘 들어맞는다. 전통적 견해는 기원과 통일성, 독특성, 죄성이라는 측면에서 아담과 그의 후손들 사이의 중요한 연대를 가장 잘 고려한다. 그런 입장은 성경에 대한 신학적 고찰을 더 잘 이해하게 해 주고 삶 전반(죄로 인해 상처가 난 선한 피조물)과 인간의 상태(고귀하나 흠결이 있는 인간)를 설명해 준다.

전통적 견해를 의심하는 세 가지 이유와 그에 대한 답변 그럼에도 세 가지 기본 요소들이 일부 학자들에게 아담과 하와에 대한 전통적 견해를 의심하도록 만들었다.[21] 나는 그 의심점들을 각각 요약하고 간략하게 답변을 제공할 것이다.

첫 번째 요소 창세기의 처음 장들에서 나타나는 주제들은 고대 근동의 다른 문화에서 나타나는 신화적 이야기들과 평행하는 것처럼 보인다. 그러므로 창세기 역시 신화일 수 있다.

답변 이런 입장은 복음주의 성경학계의 광범위한 합의를 반영하지 않는다. 예컨대, 창세기의 처음 장들을 신화로 해석하도록 요구하는 그 어떤 주석학적 혹은 문학적 요소도 존재하지 않는다.[22] 또한 창세기가 이교적인 고대 근동의 문화들에 대한 반론을 대표한다는 사실은 그것이 아주 다른 접근법을 반영한다고 여겨야 할 이유가 될 수 있다.

두 번째 요소 생물학과 유전학에서 이루어진 최근의 진보는 인간이 최초의 부부로부터 유래했다는 개념을 지지하지 않으며, 오히려 그들이 보다 큰 인구 집단으로부터 유래했다고 주장한다.

답변 인간의 기원이라는 분야에서의 과학적 사고는 복잡하고 유동적이

---

21   C. John Collins, "The Case for Adam and Eve: Our Conversation with C. John Collins", *In the Church* (blog), *byFaith*, April 24, 2012, http://byfaithonline.com/the-case-for-adam-and-eve-our-conversation-with-c-john-collins.

22   Gaffin, "Adam", p. 5.

다(인간의 진화에 대한 도전들을 다루는 파제일 라나의 글을 보라). RTB는 도전과 변화와 재해석에 대해 열려 있는 것처럼 보이는 현재의 과학적 사고에 기초해 아담의 역사성과 인류의 조상됨이라는 중요한 성경적 진리를 무시하는 것을 현명한 태도로 여기지 않는다.

세 번째 요소 오늘날 학자와 평신도를 포함해 많은 이들이 오래전에 아담과 하와가 지은 죄가 오늘날 다른 이들의 삶과 자연에 아주 심각하게, 부정적으로 영향을 끼칠 수 있다는 개념을 거부하고 있다.

답변 아마도 이런 비판이 대상으로 삼는 신학적 입장은 원죄에 관한 광범위한 아우구스티누스의 견해일 것이다. 그러나 아우구스티누스는 이 견해가 성경적인 설명력을 갖고 있다고 주장한다. 그럼에도 기독교 공동체 내부에는 (특히 동방정교회에서 나타나는바) 죄가 어떻게 아담의 후손들에게 전해지는가에 관해 서로 다른 입장이 존재한다.

RTB는 이 세 가지 요소들이 아담과 하와에 관한 전통적 견해에 대한 근본적 변화를 정당화하기에 충분하지 않다고 여긴다.

아담과 하와에 대한 대안적 견해들 RTB는 다음 두 가지 성경적 이유로 아담과 하와에 관한 전통적 견해가 최초 부부의 정체성과 역할에 대한 최상의 이해를 제공한다고 주장한다.

1. 예수님과 사도 바울은 분명히 아담을 실제 역사적 인물로 보았다(마 19:4-6; 행 17:26).
2. 사도 바울의 신학은 복음 줄거리에서 꼭 필요한 일부로서 역사적 아담을 요구하는 것처럼 보인다(롬 5:12-19; 고전 15:21-22, 45-49).

신화적 아담이라는 견해는 역사적 기독교가 근본적으로 변화될 정도까지 복음을 변화시키는 것처럼 보인다. 그러므로 신화적 아담이라는 견해는 성경적인 정통 기독교의 한계 밖으로 나간다. 앞서 진술했던 것처럼, RTB는 이런 입장을 성경적으로 건전하고 신학적으로 가능한 것으로 여기지 않는다.

이제 우리는 역사적 아담을 긍정하되 반드시 그를 (부족의 리더와 유사한 대표적 관계가 있기는 하나) **최초의** 혹은 **유일한** 원래의 인간으로는 보지 않는 대안적 견해를 다루어야 한다. RTB에 속한 우리는 그런 입장, 특히 아담이 인류의 조상이 아니라는 견해는 시카고 선언을 통해 표현된 성경의 무오성과 일치하기가 극도로 어렵고, 따라서 성경적·신학적으로 받아들일 수 없다고 믿는다. 그럼에도 많은 복음주의 그리스도인들의 견해가 이와 유사하기 때문에, 우리는 만약 그것이 다음 세 가지 요점들을 긍정한다면 강화될 수 있다고 생각한다.[23]

1. 아담의 기본적 창조에는 특별히 하나님의 형상을 지닌 인간과 관련해 초자연적 요소가 포함되어 있다.
2. 인류는 통일된 기원을 반영한다.
3. 인류의 시원에 실제로 역사적이고 도덕적인 죄로의 타락이 발생했다.

테드 카발의 질문에 대한 답변 첫째, RTB는 성경과 자연이라는 두 책을 함께 읽지만, 그 책들은 동등하지 않다. 성경은 그것의 분명한 명제적 본질 때문에 최고의 권위를 가진다. 해석학적으로 RTB는 자연이라는 책을 성경이라는 책에 비추어 해석하지, 그 반대로 하지 않는다. 그러므로 그 두 책

---

23 Collins, "Case for Adam and Eve."

이 서로 부딪히는 것처럼 보일 때 우선권은 성경에 주어져야 한다.

둘째, 아담의 역사성과 인류 조상으로서의 그의 역할은 성경의 분명한 가르침으로 보인다.

셋째, 이런 전통적 입장에서 떠나는 것은 성경의 명백한 가르침에서 떠나는 것이고, 역사적 기독교의 본질 자체를 파괴적으로 재해석하는 것이다.

넷째, 인간의 기원에 관한 과학은 유동적이며 해석에 대해 열려 있다. 바이오로고스는 최초의 부부를 부정하는 증거를 완벽하다고 여기지만, RTB는 이 증거가 그만큼 완벽하다고 보지 않는다.

마지막으로, 이런 요점들에 비추어 볼 때, 역사적 기독교의 가르침을 계속해서 긍정하고 두 책 사이에서 현재의 해석적 긴장을 지닌 채 살아가는 것이 성경적으로 신중한 태도이고 필요한 자세다.

신학적 주의점 마지막으로, RTB는 바이오로고스 공동체가 아담과 하와에 관해 폭넓은 관점을 허락하기에 그 단체와 교류하고 있는 이들 중 일부는 헷갈릴 것이라고 생각한다. 바이오로고스에 속한 사람들이 그 문제에 관해 신학적으로 보다 진보적인 방향으로 기울어지고 있는지, 아니면 보다 보수적인 방향으로 기울어지고 있는지 알지 못할 수도 있다. 확실히 학자들의 공동체(바이오로고스)는 작은 규모의 학자팀을 가진 단체(RTB)와는 다르다. 그러나 RTB에 속한 우리가 보기에 이렇게 넓은 관점은 불안한 불확실성으로 이어질 수 있다.

결론

테드 카발

나는 로렌이 인간의 기원에 관한 과학의 문제를 진지하게 다루어 준 것을 칭찬한다. 또 나는 우리가 그리스도 안에서 많은 것을 공유하고 있음을 감사한다! 그러나 놀랄 일도 아니지만, 대부분의 남침례교 신자들처럼 나 역시 인간의 진화를 부인한다. 내가 공감하는 케네스의 우려를 되풀이하는 대신, 나는 앞에서 내가 로렌에게 제시했던 새로운 방향에 대해 다시 언급하고자 한다. 나는 그의 견해가 어떻게 "최초의 인간이 죄인으로 창조되었음을 의미하지" 않는지 물었다. 나의 질문은 다음과 같이 더 직접적인 것이 될 수도 있었다. "당신의 시나리오 안에서 그 최초의 인간들은 하나님이 살인과 강간, 도둑질 그리고 다른 죄들에 맞서는 자신의 뜻을 계시하시기 **전에 이미** 그런 것들을 향해 기울어져 있고 그런 죄를 짓고 있었지 않았는가?" 로렌은 애초의 순진무구함을 신학적으로 필요한 것으로 진술하지 않았고, 유사한 동물의 행위들을 죄악된 것으로 간주하지 않는다. 그러나 인간이 '넘어지기' 전에 '일어섰다'(나의 표현들이다!)는 그의 견해는 여러 우려를 불러일으킨다.

또 나는 로렌이 코페르니쿠스의 논쟁을 우리의 논의에 적용하는 것에 동의하지 않는다. 갈릴레오는 프톨레마이오스의 천문학이 잘못되었음을 입증했다. 하지만 태양중심설의 증거는 뉴턴의 연구를 기다렸다. 그러므로 과학과 결혼하기 전 중간기에 교회는 혼합 모델(가령 지구-태양 중심설)로 그것에 구애했다. 다원주의는 젊은 지구 창조론자들로부터도 구애를 받고 혼합되었다(가령 널리 퍼져 있는 종분화). 그러나 보수적인 복음주의자들은 진화론적인 최초의 부부라는 개념에 반대했고 그것에 심각한 신학적 문제들이 따른다고 믿었다. 로렌은 과학적 증거들이 인간이 동물로부터 유래했음을 지적한다고 확신한다. 그러나 그것이 도덕 자체가 동물의 감정으로부터 유래한다는 표준적인 다원주의의 견해를 수반해야 하는가? 몇몇 바이오로고스의 형제들은 그렇게 믿는다. 하지만 그런 믿음을 위한 설득력 있는 증거는 무엇인가? 결국 나에게 로렌의 시나리오는 실험적 혼합 같다. 내가 그것을 받아들이는 것은 성경이 허용하는 범위를 벗어나니 말이다.

4장 죽음, 포식, 고통

'자연의 악'은 악한가?

제임스 듀, 짐 스텀프, 휴 로스

남침례회 진행자 제임스 듀

휴 로스와 짐 스텀프가 이 장을 위해 글을 써 준 것에 감사한다. 악의 문제는 분명히 모든 기독교적 견해가 다루어야만 하는 주제다. 더 나아가 나는 이들이 당면한 논의를 아주 기꺼이 그리스도인다운 방식으로 수행해 준 것에 감사한다. 이들의 작업 덕분에 힘이 난다. 내가 그 주제와 관련해 생각하는 문제들은 다음과 같다.

죽음, 고통, 악은 기독교적 유신론에 특별한 문제를 제기한다. 만약 하나님이 전능하시고 전적으로 선하시다면, 어째서 우리가 우리의 삶과 자연에서 그토록 무서운 악을 경험하는가? 많은 그리스도인들은 이 문제에 대한 답을 창세기 2:16-17 같은 구절들에서 찾아낸다. "여호와 하나님이 그 사람에게 명하여 이르시되 동산 각종 나무의 열매는 네가 임의로 먹되 선악을 알게 하는 나무의 열매는 먹지 말라. 네가 먹는 날에는 반드시 죽으리라 하시니라." 혹은 로마서 5:12 같은 구절들에서 찾아낸다. "그러므로 한 사람으로 말미암아 죄가 세상에 들어오고 죄로 말미암아 사망이 들어

왔나니 이와 같이 모든 사람이 죄를 지었으므로 사망이 모든 사람에게 이르렀느니라."

이런 구절들에 근거해 많은 신자들은 죽음, 고통, 악이 '타락의 결과'라고 믿는다. 그러나 여러분 양쪽 모두의 관점에 의하면, 죽음은 아담이 존재하기 오래전부터 실재했음이 분명하다.

그렇다면 여러분의 입장은 **자연의 악**이라는 문제에 어떻게 답하는가? 더 구체적으로, 여러분의 관점은 타락 이전 동물들의 죽음과 고통을 포함해 '타락 이전 악의 존재'를 어떻게 다루는가? 바이오로고스 입장의 경우, 자연의 진화 과정이 기독교적 유신론에 대해 아주 특별하고 독특한 악의 문제를 만들어 내는가? 바이오로고스가 주장하듯이, 만약 하나님이 진화 과정을 통해 세상을 창조하셨고 이 과정이 수십억 년에 걸쳐 일어났다면, 이 기간에 기독교적 유신론에 관한 우리의 기본 개념들과 화해하기 어려운 엄청난 양의 불필요한 악이 존재했는가? 폴 드레이퍼(Paul Draper) 같은 철학자들은 진화 과정이 기독교적 유신론에 대해 극복할 수 없는 악의 문제를 초래할 수 있다고 주장한다.

바이오로고스　　　　　　　　　　　　　　　　　　　　　짐 스텀프

듀는 우리가 악의 문제에 대해 숙고하도록 요구한다. 감사하게도 그는 우리에게 그 문제를 풀라고 요구하지는 않는다. 인간은 우리가 가진 가장 이른 시기의 문서들이 기록되던 때로부터 그 문제와 씨름해 왔기 때문이다. 우리는 특별히 (인간의 결정에서 유래하는 도덕적 악과 반대되는) 자연의 악에 초점을 맞출 것이고, 나는 몇 가지 분야에서 믿어야 할 이유(RTB)의 견해

에 상당히 동의할 것이다. 특히 나는 진화와 관련된 문제의 몇 가지 측면들을 살필 것인데, 바이오로고스에 속한 이들 모두가 이 문제를 나와 동일한 방식으로 다루지는 않을 것이다. 하지만 나는 내가 말하는 것이 적어도 바이오로고스 공동체로부터 나오는 반응의 큰 흐름과 일치한다고 여긴다.

자연재해 바이오로고스와 RTB는 몇 종류의 자연의 악에 대해 동일한 접근법을 갖고 있다. 그런 범주들 중 하나는 자연재해다. 자연재해는 허리케인과 지진을 비롯해 심각한 고통과 고난과 죽음을 초래하는 유사한 사건들을 포함한다. 이런 비극들에 대한 전통적인 반응은 자연재해 역시 인간의 죄 때문이라고 비난하는 것이다. 그 내러티브는 아담과 하와가 최초로 죄를 짓기 전까지는 창조 세계 전체가 완벽했고 나쁜 일은 전혀 일어나지 않았다고 주장한다. 그 후 창조 세계 전체가 아담과 하와의 타락으로 인해 영향을 받았고, 오늘날 발생하는 이런 자연재해는 탄식하며 구속을 기다리고 있는 자연의 일부분이다. 바이오로고스와 RTB는 모두 그런 반응은 더 이상 지지를 받지 못한다고 확언한다. 자연의 법칙은 인간 죄의 출현과 함께 바뀌지 않았고, 인간이 존재하기 오래전부터 자연재해가 발생하면서 피조물들에게 고통과 고난과 죽음을 초래했다는 아주 많은 증거들이 존재한다. 예컨대, 약 6천 5백만 년 전에 지구와 충돌했던 소행성은 광대한 들불을 만들어 냈고, 그 불로 인해 수많은 동물이 산 채로 불살라졌으며, 땅을 뒤덮은 먼지구름으로 인한 기후 변화 때문에 무수히 많은 동물이 천천히 고통스럽게 굶어 죽었다. 그러나 우리는 그것이 인간 죄의 결과일 수 있다고 생각하지 않는다.

몇몇 오랜 지구 창조론자들은 이에 동의하지 않는다. 윌리엄 뎀스키(William Dembski)는 인간의 죄 이전에 있었던 자연의 악을 다루는 더 다

현명한 방법을 알고 있다. 그는 아담과 하와의 죄가 그들보다 앞선 악에 소급해서 책임이 있다고 주장한다. 십자가에서 그리스도가 이루신 일이 그분의 죽음 이전에 존재했던 이들의 구원에 소급해서 적용되었던 것처럼, 아담과 하와의 죄 역시 그들이 타락하기 전에 세상을 그와 같은 상황 속으로 몰아넣은 데 책임이 있다는 것이다.[1] 뎀스키의 입장은, 그것이 하나님의 작품이었다면 애초의 창조는 완벽했을 것이라 주장하면서 하나님에게 자연의 악에 대한 책임을 지우지 않게 하려는 합리적인 우려에 의해 옹호된다. 하나님이 우리가 오늘날 자연에서 발견하고 과거의 역사적 기록에서 발견하는 악들을 허락하신 것은 인간의 죄에 대한 그분의 예지 때문이었다.

이런 입장에 반하여, 나는 우리가 성경 어느 곳에서도 완벽한 창조에 관한 주장을 발견하지 못한다고 주장한다(RTB 역시 이에 동의한다). 하나님은 그분의 창조 세계가 '좋다'고 선포하셨지, '완벽하다'고 선포하지 않으셨다. 더 나아가 타락의 징후가 나타나지 않는 창세기 1장의 이야기에서 인간에 대한 하나님의 첫 번째 지시 사항은 번성하고 땅을 정복하라는 것이었다. 창조 세계가 완벽했다면, 어째서 그것에 대한 '정복'이 필요했을까? 하나님은 세상을 정확하게 자신이 의도한 대로 창조하지 않으신 것처럼 보인다. 그분은 손가락을 튕겨 딱 소리를 내심으로써 세상을 처음부터 충만하게, 정복된 상태로 창조하실 수도 있었을 것이다. 그러나 분명히 하나님은 자신이 창조하신 세상이 성숙해 가는 과정을 기뻐하신다. 또 그분은 그런 일이 일어나게 하기 위해 (우리를 포함해) 창조된 세상과 협력하기를 기뻐하신다.

RTB는 대체로 여기까지는 동의할 것이다. 그러나 그들의 오랜 지구 창

---

[1] William Dembski, "Tracing the World's Evil to Human Sin", chap. 3 in *The End of Christianity: Finding a Good God in an Evil World* (Nashville: B&H, 2009).

조론에 적용될 수도 있는, 창조된 세계와 하나님의 파트너십에 관한 중요한 요소가 하나 있다. 바이오로고스에 속한 우리는 하나님이 자연적 원인이라는 체계 밖에서 기적적으로 일하셨음을 의심하지 않는다. 그러나 우리가 목격하는 압도적인 패턴은 하나님이 그분이 의도하시는 바를 자연적 수단을 통해 이루신다는 것이다. 하와이의 섬들에 대한 창조로부터 인간의 창조에 이르기까지 우리는 이 과정을 지켜보고 아주 잘 이해할 수 있다. 그런 과정들은 하나님의 위엄과 영광을 실추시키지 않는다. 그러나 하나님이 자연의 질서 밖에서 지속적으로 일하신다는 모델은 악의 문제에 어려움을 더한다. 왜 그분은 계속해서 피조물들을 자연재해로 인한 고통과 고난에서 보호하시는 방식으로 일하시지 않는가? 우리는 하나님이 세상을 그 안에 자연재해가 존재하는 방식으로 세우신 데는 그럴 만한 아주 타당한 이유가 있을 것이라 여긴다(예컨대, 그런 재해들은 생명을 지속시키는 데 필요한 역학 시스템의 중요한 일부다). 그러나 하나님이 피조된 세상을 위한 자신의 목적을 이루시기 위해 계속해서 (과학의 관점에서) 기적을 통해 일하신다면, 왜 그분은 피조물들을 불필요한 고통으로부터 보호하기 위해 좀더 일하시지 않는 것일까? 내가 생각하기에, 이런 질문에 답하는 것은 RTB의 관점에서 보면 좀더 어렵다.

진화적 악 공정하게 말하자면, 어떤 이들은 우리의 진화적 창조론이라는 관점이 자연의 악과 관련해 그 자체로 독특한 난제들을 갖고 있다고 여긴다. 우리가 다음과 같은 추가적인 질문들을 초래한다고 인정해야 하는 다른 종류의 자연의 악이 존재한다. 참으로 하나님은 적자생존의 법칙을 따라 일어나는 과정을 설계하셨는가? 리처드 도킨스(Richard Dawkins)는 "이빨과 손발톱이 피로 물든 자연"(nature red in tooth and claw)이라는 그림을 그린다.

내가 이 문장을 쓰는 짧은 시간에도 수많은 동물들이 산 채로 찢기고, 다른 것들은 두려움 속에서 흐느끼면서 목숨을 부지하기 위해 도망치며, 또 다른 것들은 기생충에 의해 안으로부터 천천히 삼켜지고, 온갖 종류의 다른 동물들이 굶주림과 갈증과 질병으로 죽어 가고 있다. 그것은 그렇게 되어야만 한다. 만약 시간이 아주 많다면, 바로 이 사실이 자동적으로 인구의 증가로 이어져 기아와 불행이라는 자연의 상태가 회복되기에 이를 것이다.[2]

자연에 대한 이런 그림을 예배받으시기에 합당하신 하나님, 선하고 전능하신 하나님과 일치시키기는 어렵다. 실제로 하나님이 자주 음울한 고통과 고난을 수반하는 그런 사건들이 일어나는 것을 사실상 보증하는 체계를 세우셨다면, 우리가 그분은 언제 참새가 떨어질지, 언제 가젤이 치타에게 잡혀 찢길지, 언제 유인원 중 하나의 종이 멸절할지 아실 것이라고 말하는 것은 아무런 위안이 되지 않는다. 그러나 내가 다음에서 설명하겠지만, 이것은 창조와 진화 과정에 대한 불완전한 설명이다.

궁극적으로 나는 우리가 욥의 위치에 있으며, 이 문제를 해결하기 위해 애쓰는 과정에서 우리가 이해하지 못하는 일들, 곧 우리가 알기에는 너무나 경이로운 일들(욥 42:3)에 관해 말하는 위험을 무릅쓰게 되리라는 것을 인정한다. 하나님은 욥기 38장에서 자신이 사자와 까마귀에게 먹이를 공급하는 일에 직접 개입하신다고 주장하시는데(또한 시 104편을 보라), 이것은 선과 악을 판단하는 우리의 능력이 무오할 수 없음을 암시한다. 그러나 우리가 무언가를 시도해 보는 것은 중요하다. 하나님은 자신에 대한 변호가 필요하지 않으시다. 하지만 우리는 우리가 그동안 받은 빛에 대한 책임

---

[2] Richard Dawkins, *River Out of Eden* (New York: Basic Books, 1995), p. 132. 『에덴의 강』(사이언스북스).

있고 일관성 있는 신앙 체계를 분명하게 밝히기 위해—비록 지금은 우리가 단지 희미하게만 볼지라도—최선을 다해야 한다.

더 큰 선과 유일한 방법 악에 대응하는 전략들은 대개 자유의지 같은 '더 큰 선'에 호소하거나(그것이 악한 목적을 위해 사용될 수 있을지라도), 혹은 더 큰 선에 이르기 위한 수단으로서의 '유일한 방법'에 호소하는 것이다(가령, 자연재해는 역동적인 행성이라는 더 큰 선을 위한 수단이다). 우리는 유사하게 진화(그것에 수반되는 '악'과 함께)가 하나님이 그분의 창조 세계를 위해 바라시는 더 큰 선을 가져오는 유일한 방법이라고 주장할 수 있는가?

더 큰 선들 중 하나는 이미 제시되었던 것일 수 있다. 즉 하나님은 변화의 과정 자체를 기뻐하신다는 것이다. 그러나 그것이 오랜 세월 동안 동물들이 받아 온 고통과 고난을 정당화하기에 충분하다고 여기는 이들은 거의 없다. 이에 대해 우리는 '유일한 방법'(only way)이라는 신정론을 추가할 수 있을 것이다. 아마도 진화적 분투는 우리와 같은 도덕적 존재를 발전시키는 유일한 방법일 것이다. 나는 도덕적 성숙은 도덕적 결단을 내리는 일을 통해서만 발전될 수 있는 자질이라 말하고 싶다. 하나님은 죄를 지을 수 없는 자유로운 인간을 만드시는 것 이상으로 도덕적으로 성숙한 피조물을 만드실 수 없다. 그러므로 도덕적 성숙을 이루기 위해서는 행위자 자신이 도덕적 의미가 있는 결정을 함으로써 자신의 도덕적 형성에 참여해야 한다. 그러나 참된 도덕적 결정을 내리기 위해서는 도전적인 환경이 존재해야 한다. 존재가 어려운 결정을 강요하는 자연의 악에 종속되는 환경이 필요하다. 그런 상황에 직면했을 때 피조물은 옳고 선한 것을 행하기보다 자신의 이기적인 보존을 택할까?

최근까지 진화의 역사를 연구하는 그 누구도 그런 문제에 관해 생각해보지 않았다. 그러나 요즘은 복잡한 동물 형태의 발전에 관한 이야기 속에서 협력의 역할과 심지어 이타심의 역할에 관한 관심이 높아지고 있다.[3] 이런 의미에서 고난은 더 큰 선을 위한 촉매이지만, 단지 어떤 목적을 위한 수단으로서 작용하는 것은 아니다. 어느 의미에서 고난과 고통은 도덕적 형성이라는 더 큰 선의 구성 요소들이다. 우리는 억지로 고난이 선하다고 생각할 필요가 없다. 하지만 하나님은 세상을 만드실 때 고난을 통해 선이 나오도록 구성하신 것처럼 보인다.

바이오로고스에 속한 우리는 인간이 하나님의 형상을 지니고 있다고 분명하게 확언한다. 그러나 우리는 우리가 다른 동물들과 연결되어 있다고 확언한다. 선한 것이든 나쁜 것이든 우리의 능력과 행위는 오랜 기간의 진화를 통해 발전되었다. "퓨마의 송곳니가 발 빠른 사슴의 사지를 만들어 낸 것처럼,"[4] 우리는 도덕적 책임에 대한 우리의 능력이 고통을 포함한 과정으로부터 형성되었다고 말할 수 있을 것이다.

이런 도덕과 생물학의 연관성이 장점을 갖고 있다면, 우리는 과연 우리가 진화와 연관된 자연의 '악'이 없는 세계사를 원하는 것인지 물어야 한다. 그런 세상은 다른 어떤 것을 놓치게 될까? 진화는 선과 악을 아는 능력을 지닌 존재를 창조하기 위한 유일한 방법일 수 있을 듯 보인다.

종말론 앞서 말한 제안들은 우리가 진화하는 유기체의 전체 개체군이라는 수준에서 어떤 종류의 자연의 악에 대응하도록 도울 수 있다. 그러나 여전히 우리는 자신들에게 의도되었던 충실한 삶을 살아내지 못한 채 고통을 당하고 죽었던 무수히 많은 개체들(그들이 인간이든 아니든)의 경우

---

[3] Celia Dean-Drummond, *The Wisdom of the Liminal: Evolution and Other Animals in Human Becoming* (Grand Rapids: Eerdmans, 2014), 또한 Sarah Coakley, *Sacrifice Regained: Evolution, Cooperation and God* (Oxford: Oxford University Press, 2016)을 보라.

[4] Holmes Rolston III, *Science and Religion: A Critical Survey* (Philadelphia: Templeton Foundation Press, 2011), p. 134.

를 다루어야 한다. 나로서는 자신의 모든 피조물을 기뻐하시는 하나님이 인간이 아닌 동물을 단지 어떤 목적을 위한 수단으로 다루신다고 믿기가 어렵다. 인간은 하나님의 형상을 지닌 피조물이다. 그러나 그것은 창조 세계의 나머지가 우리를 섬기기 위해 존재한다는 것을 의미하지 않는다. 창조 세계 전체가 그리스도를 위해 존재한다(골 1:16). 그 모든 것은 하나님의 계획이 완성되기를 갈망하며 기다린다(롬 8:18-22).

인간이 아닌 피조물들의 구속은 어떤 모습일까? 성경 자체는 종말에 대한 묘사에 동물들을 포함하고 있다(사 11:6-7을 보라). 그리스도인 사상가들은 동물 구속의 일부로서 그들의 죽음 이후에 모종의 존재가 있어야 한다고 믿는다. 키스 워드(Keith Ward)는 "인간뿐 아니라 동물을 위해서도 불멸은 모든 수용할 만한 신정론의 필수적 조건이다"라고 말한다.[5] 이것은 기독교 신학 안에 존재하는 포스트다윈주의적 혁신에 불과한 것이 아니다. 18세기 감리교의 창시자인 존 웨슬리(John Wesley)는 동물의 고통 문제에 대해 생각하다가 이렇게 말했다. "만약 우리가 이런 피조물들을 위해서도 죽음 이후에 더 나은 무언가가 남아 있다고 생각한다면 그런 반대는 사라진다. 이들 역시 언젠가 이런 부패의 굴레에서 해방될 것이고, 그 후에 현재 겪는 모든 고통에 대한 충분한 보상을 얻게 될 것이다."[6] 우리가 모든 피조물의 신음이 그리스도의 구속 행위 안에서 다루어졌음을 이해할 때, 모든 피조물이 그들에게 의도되었던 목적을 성취할 가능성을 갖는다고 생각하는 것은 타당한 일이다.

우리가 세상의 진화에 관한 설명에서 발견하는 고통과 고난에 대한 이

---

[5] Keith Ward, *Rational Theology and the Creativity of God* (New York: Pilgrim, 1982), p. 201.
[6] John Wesley, "The General Deliverance", in *The Works of John Wesley*, 3rd ed. (Grand Rapids: Baker, 1998), 6:251.

런 반응들은 사변적이다. 하지만 그것들은 자연계의 자료들에 관해 설명의 책임을 지는 것이며 성경을 통해 계시된 하나님의 성품과 일치하는 것처럼 보인다.

믿어야 할 이유   휴 로스

성경으로부터 우리는 하나님이 우주를 창조하신 목적을 다음과 같이 추론한다.

1. 하나님은 우주, 일반적으로는 생명체, 특별하게는 인간을 창조하시는 것을 통해 자신의 영광을 드러내기로 하셨다.
2. 온 우주와 세상의 모든 생명체는 인간의 유익을 위해 창조되었다.
3. 하나님은 인간과 영원한 사랑의 관계를 시작하기로 선택하셨다.
4. 하나님의 창조 사역은 그분의 위대한 구속 사역의 부분 집합이다.

이 네 가지 목적의 당연한 귀결로서, 하나님은 인간이 악의 헛된 유혹(자율성)에서 벗어나 하나님 자신을 사랑하도록 모든 유인을 제공하신다. 이런 귀결은 왜 창세기 1-3장이 이 세상과 에덴동산을 하나님의 '완벽한' 창조물이 아니라 그분이 '매우 좋게' 여기신 창조물로 묘사하는지를 설명하도록 돕는다. 그러나 어느 한 맥락에서 이 세상은 완벽**하다**. 세상은 그들의 창조주에 의해 구속되는 쪽을 택한 인간의 자유의지를 향상시키면서 악을 영구히 근절한다는 목적을 위해서는 완벽한 창조물이다.

두 창조 모델 어떤 이들은 사랑이 많으시고 전능하신 하나님에 의해 창조된 세상에는 악이 포함되지 않을 것이라고 주장한다. 악의 존재를 바탕으로 하나님의 부재를 증명하는 논증은, 하나님이 지금처럼 악과 고통이 존재하도록 허락하실 아무런 목적도 갖고 계시지 않다고 가정한다. 모든 주요 종교는 인간이 악이 존재하지 않는 낙원 같은 상태에서 시작했으나 곧 그것을 잃어버렸다는 기독교적 교리를 공유한다. 그들의 견해가 갈리는 곳은 그들이 하나님, 혹은 신들, 혹은 우주적 세력이 인간을 그 낙원으로 회복시키기 위해 어떻게 역사하는가 하는 점에서다. 비기독교적 신앙 체계 안에서 지금 인간이 겪는 악에는 이유가 없다.

대조적으로 기독교는 '두 창조 모델'을 주장한다. 그 모델에서 두 번의 창조는 서로 아주 다르다. 첫 번째 창조는 가능한 한 많은 인간들이 더 나은 무언가를, 곧 하나님과의 영원히 안정되고 사랑스러운 관계를 선택하도록 장려하기 위해 가능한 최상의 영역이다. 이 창조는 개인들이 새로운 창조의 진행과 역할, 보상, 관계적 실현을 얻도록 준비시키고 훈련시킨다. 그런 준비와 훈련의 일부는 악과 고통에 짧게 노출되는 것이다. 현재의 창조는 완벽한 선보다 못한 모든 것에 대한 신속한 정복과 영원한 제거를 초래하기 위한 가능한 최상의 것이다. 하나님은 그런 노출이 제공하는 더 큰 선 때문에 인간이 짧게 악에 노출되도록 허락하신다.

두 번째 창조는 완벽하다. 거기에 악은 존재하지 않을 것이다. 현재의 창조와 달리, 누군가의 자유의지를 제한하는 그 어떤 물리적 제한도 존재하지 않을 것이다. 결과적으로 제한 없는 사랑이 표현될 수 있고, 실제로 표현될 것이다.

어떤 이들은 이렇게 반응할지도 모른다. "하나님은 왜 처음부터 아담과 하와를 새로운 창조 상태에 두지 않으셨는가?" 우리는 성경을 통해 이것을 추론할 수 있다. 만약 인간이 먼저 가장 큰 가능성 있는 유혹, 곧 가장 압도적인 악의 매력을 통해 시험을 받지 않는다면, 새 창조의 진행과 보상, 관계는 완벽해질 수도 없고 영구히 안정적일 수도 없다. 그럴 경우, 인간의 자유의지나 사랑을 위한 능력은 증진되기보다 크게 줄어들 것이다. 혹은 하나님의 권위에 대한 반역의 회귀와 그로 인한 악이 영원히 지속되는 위험으로 남게 될 것이다.

구속된 인간은 가장 어려운 시험을 통과했기에 그들이 덜 도전적인 시험에서 실패할 위험은 존재하지 않는다. 다시 말해, 학생들이 어려운 대학 과정을 통과하면서 경험하는 짧은 고난이 그들이 일생 동안 보람 있는 직업을 얻도록 준비시키고 훈련시키듯이, 육체적 죽음이 뒤따르는 몇십 년간의 고난은 인간이 겪지 않으면 불가능했을, 새 창조 안에서 상상할 수 없을 정도로 풍요롭고 영원한 보상을 얻도록 준비시키고 훈련시킨다.

왜 고난을 당하는가? 아담과 하와가 하나님과 다른 이들, 그들 자신으로부터 소외되는 결과를 낳았던 타락과 죄는 사탄의 반역 이후에 일어났고, 온 인류에게 그리고 결과적으로 온 세상에 영향을 주었다. 창세기 3장은 죄가 **더 많은** 노동과 **더 많은** 고통으로 이어졌다고 설명하는데, 이것은 아담과 하와가 그들의 반역 이전에도 노동과 고통을 경험했음을 의미한다. 창세기 2장은 아담이 죄를 짓기 전에 에덴에서 일하고 음식을 먹었다고 분명하게 진술한다. 소화 과정을 포함하는 그런 일은 중력과 전자기학, 양자 역학, 열역학 같은 물리적 법칙들이 아담의 타락 이전에도 효과적으로 작동하고 있었음을 의미한다. 예레미야 33:19-26과 로마서 8:20-22은 물리적 법칙이 온 우주의 역사를 통해 고정되어 있었음을 의미한다.

하나님의 물리적 법칙에 대한 설계는 이런 결과를 낳는다. 즉 어떤 이가 더 많은 죄를 지으면, 그는 더 많은 일을 해야 하고 더 많은 고통을 겪어야 하며 결과적으로 더 많은 시간을 허비해야 한다. 예컨대, 열역학제2법칙은 인간이 무엇을 조직하고 설계하고 무슨 정보를 축적하든 그것들은 점점 더 무질서해진다는 것을 보장한다. 그러나 죄가 그 붕괴를 가속화시킨다. 하나님은 인간이 죄에서 떠나게 하려고 부드럽지만 확고하게 권고하시기 위해 물리적 법칙들을 설계하셨다. 인간이 더 많은 죄를 지으면, 그들은 더 많은 고통과 일을 경험한다. 이런 '물리적 훈련'은 너무 과하지도 않고 너무 모자라지도 않다.

하나님은 자기에게 예배하는 자들에게 그 누구도 상상하거나 이해할 수 없을 만한 보답을 약속하셨다. 이 두 번째 창조가 어느 날(여덟째 날) 첫 번째 창조를 대체하게 될 것이다. 그날은 악과 고통이 영원히 제거되기 전까지는 시작되지 않을 것이다. 죄와 악에 대한 가능성이 없다면, 우주의 현재 차원과 물리적 법칙에 대한 그 어떤 필요도 더는 존재하지 않을 것이다. 하나님이 새 창조에 인간이 상상하기 어려울 만큼 풍성한 관계와 생활, 죽음이나 고통이나 악의 가능성이 없는 보상을 경험할 수 있게 해 주는 새로운 법칙과 차원을 부여하실 것이다.

자연의 악? 일반적으로 사람들은 (지진이나 허리케인 같은) 자연재해와 육식 동물과 기생 동물을 근본적 악이라고 여긴다. 그런 이들은 지금 이런 '악들'이 존재해야 한다면 왜 선하신 하나님이 개입하셔서 자신의 피조물들을 그 해로운 결과로부터 구출하지 않으실까 하고 의아해한다.

악을 제어하고 덕을 장려하는 일에서 부패의 법칙이 하는 역할(롬 8장)은 하나님이 선한 사람이든 악한 사람이든 그들을 자연의 결과로부터 좀처럼 구해 주시지 않는 이유를 설명해 준다. 하나님은 사람들을 자연재해와 질병으로부터 기적적으로 구하실 수 있었고 실제로 그렇게 하셨다. 그러나 그분은 단지 그런 구조가 악을 더 크게 제어하고, 사람들에게 자신이 주는 죄로부터의 구원을 받고자 하는 더 강력한 동기를 부여할 때만 그렇게 하신다. 덜 자주 하나님은 악한 개인들에게 자연의 대재앙을 초래하시기 위해 기적적으로 개입하시지만, 그때도 그런 개입이 부패 법칙의 자연스러운 작동으로부터 발생하는 것보다 훨씬 더 강력한 악에 대한 제어를 낳는 경우에만 그렇게 하신다.

하나님이 모든 자연재해에 대해 주권을 갖고 계신다는 사실은 그분에게 무언가 악한 의도를 전가할 만한 변명거리를 제공하지 않는다. 욥이 그랬던 것처럼, 우리는 때때로 모든 이유를 알지 못한 채 고통을 당해야 한다. 욥처럼 우리는 하나님의 궁극적 선하심을 신뢰해야 한다. 바울이 선언하듯이, "하나님을 사랑하는 자 곧 그의 뜻대로 부르심을 입은 자들에게는 모든 것이 합력하여 선을 이[룬다]"(롬 8:28).

자연재해가 감소한다고 해서 필연적으로 부패의 법칙이 덜 효율적으로 작동하고 결과적으로 악이 덜 효율적으로 제어되는 것은 아니다. 더 나아가 모든 자연의 '비극'은 사실상 악에 대한 제어와 무관하게 모든 생명의 유익한 목적에 이바지한다.

모든 자연재해는 생명과 인간에게 최대의 유익이 되도록 최적으로 설계되었다. 예컨대, 지진과 화산 활동은 대륙이 영구히 남아 있게 해 준다. 또 그것들은 풍성한 생명을 오래 유지하는 데 필수적인 영양소의 재생 수준을 보장한다. 그러나 현재 지각 활동의 수준은 도시들과 교통 동맥들을 유지하지 못하게 만들 정도로 높지는 않다. 창조주가 우주와 그것의 생명을 위한 자신의 모든 목적을 이루기 위해 택하신 물리학의 법칙들을 감안한다면, 현재 지구는 이상적 수준의 지각 활동을 유지하고 있다. 마찬가지로, 들불과 홍수, 가뭄, 번개, 허리케인, 토네이도, 빙하기 등은 모두 그것들의 강도와 빈도, 지속성이라는 측면에서 생명의 최대 유익, 특히 인간의 최대 유익을 위해 최적으로 설계되었다.[7]

하나님이 자신이 주는 구속을 택한 이들의 자유의지 능력을 향상시키고 악과 고통을 효과적이고 신속하게 제거하기 위해 택하신 물리적 법칙들을 감안할 때, 육식 동물과 기생충, 부식성 생물은 지구의 모든 생명체의 건강과 장수와 안녕을 최적화하는 데 중요한 역할을 한다. 풍성한 야생 경험은 이런 피조물들이 실제로 어떻게 그것들이 잡아먹는 생명 형태들의 죽음과 고통을 최소화하는지를 보여 준다.

하나님은 모든 생명을 위해, 특히 인간의 최대 유익을 위해 자연 현상들과 생태학적 균형을 최적화해 오셨던 반면, 타락한 인간들이 이런 최적화를 훼손하기 위해 한 일들도 아주 많다. 예컨대, 인간의 남용으로 인해 오늘날 모기는 사실상 지구의 모든 대륙에서 서식하고 있다. 인간이 출현하기 전에 모기는 단지 지구의 10퍼센트 지역에서만 서식했다. 인간이 농업을 남용하여 이른바 해충들이 인간 이전 단계를 훨씬 넘어서 증식했다.

인간은 준비를 무시함으로써 자신들을 자연 현상의 불필요한 결과들에 더 많이 노출시켰다. 마태복음 7:24-29에서 예수님은 "바위 위에 집을 지은 지혜로운 사람"을 "모래 위에 집을 지은 어리석은 사람"과 대조하셨다. 현재의 예를 들면, 원주민들은 잦은 허리케인 때문에 플로리다 동부 연안을 피했던 반면, 오늘 우리는 플로리다 동부 연안에 지은 이동식 주택들에 노인들을 모셔 놓고 왜 우리의 재해 보험료가 그렇게 높은지 의아해한다.

타락 이전이든 이후든 하나님의 매우 선한 창조 안에 본질적으로 악한 것은 아무것도 없다. 하지만 인간은 그것을 더럽히는 일을 많이 했다. 그러나 하나님은 주권자이시다. 욥과 요셉, 다니엘이 경험했던 악의 경우에

---

7   Hugh Ross, *More Than a Theory* (Grand Rapids: Baker, 2009), pp. 204-207.

서 알 수 있듯이, 하나님은 인간의 악한 의도와 행위를 더 큰 선으로 바꾸기 위해 일하셨고, 앞으로도 계속 그렇게 하실 것이다(롬 8:28). 하나님은 이런 전환을 극대화하기 위해 우주와 지구, 그 안의 모든 생명을 신중하게 설계하셨다. 이 맥락에서 그분은 자신을 예배하는 자들이 인간의 악과 자연적 사건들의 결과 때문에 고통을 당해 온 이들에게 연민을 보이고 도움을 주기를 기대하신다. 또한 그분은 그들이 그렇게 할 수 있도록 준비시키신다.

타락이 죽음과 포식의 시작이었는가? 어떤 그리스도인들은 아담이 에덴에서 반역하기 전에는 지구의 피조물 중 그 어느 것도 죽지 않았다고 확신한다. 그들이 자신들의 확신을 뒷받침하기 위해 인용하는 성경 구절은 로마서 5:12이다. "그러므로 한 사람으로 말미암아 죄가 세상에 들어오고 죄로 말미암아 사망이 들어왔나니 이와 같이 모든 사람이 죄를 지었으므로 사망이 모든 사람에게 이르렀느니라." 이 구절은 일반적 죽음이 아니라 죄를 통한 죽음을 다룬다. 하나님이 에덴에서 창조하신 모든 생명 중 오직 한 종류(인간)만 죄를 지을 수 있었다. 그러므로 로마서 5:12은 우리에게 식물과 동물의 죽음이 시작된 때가 아니라 **인간의** 죽음이 시작된 때에 대해 알려 준다. 이런 결론은 그 구절의 끝부분에서 확인된다. "이와 같이 [죄를 지을 수 있는] 모든 사람이 죄를 지었으므로 사망이 [모든 생명에게가 아니라] 모든 사람에게 이르렀느니라."

다른 성경 구절인 고린도전서 15:20-22 역시 아담의 죄가 초래한 죽음이 인간에게 국한되었음을 분명하게 밝힌다. 이 본문은 그들의 죽음이 "아담 안에서" 봉인되었던 인간의 ("그리스도 안에서의") 부활에 관해 말한다. 성경은 어디에서도 아담이 죄를 짓기 전에는 식물과 동물이 죽지 않았다고 주장하지 않는다. 더 나아가 아담은 최초의 죄인이 아니었다. 최초로 죄를 지은 존재는 사탄이었다. 성경은 사탄이 언제 최초로 하나님께 반역했는지에 대해 침묵한다.

포식에 관해 말하자면, 이 자연의 측면은 성경의 몇 곳에서 묘사된다. 예컨대, 시편 104:21에서 하나님은 사자에게 먹이를 제공하시는 공을 스스로 차지하신다. 욥기 38:39-41에서 하나님은 자신이 굶주린 사자와 까마귀에게 먹이를 제공하심으로써 그것들을 만족시킨다고 말씀하신다.

연구는 초식 동물이 사실상 육식 동물에게 의존하고 있음을 보여 준다. 육식 동물의 활동은 초식 동물 개체 수의 수준과 삶의 질을 극대화한다. 예컨대, 일련의 연구들은 향유고래가 오징어를 먹고 수염고래가 크릴새우를 먹는 것이 크고 건강한 오징어와 크릴새우 집단을 만들어 냈음을 보여 준다.[8] 고래의 분비물은 대양의 투광층을 기름지게 만들고, 그로 인해 식물성 플랑크톤의 개체 수가 증가하며, 이어서 크릴새우와 오징어가 각각 섭취하는 동물성 플랑크톤과 물고기들의 개체 수가 증가한다. 또한 금렵구 관리인들은 육식 동물의 포식 활동이 없어지면 초식 동물의 무리에서 질병과 기아와 죽음과 유전적 쇠퇴가 증가한다는 사실을 확인해 준다.

여기서 얻을 수 있는 성경적 교훈은 하나님의 길은 우리의 길과 다르다는 것이다. 일단 우리가 포괄적인 성경적 관점을 얻는다면, 우리는 우리가 나쁘다고 추정하는 것이 사실은 선한 목적을 성취할 수도 있음을 알게 된다. 바울이 고린도후서 4:17에서 설명하듯이, "우리가 잠시 받는 환난의 경한 것이 지극히 크고 영원한 영광의 중한 것을 우리에게 이루게" 한다.

---

8   Trish Lavery et al., "Iron Defecation by Sperm Whales Stimulates Carbon Export in the Southern Ocean", *Proceedings of the Royal Society B 277* (June 2010): pp. 3527-3531, doi:10.1098/rspb.2010.0863.

후속 질문

제임스 듀

짐과 휴가 시간과 에너지를 들여 내가 앞서 제기한 문제들에 대한 자신들의 견해를 설명해 준 것에 감사한다. 여러분의 답변은 흥미롭기도 하고 자극적이기도 하다. 나는 두 설명 모두에서 여러분이 창조 안에서의 하나님의 계획에 대한 '더 큰 선' 혹은 '유일한 방법' 식의 이해를 주장한 것에 흥미를 느낀다. 이 모델에서 자연재해와 자연의 악은 창세기 3장에 기록된 아담과 하와의 반역 이전부터 창조 질서의 일부였음이 분명하다. 내가 여러분 모두를 정확하게 이해했다면, 우리가 그런 자연재해를 포함하는 세계를 갖는 것은 하나님이 우리가 알고 있는 삶을 가능하게 하는 긍정적 특징을 지닌 세상을 갖는 유일한 방법이다. 간단히 말하자면, 우리는 그 근거를 다음과 같이 분명하게 밝힐 수 있다.

1. 지구에서의 삶은 이 세상의 모종의 자연적 특징이 없으면 가능하지 않다.
2. 자연재해는 그런 자연적 특징을 얻는 데 필요하다.
3. 하나님이 세상에 더 큰 선을 초래하기 위해 자연재해를 포함하는 세상을 창조하신 것은 정당하다.

이런 주장들이 옳다면, 우리는 자연의 악을 아담과 하와의 타락의 결과가 아니라 하나님이 그것을 통해 세상의 생명과 선한 것들을 초래하신 창조 안에서의 그분의 선한 계획의 일부로 보아야 한다. 스텀프가 말하듯이, "우리가 목격하는 압도적인 패턴은 하나님이 그분이 의도하시는 바를 자연적 수단을 통해 이루신다는 것이다." 더 나아가 이것이 그런 특징을 얻는 유일한 방법이라면, 하나님이 자연의 악을 막는 방식으로 세상과 상호 작용을 하시는 것은 직관에 반하는 것이요 생산적이지 않은 일이 될 것이다.

이 지점에서 자연스럽게 나오는 후속 질문은 이것이다. 여러분의 관점은 여러분이 보는바 하나님이 세상과 상호 작용을 하시는 방식에서 발생하는 가능한 모순을 어떻게 피할 수 있는가? RTB 관점의 경우, 만약 자연재해를 포함하는 자연의 과정이 하나님의 계획에 필수적이라면, RTB는 이것을 하나님이 세계사 전체를 통해 자연의 과정을 계속해서 중단시키신 것과 어떻게 화해시키는가? 한편으로 자연의 과정은 필수적이며, 만약 그것이 현재와 같이 되는 것을 허락받지 못한다면, 우리가 사는 세상과 같은 세상을 갖는 다른 방법은 존재하지 않는다. 그러나 다른 한편으로 RTB의 입장은 하나님이 자연의 과정을 중단시키고 초자연적 영향력을 행사하면서 창조 안에서 계속 일하신다는 개념을 견지한다. 그런 입장은 자연의 과정이 우리의 것과 같은 세상을 갖는 유일한 방법이며, 동시에 초자연적인 개입은 우리의 것과 같은 세상을 갖는 유일한 방법이라고 말하는 것처럼 보일 수 있다. 아마도 이런 두 가지 진술은 쉽게 화해할 수 있을 것이다. 그러나 RTB의 관점에서 이런 일은 어떻게 이루어지는가?

바이오로고스의 관점에 대해서도 유사한 질문을 할 수 있다. 그러나 그 질문은 앞에서 짐 스텀프가 말한 창조에 대한 '유일한 방법' 식의 이해와 기적에 대한 바이오로고스 식의 이해 사이의 관계로부터 나온다. 한편으로 바이오로고스는 자연의 악과 창조에 대한 '유일한 방법' 혹은 '더 큰 선' 식의 설명을 견지한다. 이 설명에서 자연의 과정(거기에는 자연재해가 포함된다)은 세상이 지금처럼 존재하는 데 필수적이다. 그렇다면 그때 하나님은 자연이 아무런 간섭 없이 제 길을 가게 하실 의무가 있다. 그러나 다른 한편으로 바이오로고스의 입장은 하나님이 인간사 속에서 기적을 행하신다고 말하는 데 주력한다. 이제 기적은 하나님이 어떤 목적 혹은 목표를 수행하기 위해 자연의 정상적 흐름을 초자연적으로 중단시키는 사건들이다. 요약하면, 기적은 하나님이 어떤 이유에서인지 자연이 '제 길을 가도록' 내버려 두지 않으시고 간섭하기로 하신 사건들이다. 바이오로고스는 이 둘 모두를 어떻게 긍정하는가?

바이오로고스의 답변   짐 스텀프

제임스 듀의 질문은 좋은 질문이다. 또 그것은 아주 중요한 문제의 핵심을 찌른다. 자연의 악을 받아들이기 위해 우리는 하나님이 보통 그분의 뜻을 자연의 과정을 통해 이루신다는 것과 이런 과정들에는 몇 가지 불행한 부작용이 따른다는 것을 인정해야 할 듯하다. 그러나 그렇다면 기적은 어떻게 되는가? 우리가 하나님이 적어도 때때로 기적을 통해 일하신다는 것을 인정한다면, 왜 그분은 좀더 자주 그토록 많은 고통과 고난을 수반하는 자연의 과정을 우회해 곧장 최종 목표로 건너뛰지 않으시는가?

　바이오로고스는 기적을 인정한다. 하지만 나는 기적이 자연의 법칙들에 대한 위반으로 설명되는 것은 적절하지 않다고 여긴다. 나는 6장에서도 기적에 관한 후속 질문을 받았다. 거기서 나는 내가 생각하기에 성경적 이해와 더 잘 부합하는 기적관을 설명하고 옹호할 것이다. 이 장의 목적을 위해, 제이미가 자연의 악이라는 문제와 관련해 제기한 특별한 질문을 위해, 나는 단지 과학적 '법칙들'은 하나님이 일반적으로 자연의 영역에서 일을 이루시는 방법에 대한 우리의 설명일 뿐이라고 주장하려 한다. 그렇기 때문에 기적은 하나님이 특별한 목적(보통 징표나 경이)을 위해 일반적이지 않은 무언가를 행하시는 경우다.

그러면 여기서 한 가지 질문이 제기된다. 만약 하나님이 그렇게 많은 고통을 초래하지 않는 다른 행동 방법을 갖고 계시다면, 왜 그분은 그렇게 하시지 않는 것인가? 어쨌든 하나님은 전능하시며 어떤 식으로든 무언가에 제한되지 않으신다. 그렇지 않은가? 아마도 그럴 것이다. 어떤 이들은 하나님의 전능하심에도 한계가 있다고 주장하며 그 단어에 대한 정의를 "하나님은 가능한 모든 일을 하실 수 있다"라고 바꾼다. 그 문제에 대해 나는 다만 우리가 하나님이 어떻게 어떤 일들을 행하실 수 있는지를 이해하는 데 한계가 있다고 주장할 뿐이다. 예컨대, 우리로서는 하나님이 네모난 원을 만드실 수 있다는 것은 (절대적으로 문자적 의미에서) 상상조차 하기 어렵다. 그것은 말하자면 직접적인 모순이다. 우리가 사각형과 원이 무엇인지를 이해한다면, 네모난 원을 만드는 것은 그저 실제로 하기 어려운 그 무엇(성경 전체를 암기하는 것처럼)이 아니다. 또 그것은 사실상 존재하지 않으나 어쩌면 존재할 수도 있는 무언가(가령 유니콘이나 인어 같은)를 만들어 내는 것도 아니다. 오히려 네모난 원은 **도저히** 존재할 수 없는 그 무엇이다. 나는 하나님이 논리에 제한되지 않는다면 그분이 네모난 원을 만드실 수도 있겠지만 우리는 그것을 그런 것으로 인식하지 못할 것이라고 생각한다. (삼위일체와 성육신에 대한 초대교회의 설명은 그런 개념들이 '네모난 원'처럼 논리적 모순이 아님을 보여 주려는 시도였다. 이런 설명들이 성공적이었는지에 대한 논의는 우리를 목전의 주제로부터 멀어지게 한다.)

이 장에서 나는 과연 진화적 분투가 우리처럼 지각 있고 도덕적인 존재를 발전시키는 유일한 방법인지에 대해 의문을 품었다. 어쩌면 도덕적으로 성숙한 인간을 즉시 만들어 내는 것은 (그저 정말로 어렵거나, 가능하기는 하나 실제가 아닌 정도가 아니라) 네모난 원을 만드는 것만큼이나 논리적으로 불가능하다. 이런 주장의 배후에 있는 사고는 도덕적 성숙에는 필연적으로 도덕적으로 성숙해 가는 행위자 자신의 개입이 필요하다는 것이다. 그것은 부자가 되는 것과 같지 않다. 나는 나 자신의 노력으로 혹은 누군가에게 많은 돈을 받음으로써 부자가 될 수 있다. 그러나 아무도—이 경우에는 하나님조차도—나에게 도덕적 성숙을 줄 수 없다. 그러므로 그것이 하나님이 궁극적으로 우리에게 원하시는 것이라면, 그분은 도덕적으로 성숙한 행위자가 될 수 있는 상황을 만드셔야 한다. 그런 상황은 그것과 더불어 너무 고통스러운 자연의 악들을 초래한다. 그러나 그런 악들은 모든 것이 합력해 선을 이룰 것이라는 하나님의 약속을 위한 원료들을 제공한다(롬 8:28). 진화적 분투는 고난이 긍정적인 것으로 이어지는 십자가형의 패턴과 일치한다.

여기서 나의 입장이 다른 종류의 기적들을 배제하지 않는다는 것에 주목하라. 일반적으로 포도주는 포도즙이 발효할 때 오랜 시간에 걸쳐 만들어진다. 우리가 이와 관련해 이해하는 화학적 법칙들은 하나님이 자연 안에서와 자연을 통해서 일하시는 일반적인 방식에 대한 설명이다. 그러나 하나님이 어떤 환경에서는 다른 방식으로 일하시고 물을 직접 포도주로 만드실 수 있다고 가정하는 것에는 모순이 없다. 그런 종류의 변화에는 도덕적 변화와 같은 방식의 행위자의 협력이 필요하지 않다.

도덕적 성숙이 단숨에 주어질 수 있다고 여기는 것은, 하나님이 첫 번째 삶을 통과하지 않은 채 최종적이고 완벽한 하늘에서 도덕적으로 성숙한 인간을 창조하시지 **않은** 이유에 대한 설명을 요구한다. 우리가 하늘에서 맞을 미래를 위해 우리를 준비시키는 우리의 과거와 현재에는 분명한 목적이 있어야 할 것처럼 보인다. 휴 로스와 나는 이와 관련해 많은 분야에서 동의한다. 휴 역시 우리가 악과 고통에 노출되는 것이 우리의 영원한 미래를 준비하기 위함임을 인정한다. 그러나 나로서는 그가 인간의 진화를 인정하지 않음으로써, 그런 생각을 좀더 강화시킬 기회를 놓치고 있는 것처럼 보인다. 도덕적 성숙은 별안간 일어나지 않았다. 우리는 점점 더 다른 종들 안에서 우리의 도덕성을 위한 전조들―만개한 도덕적 책임감은 아니지만, 시간의 흐름과 더불어 발전해 왔고 그것이 없었다면 우리가 도덕적으로 행동할 능력을 갖지 못했을 우리의 인지적·사회적 구조의 구성요소들―을 발견하고 있다.

진화 과정이 우리를 오늘의 우리와 같은 피조물로 형성했다. 나는 하나님이 우리가 변화된 모습에 놀라셨을 것이라고 믿지 않는다. 오히려 나는 하나님이 의도적으로 우리를 창조하셨으나 자신의 피조물들(인간과 비인간 모두)이 그 과정에 협력하고 자신이 제공하신 상황에 응답하는 과정에서 인내심을 갖고 창조하셨다고 말하는 것이 아주 적절하다고 생각한다. 우리는 점점 더 그 과정을 과학적으로 묘사할 수 있게 되었다. 우리가 중력의 법칙과 임신, 소화, 아기의 출생을 이해할 때 그런 것처럼, 이런 것을 이해할 때도 우리는 하나님의 선하신 창조에 대한 두려움과 경외심을 잃지 않는다.

믿어야 할 이유의 답변 휴 로스

첫째, 우리는 우주와 지구, 지구 생명체의 역사를 자연법과 하나님이 수립하신 과정들, 하나님의 간헐적이고 기적적인 개입의 조합으로 본다. 이에 대한 한 가지 좋은 유비는 구약이 전하는 이스라엘의 역사다. 보통 하나님은 이스라엘 민족 안에서 역사적 사건들이 자연스럽게 흘러가도록 내버려 두셨다. 그러나 그분이 자연사의 과정을 바꾸기 위해 기적적으로 개입하셨던 몇 차례의 전략적 시간들이 있었다. 하나님은 여러 가지 눈에 띄는 일들과 인간이 기적으로 인식할 만한 일들을 수행하셨다. 그렇지만 그분은 계속해서 그런 기적을 행하시지는 않는다.

둘째, RTB에 속한 우리 모두는 '날-세대 창조론자'라는 점에서 바이오로고스팀의 여러 구성원들과 다르다. 우리는 창세기 1-2장에 대한 가장 문자적이고 일관된 해석은 창조의 날들이 연속적이고 긴 기간이라는 것이라고 믿는다. 이런 해석은 현재 우리가 하나님의 일곱째 날, 곧 하나님이 그분의 기적적인 창조 사역으로부터 물러나 쉬고 계시는 날에 속해 있음을 의미한다. 결과적으로 우리는 '인간의 시대'와 '인간 이전 시대' 사이에 존재하는 이분법을 본다. 인간 이전 시대에 하나님은 여러 가지 창조의 기적들을 행하셨다. 인간의 시대에 그분은 더 이상 창조의 기적을 행하시지 않는다.

셋째, 우리는 하나님이 더 이상 창조의 기적을 행하시지 않는다고 믿지만, 그분이 광범위한 비창조적인 기적들을 행하시면서 인간의 시대에서도 아주 활발하게 활동하신다고 주장한다. 우리는 이런 기적들이 인간을 그 창조주와의 구속적 관계 속으로 이끌어 가기 위한 것이라고 믿는다. 덧붙여 말하면, 물리학의 법칙과 우주의 시공간적 차원, 우주의 물리적 특성은 모두 인간의 구속을 촉진하도록 설계되었다.[9] 이런 구속적 초점 때문에, 오늘날 하나님은 그분의 기적적인 개입을 그것이 우주 내의 물리적 법칙과 시공간적 차원의 자연스러운 작동보다 더 큰 구속의 역사를 초래하는 상황에 국한시키신다. 그러므로 하나님은 사람들을 자연재해로부터 구하실 수 있고 실제로 구하시지만, 오직 그로 인한 구속적 결과가 사람들

---

[9] 이에 대한 설명과 문헌들을 위해서는, Hugh Ross, *Why the Universe Is the Way It Is* (Grand Rapids, Baker, 2008)를 보라.

이 자연을 있는 그대로 경험할 때보다 더 큰 경우에만 그렇게 하신다.

넷째, 이른바 자연의 악은 타락의 직접적인 결과가 아니지만, 우주를 창조하실 때 하나님은 자신의 선한 창조 안으로 도덕적 악이 들어오리라는 것을 미리 아셨다. 그러므로 그분은 자신의 창조가 도덕적 악이 발생할 경우 그것을 최적으로 다루는 특징을 지니도록 미리 설계하셨다. 이런 창조 설계의 특징들은 때때로 발생하는 자연재해와 질병을 필연적 부산물로 갖고 있었다. 그러나 그런 사건과 특징들은 모두 하나님에 의해 자신의 피조물의 안녕을 증진시키고 고통을 최소화하도록 최적화되어 있다. 요컨대, 하나님이 창조하신 모든 것은, 구속된 인간의 자유의지 능력을 증진시키는 반면 자신의 창조로부터 악과 고통을 완벽하게 영구적으로 제거하기 위한 하나님의 전략이라는 맥락에서 본다면, 아주 선하다.

결론
제임스 듀

나는 짐과 휴가 나의 질문에 답하느라 시간을 쓰고 관심을 기울여 준 것에 다시 한번 감사한다. 이 장에서 그들은 복잡하고 상세하면서도 중요한 질문들을 다루었다. RTB와 바이오로고스는 여러 쟁점들에 대해 서로 다른 견해를 보이지만 이 특별한 주제는 그들이 많은 것을 공유하고 있는 분야다. 양쪽 모두 하나님이 자연의 과정과 우주의 법칙들을 통해 지금과 같은 세상을 가져오셨다는 개념을 지지한다. 두 단체 모두 하나님의 창조에서 기적의 가능성과 실재성을 긍정하고, 자연의 과정을 인간을 위한 도덕의 발전에 꼭 필요한 것으로 여긴다.

자연법과 기적의 관계에 관한 나의 후속 질문에 대한 그들의 답변은 확실히 그들의 입장에 관한 오해를 불식시키는 데 도움이 되었다. 그러나 나는 모든 이가 그 설명의 상세한 부분에 만족하리라고는 확신하지 못한다. 사실 그런 상황은 이처럼 무거운 문제를 다루는 거의 모든 논쟁에서 나타난다. 늘 질문들이 남아 있을 수밖에 없다. 그러나 나로서 지금 당장은 두 그룹 모두가 우리가 이 장에서 살폈던 신학적 질문들을 진지하게 다루고 있다는 사실 자체만으로도 잔뜩 고무된다. 그것에 대한 토론이 계속되기를 기대한다!

5장 하나님의 행동

하나님은 자연계와 어떻게 상호 작용을 하시는가?

존 랭, 짐 스텀프, 제프 즈위링크

남침례회 진행자   존 랭

창조에 관한 교리와 섭리에 관한 교리는 긴밀하게 연결되어 있고 종종 서로 겹친다. 섭리에 관한 교리는 창조 질서에 대한 하나님의 통치와 유지, 보존을 가리킨다. 그것은 우리가 만유를 '통제하시는' 하나님에 관해 말할 때 가리키는 교리다. 또 그것은 오랫동안 믿음의 사람들에게 위로와 위안과 평안의 원천이 되어 왔다(롬 8:28). 물론 성경은 하나님이 자연적으로 발생하는 사건들[가령, 비가 내리고(시 135:6-7) 풀이 자라는 것(시 104:14)]에서부터 국가의 흥망에 이르기까지(욥 12:33) 그리고 개인들의 영원한 운명에 이르기까지(엡 1:11) 아주 방대한 일들에 대해 섭리하신다는 것을 분명하게 밝힌다. 역사적으로 신학자들은 어떤 경우에는 하나님의 직접적인 원인이 되시고 또 어떤 경우에는 자연의 과정을 유지하시는 것에 관해 말하기 위해, 그분이 1차적 원인과 2차적 원인, 자연법, 기적, 다른 여러 범주들에 의지해 섭리적 통제를 행하시는 방식들을 구별해 왔다.¹ 그럼에도 하나님의 섭리에 관한 정통적 이해와 창조에 관한 이론의 교차점은 다루기가 어려운 주제일 수 있다. 한편으로, 많은 그리스도인들은 진화론에 대해 회의적이다. 그것은 그 이론이 섭리에 관한 견고한 신학을 결여하고 대신에 일반적으로 기껏해야 이신론 아니면 최악의 경우에는 무신론이라고 알려진 것에 빠져드는 듯 보이기 때문이다.[2] 이와 같은 우려는 부분적으로는 성경의 정확함에 대한 존경으로부터, 또 부분적으로는 하나님을 창조 과정에서 수동적인 존재로 묘사하는 진화론 때문에 발생한다.[3] 다른 한편으

---

1   Augustine, *On Order* 1.1.1-2; *On Free Will* 2.17.45; *The Literal Meaning of Genesis* 8.26.48. 또한 Thomas Aquinas, *Summa Theologica* 1.22.2-3, 1.45.3, 그리고 John Calvin, *Institutes of the Christian Religion* 1.17.9를 보라.
2   Institute for Creation Resesrch의 설립자이자 오랫동안 회장으로 일했던 Henry Morris는 진화는 본질상 무신론적이며 성경적 진화라는 관점은 있을 수 없다고 주장해 왔다. Henry M. Morris, *The Long War Against God: The History and Impact of the Creation/ Evolution Conflict* (Grand Rapids: Baker, 1989), p. 109. 유사하게, Answers in Genesis의 회장인 Ken Ham은 "실제로 수십억 년의 세월과 진화는 반-하나님적 종교들이며 우리는 그것들을 그런 것으로 인식해야 한다"라고 썼다. "Richard Dawkins and Mr. Deity," Ken Ham's blog, Answers in Genesis, February 16, 2015, http://blogs.answersingenesis.org/blogs/ken-ham/2015/02/16/richard-dawkins-and-mr-deity. 진화를 옹호하는 많은 이들은 또한 다윈의 이론은 하나님의 창조와 설계에 대한 대안과 도전으로 가장 잘 이해된다고 주장하면서 불에 기름을 부어 왔다. "다윈은 지적으로 충실한 무신론자가 되는 것을 가능하게 했다"는 Richard Dawkins의 말이 한 예다. Dawkins, *The Blind Watchmaker: Why the Evidence of Evolution Reveals a Universe Without Design* (New York: W. W. Norton, 1996), p. 6. 『눈먼 시계공』(사이언스북스). 또한 Daniel Dennett, *Darwin's Dangerous Idea: Evolution and the Meanings of Life* (New York: Simon & Schuster, 1995)를 보라. 그리고 E. O. Wilson은 "만약 인류가 다윈의 자연 선택에 의해 진화되었다면, 하나님이 아니라 유전자적 우연과 환경적 필요가 종을 만든 셈이다"라고 썼다. *On Human Nature* (Cambridge, MA: Harvard University, 1978), p. 1. 『인간 본성에 대하여』(사이언스북스).
3   공정하게, Ard Louis는 여러 게시글을 통해 바이오로고스의 입장에서 이신론에 대한 우려를 다루려고 해 왔다. 예컨대, 그는 Southern Baptist Voices 시리즈의 일부로서 James Dew와 나눴던 대화에서 진화적 모델들에서 나타나는 이신론에 대한 두려움은 부분적으로는 하나님의 행동을 오직 기적의 측면에서만 보고 정상적인 과정에서 그것을 무시하는 "하나님의 주권에 대한 빈약한 견해" 때문에 발생한다고 주장했다. Ard Louis, "A Response to James Dew, Part 2," BioLogos, May 30, 2012, http://biologos.org/blog/southern-baptist-voices-a-biologos-response-to-james-dew-part-2. 고전적 이신론은 기적의 가능성 자체를 거부한다. 그럼에도 Harbin은 모든 유신 진화론 모델이 갖고 있는 문제에 대해서도 다음과 같이 진술한다. "이것이 유신 진화론 일반의 난제다. 그것의 출발점인 과학적 모델의 무결성을 유지하려고 하는 과정에서 결국 그것은 하나님을 부차적 행위에 혹은 기껏해야 과학적 관찰자들에게 분명해 보이는 주된 행동에 국한시킴으로써 신학적으로 후퇴할 수밖에 없다. 이것은 정의상 반복될 수 없는 통상적이지 않은 사건에 대한 그 어떤 역사적 설명에 대해서도 굉장한 문제를 초래한다.…우리는 유신 진화론 자체가 이신론적이

로, 자주 '점진적 창조'라고 불리는 오랜 지구 모델에 대해 회의적인 많은 그리스도인들은 그 모델과 그것과 대비되는 진화론적 모델 사이에서 주목할 만한 차이를 보지 못한다. 점진적 창조론은 일반적으로 유신 진화론보다는 창조 과정에서 하나님이 보다 적극적인 역할을 하신다고 주장하기는 하나, 그 둘 사이의 경계는 자주 흐려진다.⁴

바이오로고스   짐 스텀프

문제 하나님의 행동이라는 문제는 다음과 같은 이유 때문에 '문제'라고 불린다. 랭이 제기한 종류의 문제들을 분류하는 것은 사실상 까다로울 수 있다. 학자들은 과학 혁명 이전부터 이 문제에 관해 생각해 왔으나 우리가 자연계에 대해 더 이해하게 되면서 하나님의 창조 질서와 상호 작용 방법을 알기가 더 어려워졌다.

예컨대, 그리스도인들은 라플라스(Laplace, 1749-1827, 당대의 수학자이자 천체물리학자로 나폴레옹의 스승이었다—옮긴이)가 "경의 책에는 왜 창조주가 나오지 않소?"라는 나폴레옹의 질문에 "저에게는 그런 가정이 필요 없습

라고 결론을 내리지는 않으나, 어떤 이가 진화 과정을 기원에까지 뒤로 물려 추정할 때, 간격 없는 경륜을 유지하려는 열망이 확실히 그를 그런 비난 앞에 세울 수밖에 없다는 것에 주목한다." Michael A. Harbin, "Theistic Evolution: Deism Revisited?", *Journal of the Evangelical Theological Society* 40, no. 4 (1997): p. 651.

4   예컨대, Mills는 하나님이 종분화를 이루기 위해 직접 새로운 유전자 물질을 주입하신다고 주장하지만, 이것은 결국 단속평형이론의 렌즈를 통해 해석되는 신다윈주의적 진화와 구별되지 않는 것처럼 보인다. Gordon C. Mills, "A Theory of Theistic Evolution as an Alternative to the Naturalistic Theory", *Perspectives on Science and the Christian Faith* 47, no. 2 (June 1995): pp. 112-122; Mills, "Theistic Evolution: A Design Theory at the Level of Genetic Information", *Christian Scholar's Review* 24, no. 4 (1995): pp. 444-458를 보라.

니다"라고 유명하게 대답했던 것을 생각하면서 과학이 하나님을 대체한다고 걱정하는 경향이 있다. 학계에서 들려오는 큰 목소리들은 최근의 과학적 발견들을 마치 그것들이 하나님의 관에 더 많은 못을 박는 것처럼 해석함으로써 그런 걱정을 강화시킨다. 이런 말들에 설득된 그리스도인들은 과학을 거부해야 한다고 느낀다. 그렇게 해야만 하나님의 적극적 역할을 지켜 낼 수 있다고 생각한다. 하나님이 만물을 지으시기는 했으나 이제는 그것들을 지켜보고만 계실 뿐이라는 이신론적 이해에 빠지지 않을 수 있다고 생각한다. 그런 그리스도인들은 자주 진화적 창조에 대한 바이오로고스의 입장에 대해 혼란스러워하고 놀랄 만큼 규칙적으로 우리에게 이렇게 묻는다. "당신들의 과학이 세속의 과학과 거의 같아 보인다면, 도대체 당신들에게 하나님은 왜 필요한가?"

바이오로고스에 속한 우리는 그런 식의 사고에는 중대한 오류가 있다고 주장한다. 그것은 하나님의 유일한 행동은 '초자연적인 행동'이라고 말하는 것처럼 보인다. 랭은 유익하게도 섭리의 교리를 창조 질서에 대한 하나님의 통치와 유지와 보존이라고 설명한다. 그러나 이어서 그는 어떤 이들이 진화를 받아들이는 모델은 하나님을 수동적으로 묘사하기에 이신론이나 무신론으로 빠져드는 경향을 보인다고 말해 왔다고 언급한다. 더 나아가 그는 믿어야 할 이유(RTB)의 것과 같은 점진적 창조 모델은 하나님께 보다 적극적인 역할을 맡기는 것처럼 보인다고 말한다. 그런 주장은 하나님이 초자연적인 방식으로 직접 행동하시지 않을 때는 세상의 일에 개입하시지 않는다(혹은 단지 소극적으로만 개입하실 뿐이다)는 가정에 힘을 실어 준다.

바이오로고스는 그런 가정을 거부한다. '우리가 믿는 것'(What We Believe)이라는 우리의 진술에서 우리는 하나님이 초자연적인 방식으로 행동하실 수 있고 실제로 그렇게 행동하신다고 확언한다. 바이오로고스에 속한 우리 모두는 하나님이 예수님의 시체를 우리 모두가 얻기를 바라는 부활체의 첫 열매로 변화시키시면서 그분을 죽음에서 일으키셨다고 전심으로 확언한다. 또 우리는 하나님의 다른 초자연적 행동들도 기꺼이 시인한다. 그러나 어떤 그리스도인이 아무리 많은 기적을 인정한다고 할지라도, 만약 그가 하나님은 기적을 행하시지 않을 때는 전혀 행동하시지 않는다고 가정한다면, 그런 가정과 이신론의 차이는 그저 정도의 문제가 될 뿐이다. 1백 년도 더 전에 오브리 무어(Aubrey Moore, 1848-1890)는 "간헐적 개입 이론은 그것과 상관관계에 있는 것으로서 일상적 부재 이론을 의미한다"라고 말하면서 이런 접근법의 문제를 지적한 바 있다.[5]

바이오로고스에 속한 우리는 자연계에 대한 과학적 설명을 부인함으로써 하나님을 위한 역할을 보존하려는 시도는 일을 잘못된 방향으로 나아가게 하는 것이라고 여긴다. 우리는 창조 세계 전반에서 하나님의 손길을 발견하는데, 그것은 과학이 자연을 설명할 수 없어서가 아니라 오히려 설명할 수 있기 때문이다. 과학적 설명에서 나타나는 틈들이 하나님의 솜씨를 보여 준다고 주장하는 이들은 설계자의 표시가 아주 정확하게는 작동하지 않는 하자가 있는 시스템에서 발견된다고 주장하는 것처럼 보인다. 오히려 우리는 자연의 내적 작용을 밝히는 과학자들은 하나님의 마음을 더 깊이 들여다보는 이들이라고 믿는다.

하나님은 세상을 창조하신 후 그것을 내버려 두고 떠나지 않으셨다. 바이오로고스에 속한 우리는 하나님의 세상의 일상적인 작동이 과학에 의해 묘사될 수 있으며, 하나님은 그것을 유지하고 다스리는 일에 계속해서 개입하고 계신다고 주장한다. 그러나 물론 이렇게 주장하는 것은 쉽다. 더

---

5   Aubrey Moore, *Science and the Faith: Essays on Apologetic Subjects*, 6th ed. (London: Kegan Paul, Trench, Trübner & Co., 1905), p. 184.

나아가 그런 일이 어떻게 사실일 수 있는지를 설명하는 것이야말로 하나님의 행동 문제다.

은유들 우리는 은유들로 시작할 수 있을 것이다. 이런 문제들에 대해 숙고했던 많은 이들은 토마스 아퀴나스의 모델과 1차 및 2차 원인이라는 개념에 얼마간 가치 있는 것이 있다고 여긴다. 아퀴나스는 그의 『대이교도대전』(*Summa Contra Gentiles*)에서 하나님은 만물의 궁극적 원인(1차 원인)이실 수 있으나 자신의 목표를 이루기 위해 자연의 과정(2차 원인)을 통해 일하신다고 설명한다. 아퀴나스는 이것을 한 일꾼이 연장을 사용하는 것과 비교한다. 못이 판자에 박히게 하는 원인은 일꾼일까? 아니면 망치일까? 내 생각에는 일꾼이 1차 원인이고 망치가 2차 원인이라고 말하는 것이 옳아 보인다. 그리고 우리가 이런 원인들에서 어떤 차이를 인식한다고 말하는 것이 옳아 보인다. 망치에 관해서 우리는 그 금속의 무게와 강도, 운동량의 보존 같은 자연법을 살펴볼 것이다. 그 일꾼에 관해서는 그 망치질의 세기와 정확도에 관해 말할 수 있을 것이다. 그러나 우리는 그의 이유와 의도에 관해서도 알고 싶어 한다. 비슷한 방식으로 우리는 하나님이 인간 창조의 1차 원인이며 진화론을 구성하는 자연의 과정은 2차 원인이라고 말할 수 있다.

그러나 이 은유는 '연장'이 다른 행위자일 경우에는 작동하지 않는다. 우리는 하나님이 인간이 수행하는 나쁜 행동의 1차 원인이라고 말해야 하는가? 그동안 어떤 이들은 우리가 하나님이 나쁜 행동을 의도하시지만 그것의 죄성은 의도하시지 않는다고 주장할 수 있다고 말해 왔다. 그러나 나에게 그런 주장은 아주 큰 문제가 있는 것으로 보이고, 우리가 계속해서 적절한 해결책을 찾아야 할 필요가 있음을 지적해 준다.

아마도 다른 은유 하나가 우리를 인간의 행동과 관련된 하나님의 섭리를 더 잘 이해하도록 도울 것이다. 우리는 하나님을 어느 책의 저자로, 우리 자신을 그 책의 등장인물들로 이해할 수 있다. C. S. 루이스는 이런 비교를 하면서 온 세상을 살펴보고도 하나님을 발견하지 못하는 사람은 셰익스피어의 작품들을 읽고도 그 안에서 셰익스피어를 발견하지 못하는 사람과 같다고—마치 셰익스피어가 팔스타프나 맥베스 부인 같은 등장인물이 되어야 할 것처럼—말했다.[6] 하나님은 세상 안에 등장인물들 중 하나로 계시지 않고 세상과 다른 관계를 맺고 계시다.

이에 대한 몇 가지 성경의 선례가 존재한다. 에베소서 2:10에서 바울은 "우리는 그가 만드신 바라"라고 말한다. 여기서 그가 사용하는 그리스어는 '포이에마'(poiēma)인데, 우리는 그 단어로부터 영어 단어 '포임'(poem, 시)을 얻는다. 어떤 이들은 하나님이 궁극적으로 우리의 모든 행동의 원인이 되신다면 이것 역시 결정론이라며 반대할 것이다. 그러나 저자들은 자신들의 등장인물들이 그들 자신의 생명력을 스스로 취하는 정도까지 발전하는 것에 관해 말하며, 심지어 그런 등장인물들이 행한 일에 대해 놀라움을 표현하기까지 한다.

이것들은 효과적이고 시사하는 바가 큰 은유들이다. 하지만 그것들은 여전히 은유들이다. 세상에 대한 하나님의 통치와 유지가 실제로 어떻게 일어나는지를 설명하는 목적을 이루지는 못한다.

설명들 하나님의 일반 섭리가 작동하는 방식을 설명하려 할 때(여기서 나는 기적을 다루지 않을 것이다), 바이오로고스 공동체 안에서 지지를 받고 있는 세 개의 일반적인 전략들에 대해 개략하는 것이 도움이 될 것이다.

첫째, 우리는 그것 모두가 '신비'라고 말할 수 있다. 어느 단계에서 우리

---

[6] C. S. Lewis, "The Seeing Eye", in *Christian Reflections*, ed. Walter Hooper(Grand Rapids: Eerdmans, 1982), p. 168. 『기독교 숙고』(홍성사).

는 이것을 인정해야 한다. 우리의 유한한 정신이 하나님의 방식을 완전하게 이해할 수 있다고 기대하는 것은 합리적이지 않다. 그것은 마치 침팬지가 로켓 과학을 이해할 수 있다고 여기는 것이 합리적이지 않은 것과 같다. 그러나 논의를 거기서 끝내는 것은 나로서는 매우 불만족스럽게 느껴진다. 우리가 믿는 하나님이 세상과 어떻게 상호 작용을 하실 수 있는지에 대해 마땅히 할 말이 없다면, 그것은 기독교적 유신론의 신뢰성을 훼손할 위험이 있다.

두 번째 전략에서 우리는 하나님이 자연적 원인들을 무시하지 않으시면서 그 원인들의 사슬 속으로 들어오실 수 있는 자연 안의 '인과적 접합점'(causal joint)을 발견하려고 할 수 있다. 로버트 러셀(Robert Russell)은 이런 접근법을 지지하는 가장 유명한 이들 중 하나다. 그는 양자 물리학의 비결정론적 해석에 기대를 건다. 양자 역학의 방정식은 종종 단일한 결과를 결정하지 않고 오히려 가능한 한 다양한 결과들과 그것들의 확률을 제시한다. 하나님의 행동은 실제로 발생하는 잠재적 결과를 실현하는 형태를 취할 수 있다. 그런 식으로 하나님은 우리가 자연을 묘사하는 데 사용하는 과학적 법칙을 훼손하지 않으면서 계속 일하실 수 있다. 이것은 창조 질서에 대한 하나님의 지속적인 관계를 이해하려는 정교한 시도다. 그것의 목표, 곧 과학이 발견하고 묘사해 온 자연의 질서가 지닌 법칙과 같은 특성을 인정하면서 세상에서의 하나님의 지속적인 행동을 묘사하는 것은 나와 바이오로고스에 속한 다른 이들에게는 옳아 보인다. 아마도 이것은 하나님의 특별한 행동을 설명하는 데 유효할 것이다. 그러나 하나님의 통치와 유지를 설명하기 위한 전략으로서 그것은 딜레마를 피하기 어려워 보인다. 하나님은 궁극적으로 모든 것의 원인이 되시든지[만약 모든 양자 사건들(quantum events)이 그분에 의해 결정된다면], 혹은 만약 그분이 단지 일부 양자 사건들만의 원인이 되신다면, 그때 우리에게는 다시 한번 삽화적 성격을 지닌 이신론적 설명이 남게 될 것이다. 그럴 경우, 그분은 다른 때는 아무것도 하시지 않기 때문이다.

하나님의 섭리적 행동을 과학적으로 설명할 수 있는 원인들의 시스템 안에 위치시키려는 그 어떤 접근법도 동일한 어려움을 겪을 수 있다. 그런 접근법들은 궁극적으로 행위자들(인간이든 신이든 간에)에 대한 환원주의적 관점을 견지하는데, 그런 관점의 목표는 행위를 물리학에 의해 설명되는 현실의 틀 안에서 묘사하는 것이다. 그러나 행위자들은 이유라는 것—이것은 물리학에 의해 인정받는 개념들로 환원되기 거부하는데—때문에 동기를 부여받는다. 이것은 현실에 대한 과학적 설명이 포괄적인 일이 될 수 없음을 암시한다. 반드시 과학적 개념으로 환원되지 않는 다른 종류의 설명이 있어야만 한다.

행동(인간의 것이든 하나님의 것이든)에 대한 세 번째 일반적인 접근법은 하나님의 행동을 과학적 설명의 범위 밖에 있는 다른 차원의 설명에 귀속시키는 것이다. 어떤 이들은 다양한 형태의 존재론적 이원론—하나님과 인간 개인은 궁극적으로 과학적 설명이 가능하지 않은 비물질적 재료로 이루어져 있다는 주장—을 통해 이것을 주장한다. 그러나 오히려 나는 이 세 번째 범주에 들어 있는 존재론적이기보다는 인식론적인 접근법에 대해 설명하고자 한다. 이 접근법은 영국의 철학자 로저 스크루턴(Roger Scruton)이 '인지적 이원론'(cognitive dualism)이라 부르는 것과 유사하다.[7] 이것은 서로 다른 두 종류의 현실이 존재한다거나 서로 다른 두 개의 영역들—하나는 과학을 위한, 다른 하나는 신학을 위한—이 존재한다는 것

---

7 Roger Scruton, *The Soul of the World* (Princeton NJ: Princeton University Press, 2014).

을 의미하지 않는다. 오히려 그것은 우리가 현실에 관해 생각하는 두 개의 서로 다른 전통 혹은 방식—과학적인 것과 인격적인 것—을 발전시켜 왔다는 것을 의미한다. 전자에서 우리는 근본적인 실재로서 물질적 분자와 힘 같은 것들에 호소한다. 후자에서 우리는 근본적인 실재로서 개인들에게 호소한다.

예컨대, 우리는 인간을 주체로서 다루면서 그들이 왜 어떤 일(가게에 갔다)을 했는지를 묻고 그것에 대한 이유(나는 새 구두를 사고 싶었다)에 대해 듣기를 기대할 수 있다. 혹은 우리는 그들을 객체로 다루면서 무엇이 어떤 일을 일어나게 했는지(지난밤에 잠을 잘 못 잤다)에 대해 묻고 과학적 범주들에 호소하는 답(나는 지난밤에 카페인을 너무 많이 섭취했다)을 얻기를 기대할 수도 있다.

하나님의 행동과 비교하는 것은 정확하게 평행하지는 않는다. 하나님은 어떤 일들이 일어나는 몸을 갖고 계시지 않다. 그러나 우리는 자연을 살핀 후 그것을 의도적인 행동의 산물로 여길 수도 있고(하나님이 새를 창조하셨다) 혹은 자연 과정의 산물로 여길 수도 있다(새는 공룡으로부터 진화했다).

이런 두 가지 방식의 말은 서로에게 환원되지 않는다. 그러나 이 두 전통 모두가 성공적이기에 우리는 그것들이 (대부분) 현실에 대한 정확한 표현이라고 믿을 만한 충분한 이유를 갖고 있다. 우리는 그것들을 동일한 물건을 아주 다른 방식으로 표현할 수 있는 두 가지 형태의 예술처럼 생각할 수 있을 것이다.

때때로 우리는 이 두 이미지 혹은 사고방식을 용케 결합시킬 수 있다. 예컨대, 우리는 느슨한 의미에서 "하나님이 진화라는 과정을 통해 인간을 창조하셨다" 혹은 심지어 "하나님이 유전자 코드 안에서 어떤 돌연변이를 일으키셨다" 같은 의미심장한 진술을 할 수 있다. 하지만 그보다 더 나아가서 하나님이 돌연변이를 일으키신 방법에 대해 과학적 설명을 제공하겠다고 주장하는 것은 적법한 표현의 경계를 넘어서는 일이며, 그 두 이미지를 혼란스럽게 만드는 일이다. 마치 그것은 야구경기에서의 홈런을 축구경기의 룰을 적용해 설명하려는 것과 같다.

그러므로 이 관점에서 하나님의 행동 문제는 '언어의 문제'임이 드러난다. 과학이라는 도구를 사용해 인격적 행위자의 의도적인 행동을 설명하려는 것은 범주의 오류다. 우리는 하나님이 어떤 이유들을 갖고 계시고, 무언가를 뜻하시며, 의도적으로 행동하시는 것에 관해 일관되게 말할 수 있다. 그러나 그런 인격적 개념들 중 어느 것도 과학적 설명에 통합되는 종류의 실체들로 환원되지 못한다.

이런 접근법은 어떤 이들에게는(심지어 바이오로고스에 속한 이들에게까지) 만족스럽지 않은 방법이 될 것이다. 그들은 물질계 안에서 하나님이 행하신 것으로 확인될 수 있는 직접적인 상관물을 원한다. 나는 이것이 가능한지 확신하지 못한다. 오히려 우리는 서로 다른 전통들에 주의를 기울이고 그들의 적법한 적용의 경계들을 존중함으로써 문제의 틀을 새로 짜고, 그것들에 관해 개념적으로 막다른 골목에 이르지 않는 방식으로 말하는 훈련을 해야 한다. 그럴 경우, 담화의 인격적 방식과 과학적 방식 모두에 정통한 이들은 현실에 대한 보다 풍부한 이해를 얻게 될 것이다.

믿어야 할 이유

제프 즈위링크

어느 아름답고 따뜻한 여름날, 세 명의 남자가 골프를 치러 링크로 나갔다. 첫 번째 사람이 파3 15번 홀에서 티업을 하고 공을 쳤다. 그의 골프채가 허공을 가르고 공을 때리자, 공이 그린을 향해 로켓처럼 날아갔다. 공은 넓은 워터 해저드를 가로질러 그린의 프론트 엣지에 떨어진 후 활 모양으로 구르며 컵을 향해 나아갔다. 공은 컵의 바닥에 떨어지는 소리로 홀인원을 알렸다. 두 번째 사내가 티로 다가가면서 말했다. "6번 아이언은 이렇게 치는 거로군, 니클라우스(Jack Nicklaus, 골프의 제왕이라 불리는 프로 골퍼)!"

두 번째 사람은 준비 운동도 없이 골프채를 휘둘러 공을 때렸고, 공은 곧장 워터 해저드 한가운데로 날아갔다. 공은 수면에 닿는 순간 두 차례 튀어 오른 후 수변까지 굴러가더니 기슭 위로 올라가 그린을 가로질러 컵 안으로 빨려 들어갔다. 잭이 환호하며 말했다. "와우, 정말 잘 치셨어요. 예수님! 정말 잘 치셨어요!"

세 번째 남자가 티에 공을 올려놓은 후 잠시 숨을 멈추고 아름다운 골프장 모습에 경탄했다. 그의 빠른 스윙이 공을 워터 해저드의 가장 깊은 곳으로 날려 보냈다. 공이 수면에 떨어지기 직전에 화려한 색깔의 무지개 송어가 물에서 튀어 오르더니 꼬리로 공을 쳐 냈다. 공은 몇 차례 물수제비를 뜨며 날아가 어느 나무의 커다란 구멍 속으로 들어갔다. 잠시 후, 그 구멍에서 다람쥐 한 마리가 나오더니 입에서 골프공을 토해 냈다. 그 공은 허공을 가로지르며 떨어지면서 네 개의 나뭇가지들을 친 후 그린 위로 떨어졌다. 핀을 향해 굴러가더니 마침내 컵 바닥을 때렸다. 예수님이 환호하셨다. "나이스 샷, 아빠!"

이 이야기는 그저 대충 만들어 낸 농담이 아니다. 이것은 RTB가 우주와 상호 작용을 하시는 하나님을 바라보는 세 가지 다른 방법을 예시해 준다.

일상적 섭리를 통한 하나님의 일 잭 니클라우스의 홀인원은 직접적으로 물리학의 법칙에 의존한다. 동작에 관한 몇 가지 방정식을 푼 것이 단 한 번의 스윙으로 공을 티로부터 컵으로 이동시키는 데 필요한 속도와 각도를 제공해 주었다. 사실 가변적인 바람과 변화하는 습도, 풀의 연성 등을 고려한다면 방정식을 푸는 것은 어려운 일이 될 수 있다. 그러나 이 샷이 이루어지는 동안에 발생하는 모든 것은 물리학 법칙에 적용된다. 과학자들이 물리학의 법칙을 사용해 이 행동을 설명할 수 있다고 해서 자연에서 하나님의 활동이 제거되는 것은 아니다. 그런 설명을 제공하는 능력은 사실상 그분의 일을 요구한다.

이 장의 서두에서 언급된 섭리에 관한 교리는 창조 질서에 대한 하나님의 통치와 유지와 보존에 대해 묘사한다. 창조 질서 안에 하나님의 섭리 사역이 존재하지 않는다면, 과학적 작업에 필요한 예측 가능성 중 그 어느 것도 존재하지 않을 것이다. 예레미야 33:25-26이 하나님의 신뢰성을 어떻게 선언하는지 살펴보라. "여호와께서 이와 같이 말씀하시니라. 내가 주야와 맺은 언약이 없다든지 천지의 법칙을 내가 정하지 아니하였다면 야곱과 내 종 다윗의 자손을 버리고 다시는 다윗의 자손 중에서 아브라함과 이삭과 야곱의 자손을 다스릴 자를 택하지 아니하리라." 지구의 낮/밤 순환의 규칙성과 온 하늘의 질서가 하나님이 이스라엘 민족에게 주신 자신의 약속을 지키시는 것에 대한 적절한 은유의 역할을 한다. 오늘 우리는 창조 세계의 놀라운 규칙성과 질서, 신뢰성을 인식한다. 우리는 이런 물리학 법칙의 특성들을 묘사하고 예측하고 사용한다. 과학자들은 이런 법칙들이 우주 안에서 사람의 위치나 움직임, 혹은 시간과 상관없이 불변한다고 추정한다(모든 측정 결과가 그런 추정을 정당화한다).[8]

---

[8] '물리학의 법칙'(laws of physics)이라는 표현은 마치 물리학이 화학, 생물학, 신경학 등보다 우월하기라도 한 것처럼 어떤 속물근성을 전달하기 위함이 아니다. 오히려 그것은 물리학의

물리학의 법칙에 관해 말할 때 과학자들은 자주 그것들이 하나님(혹은 물질적 실체)과 무관하게 존재를 갖는 것처럼 말한다. 스티븐 호킹(Stephen Hawking)은 그의 책 『위대한 설계』(The Grand Design)에서 이렇게 말한다. "중력 같은 법칙이 존재하기에 우주는 무로부터 그것 자체를 창조할 수 있고 창조할 것이다."[9] 우주론학자 로렌스 크라우스(Lawrence Krauss)는 샘 해리스(Sam Harris)와의 인터뷰에서 같은 생각을 드러낸다. 그는 이렇게 말한다. "이어서 나는 단순히 공간을 넘어서 공간 자체의 부재와 심지어 물리적 법칙들의 부재를 포함하는 '무'의 다른 형태들이 어떻게 '무언가'로 변화될 수 있는지에 대해 설명할 것이다. 실제로, 현대적 용어에서 '무'는 아주 불안정하다. 무로부터 무언가가 나올 수 있을 뿐 아니라, 대부분의 경우 물리학의 법칙은 그런 일이 일어날 것을 요구한다."[10] 대조적으로, RTB는 물리학의 법칙이 하나님과 무관한 현실을 갖고 있다는 것을 부정한다. 하나님이 창조 세계로부터 손을 거두어들이신다면, 그것은 비존재로 빠져들 것이다. 이런 입장은 추상적인 법칙 같은 실체들의 존재를 부정하지 않는다. 오히려 그것은 일련의 자연법(호킹과 크라우스가 제시하는 것과 같은)과 무관한 어떤 존재가 하나님의 지속적인 돌봄이 없는 우주를 창조하고 유지한다는 이신론적 견해를 부정한다. 오히려 하나님이 직접적으로든 혹은 추상적 실체를 통해서든 매우 안정적으로 창조 세계를 지탱하시기에 과학자들이 그런 물리학의 법칙을 발견할 수 있다. 이런 견해 안에

법칙이 고차원의 상호 작용보다 근본적인 상호 작용을 다룬다는 입장을 반영할 뿐이다.

9   Stephen Hawking and Leonard Mldinow, *The Grand Design* (New York: Bantam, 2010), p. 180. 『위대한 설계』(까치).

10 "Everything and Nothing: An Interview with Laurence M. Krauss", Sam Harris's blog, January 3, 2012, www.samharris.org/blog/item/everything-and-nothing. Krauss와 Hawking 모두 모든 것에 관한 이론, 곧 모든 근본적인 상호 작용을 통일된 방식으로 묘사하는 이론적 우산과 관련해 '물리학의 법칙' 혹은 '중력 같은 법칙'이라는 용어를 사용한다.

서 하나님은 중력 때문에 공이 떨어지는 것에서부터 잭이 휘두르는 골프채에 이르기까지 발생하는 모든 일에 적극적으로 관여하신다.

초월적 기적을 통한 하나님의 일 우리는 예수님의 홀인원에서 물리학의 법칙이 작용하는 것을 본다. 그러나 그분의 샷은 신적 상호 작용의 새로운 범주를 소개한다. 물리학의 법칙에 의해 설명되는 일상적인 섭리 안에서는 아무것도 골프공이 수면을 가로지르며 굴러가는 일을 허락하지 않는다.[11] 하지만 하나님은 우주를 초월하신다. 따라서 자신의 특정한 목적을 위해 물리학의 법칙을 다시 정하거나 유지하심으로써 개입하실 자유를 갖고 계시다. 신학자들은 하나님이 물리학의 법칙을 넘어서 일하시는 경우를 '기적' 혹은 '특별한 섭리'라고 부른다.

그리스도인과 비그리스도인은 자주 이런 기적의 용법을 취하고, 더 나아가 하나님이 창조 세계에 개입하시는 유일한 경우는 우리가 어떤 현상에 대한 자연적 설명, 곧 물리학의 법칙을 통한 설명을 발견할 수 없을 때뿐이라고 추론한다. 그런 식의 추정은 두 가지 문제로 이어진다. 첫째, 하나님이 오직 (앞에서 정의되는 식으로) 기적을 통해서만 일하신다면, 인간이 계속해서 우주를 더 많이 이해하게 될 때 하나님의 행위는 자그마한 상자 안으로 쑤셔 박힐 것이다. 둘째, 이런 추정은 일상적인 섭리를 통한 하나님의 일, 곧 과학자들이 물리학의 법칙을 통해 설명할 수 있는 질서정연한 창조로 이어지는 행위를 설명하지 못한다. '특별한 섭리'라는 개념에는 또 다른 가능성이 포함되는데, 그것은 우리를 세 번째 홀인원으로 이끌어 간다.

---

[11] 물론 우리는 호수가 얼어 있거나 공에 어떤 특수한 소수성(疏水性) 코팅이 입혀진 것을 상상할 수 있을 것이다. 하지만 이것은 여기에서는 적용되지 않으며, 우리가 농담에 그런 식으로 제한을 가하면 농담의 효과를 잃어버릴 수밖에 없다.

초자연적 기적을 통한 하나님의 일 성부 하나님의 샷에 대한 상세한 분석은 그 샷 각각의 측면과 모든 측면이 물리학의 법칙 안에서 적절한 설명을 찾아낸다는 것을 보여 준다. 그럼에도 그 공의 궤적은 너무 억지스럽거나 이상해서 쉽게 믿기가 어려울 정도다. 하나님은 일상적인 섭리를 통해 창조 세계를 유지하시고 기적을 행하시는 능력으로 창조 세계를 초월하시기에, 우리는 그분이 특별한 방법으로 자연의 과정들을 사용해 그분의 목적을 이루시리라고 기대해야 한다. 우리는 그런 시나리오를 설명하기 위해 '초자연적 기적'이라는 용어를 택한다.

창조 세계를 살필 때 우리는 하나님이 그것과 상호 작용을 하시는 서로 다른 세 가지 방식을 보기를 기대한다. 일상적인 섭리 속에서 하나님은 우주를 신뢰할 만하게 유지하시기에 그것은 마치 법칙과 같은 일관성을 지니고 작동한다. 이것은 인간이 과학적 작업을 통해 창조 세계를 연구할 수 있고, 그것이 기능하는 방법에 관해 아주 많은 것을 발견할 수 있음을 의미한다. 그러나 하나님은 우주 너머에 존재하시고 그것을 존재하게 하셨기 때문에 그분은 특별한 섭리를 통해서나 초자연적인 것을 통해서 역사하신다. 초자연적 기적들에 대해서는 자연적 설명이 가능하지만, 그런 설명에는 그것들이 의도적인 것처럼 보일 정도의 특별한 혹은 억지스러운 상황이 필요하다. 물론 하나님은 물리학의 법칙에 속한 설명을 거역하는 초월적 기적도 행하신다.

하나님이 창조 세계에 하시는 상호 작용에 대한 이런 견해는 적어도 세 가지 강점을 지닌다. 첫째, 그것은 창조 세계와 하나님의 관계에 관한 정통 기독교의 생각과 맞아떨어진다. 그것은 침례교 신자와 개혁주의 신학자, 다른 이에 의해 표현된 견해들과 일치한다.[12] 둘째, 그것은 이신론의 비난에 맞선다. 하나님의 섭리는 그분이 창조 세계의 모든 측면에 적극적으로 개입하신다는 것을 의미하기 때문이다. 그분의 지문은 우리가 물리학의 법칙을 사용해 묘사하는 평범한 행동으로부터 물리학의 법칙에 속하거나 그것을 넘어서는 보다 직접적이고 특별하며 의도적인 행동에 이르기까지 모든 것에 흔적을 남긴다. 셋째, 하나님의 특별한 섭리는 이런 견해를 하나님이 단지 일상적인 섭리의 경계 내에서만 일하시는, 보다 자연주의적인 모델과 분리시킨다. 오히려 하나님은 물리학의 법칙에 대한 예외 혹은 물리학 법칙의 짜맞춤을 통해 감지될 수 있는 방식으로 개입하신다.

하나님의 행동의 세 가지 범주들을 기술하는 것은 쉬운 일이지만, 우리가 특별한 섭리의 징후들을 볼 것으로 기대하는 곳에서 성경이 말씀하는 바를 살필 경우 이런 입장에 대한 도전이 제기된다. 그 문제는 다음 장에서 좀더 상세하게 다루게 되겠지만, 나는 여기서 그중 몇 가지만 언급해 두려 한다.

대부분의 경우에 하나님은 일상적인 섭리를 통해 창조 세계와 상호 작용을 하신다. 그러므로 우리는 존재하는 것들이 물리학의 법칙을 준수하는 것을 보게 되리라고 기대한다. 이와 같은 행동의 규칙성은 특별한 행동을 감지하기 위한 배경을 제공한다. 만약 물고기가 일반적으로 물에서 튀어 올라와 골프공을 쳐서 워터 해저드 밖으로 내보낸다면, 그런 활동은 기적이라기보다는 일상적인 섭리의 일부로 보일 것이다.

하나님의 활동의 이런 세 가지 범주들을 감안할 때, 우리는 성경 본문이 과연 어떤 행동이 일상적인 섭리인지 혹은 초월적이거나 초자연적 기적인지에 관해 몇 가지 지표를 주리라고 기대할 것이다. 그와 관련된 몇 가

---

12   침례교 견해에 관해서는, Millard J. Erickson, *Christian Theology* (Grand Rapids: Baker, 1998)를 보라. 『복음주의 조직신학』(CH북스). 개혁주의적 견해에 관한 한 예로는, Wayne Grudem, *Systematic Theology* (Leicester, UK: Inter-Varsity Press, 1994)를 보라. 『조직신학』(은성).

지 예가 있다.

시편 139편에서 다윗은 하나님이 자기의 내장을 지으시고 자기 어머니의 태에서 자기를 만드셨다고 묘사한다. 이 구절의 문맥은 하나님이 창조세계 안에 내재하시기 때문에 모든 것을 아신다는 것을 알려 주려는 것으로 보인다. 그러므로 우리는 다윗의 신체 형성이 하나님의 일상적인 섭리를 통해 이루어지며 물리학의 법칙 안에서 그에 대한 적절한 설명을 찾을 수 있으리라고 기대한다. 그러나 창세기 1장은 하나님이 자신의 형상을 따라 인간을 창조하신 것에 관해 설명하면서 그분이 우주를 창조하실 때 사용했던 것과 같은 용어를 사용한다. 그러므로 인간의 기원은 하나님이 영적 존재를 창조하시는 초월적 기적이 될 것이다.

특별한 섭리의 행위는 물리학의 법칙 안에서 이해될 수 있는 수단을 통해 발생한다. 예컨대, 이스라엘 백성이 홍해를 건널 때 일어난 일을 보자. "모세가 바다 위로 손을 내밀매 여호와께서 큰 동풍이 밤새도록 바닷물을 물러가게 하시니 물이 갈라져 바다가 마른 땅이 된지라"(출 14:21). 이 사건의 시점과 규모는 분명히 그것을 특별한 섭리의 범주 안에 위치시킨다. 어쨌거나 물줄기는 보통 갈라지지 않는다. 이 일은 정확하게 이스라엘 백성이 구원을 간구하며 부르짖을 때 발생했다. 그러나 그 구절은 하나님이 그 기적을 수행하신 물리적 메커니즘(강력한 동풍)도 제시하며, 과학적 연구는 적절한 조건이 주어질 경우 그런 일이 일어날 가능성이 있음을 보여 준다.[13]

마지막으로, 이 세 범주들은 하나님의 활동을 묘사하는 엄중한 규칙들

---

13   이에 대한 상세한 논의를 위해서는 Jeff Zweerink, "Maybe the Bible Was Right About the Exodus", Reasons to Believe, September 29, 2010, www.reasons.org/articles/maybe-the-bible-was-right-about-the-exodus를 보라.

이 아니다. 오히려 그것들은 성경에 묘사된 하나님의 일이 과학적 조사에 도움이 될 수 있는 방법을 찾기 위한 유용한 틀을 제공한다.

요약하면, RTB는 창조 세계 안에서는 하나님의 활동과 무관한 일은 아무것도 일어나지 않는다는 입장을 취한다. 우리는 하나님의 일이 주로 (물리학의 법칙으로 설명되는) 일상적인 섭리라는 형태를 취하며, 덜 자주 (대개 기적과 관련되는) 특별한 섭리의 형태를 취한다는 전통적 입장에 동조한다. 더 나아가 우리는 기적을 구분한다. 어떤 기적은 물리학의 법칙을 초월하는 반면, 초자연적 기적은 물리학의 법칙들에 의해 설명될 수 있는 메커니즘을 따라 일어난다고 여긴다. 이런 입장은 활발한 과학적 작업이 창조 세계에 관한 모든 것을 조사할 수 있게 하고, 하나님의 지속적이고 특별한 활동을 적극적으로 인정한다.

후속 질문　　　　　　　　　　　　　　　　　　　　　　　　존 랭

짐과 제프 모두는 하나님의 섭리를 이해하는 몇 가지 유용한 차이점들을 제시했다. 그것들은 그들의 입장을 명백하게 밝히고 그것들을 이신론과 구별해 주었다. 두 사람 모두 예측 가능한 자연의 과정을 통한 하나님의 일이 그분의 위대하심을 훼손하기보다 증진시킨다는 것에 동의하고, 그런 견해가 하나님의 행동을 오직 기적의 차원에서만 보는 견해에 대한 교정 수단의 역할을 한다는 것에 동의하는 듯 보인다. 또한 그 둘은 하나님이 우리가 '기적'이라 부를 만큼 자연의 법칙을 거스르는 방식으로 개입하실 수 있고 실제로 개입하신다는 것에 동의한다.[14]

제프는 먼저 하나님의 섭리를 이해하는 세 가지 범주들, 곧 일상적인

섭리와 특별한 섭리(초월적 기적), 초자연적 기적에 대해 설명했다. 그는 이어서 비록 일상적인 섭리가 표준이기는 하나 우리는 창조 세계와 하나님의 상호 작용에서 그 세 범주 모두를 볼 것으로 기대해야 한다고 말했다. 그러나 여전히 명확하지 않은 점은, 그 셋 중 어느 것이 하나님의 창조 활동을 가장 잘 묘사하느냐 하는 것이다. 어떤 이가 일상적인 섭리야말로 하나님이 창조하시는 방식이라고 주장한다면, 그때 우리는 RTB의 입장이 바이오로고스의 입장과 어떤 차이가 있는지 헤아리기 어렵다. 하나님이 일상적인 섭리를 통해 창조하신다는 것은 진화적 창조론일 **뿐**이다. 만약 하나님의 창조 사역이 일상적인 섭리를 통한 것이 아니라 다른 방법들 중 하나를 통한 것이라면, 연관된 쟁점들과 함께 두 가지 기본적인 의문이 제기된다. 첫째, 하나님이 창조하시기 위해 기적을 사용하신다는 주장의 근거는 무엇인가? 그것은 창조 기사(들)에 대한 특별한 읽기에 기초한 순전한 믿음의 진술인가? 아니면 창조의 힘이라고 주장하기 어려운 진화의 본질에 근거한 주장인가? 둘째, 그런 기적들은 어떻게 식별될 수 있는가? 즉, 우리는 창조에서 기적이 발생했음을 확인하기 위한 과학적 수단을 갖고 있는가? 만약 과학적 수단이 존재한다면, 그것이 진화의 나무 내의 어느 단계에서 기적적인 개입이 필요한지를 결정하는 데 사용될 수 있는가?

짐은 제프가 제시한 기본적인 범주들에 원칙적으로 동의하는 것처럼 보이지만, 섭리의 교리에 대해, 특히 창조와 관련해 한 가지 추가적인 문제를 제기했다. 그는 하나님이 (아주 작은 혹은 아주 큰) 어떤 사건에서 활동하시는 **방법**을 정확하게 서술하려는 시도는 지나치게 환원주의적일 뿐 아니

---

14 아마도 두 저자 모두 '기적'이라는 말이 다소 모호하다는 데 동의할 것이다. 왜냐하면 어느 의미에서 초월적인 하나님의 모든 행동은 기적적인 것이기 때문이다. 그러므로 하나님이 일상적인 섭리를 통해 태양이 떠오르게 하시는 것은 그분이 홍해를 가르시는 것보다 덜 기적적인 것이 아니다. 두 행동 모두 하나님 편의 동등한 노력과 동일한 형태의 일이 필요하다.

라, 임시적인 이신론이냐 절대적인 결정론이냐 하는 잘못된 이분법을 낳을 수 있다고 우려한다. 그의 해결책은 물리적 사건들을 묘사하는 데 사용되는 언어(과학과 물리학의 언어)는 하나님의 행동에 관해 말하는 데 사용될 수 있는 언어와 같은 형태가 아니라는 것이다. 하지만 이것이 기적에 어떻게 적용되는지는 명확하지 않다. 짐은 '일상적인 섭리'의 한 예를 유용하게 제시한다. 그것은 진화를 통한 새의 창조라는 예다. 과학적 설명(진화)과 영적 설명(추정되는 하나님의 이유)이 존재한다. 그 둘은 각각 서로 다른 범주들 혹은 관찰된 현상에 대한 서로 다른 이야기 방식을 가리킨다. 이것은 짐이 이 장 서두에서 제시한 부활이라는 예에 어떻게 적용될까? 그는 과학적 설명이 있음을 부인하는가? 그렇다면 이것은 짐의 입장을 틈새의 하나님과 아주 유사하게 만들지 않는가? 아마도 거기에는 하나님을 원인으로 보는 주장에 대한 과학적 설명이 포함될 것이다. 그렇다면 이것은 짐이 피하고자 하는 절대적 결정론처럼 보이지 않는가?

바이오로고스의 답변   짐 스텀프

존이 기적과 관련해 후속 질문을 해 준 것에 감사한다. 제프와 RTB가 여러 문제에 대해 우리와 의견을 교환해 준 것에 감사한다. 그 대화는 우리 자신의 사고와 입장을 정리하는 데 도움을 주었다. 이런 시간은 매우 유익했는데, 그 시간을 통해 우리가 우리의 동료 신자들에 대해 알게 되었기 때문이다.

    놀랄 것도 없겠지만, 나는 기적이 창조에 대한 바이오로고스의 일반적인 입장에 문제를 제기한다고 생각하지 않는다. 내가 이 장에서 묘사했던

특별한 견해에 대해서도 마찬가지다. 내가 보기에, 사람들은 기적의 실재성을 받아들이는 일에 과학적 문제가 있다고 여길 경우 과학과 자연의 법칙, 기적 등이 신중한 조사를 견디지 못한다는 견해를 취하는 듯하다.

나는 과학이 우리가 실재에 관해 말하는 하나의 방법이라고 주장해 왔다. 그렇다면 과학적 '법칙들'은 무수히 많은 관찰들에 대한 일종의 요약적 진술이다. 그것들은 모든 개별적인 예가 거기에 따르는 (아마도 계량화가 가능한) 단순하고 규칙적인 패턴이 있음을 보여 준다. 예컨대, 뉴턴은 땅에서든 하늘에서든 물질 덩어리들은 질량에 비례하고 그것들 사이의 거리의 제곱에 반비례하면서 서로에게 끌린다는 것을 발견했다. 물질이 이런 중력의 법칙을 **따라야만 한다**고 말하는 것은 과학적 주장이 아니다. 그것은 철학적 주장, 사실상 부정확한 주장이 될 것이다. 법칙은 실제로는 절대로 관찰되지 않는 이상적 시스템과 관련된 관념일 뿐이기 때문이다.

18세기의 회의주의 철학자 데이비드 흄(David Hume)의 주장은 오늘날까지도 기적에 관한 대부분 사람들의 견해를 지배하고 있다. 그는 이렇게 말한다. "기적은 자연법에 대한 위반이다."[15] '위반' 혹은 요즘 더 유행하는 용어인 '개입'에 관한 이야기는 어떤 그림 하나를 제안한다. 그 그림에 따르면 자연은 그 자체로 움직이는 자율적인 시스템이다. 기적은 하나님이 외부에서 그 시스템 안으로 들어오셔서 자연이 스스로 행하던 일에 손을 대실 때 발생한다. 그러나 나는 이 장에서 이런 그림을 거부했다. 그것은 (오브리 무어가 "하나님의 일반적인 부재에 관한 이론"이라 불렀던 것과 함께) 이신론과 그 자체로 작동하는 자연을 암시하기 때문이다. 그러므로 우리에게는 하나님에 대한 정통적이고 성경적인 견해에 부합하는, 기적에 관해

---

15 David Hume, *An Enquiry Concerning Human Understanding*, ed. Eric Steinberg, 2nd ed. (Indianapolis: Hackett, 1993), p. 76. 『인간의 이해력에 관한 탐구』(지식을만드는지식).

생각하는 더 나은 방법이 필요하다.

성경에서 기적은 자연의 법칙에 대한 위반이 아니라 오히려 특정한 목적을 위한 표적과 기사로 표현된다. 오늘 우리는 어떤 사건이 사물에 대한 우리의 과학적 이해와 부합하는지 물을 수 있다. 그러나 성경의 저자들에게 문제는 과연 어떤 사건이 영적 의미 혹은 구원적 의미를 드러내느냐 하는 것이었다. 성경에서 무언가가 기적이라는 자격을 얻기 위해서는 그것이 자연의 법칙을 깨뜨리는 것이 필요하지 않으며 그것만으로 충분하지도 않다. 이사야가 3년간 벌거벗고 다녔을 때(사 20:3), 그것은 자연의 법칙을 깨뜨리지 않았음에도 영적 의미를 지닌 "징조와 예표"라고 불렸다. 자연의 법칙에 대한 위반만으로는 충분하지 않다. 성경은 "큰 표적과 기사를 보여 할 수만 있으면 택하신 자들도 미혹"하려 하는 거짓 예언자들과 거짓 메시아들에 대해 경고한다(마 24:24). 흄의 정의에 따르면 이런 표적과 기사들은 기적으로 간주될 수 있을 것이다. 하지만 성경에 따르면 그것들은 거짓 기적이다. 그것들의 영적 의미가 하나님의 목적을 방해하기 때문이다.

기적에 대한 보다 나은 이해는, 그것이 "자연법에 대한 그 어떤 질문과도 별개로, 하나님에 의해 혹은 하나님의 통치와 영역에 대한 표시의 역할을 하는 하나님의 대리자에 의해 초래된 사건"이라는 것이다.[16] 이런 의미에서 성경에 기록된 두 개의 기적에 대해 생각해 보자. 하나는 기적적인 고기잡이고, 다른 하나는 예수 그리스도의 부활이다.

요한복음 21장에서 몇몇 제자들은 고기를 잡으러 나갔으나 아무것도 잡지 못했다. 그때 예수님이 그들에게 나타나셔서 배 오른편에 그물을 던

---

[16] Alan G. Padgett, "God and Miracle in an Age of Science", in *The Blackwell Companion to Science and Christianity*, ed. J. B. Stump and Alan Padgett (Malden, MA: Wiley-Blackwell, 2012), p. 540.

지라고 말씀하셨다. 그들은 그대로 했고 153마리의 물고기를 잡았다. 아마도 과학의 관점에서 볼 때 이것은 특별한 사건일 것이다. 하지만 그것은 불가능한 일이나 자연의 법칙을 거스른 일처럼 보이지는 않는다. 그러나 그것은 기적이다. 그것은 하나님의 통치와 영역에 대한 표적의 역할을 하기 때문이다. 이 기적을 지켜보는 과학자들은 자연이 작동하는 방식에 대한 자신들의 이해를 포기하도록 강요받지 않을 것이다. 그들은 예수님이 배의 다른 편으로부터 다가오는 물고기 무리가 있다는 것을 알았다는 사실에 당황하며 놀랄 것이다. 그러나 그들이 이런 일이 거듭해서 일어나는 모습을 보지 못한다면, 그들은 그것을 과학적 관점에서 볼 때 우연의 일치라고 여길 수 있을 것이다.

그러나 부활 같은 기적과 관련해서는 상황이 다르다. 과학자들은 "예수님의 부활은 주목할 만한 우연의 일치다"라고 말할 수 없다. 그것은 과학자들이 그저 드물거나 특별한 것이 아니라 물리적으로 불가능하다고 믿는 무엇이다. 이것은 과학적 정신을 지닌 신자들에게 문제를 일으키는가? 다시 말하지만, 나는 그렇지 않다고 여긴다. 과학적 관찰에 따르면 몸이 적어도 24시간 동안 죽었을 경우 우리는 그것이 부활하지 않는다고 주장할 수 있다. 그러나 내가 앞서 주장했듯이, 나는 과학이 우리에게 모든 이야기를 전한다고 여기지 않는다. 이 경우에 신학은 우리에게 죽은 몸이 부활하는 때가 오고 있으며 그 일이 부활의 '첫 열매'에 이미 한 번 일어났다고 알려 준다.

그러므로 우리 그리스도인들은 죽은 몸이 늘 죽은 상태로 있어야 한다는 주장을 받아들여서는 안 된다. 우리는 현대의 과학자들이 통제된 상태에서 관찰했을 때 24시간 이상 죽은 몸은 모두 죽은 상태로 남아 있었다고 말할 수 있다. 그러나 법칙은 서술적인 것이지 규범적인 것이 아니기 때문에 과거에 한 번 하나님이 죽은 몸을 새로운 생명으로 부활시키셨다고 믿는 것과, 미래에 하나님이 더 많은 죽은 몸들을 새로운 생명으로 이끄시기 위해 행동하실 것이라고 믿는 것은 모순이 아니다.

보다 일반적인 기적의 경우와 관련해서, 나는 과학은 하나님이 일반적으로 일하시는 과정들에 대한 묘사이며, 때때로 하나님이 일을 달리하실 수 있다고 말하는 것에는 (신학적으로든 과학적으로든) 아무런 문제가 없다고 주장한다.

믿어야 할 이유의 답변 　　　　　　　　　　　　　　　제프 즈위링크

창조와 관련된 하나님의 활동의 본질에 관한 RTB의 입장은 그 근거를 기독교 역사의 분명한 합의이자 오랜 세월 동안 기독교 학문을 조명하는 역할을 해 온 두 책 이론에 두고 있다. 하나님은 두 가지 방식으로 자신을 주도적으로 계시하셨다. 하나는 일반계시(창조 질서를 통해 오는 하나님에 대한 지식)를 통해서이고, 다른 하나는 특별계시(구속사를 통해 오는 하나님에 대한 지식)을 통해서다. 하나님은 '자연'이라는 비유적인 책(하나님의 세상)과 '성경'이라는 문자적인 책(하나님의 기록된 말씀) 모두의 저자이시다.

이 두 계시의 형태는 서로를 강화하고 보완한다. 성경적 세계관은 모든 진리를 하나님의 진리라고 여긴다. 그 두 자료에 대한 인간의 해석은 서로 충돌할 수 있으나, 적절하게 이해되고 올바르게 적용될 때는 충돌하지 않는다. 하나님의 진리는 본질에서 늘 일치한다. 창조의 특정한 측면과 관련해 하나님 일의 본질을 다루기 위해서는 일반계시를 해석하는 학자들(과학자들)과 특별계시를 해석하는 학자들(신학자들) 사이의 지속적인 대화가 요구된다.

아마도 RTB와 바이오로고스 사이의 주된 차이는, 우리가 하나님이 얼마나 자주 일상적인 섭리를 넘어서 개입하시는지를 보는 방식과 관련되어 있을 것이다. RTB는 창세기 1장과 2장에서 언급되는 하나님의 창조 활동의 많은 부분이 특별한 섭리로 이루어져 있다고 주장하는 반면, 바이오로고스는 이런 활동이 주로 일상적인 섭리의 일부라고 주장한다. 분명히 창세기의 이 처음 두 장의 주된 목적은 하나님의 본성과 그분이 창조 세계와 상호 작용 하시는 방식을 보여 주는 데 집중된다. 그러나 성경의 저자는 수동적인 역사적 서술 대신 하나님의 직접적인 활동에 대해 말하는 언어를 사용한다. 그 장들에서 우리는 "하나님이 창조하셨다" "하나님의 영이 운행하고 계셨다" "하나님이 '빛이 있으라'고 말씀하셨다" "하나님이 지으셨다" 같은 구절들을 발견한다. 이런 용어들의 의미는 하나님이 단순히 일상적 섭리를 통해 어떤 일들이 이루어지게 하시는 것보다는 특별한 섭리를 통해 직접 개입하시는 상황에 더 적합해 보인다.

게다가 창조 세계에 대한 신중한 연구는 하나님의 활동의 본질에 관한 통찰을 제공한다. 성경은 하나님이 태초에 우주를 창조하셨다고 전한다. 우리의 최상의 과학적 이해는 우주가 어떤 '시작'을 갖고 있음을 지적한다. 과학적 연구들은 달이 주목할 만한 특이한 충돌, 곧 초자연적 기적처럼 보이는 충돌로 인해 나타났음을 보여 준다. 또한 이 사건은 빛이 표면까지 침투할 수 있도록 지구의 대기를 깨끗하게 함으로써 태양이 낮과 밤의 경계를 제공할 수 있게 했다. 지구가 지난 40억 년 동안 경험하고 있는 안정적인 물 순환에는 지질 구조 활동과 대기의 변화, 태양의 밝기, 지구상 여러 형태의 생명체들 사이의 굉장한 미세 조정이 요구된다. 다른 생명체와는 비교할 수 없는 정도의 의식을 지닌 인간의 도래 역시 물리학의 법칙을 넘어서는 무언가를 필요로 하는 것처럼 보인다. 이것은 성경의 설명에 상응하는데, 거기에서 하나님은 인간을 자신의 형상을 따라 창조하셨다(우주의 기원에 대해 사용되었던 것과 동일한 히브리어).

이 모든 사건에 대한 우리의 과학적 이해는 초월적인 혹은 초자연적인 기적들을 통해 일하시는 하나님이라는 개념과 일치한다. 이런 경우들에서 하나님의 특별한 섭리를 가리키는 과학적 지표는 우리의 과학적 지식의 틈으로부터 나오지 않는다. 오히려 우리의 최상의 과학적 모델들은 기적적 의미를 지닌 결론들을 가리킨다. 우주의 창조에 대해 과학적 모델들은 가장 이른 순간에 있었던 물리학 법칙의 붕괴를 가리킨다. 달과 지구의 오래 계속되는 안정된 물 순환에 대해 과학적 모델들은 물리학의 법칙을 넘어서는 그 어떤 설명도 요구하지 않는다. 그러나 최상의 설명은 자연스럽지 않거나 예상치 못했던 것으로 보이는 해결책이다. 다시 말해, 최상의 설명은 일어날 성싶지 않거나 불가능해 보인다. 그러므로 특별한 섭리의 활동을 가리키는 과학적 지표는 물리학 법칙의 붕괴나 미세 조정을 요구한다.

주목할 만한 한 가지 요점은 신학적 설명도, 과학적 설명도 완전하지 않다는 것이다. 우주의 기원에 대해 생각해 보라. 과학적으로 말하자면, 지난 1백여 년간 제시된 자료들은 반복해서 과학자들을 어떤 시작을 지닌 모델들로 돌아가게 만든다. 그러나 우주가 어떻게 시작되었는지에 관한 질문에 사실대로 답하기 위해서는 양자 중력 이론이 필요하며, 과학 공동체가 그런 이론을 발전시키기 위해서는 여러 해가 걸릴 것이다. 비슷하게, 그동안 많은 신학자들은 창세기 1장이 **무로부터의** 창조라는 교리, 곧 하나님이 무로부터 우주를 창조하셨다는 교리를 가르친다고 주장해 왔다. 반면에 존 월튼 같은 다른 신학자들은, 창세기 1장의 고대 근동적 맥락은 그 장이 어떤 식으로든 물질적 세계를 다루고 있지 않다는 것을 의미한다고 주장한다. 계시의 두 책에 대한 정확한 해석의 최종적 내용을 결정하기 위해서는 필요한 연구들이 아직 많이 남아 있다.

지난 몇 백 년간 신학자들과 과학자들 사이의 대화는 붕괴되는 경향을 보였다. 그 기간 중 이른 시기에 추는 종교적 설명 쪽으로 크게 움직였다. 신학자들은 종종 창조의 일부를 하나님의 개입으로 선언함으로써 그것에 대해 과학적으로 조사하는 일을 금지시켰다. 혹은 기적적인 설명은 더 이상의 조사를 포기하는 과학적 게으름을 낳았다. 보다 최근에 와서는 추가 물질적 설명 쪽으로 크게 움직였다. 오늘날 과학자들은 모든 신학적 설명이 경계를 벗어난다고 선언하고 있다. 더 나아가 많은 과학자들은 과학의 진보가 초자연적 설명이 전혀 존재하지 않음을 보여 주기 때문에 이제 종교는 과학 안에 설 자리가 없다고 선언한다.

이런 두 극단은 모두 균형의 결여를 보여 준다. 더 나은 시나리오에는 양측 사이의 협력이 포함된다. 창조 세계의 모든 측면에 대한 철저한 과학적 조사에 대한 몰입은 게으름을 막아 준다. 좋은 신학적 의견은 과학자들이 비정상적으로 미세 조정되거나 자연스럽지 않은 설명을 어디서 찾아야 할지 알도록 돕는다. 신학자들과 특히 그리스도인 과학자들의 건강한 대화는 하나님의 계시의 두 책에 대한 보다 큰 이해로 이어지며, 결과적으로 우리가 하나님을 보다 잘 알도록 돕는다.

결론 존 랭

하나님의 섭리에 관해서는 두 저자가 동의하는 바가 많다. 두 사람 모두, 그분의 완전하심 때문이든(고전적 이신론) 그분이 우주를 더 이상의 간섭

이 필요 없는 법칙과 같은 특성을 지니도록 만드셨기 때문이든, 세상에 개입하시지 않는 하나님이라는 이신론적 개념들을 거부한다. 두 사람 모두 하나님의 활동에 대한 신학적 주장들과 상충하지 않는 타당한 자연적 설명을 허용한다. 제프는 일상적인 섭리와 지탱이라는 범주들을 사용하는 반면, 짐은 자연적 설명과 신학적 설명이라는 두 가지 유형 설명의 구분을 더 편안해한다. 두 사람 모두 자연법에 대한 호소가 현상을 설명하기에 충분하지 않은 상황을 허용한다. 제프가 특별히 이 문제를 다루지는 않았지만, 나는 그가 **표적**이라는 범주가 **기적**이 그것의 부분 집합이 되는 광범위한 사건들을 보다 정확하게 대표한다는 짐의 주장에 동의하리라고 생각한다. 짐이 옳게 지적하듯이, 그동안 진전이 이루어졌다. 그럼에도 여전히 얼마간의 불일치가 계속되고 있다.

두 모델 사이에서 불일치를 보이는 한 가지 핵심적 분야는—그것이 필연적으로 그 두 단체의 특성을 반영하는 것은 아닐지라도—세상에서 하나님의 일이 인식되는 방식과 관련되어 있다. 제프는 어떤 경우(가령, 기적)에 하나님은 물리적 영역 안에서 일하신다는 믿음을 견지하는 것처럼 보인다. 그는 성경 본문이 이것을 하나님이 일하시는 방식으로 가리킨다고 여긴다. 반대로 짐은 하나님의 활동에 대한 이런 식의 이해가 신학적 오류로 이어진다고 여긴다. 그런 경우에 하나님은 악과 죄를 포함해 모든 것의 원인으로 이해되든지, 아니면 오직 때때로 무작위적으로 개입하시는 것으로 이해되든지 한다. 전자에서는 하나님의 선하심이 의문시된다. 후자에서는 그분의 애정 어린 개입과 합리성이 의문시된다. 이런 불일치가 문제가 되는 정도는, 특히 상당량의 일치를 감안할 때 더 살펴볼 만한 가치가 있다.

6장 과학적 방법

방법론적 자연주의 혹은 자연신학?

제임스 듀, 짐 스텀프, 제프 즈위링크

남침례회 진행자   제임스 듀

나는 짐 스텀프와 제프 즈위링크가 신학과 과학의 교차점에 놓여 있는 중요한 문제들에 시간과 관심을 기울여 준 것에 감사한다. 또 그들이 우리가 그리스도 안에 있는 형제로서 서로를 이해하려고 하는 과정에서 나에게 그리고 서로에게 보여 준 친절함에 감사한다. **방법론적 자연주의**(methodological naturalism, MN)와 **자연신학**(natural theology, NT)의 문제는 기독교 신학과 변증학을 위해 아주 중요하다. 내가 그와 관련해 발견하는 주된 문제들은 다음과 같다.

첫째, 하나님은 오늘날 물질계에 대한 우리의 설명에 어떻게 영향을 주시는가? 여러분의 견해에 따르면, 우리의 과학 이론들에서 종교적인 설명은—만약 그런 것이 있다면—어떤 역할을 하는가? 세계의 자연적 사건들에 대해 신학적 설명을 구하는 것이 적절하다고 보는가? 아니면 그런 접근법이 과학의 작업을 훼손한다고 보는가?

더 나아가 우리가 신학적 설명에 맞서 자연적 설명을 선호한다면, 그것

은 우리를 많은 복음주의자들이 신학에 맞서 과학을 편애하는 것으로 여기는 '방법론적 자연주의'로 인도하는가? 여러분의 견해는 이런 질문들에 어떻게 답하는가? 우리는 방법론적 자연주의를 거부해야 하는가? 아니면 우리가 그것에 대해 생각하는 방식을 재조정해야 하는가?

마지막으로, 자연신학의 가능성과 실천에 대한 여러분 답변의 의미는 무엇인가? 우리가 과학적 설명의 단계에서 자연 안에서 하나님을 찾아서는 안 된다면, 우리는 어떻게 자연으로부터 그분의 존재에 대한 혹은 기독교적 유신론을 지지하는 논증을 할 수 있는가? 우리는 어떻게 세계의 물리적 사건에 대한 신학적 설명을 자제하면서 자연신학을 할 수 있는가?

바이오로고스   짐 스텀프

듀가 제기한 일련의 질문들은 과학의 본질에 관해 숙고하는 이들 가운데서 중요한 쟁점이 되는 문제의 핵심을 찌른다. 하나님은 우리의 과학적 담론에서 어떤 역할을 하셔야 하는가? 이것은 무신론자들과 그리스도인들 사이에서 대두되는 논쟁, 곧 현실 자체의 본질에 관한 논쟁과 하나님의 존재에 관한 논쟁이 아니다. 주로 과학의 실천이 초자연적인 것에 관한 믿음으로부터 분리되어야 한다고 주장하는 한 그룹의 그리스도인들과 신성한 것에 대한 호소가 과학 이론들 안에서 완전하게 합법적이라고 여기는 다른 그룹의 그리스도인들 사이에서 진행되는 논쟁이다. 전자는 자신들이 **방법론적** 자연주의를 따라 활동한다고 주장한다. 그들은 **존재론적** 자연주의자들이 아니다. 즉, 그들은 자연계가 존재하는 모든 것이라고 주장하지 않는다. 오히려 그들은 과학자들이 과학을 할 때 자신들을 자연적 설명에

국한시켜야 한다고 여긴다.

바이오로고스 공동체 안에는 방법론적 자연주의에 관한 다양한 입장이 존재한다. 그러므로 여기서 내가 하는 설명은 바이오로고스의 공적 진술과 일치하지만, 그것이 바이오로고스의 최종적인 답으로 간주되어서는 안 된다. 나는 종종 과학을 하는 적절한 방법이라고 떠들썩하게 소개되지만 그 안에는 명백한 문제들을 갖고 있는 일종의 순진한, 교조적인 방법론적 자연주의가 있다는 주장을 옹호할 것이다. 그러나 이어서 나는 보다 느슨하게 주장되는 방법론적 자연주의에 올바른 면이 있다고 주장할 것이다. 이런 입장은 우리가 자연신학을 이해하는 방식에도 영향을 끼친다.

방법론적 자연주의와 관련된 문제들 2004년에 있었던 지적 설계에 관한 도버 재판이 우리의 논의를 시작할 적절한 지점이 될 듯하다. 이 사건의 핵심 쟁점은 과연 지적 설계가 적법하게 과학이라고 불릴 수 있느냐 하는 것이었다. 판사 존 E. 존스 3세는 증거를 통해서 지적 설계가 과학의 자격이 없다고 확신했다. 그래서 도버 지역 교육위원회가 그 지역의 과학 교사들에게 강의 시간에 학생들에게 지적 설계는 대안적 과학 이론이라는 진술을 읽어 주도록 명령한 것이 헌법에 합치되지 않는다고 판결했다. 존스 판사는 139쪽에 이르는 의견서에서 "지적 설계는 초자연적 원인에 호소하고 그것을 허용함으로써 오랜 세월에 걸쳐 확립된 과학의 기본 원칙을 침해한다"고 주장한 후 이렇게 결론을 내렸다. "그러므로 법원이 보기에 지적 설계가 과학을 시험 가능한 자연적 설명에 국한시키는 핵심적인 기본 원칙들을 충족시키는 데 실패한다는 것은 아주 분명해 보인다."[1]

---

1   John E. Jones III, "Kitzmiller v. Dover, Memorandum Opinion", Middle District of Pennsylvania case no. 04cv2688, December 20, 2005, http://web.archive.org/web/20051221144316/http://www.pamd.uscourts.gov/kitzmiller/kitzmiller_342.pdf, pp. 64, 70.

과학에는 몇 가지 '핵심적인 기본 원칙들'이 있을까? 초자연적 원인에 대한 언급은 그런 원칙들을 해치는가? 그런 질문들에 대한 답을 결정하는 이는 누구인가? 이런 질문들에 대한 간단한 답은 존재하지 않는다. 과학의 실제적 실천은 핵심적인 기본 원칙들에 의해 특징이 지어지고 성문화될 만큼 다루기 쉽지 않다. '방법론적 자연주의'라는 표현의 형용사와 명사 모두에 문제가 있다.

방법론적 자연주의자가 된다는 것은 무슨 의미일까? 그 표현을 만들어 낸 폴 드 브리에(Paul de Vries)는 방법론적 자연주의를 따라 작업하는 과학자들은 "우발적인 자연 현상을 법칙과 분야, 확률 등 다른 자연스러운 일들의 측면에서 엄격하게 설명한다"고 말한다.[2] 즉, 과학 이론은 자연의 일들에 국한되며, 따라서 자연이 아닌 일들에 호소해서는 안 된다. 그러므로 정의상 자연이 아닌 일들의 존재를 믿는 그리스도인들은 과학을 할 때 그런 믿음들에 괄호를 쳐야 한다. 어떤 이들은 이런 특징에 대해 말하면서 과학자들은 실험실 문 앞에 그들의 기독교를 맡겨 두어야 한다고 주장한다. 다른 이들은 더 나아가 이것을 '방법론적 무신론'이라고 부르는데, 그것은 그리스도인들은 과학적 설명을 할 때 마치 자기들이 무신론자인 척해야 한다는 의미다. 그런 요구들은 오늘날 과학 관련 직종에 종사하는 많은 그리스도인들에게 반발을 불러일으킬 수 있다. 자신들의 과학적 작업을 철저하게 기독교적인 소명으로 여겼던 과거의 그리스도인 과학자들에게는 터무니없는 말로 들렸을 것이다. 그런 생각은 하나님이 무언가를 하시든지 아니면 자연이 그 스스로 그 일을 하든지 한다는 단순화된 (그리고 이분법화된) 사고의 희생물이 된다.

---

2   Paul de Vries, "Naturalism in the Natural Sciences", *Christian Scholar's Review* 15 (1986): p. 388.

방법론적이라는 단어를 "마치 당신이 -인 것처럼 행동하는"으로 규정하는 것은 그에 따르는 몇 가지 결과들을 낳는다. 어떤 현상들을 마치 그 현상들이 전적으로 자연적인 것처럼 다루는 태도는 암묵적으로 우리를 그것들이 연관된 비자연적인 특성들을 갖고 있지 않다는 견해로 이끌어 간다. 그것은 오직 현실의 한 측면(자연적인 측면)만 보는 것을 넘어서 현실의 **모든 것**이 자연적이라는 작업가설에 근거한 이론들을 발전시키는 것처럼 보인다. 그러므로 방법론적 자연주의를 비판하는 이들이 왜 그것이 쉽게 **존재론적** 자연주의로 빠져든다고 비난하는지를 살펴보는 편이 더 합리적으로 보인다. 우리는 현실을 서로에게 전혀 영향을 주지 않는 별개의 조사 영역으로 분리할 수 없다.

그것은 방법론적 자연주의라는 표현의 명사에 관한 보다 어려운 질문으로 이어진다. 방법론적 자연주의에 대한 대부분의 정의들은 **자연주의를** 정의하려는 시도조차 하지 않는다(앞에서 언급한 드 브리에의 정의조차도 그러하다). 그런 시도를 하는 정의들은 사실상 그런 정의를 명확하게 내리지 않는다. 예컨대, 방법론적 자연주의는 "현상을 있는 그대로 이해하기 위해서 그것들을 그것들 나름의 방식으로 다루고자 하는 과학적 조사에 대한 접근법"이라는 정의가 있다.[3] 그러나 이 정의를 좀더 상세하게 살피다 보면 우리는 우리가 있는 그대로의 현상을 어떻게 알 수 있는지에 대해 묻게 된다. 조사의 방법이 우리가 발견하는 것들의 한계를 정하는 것 아닌가? 그러므로 우리는 어떤 방법이 가장 적절한지에 대한 질문을 교묘하게 피한다. 폴 드레이퍼(Paul Draper)는 자연적 실체들은 '물리적' 실체들이거나 물리적 실체들로 환원될 수 있다고 말함으로써 도움을 주려 한다. 이어서 그

---

[3] Robert Bishop, "God and Methodological Naturalism in the Scientific Revolution and Beyond", *Perspectives on Science and Christian Faith* 65 (2013): p. 10.

는 물리적 실체들은 "현재 물리학자들과 화학자들이 연구하고 있는 실체들"이라고 말한다.[4] 그러므로 적어도 물리학자들과 화학자들의 경우에, 만약 그들이 방법론적 자연주의의 요구를 따르고자 한다면, 그들은 오직 그들이 연구하고 있는 것과 동일한 대상들에만 호소해야 한다. 여기서 문제는 과학자들이 연구하는 것들에 대한 정해진 목록이 존재하지 않는다는 것이다. 그 목록은 시간과 더불어 변화되었다. 예컨대, 한때 점성술은 과학의 영역에 속한 것으로 여겨졌으나, 정신에 관한 연구는 그렇지 않았다. 오늘날 대부분의 과학자들은 상황이 역전되었다고 생각한다. 중력을 설명하기 위해 언급되는 '신비한 힘'(occult forces)은 뉴턴 시대의 많은 이들에 따르면 자연적인 것이 아니었으나, 오늘날에는 자연적인 것이다. 우리의 존재론적 확신은 우리가 발견하는 것에 따라 바뀐다. 그러나 이런 일에는 종종 얼마간의 시간이 걸린다. 아인슈타인은 양자 역학에 의해 우리에게 강요된 존재론적 그림을 받아들일 수 없었다. 그는 그것이 적절하게 과학적이라고 생각하지 않았다. 그러나 오늘날 양자 역학에 대한 많은 해석자들은 이에 동의하지 않는다.

과학은 변한다. 과학의 결론만이 아니라 그것의 방법과 목표도 변한다. 무엇이 세계에 관한 최상의 이론을 확인해 줄까? 예측의 성공일까, 설명의 능력일까? 가장 단순한 이론일까, 가장 이질적인 현상들을 묶는 이론일까? 그런 질문들에 대한 답은 과학적 조사의 결과가 아니라 오히려 가치들에 대한 신봉으로부터 나온다. 그러므로 우리가 시간을 가로지르며 적용되고 과학의 적절한 실천을 무오하게 규정하는 '핵심적 기본 원칙들'을

---

[4] Paul Draper, "God, Science, and Naturalism", in *The Oxford Handbook of Philosophy of Religion*, ed. William J. Wainwright (Oxford: Oxford University Press, 2005), p. 277.

확인하는 일은 가능해 보이지 않는다. 실제적 실천은 훨씬 더 유연하며, 과학 외적인 고려들에 의해 이끌릴 것이다. 그러므로 무언가를 지속적이고 핵심적인 과학의 본질이라 주장하고 모든 것을 그것의 기준에 맞춰 판단하는 교조적인 방법론적 자연주의는 나에게는 희망이 없을 정도로 순진해 보인다. 우리가 말할 수 있는 최대치는 방법론적 자연주의가 오늘날 활동하고 있는 대부분의 과학자들에게 우발적인 가치라는 것이다. 방법론적 자연주의는 과학에 있어서 필수적인 부분이 아니다.

무엇이 적절하게 과학적이라고 간주될 수 있는지를 누가 결정하느냐 하는 질문으로 돌아가 보자. 나는 이것이 사전적 정의들과 연관된 문제와 유사하다고 주장하고자 한다. 그런 정의들은 단어들의 용법을 서술하는가, 아니면 규정하는가? 답은 '둘 다/그리고'다. 특정한 세대에서 우리는 어떤 이가 어느 단어를 올바르게 사용하고 있지 않음을 보이기 위해 사전을 가리킬 수 있다. 그러나 시간이 흐르면서 정의는 사람들이 실제로 그 단어를 사용하는 방식을 반영하는 식으로 변한다. 같은 방식으로 역사는 과학의 변화하는 기준과 가치들을 증언한다. 이런 것들이 계속해서 변하지 않으리라고 여기는 것은 순진한 일이다. 사실 오늘날 주류 과학은 방법론적 자연주의를 따라 움직인다. 이것에 반대하는 이들은 무엇이 적법한 과학적 설명으로 간주되어야 하는지에 대해 주류와 다른 지엽적 가치들을 자유롭게 택할 수 있다. 그들이 궁극적으로 시대를 이기고 살아남아 주류에게 자신들의 견해가 더 낫다고 설득하는 것은 가능한 일이다. 20세기의 대표적인 자연주의 철학자들 중 하나인 W. V. O. 콰인(Quine)조차 이런 생각을 받아들이는 듯하다. 그는 이렇게 말한다. "만약 내가 지각되는 것, 가능한 것, 영, 창조주를 상정하는 것에서 간접적인 설명의 유익을 본다면, 나는 기꺼이 그것들에게도 쿼크와 블랙홀 같은 공인된 과학적 가정들과 동등한 과학적 지위를 부여할 것이다."[5]

방법론적 자연주의의 유용성 그러나 이제 방법론적 자연주의를 과학적 조사의 핵심으로 인정할 필연적이거나 강력한 이유가 있어 보이지 않을지라도, 과학자들이 자연과학에서 발전해 온 방법론적 자연주의라는 전통을 느슨하게 붙잡고 있는 몇 가지 실제적인 이유가 있을 것이다. 그동안 과학은 한때 오직 초자연적 작인에 의해서만 설명되었던 현상들―천둥과 일식에서부터 질병과 간질에 이르기까지―의 원인을 알아내는 일에서 놀라울 정도로 성공적이었다. 물론 이것은 과학이 앞으로도 모든 것을 알아낼 수 있으리라는 것을 의미하지 않는다. 하지만 그것은 우리가 자연적 설명이 전혀 존재하지 않는 현상을 발견했다고 생각하기 전에 잠시 멈출 것을 요구한다. 그런 식으로 생각하는 것은 과학적 조사를 금하는 일이 될 것이다. 최초의 살아 있는 세포가 어떻게 나오게 되었는지에 관한 예를 들어 보자. 오늘날 과학자들은 어떻게 그런 일이 자연적 수단을 통해 발생할 수 있었는지를 설명해 주는 유망한 모델들을 갖고 있지 않다. 기독교 철학자이자 방법론적 자연주의의 반대자인 앨빈 플랜팅가(Alvin Plantinga)는 바로 그런 이유로 우리가 하나님이 특별한 방법으로 개입하셨음이 분명하다는 결론을 내려야 한다고 생각한다. 그는 이렇게 말한다.

만약 우리가 상당한 연구 끝에 그런 규칙적인 방식으로 그 일이 어떻게 일어날 수 있었는지 알지 못한다면―만약 결국 그 경우에서처럼 수많은 세월 동안 연구한 후에도 가장 단순한 생명체조차 그것이 지닌 굉장한 복잡성과 기능적 연관성, 온전함으로 인해 그것이 그런 식으로 기원했을 가능성이 점점

---

[5] W. V. O. Quine, "Naturalism; Or, Living Within One's Means", *Dialectica* 49 (1995): p. 252.

더 낮아 보인다면—우리가 기독교적 유신론의 관점에서 생각할 수 있는 자연스러운 일은 아마도 하나님이 여기서 다른 특별한 무언가를 행하셨다고 여기는 것이다. 왜 우리가 정확하게 과학자의 입장에서 그런 결론을 내려서는 안 되는가? 그런 결론이 과학의 일부가 되어서는 안 된다는 법이라도 있는가?[6]

물론 여기서 어려움은 '상당한 연구'가 어느 정도여야 충분한지를 아는 것이다. 플랜팅가의 접근법은 연구를 포기하는 것에 면허를 주는 듯하다. 그는 자신의 말이 조사가 중단되어야 한다거나, 그저 우리의 결론은 늘 잠정적이어야 함을 의미하지 않는다고 주장한다. 그렇다. 그러나 우리가 "그 후에 어떤 기적이 일어났고 생명이 나타났다"고 말한다면, 그때 우리는 그것을 최상의 잠정적인 **과학적** 설명이라고 불러야 하는가? 오히려 "현재 우리는 그 현상에 대한 과학적 설명을 갖고 있지 않다"고 말하는 것이 그 용어에 대한 우리의 현재 용법과 더 잘 어울리는 것처럼 보인다.

더 나아가 우리가 초자연적인 것에 호소하는 주장들에 과학적 지위를 부여한다면, 우리는 사실상 과학주의에 빠져드는 위험을 무릅쓰는 것이다. 다시 말해, 그런 접근법은 과학의 범위에 관해 과학주의에, 곧 과학이 모든 것을 설명할 수 있다는 주장에 동의하는 것처럼 보인다. 나는 보다 현명한 행동 방침은 과학이 자연적 설명에 국한되어야 한다는 과학주의에 동의하고, 과학이 모든 것을 설명할 수 있다는 주장에는 동의하지 않는 것이라고 여긴다. 이 점에서 그리스도인에게 방법론적 자연주의는 과학의 한계를 보여 준다.

---

6   Alvin Plantinga, "Science: Augustinian or Duhemian?", *Faith and Philosophy* 13 (1996): p. 380.

마지막으로, 자연신학을 위한 몇 가지 함의가 존재한다. 일반적으로 자연신학은 자연적 전제로부터 신학적 결론을 끌어내려는 시도로 간주된다. 실제로 자연신학은 대개 과학의 결과들을 취하고 그것들을 하나님의 존재를 위한 증거로 발전시키는 식으로 진행된다. 과학이 방법론적 자연주의의 요구를 따르지 않고 초자연적 작인을 과학 이론의 일부로 허용한다면, 그때 우리가 과학으로부터 신학적 결론을 끌어내는 일은 물론 가능할 것이다. 그런 결론은 처음부터 과학 안에 집어넣어져 있었기 때문이다. 그러나 비평가들은 그런 주장은 그것이 입증하고자 하는 바를 이미 가정하고 있기 때문에 그런 결론은 강력하지 않거나 심지어 설득력이 없다고 지적한다. 자연신학에 대한 전통적 이해에는 방법론적 자연주의가 필요해 보인다. 그러나 과연 순전히 과학적인 전제로부터 신학적 결론이 도출될 수 있는지는 또 다른 문제다.

믿어야 할 이유　　　　　　　　　　　　　　　　　　제프 즈위링크

듀가 제기한 신학적 설명에 관한 질문들에 대한 답을 얻기 위해서는 믿어야 할 이유(RTB)를 둘러싸고 있는 에토스에 대한 이해가 필요하다. 현재 RTB의 학자팀은 네 명의 과학자들과 한 명의 철학자 겸 신학자로 구성되어 있다. RTB의 존재 목적은 복음을 전하는 것이다. 우리는 직접 비그리스도인들과의 상호 작용을 통해서든 아니면 그리스도인들이 그런 일을 하도록 준비시키는 것을 통해서든 모든 일을 그런 목적에서 행한다. 이 목적은 우리가 과학의 과정을 변화시키려 애쓰지 않는다는 것을 의미한다. 오히려 우리는 전도를 위해 건전한 과학적 사고들을 집결시키려 한다.

그런 노력의 토대를 이루는 것은 성경에 대한 견실한 이해다. 그런 토대를 세우는 첫 단계는 성경 본문이 말하는 바를 이해하기 위해 그 본문을 정확하게 주해하는 것이다. 그 후에 학자들은 성경신학을 발전시킴으로써 성경의 저자들이 그들 시대의 맥락에서 가르쳤던 것을 알아내려 한다. 훌륭한 성경 주해와 건전한 성경신학을 바탕으로 일관성 있고 조직적인 신학을 세우는 과정이 나타난다. 또한 이런 접근법은 일반계시에 관한 연구뿐 아니라 철학과 심리학을 비롯한 다른 학문들을 통합한다. 마지막 단계는 그 체계적인 신학을 그것이 가닿는 사람들의 문화 속에서 상황화하는 것이다. RTB에게 그 집단은 주로 과학에 관심하는 사람들과 과학이 우리가 살아가는 세계를 설명하는 방식에 관심을 갖는 사람들을 포함한다.

이런 맥락에서 RTB는 그 용어의 일반적인 의미에서 자연신학을 발전시키는 것을 옹호하지 않는다. 자연신학은 신적 계시에 호소하지 않으면서 하나님의 존재와 속성을 이해하고자 한다. RTB가 과학과 기독교가 관계하는 방식을 이해하고자 할 때, 주로 우리는 적절한 성경 해석에 의지해 성경과 과학이 동일한 현상에 관해 진술하는 분야들을 찾는다.

이런 관점은 적절한 성경 해석이—만약 그런 것이 있다면—언제 과학이 다룰 수 있는 진술을 하는지를 판단하는 확실한 방법을 요구한다. 성경이 그런 진술을 하는 두드러지는 한 가지 예는 우주의 기원에 관한 것이다. 요한복음 1:1-18, 골로새서 1:15-20, 히브리서 1장, 창세기 1장 같은 구절들에 기초해, 신학자들은 **무로부터의** 창조, 곧 하나님이 '아무것도 없는 상태에서' 우주를 창조하셨다는 교리를 발전시켰다. 우리가 이 교리로부터 적절하게 추론할 수 있는 것은 우주가 존재하기 시작했다는 것인데, 이것은 과학이 다룰 수 있는 주장이다.

현재 과학 공동체 안에서 가장 큰 지지를 받는 우주론 모델은 빅뱅 우주론이다. 빅뱅 모델의 주된 특징들로는 지속적인 물리학의 법칙들에 따라 통제되는 우주, 만연한 부패의 법칙, 확장되는 우주, 시작이 있는 우주 등이 있다. 이 중 마지막 특징은—비록 양자 중력 이론을 찾는 최근의 과학적 연구가 시작의 필요성에 관해 얼마간의 불확실성을 보여 주고는 있지만—**무로부터의** 창조 교리와 잘 들어맞는다. 그럼에도 우리는 성경이 빅뱅 우주론과 일치하는 무언가를 서술한다고 주장할 수 있다. 그러나 이런 주장을 진척시키기 위해서는 다른 특성들을 건전한 성경 해석에 고정시켜야 한다. 이 과업의 어려움은 성경 본문에 대한 적절한 해석에는 아마도 성경의 저자들과 최초의 청중에게 낯설었을 개념들이 포함된다는 것을 입증하려고 할 때 발생한다.

우주의 확장에 관해 생각해 보자. 많은 성경 저자들은 하나님이 "하늘을 펴신다"고 선언한다.[7] 20세기와 그 이후에 이것이 우주의 확장을 묘사하는 표현일 수 있다고 여기는 것은 쉬운 일이다. 그러나 고대 근동 문화에 대한 연구는 누구나 그런 식으로 생각했다는 생각을 지지하지 않는 듯 보인다. 그러므로 성경 저자들과 그의 청중 모두가 우주의 확장에 대해 이해하지 못했다면, 오늘 우리는 무엇을 근거로 그런 구절들이 확장하는 우주를 묘사한다고 결론을 내리는가? RTB는 그런 결론의 정당성은 영감의 교리에 의존한다고 주장한다. 분명히 성경 저자들과 최초 청중의 이해는 우리가 어느 성경 구절의 의미를 이해하는 일에서 중요한 역할을 한다. 그러나 또한 성령이 저자의 저술을 감독하신다. 그것은 수학 전문가가 초등학교 학생에게 수학적 개념을 전하는 것과 유사하다. 그는 그 어린 학생이 이해할 만한 언어를 사용해야 한다(이 일은 인간 저자들을 통해 성취된다). 그

---

[7] 욥 9:8; 시 104:2; 사 40:22; 42:5; 44:24; 45:12; 48:13; 51:13; 렘 10:12; 51:15; 슥 12:1.

러나 좋은 교사는 또한 그 학생이 훗날 배우게 될 것과 상충하지 않는 언어를 사용할 것이다(이 일은 성령에 의해 수행된다).

그렇다면 이 모든 것은 과학적 연구에 어떤 영향을 줄까? 과학자들은 실제적 목적을 위해, 대부분의 현상에 대한 설명이 물리학의 법칙에 따라 설명되는 하나님의 일상적인 섭리로부터 흘러나올 것이라는 의미에서 그들의 일을 주로 방법론적 자연주의의 관점에서 수행해야 한다. 그러나 이것이 신학적 고려 사항들을 완전히 배제하지는 않는다.

성경은 하나님의 특별한 섭리로부터 발생하는 사건들에 대한 여러 가지 묘사들을 포함하고 있다. 우주의 창조는 분명히 물리학의 법칙을 초월한다. 무언가가 존재하기 전까지는 그런 법칙들을 통해 묘사할 만한 것이 존재하지 않기 때문이다. 창세기 1:1은 하나님이 하늘과 땅을 창조하셨다고 지적함으로써 이런 관점을 반영한다. 여기서 '창조하다'에 해당하는 히브리어는 하나님이 그 이전에는 존재하지 않았던 무언가를 존재하게 하셨음을 의미한다. 그러나 창세기 1장은 이 용어를 큰 바다 생물들과 모든 날개 달린 새들의 탄생뿐 아니라 인간의 탄생에 대해서도 사용한다. 특별히 RTB는 이런 '창조 사건들'이 고도로 관계적인 피조물들의 출현과, 인간과 더불어 영적 피조물의 도래를 의미한다고 주장한다. 우주의 창조가 물리학의 법칙을 초월하듯이, 이런 창조 사건들 역시 물리학의 법칙을 초월한다. 그러므로 이런 사건들에 대한 과학적 연구는 물리학의 법칙을 넘어서는 어떤 행동을 가리킨다. 이것은 물리적 설명이 실패하리라는 것이 아니라, 그런 설명이 불완전할 것이며 물리학의 법칙 너머에 있는 무언가를 가리키리라는 것을 의미한다.

RTB가 자연신학―성경과 상관없이 자연에서 하나님의 손길을 보는 것―과 가장 가까워지는 때는 우리가 우주에서 설계의 증거를 연구할 때다. 우주의 수많은 특징들은 생명체를 지지하는 일에서 중요한 역할을 하는 가치들을 정교하게 조율해 온 것처럼 보인다. 네 가지의 근본적인 힘들(중력, 전자기, 강하고 약한 핵 상호 작용)의 크기에 사소한 변화만 일어나도 생명체가 요구하는 구조들(원자, 행성, 별들 같은)이나 요소들(수소, 산소, 탄소 같은)을 빼앗긴 우주가 나타날 수 있다. 물리학의 법칙을 고려한다면, 시공간의 구조(세 개의 커다란 공간과 한 개의 시간이라는 차원으로 이루어진)조차 물질적 생명을 위한 유일한 선택지로 보인다. 유사하게, 평범한 물질과 암흑 물질, 암흑 에너지의 양들이 생명의 구성 요소들을 허락하는 상대적으로 좁은 범위 안에서 가치를 갖는다. 천문학적이고 지질학적인 연구들은 오랜 세월 동안 생명을 지탱할 수 있는 행성은 상대적으로 작은 지질학적 창에 속한 아주 많은 특성들을 요구한다는 것을 보여 준다. 생명 그 자체도 유전자 코드 위에 세워지는데, 이 코드는 설계의 특징이라고 할 수 있는 커다란 오류 수정과 중복성을 보여 준다. 이런 다른 미세 조정된 많은 것들을 바탕으로 우리가 어느 지적 설계자가 생명을 지탱하기 위해 우주를 제작했다고 결론짓는 것은 타당하다.

자연 안에는 설계의 증거가 아주 많다. 그러나 RTB는 과학적으로 측정 가능한 결과들을 제시하는 듯 보이는 성경 구절들 대부분이 지구가 "혼돈하고 공허한" 적대적인 행성으로부터 아주 다양한 생명체가 살기에 적합한 세계, 그런 생명체들로 가득 찬 세계로 변화되는 것에 초점을 맞추고 있음을 인정한다. 이런 구절들의 주된 강조점들은 하나님의 본성을 드러내지만 역사 속의 사건들에 대한 설명을 제공하기도 한다. RTB는 출애굽과 여리고 전투(수 6장)에 대한 설명이 고고학자들과 역사가들이 입증할 수 있는 내용을 제공하듯이, 창세기 1-2장과 욥기 38-41장, 시편 8편을 비롯해 성경의 다른 곳에 등장하는 창조 이야기들도 과학자들이 입증할 수 있는 물리적 사건을 설명한다고 확언한다.

이런 이야기들은 때때로 과학자들이 무엇을 찾을 수 있는지에 관한 예측을 제공하는데, 이런 예측 능력은 과학적 정신을 가진 사람들에게 복음을 전하는 데 도움을 줄 수 있다. 이런 입장은 성경이 양자 역학이나 일반 상대성 이론의 씨앗을 포함하고 있다는 뜻이 아니다. 그것은 단지 어떤 경우에 성경이 과학적 연구에 정보를 제공하는 방식으로 과정들을 설명한다. RTB 학자들조차 성경이 얼마나 자주 이런 예측을 제공하는지에 대해 서로 다른 입장을 드러낸다. 그러나 우리는 이런 예측들을 분별하고 명확하게 표현하는 일이 과학적 정신을 가진 사람들과 교류하는 일에서 중요한 역할을 한다는 점에 한결같이 동의한다.

성경을 사용해 과학적 예측을 하는 접근법은 종종 두 가지 반대에 직면한다. 첫째, 회의주의자들은 종교적 개념들이 과학 안에 설 자리를 갖고 있지 않다고 주장한다. 하지만 어떤 개념이 어디에서—성경에서인지 아니면 다른 어느 곳에서인지—유래했는지가 문제가 되어서는 안 된다. 과학적 개념들은 그것들의 기원에 기초해 평가되지 않기 때문이다. 오히려 과학자들은 개념들을 그것들이 시험을 얼마나 잘 견뎌내는지를 기준으로 평가한다. 마찬가지로, RTB는 성경의 주장들이 시험받을 수 있는 방법을 구한다. 둘째, 그리스도인들은 이런 접근법이 인간의 이성(과학적 과정)을 성경을 통해 나타나는 하나님의 계시보다 높게 평가한다고 주장한다. 이런 주장은 이해할 만하기는 하나 과정이 진행되는 방식에 대한 오해를 반영한다. RTB의 입장은 과학을 자연의 사실들과 맞세우기보다는 하나님이 자신을 두 책, 곧 성경이라는 문자적인 책과 자연이라는 비유적인 책을 통해 계시하셨다는 것을 인정한다. 정의상 이 두 책에 대한 적절한 이해는 서로 일치해야 한다. 과학이 시험할 수 있는 성경에 기초한 예측을 끌어내기 위해 우리는 훌륭한 해석학적 시스템을 갖고 시작해야 한다. 달리 말하면, 이 과정은 성경이 최고의 권위임을 가정한다. 하지만 거기에는 과학이 하나님의 두 계시에 대한 적절한 해석을 판단하는 데 도움을 주는 것으로 제시하는 검증이 포함된다.

대개 하나님은 그분의 일상적인 섭리를 통해 창조 세계와 상호 작용을 하신다. 일상적인 섭리는 과학적 작업의 발전을 위해 중요하다. 또한 그것은 우리가 목격하는 대다수의 물리적 현상들이 물리학의 법칙 안에서 적절한 설명을 발견하리라는 것을 의미한다. 이런 맥락에서 '유연한 방법론적 자연주의'는 세계를 이해하는 가장 효율적인 접근법을 제공한다. RTB는 과학에 대한 유연한 방법론적 자연주의 접근법의 타당성을 긍정하며, 하나님에 대한 지식을 참되게 파악하는 일에서 모든 자연신학이 가질 수밖에 없는 한계를 인정한다. 또한 RTB는 대개 성경을 무시하는 사람들에게 복음의 메시지를 상황화할 필요성을 인정한다. 우리는 이것을 두 가지 방식으로 수행하기 위해 노력한다. 첫째, 우리는 유대-기독교적 세계관이 어떻게 성공적인 과학적 작업을 위한 필요조건들의 기초를 제공하는지를 강조한다. 둘째, 우리는 성경이 과학이 다룰 수 있는 검증 가능한 주장을 제공하기 위해 성경이 무엇을 말해야 하는지를 판단하기 위해 노력한다. RTB의 검증 가능한 창조 모델은 과학이 기독교 신앙의 적이라는 주장을 부정하고, 비그리스도인들 앞에서 성경의 신뢰성을 강화하기 위한 이런 노력에서 이루어진 최근의 진보를 대표한다.

후속 질문　　　　　　　　　　　　　　　　　　　　　　제임스 듀

짐 스텀프와 제프 즈위링크가 어려운 문제들에 답하느라 시간과 노력을 기울여 자신들의 입장을 명확하게 밝혀 준 것에 감사한다. 그들의 설명을 좀더 살펴보고 보다 명확한 설명을 얻기 위해 대화의 방향을 재설정하고 몇 가지 추가적인 질문을 하겠다.

짐에게 방법론적 자연주의에 관한 당신의 균형 잡힌 견해는 흥미롭고 유익하다. 특히 자연신학에 대한 전통적 접근법이 실제로 방법론적 자연주의를 요구하는 방식과 관련해 유익했다. 당신이 답변한 마지막 문장에서 당신은 "과연 순전히 과학적인 전제로부터 신학적 결론이 도출될 수 있는지"에 관한 중요한 질문이 남아 있다고 말했다. 그 질문에 대한 당신 자신의 답은 무엇인가? 기독교 신학의 역사 전체를 통해 신자들은 그런 결론을 얻는 것이 가능하다고 생각했다. 그들은 그런 가정을 염두에 두고서 자신의 자연신학을 수립했다. 확실히 많은 경우에 그들은 과학적 설명에 대한 '틈새의 하나님'(a God-of-gaps, 과학적으로 설명할 수 없는 부분인 틈새에 신이 존재한다고 하는 견해―옮긴이)식 접근법을 따랐는데, 그것은 후대의 과학이 자연에 관한 새로운 사실을 발견하고 설명의 틈새를 제거했을 때 문제가 있는 것으로 밝혀졌다. 그러나 이것이 꼭 그렇게 되어야 하는지는 분명하지 않다. 우리가 자연적 설명에 대한 틈새의 하나님식 접근법을 피할 수 있을 때, 우리가 자연계에 관해 배우는 것으로부터 신학적 결론을 끌어내는 것은 가능한가? 다시 말해, 우리는 자연신학을 할 수 있는가?

제프에게 당신의 성경에 대한 책임감과 복음전도에 대한 관심은 고무적이고 중요하다. 나의 질문들은 당신의 단락 전체에서 나타나는 일치주의적 관점에 맞춰진다. 제프와 RTB의 접근법에서는 성경이 오늘날 주류

과학이 긍정하는 과학적 예측을 한다는 사실을 보여 주는 것이 중요하다. 예컨대, 당신은 하나님이 "하늘을 펴신다"고 언급하는 성경의 많은 구절이 빅뱅 우주론에 의해 확증된 과학적 예측이라고 설명한다. 여기서 나는 생각해 볼 만한 가치가 있는 두 가지 중요한 질문을 발견한다. 첫째, 이런 예측을 비롯해 RTB가 말하는 많은 예측들은 다소 모호하지 않은가? 인용된 성경 구절들은 아주 다양한 과학 이론들을 지지하기 위해 사용될 수 있기에, 우리로서는 과연 과학과 성경이 정말로 동일한 것들을 가르치고 있는지 물어야 할 이유를 가진 것 아닌가? 둘째, 일치주의 전략은 모험적인 전략 아닌가? 과학과 신학에 대한 일치주의식 접근법은 과학과 신학 사이의 고정된 (정적인) 티칭 포인트를 찾으려 노력하는 것처럼 보인다. 그러나 과학 이론들은 정적이지 않고 계속해서 변한다. 그러므로 그것들이 같은 내용을 가르친다는 것을 보여 주는 일이 실제로 가능한가? 그보다는 과학과 성경이 서로 일치한다는 것을 보여 주는 덜 공격적인 전략이 더 낫지 않겠는가?

바이오로고스의 답변　　　　　　　　　　　　　　　짐 스텀프

우리는 과학적 전제로부터 신학적 결론을 끌어낼 수 있는가? 다시 말하지만, 바이오로고스에 속한 모두가 이 질문에 같은 방식으로 답하지는 않을 것이다. 나는 '아니요'라 말할 것이고, 이런 자연신학의 전통적인 개념은 문제가 있으며 재고될 필요가 있다고 제안하려 한다.

성경의 두 구절이 자연신학의 전통적 개념을 지지하기 위해 자주 언급된다. 시편 19편과 로마서 1:18-20이다. 시편 기자는 하늘이 하나님의 영

광을 선포하고 그분의 일을 나타낸다고 말한다. 사도 바울은 하나님이 지음받은 것들을 통해 자신에 관해 알려질 수 있는 것을 분명하게 밝히셨다고 말한다. 이런 구절들은 자연신학의 표준적인 공식을 제시하는 것처럼 보인다. 표준적인 공식이란 우리가 누구의 이성이나 경험으로도 이해가 되는 전제들에서 시작해서 하나님의 존재와 본성에 관한 결론을 끌어낼 수 있다는 것이다.

자연신학의 표준적인 주장들 중 일부는 바로 그것을 하려고 한다. 우주론적 주장의 한 형태는, 우주는 존재하기 시작했으며 무로부터 나올 수 없었으므로 적어도 무언가를 시작시킬 수 있는 초월적인 원인이 있어야만 한다는 사실에서 시작한다. 목적론적 주장은 우리가 자연 안에서 관찰하는 설계나 목적에서 시작해 그런 것이 설계자 없이 일어날 수 없다고 주장한다. 두 주장 모두 자신들의 첫 번째 전제를 충족시키기 위해 과학적 발견에 의존한다.

이런 자연신학의 주장들과 다른 많은 주장들은 매우 정교하며 즉각 일축되어서는 안 된다. 그러나 한 가지 의문이 있다. 만약 그것들이 분명히 옳다면, 왜 모두가 그것들의 결론을 받아들이지 않는가? 자연신학의 주장들은 먼저 신학적 결론을 수용한 이들에게는 설득력이 있어 보인다. 아마도 우리들 대부분은 자연신학의 주장들 때문에 일반적으로 유신론으로(심지어 특별하게 기독교로) 회심한 몇 사람을 알고 있을 것이다. 그럼에도 나는 무신론자나 회의주의자인 사람들 가운데서 그런 주장들이 어떤 반응을 얻는지를 살펴보았던 이들 대다수는 그것들이 설득력이 있다고 여기지 않는다고 말하는 편이 안전하다고 생각한다. 왜 그러한가? 그것이 자연신학에 관해 우리에게 말해 주는 바는 무엇인가?

내가 보기에, 문제는 이런 종류의 주장들이 실제로는 모든 이의 이성과 경험으로 접근할 수 있는 전제에 호소하지 않는다는 것이다. 자연과학에 의해 우주론이나 생물학으로부터 나오는 전제들은 대개 매우 전문적이다. 우리 중에 실제로 자신의 관찰과 추론을 통해 우주가 빅뱅으로 시작되었다거나 생명에 필요한 물리적 상수(physical constants, 자연 현상이나 시간의 경과 등과 상관없이 일정하다고 여겨지는 값―옮긴이)가 미세 조정된다는 것을 알아낼 수 있는 이들이 얼마나 되겠는가? 대부분의 사람들은 적절한 전문지식을 갖춘 다른 이들의 권위에 의지해 그런 전제들을 받아들일 수밖에 없다. 이것은 우리가 그런 권위들을 신뢰해야 함을 의미한다. 논란의 여지 없이 우리에게는 우리가 이미 믿는 바와 잘 들어맞는 것을 말해 주는 사람을 신뢰하려 하고, 반면에 우리의 믿음과 일치하지 않는 것을 말하는 이들을 신뢰하려고 하지 않는 경향이 있다.

그러므로 상황은 객관적이고 중립적인 자료로부터 곧장 그것의 결론을 추론해 내는 전통적인 자연신학의 직선적 모델보다 훨씬 더 복잡하다.

'-라고 보는 것'(seeing that)과 '-로 여기는 것'(seeing as)의 차이를 고려해 보라. 후자에 따르면, 우리는 단지 미가공된 자료를 취해 우리가 보는 것에 대해 결론을 내리는 것이 아니다. 오히려 우리의 이론적 전제들이 우리가 보는 것을 개념화하도록 조건을 지운다. 나는 우리의 전제들이 무작위로 선택된다거나 수정되지 않는다고 말하려는 것이 아니다. 오히려 그것과 반대다. 그런 전제들은 우리의 경험에 대응하면서 계속 수정되며 우리가 사물을 전에 보았던 것과 다른 무언가로 보도록 만들 수 있다.

그러므로 우리는 중립적이고 자연적인 질서를 관찰하지 않는다. 오히려 우리는 그것을 해석하고, 우리의 해석은 우리가 믿는 다른 것들에 의해 영향을 받는다. 이것은 포스트모던적 의미에서 모든 해석이 다른 해석들만큼이나 좋다는 뜻이 아니다. 자연을 하나님의 창조 세계로 여기는 것은 하나의 해석일 수 있으나—만약 그리스도인들이 옳다면—그것은 자연의 본질에 관한 **옳은** 해석이다.

자연의 질서에 대해 살피는 그리스도인들은 그것이 목적으로 가득 차 있다고 여길 것이다. 과학자들이 자연계의 질서가 잡히고 법칙을 따르는 행동을 밝혀내면 밝혀낼수록, 신학자들은 그만큼 더 창조 세계를 위한 하나님의 섭리에 대해 열광할 것이다. 몇몇 발견은 어떤 견지에서는 놀라운 것이 될 수 있다. 예컨대, 생명을 허락하는 정교하게 조율된 물리적 상수가 존재한다. 우리와 같은 생명체가 발전하는 것을 불가피하게 만드는 것처럼 보이는 진화적 수렴이 존재한다. 이런 것들은 자연을 목적이 없고 무작위적인 것으로 여기는 관점과 조화를 이루기가 몹시 어렵다. 그러나 그리스도인들에게 이것들은 우리가 기대하는 바와 불일치하지 않는다.

오늘날 이런 접근법은 자주 '자연신학'(natural theology)이 아니라 '자연에 관한 신학'(theology of nature)이라고 불린다. 그것의 결론은 과학적 전제 때문에 입증되지 않는다. 그러나 우리는 우리가 거기서 발견하는 것과 우리의 믿음이 일치한다는 것을 보일 때 세상을 보는 기독교적 방식이 신뢰를 얻게 할 수 있다. 자료는 서로 다른 방식으로 해석될 수 있기에 불일치의 여지는 아주 많다. 이것을 인정하는 것은 과학적 전제로부터 끌어낸 하나님의 존재를 위한 논증이 모든 이에게 설득력이 있는 것은 아니라는 사실을 이해할 수 있게 해 준다. 그러나 그런 논증들은 그리스도인들이 하나님께서 목적을 갖고 자신의 창조 영역에 질서를 부여하신 방식을 이해하는 일에서 강력한 지표와 해석의 도구가 될 수 있다.

RTB는 과학적 전제로부터 신학적 결론을 끌어내는 자연신학의 직선형 모델이 도움이 되지 않는다는 데 동의한다. 제프 즈위링크는 전통적 의미의 자연신학을 옹호하지 않고 오히려 먼저 성경을 본다고 주장한다. 그러나 나는 과연 그들의 접근법이 결과적으로 다른 형태의 직선형 모델이 되는 것은 아닌지 궁금하다. 우리는 성경말씀으로부터 과학적 주장들을 추론할 수 있는가? 나는 성경이 과학적으로 정확하다는 것을 보이는 그들의 전도적 접근법이 어떤 이들에게 성공적이었음을 인정한다. 그러나 다시 말하지만, 나는 왜 그것이 모든 이에게 설득력을 갖지 못하는지 묻고 싶다. 나는 그 이유가 이런 쟁점들에 대한 성경의 '자료'가 그다지 분명하고 객관적이지 않기 때문이라고 제안하고 싶다. 오히려 RTB는 자기들이 그것에 부여하는 전제들 때문에 그것을 과학에 대한 예측으로 여긴다.

그렇기는 하지만, RTB와 바이오로고스 사이에는 중첩되는 점들이 많다. 그들의 단체 안에서 우리의 위치를 알아내는 것은 유익하고 고무적인 일이었다.

믿어야 할 이유의 답변   제프 즈위링크

나는 RTB가 이런 중요한 질문들에 대해 과학 공동체의 작동 방식을 변화시키려는 의도에서가 아니라 전도라는 맥락에서 답한다는 점을 다시 한 번 강조한다. 그러므로 기독교와 과학 공동체 사이의 상호 작용을 평가할 때 RTB가 묻는 주된 질문은, 어떻게 우리가 복음을 전하기 위한 자원을 개발하면서 동시에 신학적 온전함을 지니고 성경을 해석할 수 있느냐 하는 것이다.

수십 년 전에는 비그리스도인들 가운데도 성경이 말하는 것은 들을 만한 가치가 있다는 광범위한 합의가 있었다. 미국에서 복음전도는 종종 '사영리'와 '로마서의 길'(Romans Road, 로마서에 있는 구절들로 구원의 기쁜 소식

을 전하는 하나의 방법—옮긴이) 같은 도구들(둘 다 성경 구절에 기초를 두고 있다)을 사용해 구주의 필요성을 알리는 것이었다. 오늘날 많은 비그리스도인들은 더는 성경의 타당성을 받아들이지 않는다. 따라서 비그리스도인들을 상대로 성경의 권위에 힘을 실어 주는 데 도움이 되는 도구들이 중요하다. 그러나 성경의 서술이 실제로 최고의 과학적 지식과 일치하며 신학적으로 끌어낸 개념들이 과학적 진보를 방해하기보다 고무한다는 분명한 메시지는, 그런 내러티브를 반박하고 회의적인 문화의 관심을 사로잡기 위한 유용한 도구를 제공한다.

RTB의 학자들은 지난 30여 년 동안 창세기에 묘사된 창조 세계의 기본적인 특징들이 어떻게 과학적 이해와 제휴하는지를 보임으로써 믿지 않는 청중과 반복적으로 상호 작용을 해 왔다. 그런 상호 작용은 불신자들에게 십자가상 그리스도의 구속 사역에 관한 성경의 주장들을 고려하도록 도전하는 일에서 **일치주의적** 관점이 가진 유용성을 보여 준다. (또한 그것들은 신자들의 믿음을 강화시키고 그들이 복음을 전하도록 준비시킨다.) 과학적 정신을 지닌 불신자들의 관심을 자주 사로잡는 핵심적 사항들 중 하나는, 성경의 개념들이 법령으로서가 아니라 과학자들의 연구 주제에 대한 언명으로서 과학적 발전에 영향을 줄 수 있다는 것이다. **신학적 진술들이 검증될 수 있다**는 개념은 참으로 많은 불신자들을 놀라게 한다.

RTB의 성경적 예측들 중 일부의 '모호함'에 관한 문제는 두 가지를 언급하도록 만든다. 첫째, RTB의 학자들은 모든 신학자가 성경 구절에 대한 적절한 해석에 동의하는 것은 아니라는 것과 이런 불일치가 특정한 성경 구절들이 창조에 관해 말하는 바와 관련해 모호함을 낳는다는 것을 인정한다. 하늘을 펴는 것과 같은 몇몇 진술들이 팽창하는 우주를 직접 예측하는 것처럼 보이지는 않는다. 오히려 이런 경우에 사용되는 언어는 분명히 잘 확립된 과학적 발견들과 일치하지만 주로 회고적 입장에서 일치하는 것처럼 보인다. 다른 구절들은 우주가 시작을 지니고 있다는 것과 같은 좀더 대담한 진술을 한다. 역사적 기독교 사상 안에서 **무로부터의** 창조라는 교리의 중요성은 우주의 시작을 가리키는 증거를 보다 두드러지게 만드는데, 그것은 특히 지난 세기에 많은 과학자들이 그 결론에 아주 강력하게 저항했고 지금도 계속 저항하고 있기 때문이다.

둘째, 오랜 세월 동안 신학자들은 성경에 대한 해석들을 과연 그것들이 성경 전체에 걸쳐 일관성을 보이는지를 살피는 방식으로 검토해 왔다. 창조 세계 안에서 측정 가능한 결과들을 지닐 수 있는 본문으로부터 추론을 도출하는 것과 적절한 과학적 추론을 행하는 것은 어떤 구절들에 대한 허락된 해석의 범위를 좁히는 데 도움이 될 수 있다. RTB 학자들조차 이런 접근법에 대해 다양한 정도의 공격성을 지니고 접근한다. 어떤 이들은 좀더 자주 강력한 진술을 하지만 자료가 그것을 뒷받침하지 않을 경우 입장을 바꾸는 것에 별 부담을 느끼지 않는다. 다른 이들은 수정이 거의 필요하지 않은 보다 조심스러운 진술을 한다. 이런 차이는 우리가 접촉하는 청중에게서도 나타난다. 일부 불신자들과 그리스도인들은 좀더 대담한 진술들에 더 큰 관심을 보이는 반면, 다른 이들은 보다 조심스러운 접근법에 반응한다.

이 마지막 요점은 부분적으로 그 질문의 두 번째 부분을 다룬다. 일관성(consistency)을 찾는 것이 일치주의(concordism)를 추구하는 것보다 더 신중한 접근법인가? 이 질문은 바이오로고스와 RTB 사이의 한 가지 주된 차이를 강조한다. RTB는 그것을 **유연한 일치주의**라고 부르기는 하나, 보다 일치주의적 접근법을 취한다. 우리는 성경이 양자 역학, 박테리아의 생명, 판구조론, 혹은 과학의 여러 다른 분야들에 관해 많은 것을 가르친다고 믿지 않는다. 그러나 우리는 성경이 과학이 긍정하거나 부정할 수 있는 진술을 한다고 생각한다. 이런 유연한 일치주의적 접근법 안에서 몇몇 RTB 학자들은 보다 공격적인 접근법을 취하는 반면, 다른 이들은 보다 신중한 입장을 취한다. 바이오로고스는 성경과 과학에 관해 보다 보완적인 관점을 택하고 있는 것처럼 보이는데, 그 견해에 따르면 성경은 과학이 발견할 수도 있는 것을 거의 알려 주지 않는다.

RTB와 바이오로고스의 이런 차이는 인간의 기원을 논할 때 두드러지게 나타난다. 바이오고로스는 하나님이 인간을 지으시기 위해 진화라는 과정을 사용하셨다는 입장을 취한다. RTB는 창세기 1장과 2장의 언어는 하나님이 인류를 창조하시기 위해 일상적인 섭리를 넘어서 개입하셨고 인류는 한 쌍의 부부에게서 시작되었다고 단언한다. 현재 우리가 얻을 수 있는 과학적 자료는 인간의 기원에 관한 RTB 견해의 몇 가지 측면들과 일치한다. 그러나 그것은 몇 가지 의미심장한 도전을 제기한다. 이런 자료가 많은 그리스도인들과 불신자들에게 얼마간 긴장을 초래하기는 하나, 우리는 그것이 이 학문이 전개될 때 향후의 연구에서 성경의 예측적 성격을 확인할 큰 기회를 대표한다고 생각한다.

1900년대 초에 '우주의 기원'과 관련해서 같은 논의가 나타날 수도 있었다. 그러나 대부분의 과학적 발견들은 계속해서 과학자들을 우주가 존재하기 시작했다는 모델 쪽으로 몰아가고 있다(비록 과학자들은 여전히 최종적인 답을 갖고 있지 않지만). RTB는 과학자들이 유전자 코드에 대한 이해를 넓혀 감에 따라 '인간의 기원'과 관련해서도 유사한 시나리오가 펼쳐지기를 기대한다.

마지막 요점은 충분히 언급할 만한 가치가 있다고 생각한다. RTB는 성경의 교리가 구속 내러티브의 일부를 더 강력하게 형성하면 할수록 우리가 더 큰 확신을 지니고 과학적 예측을 할 수 있다고 주장한다. 믿지 않는 과학자들은 구속 내러티브의 핵심적 측면을 긍정하는 과학적 발견들에 대해 더 크게 저항할 것이다. 이것은 신학자들이 '타락의 지성적 영향'(the noetic effects of the fall)이라고 묘사하는 것과 일치한다. 하나님이 무로부터 우주를 창조하셨다는 사실(회의주의자들은 그것을 믿지 않는다)은 하늘을 펼치는 것(많은 회의주의자들은 그것을 무신론적 형태로 믿는다)보다 구속을 위해 훨씬 더 중요한 것으로 보인다. 이와 유사하게, 역사적 아담과 하와의 존재는 하나님이 하늘을 창조하시는 것만큼이나 중요해 보인다. 복음전도 이전의 상황에 대한 RTB의 경험은 불신자들이 종종 역사적 아담을 성경이 드러내는 입장이라고 여긴다는 것을 알려 준다. 그러므로 이 맥락에서 예측을 구속과 연결시키는 것은 가치 있는 목표로 보인다.

결론 제임스 듀

나는 짐과 제프가 이 장의 논의를 위해 애써 준 것에 다시 한번 감사한다. 자연신학은 오랜 세월 동안 교회의 삶에서 중요한 역할을 해 왔다. 그것은 지금도 계속해서 과학과 신학 모두에서 주요한 논쟁거리가 되고 있다. 나는 이 장에서 이에 대한 두 개의 다른 설명들이 서로 대화하는 모습을 보게 되어 기쁘다.

짐 스텀프는 이른바 '자연'이라는 개념의 중립성에 의문을 제기함으로써 자연신학에 관해 한 가지 중요한 논점을 제기한다. 앨리스터 맥그래스(Alrister McGrath)가 그의 3부작 『과학적 신학』(*A Scientific Theology*)에서 주장했듯이, **자연**이라는 용어는 모든 곳에 있는 모든 이에 의해 보편적으로 이해되는 확정된 개념을 가리키지 않는다. 이것을 인정하지 못하는 것은 자연신학에 아주 큰 문제가 될 수 있다. 그럼에도 우리가 순전히 과학적인 전제로부터 신학적 결론을 끌어내서는 안 된다고 말하는 것은 너무 멀리 나가는 게 아닐까 하는 의문을 갖지 않을 수 없다.

나의 후속 질문에 대한 제프 즈위링크의 응답은 RTB의 일치주의 헌신과 관련된 난처한 문제들을 깨끗이 해소하는 데 확실하게 도움이 되었다. 그럼에도 나는 '모호함'과 '위험'의 문제들이 여전히 남아 있지 않을까 하는 의문을 갖는다. 결론적으로 이것은 아주 매력적인 논의였고, 나는 내 자신이 그 논의의 일부가 될 수 있었던 것에 감사한다.

7장 생물학적 진화

생물학적 진화란 무엇인가?
그것이 생명의 역사를 설명해 주는가?

테드 카발, 데럴 포크, 퍼즈 라나

남침례회 진행자   테드 카발

오늘날 **진화**라는 단어는 아주 넓은 의미를 갖고 있으나 중요한 논의의 맥락에서 종종 정의되지 않은 채 사용된다. 그 용어는 이제 거의 논쟁이 되지 않는 '자연 선택'이라는 다윈의 개념에 그리고, 적어도 복음주의자들 사이에서는, '공통 조상'에 관한 보다 논쟁적인 이론에 적용될 수 있다. 더 나아가 현재 그 용어는 생명의 기원이나 심지어 우주의 시작과 관련해 사용되기도 한다. 실제로 많은 이들이 진화를 심리학, 사회학, 윤리학 같은 인간에 관한 가장 흥미로운 문제들을 포함해 그야말로 모든 것을 설명하는 보편적 개념으로 여긴다. 진화는 심지어 많은 이들의 마음속에서 형이상학적 자연주의, 곧 자연이 존재하는 모든 것이라는 철학적 도그마에 대한 약칭의 역할을 하기에 이르렀다.

분명히 데럴과 퍼즈 같은 복음주의자들에게 형이상학적 자연주의는 논의의 개념이다. 그러므로 내가 그들에게 제기하는 질문은 다음과 같다. 여러분은 오늘날 여러분이 사용하는 가장 중요한 용례에서 **진화**를 어떻게 정의하는가? 여러분은 보편적인 공통 조상에 대한 증거가 얼마나 확실하다고 보는가? 여러분이 보기에 생물학적 진화를 받아들이는 것은 필연적으로 설계에 대한 거부를 수반하는가?

바이오로고스　　　　　　　　　　　　　　　　　　데럴 포크

진화란 무엇인가? 생물학자들이 일반적으로 사용하는 '진화'라는 용어의 의미는 버클리에 있는 캘리포니아 대학교의 '진화 이해하기'라는 웹사이트에 요약되어 있다. 그 용어가 생물학 분야 전체에서 사용되는 방식을 간결하게 요약하기 위해 그들이 제공하는 정의를 문자 그대로 인용해 보겠다.

　간단히 말해, 생물학적 진화는 '변화를 동반한 계승'(descent with modification)이다. 이 정의는 소규모 진화(한 세대에서 다음 세대로 넘어가는 과정에서 한 개체군 안에서 발생하는 유전자 빈도에서 나타나는 변화들)와 대규모 진화(오랜 세월에 걸쳐 서로 다른 종들 안에서 발생하는 계승)를 포괄한다. 진화는 우리가 생명의 역사를 이해하도록 돕는다.…

　생물학적 진화는 단순히 오랜 시간과 더불어 일어나는 변화의 문제가 아니다. 많은 것들이 오랜 시간과 더불어 변화한다. 나무는 잎을 떨어뜨리고 산맥은 융기했다가 침식된다. 그러나 그것들은 생물학적 진화의 예가 아니다. 그것들은 유전자의 유전을 통한 계승을 포함하고 있지 않기 때문이다.

　생물학적 진화의 핵심적 개념은 지구상의 모든 생명체가, 당신과 당신의 사촌들이 공통의 할머니를 갖고 있듯이, 공통 조상을 갖고 있다는 것이다.

지구 생명체들의 공통 조상은 변화를 동반한 계승이라는 과정을 통해 우리가 화석 기록과 우리 주변에서 보는 것과 같은 놀라운 다양성을 낳았다. 진화는 우리 모두가 먼 친척임을 의미한다. 인간과 참나무, 벌새와 고래 모두가.[1]

이 요약은 창조의 과정을 의존하고 그것이 진행되기 위해 지속적인 임재가 필요한 창조주의 존재 여부에 대해서는 아무것도 말하지 않는다. 목적에 대해서도 전혀 언급하지 않는다. 창조주가 과학적 연구라는 수단을 통해 감지될 수 있는 방식으로 그 과정에 영향을 주었는지(혹은 여전히 영향을 주고 있는지)에 대해서도 말하지 않는다. 진화론은 이 모든 쟁점에 대해 침묵한다.

잘못된 해석의 두 극 생물학자들이 '진화'라는 용어에 부여하는 의미와 관련해 대부분 사람들의 동의를 받고 훌륭하게 합의된 진술이 있다. 그럼에도 진화를 대변하는 많은 이들이 그것의 의미를 과도하게 해석하고 있다. '새로운 무신론자들'의 책들에서 나타나는 귀에 거슬리는 주장 외에도, 오늘날 진화에 관한 많은 문헌들은 그들의 저작이 결코 '전투적 무신론'이라는 특징을 지니지 않음에도 마치 진화론이 유신론의 오류를 입증한 것처럼 쓰고 있는 과학자들의 진술들로 가득 차 있다. 예컨대, 헨리 지(Henry Gee)는 그의 책 『우연한 종』(*The Accidental Species*)에서 이렇게 말한다. "진화는 계획을 갖고 있지 않음이 분명하다. 그것은 기억도 없고 예지도 없다. 먼 과거로부터 시작된 우주적 노력의 흔적도 없다. 초월적 종말에 있을 계시적 정점에 관한 전망도 없다. 인간은 창조의 정점에 있기보다는 단지 다

---

1 University of California Museum of Paleontology and National Center for Science Education, "An Introduction to Evolution", Understanding Evolution, 2016년 3월 24일에 접속, http://evolution.berkeley.edu/evolibrary/article/evo_02.

원의 상상력이라는 혼란스러운 둑 위에 있는 하나의 종일 뿐이다."[2]

그런 저자들이 압박을 느낀다면, 자기들이 과학의 범위를 과도하게 확장하고 있음을 인정해야 할 것이다. 진화는 인간의 것이든 다른 무엇이든 목적의 문제를 다루지 않는다. 또 그것은 우주 자체 너머에 있는 실재의 존재에 관한 질문도 다루지 않는다. 진화는 목적이나 실재의 문제를 다루기 위한 수단을 갖고 있지 않다. 진화에 그런 수단이 있다는 식의 태도를 보이는 것은 사람들을 잘못된 길로 이끄는 것이며, 심지어 어떤 경우에서는 부정직한 것이기까지 하다. 생물학은 어떤 생명체가 언제 어떻게 생겨났는가 하는 문제를 다루지만, 만물이 그를 통해 존재하는 **어떤 이**의 존재 가능성 혹은 그것들의 존재 **이유**에 대해서는 아무것도 말하지 않는다.

또한 우리는 울타리의 다른 편에서도 평행하는 일련의 잘못들을 발견한다. 존 맥아더(John MacArthur)는 '당신에게 은혜를'이라는 웹사이트에서 다음과 같이 쓰고 있다. "진화론적 거짓말은 기독교의 진리에 너무나 뚜렷하게 반대되기에 복음주의 그리스도인들이 어느 정도라도 진화 과학과 타협하기 어려워 보인다."[3] 설령 하나님이 진화론이 묘사하는 과정을 통해 세상을 창조하기로 하셨다고 할지라도, 이것은 핵심적인 기독교 교리를 전혀 부정하지 않는다. 그것은 창세기 1-3장에 대한 몇몇 **해석들**을 배제하지만, 그때에도 창세기는 여전히 권위를 지닌다. 그것은 하나님이 최초의 인간들을 다른 생명체와의 진화적 연속성 안에서 창조하셨다는 것을 의미하지만, 그때에도 아담과 하와는 여전히 실제적이고 역사적인 사람들일 수 있

---

2 Henry Gee, *The Accidental Species: Misunderstandings of Human Evolution* (Chicago: University of Chicago Press, 2013), p. 12.
3 John MacArthur, "Is Evolution Compatible with Christianity?", Grace to You, August 28, 2009, www.gty.org/resources/articles/A188/is-evolution-compatible-with-christianity?

다. 그것은 하나님이 자연의 과정을 통해 창조하셨다는 것을 의미하지만 그때에도 여전히 그분은 창조하는 일에서 소극적이시지 않다. 그것은 인간의 죄 이전에 식물과 동물의 죽음을 요구하지만, 그것이 곧 모든 인간이 죄를 짓고 구주를 필요로 한다는 진리를 부정하는 것은 아니다. 확실히 그것은 "명백하게 기독교의 진리에 반대되는 것"이 아니다.

이런 두 극단 모두는 많은 이들이 과학의 결론을 생물학의 결론이나 역사신학으로부터 나오는 고찰에 의해 정당화되지 않는 방식으로 오해하는 (혹은 잘못 표현하는) 일반적인 예들이다.

진화 과정의 역학

자연 선택(natural selection) 진화론의 핵심에는 자연 선택이라는 과정이 있다. 그 개념은 다음 네 가지 기둥 위에 세워진다. 첫째, 모든 유기체가 동일한 속성을 갖고 있지는 않다. 둘째, 그런 속성들 중 적어도 일부의 변이들은 유전적인 특성에 의해 발생한다. 셋째, 이런 특성들 중 어떤 변이들은 점증하는 생존 능력 혹은 번식 능력(곧 적합성)을 낳을 수 있다. 넷째, 시간이 흐르면서 점증하는 적합성을 낳는 특성들은 덜 적합한 대안들에 비해 더 흔해질 것이다.

인간 개체군에서 작동하는 자연 선택에 관한 좋은 예는 젖당에 대한 내성이라는 유전적 특성이다. 초기 수천 년 동안 우리 종은, 일반 포유류와 같이 성인 안에서 젖당을 분해하는 효소를 낳지 못했다. 우리는 아기 때만 젖을 빨았기에 성인이 되어서는 그것을 분해하기 위한 효소가 필요하지 않았다. 그러다가 젖당을 분해할 수 있는 능력에 뚜렷한 생존가(survival value, 생체의 특질이 생존과 번식에 기여하는 유용성—옮긴이)가 부여되는 낙농업의 시대가 도래하면서 상황이 바뀌었다. 낙농업은 세계의 몇 지역에서 시작되었고, 그 후 성인들이 젖당을 분해할 수 있게 해 주는 특정한 유전자 변화의 확산이 뒤따랐다.

오랜 세월에 걸쳐 종은 특정한 환경과 삶의 방식에 더 잘 적응하는 결과를 낳는 다양한 변화들을 축적하면서 변화된다. 그러므로 대진화적 변화와 소진화적 변화가 기초로 삼는 주된 원리는 각각 새로운 변이들의 적응가(adaptive value, 유기체가 그것이 처한 환경에서 살아남도록 돕는 유용성－옮긴이)다. 종은 그것들이 특정한 환경적 틈새의 삶의 방식에 이상적으로 적응하게 하는 특성을 획득한다.

유전자 부동(genetic drift) 자연 선택이 시간의 흐름과 더불어 종 변화를 초래하는 중요한 요소였음이 분명하기는 하나, 오늘날 과학자들은 그것이 진화를 이끄는 데 중요한 단일 구성 요소가 아니라는 것을 인식하고 있다. 예컨대, 소규모 개체군에서 특별한 특성들이 지배적이 될 수 있었던 것은 그것들이 더 큰 적응력을 갖고 있어서가 아니라, 다른 특성들(심지어 아주 유익한 특성들)이 우연하게 상실되었기 때문일 수 있다. 어느 특별한 조상 개체(혹은 개체들의 작은 집단)가 그저 그런 특성 혹은 심지어 비적응적 특성을 갖고 있었음에도 어쩌다가 많은 후손을 낳았을 수도 있다. 아니면 매우 유익한 특성을 지닌 어느 개체가 생식할 수 있는 나이가 되기 전에 길에서 포식자를 만나는 것과 같은 아주 우연한 사건으로 인해 죽었을 수도 있다.

평균적 상황이 존재할 수 있는 대규모 개체군에서 자연 선택은 종 변화에 중요한 역할을 한다. 그러나 소규모 개체군에서는 우연한 사건들이 종의 특성에 중대한 영향을 끼친다. 이를 지적하는 것이 중요한 이유는 진화론에 관한 오해 때문이다. 특성들이 흔해지는 이유는 그것들이 생식 능력이나 생존 능력을 극대화하기 때문이 아니라, 단지 소규모 개체군 안에서 임의적으로 작용하는 힘 때문이다.

협력(cooperation) 한 혈통 안에서 다른 존재와 협력하는 능력이 진화에서 중요한 원동력이 된다는 것은 점점 더 분명한 사실이 되어 가고 있다. 심지어 협력이 그런 특성을 지닌 개인에게 순비용을 치르게 하면서 그 그룹 내의 다른 이들에게 유익을 주는 경우에조차 그러하다. 협력의 적응성이라는 이 자질은 인간의 진화에서 절정에 이르렀다. 협력으로 이어지는 유전자들은 더 흔할 뿐 아니라, 유전자가 아니라 문화에 기반을 둔 협력적 특성들도 확산되어 개체군 안에 내재된다. 현재 협력과 이타심이 진화 과정을 통해 어떻게 일어날 수 있는지에 대해 많은 논의가 이루어지고 있으나, 많은 연구자들은 점점 더 그것이 덜 협조적인 특성을 지닌 집단이 거두는 성공의 부족과 효과적으로 대비되는 서로 협력할 수 있는 집단들이 거두는 상대적인 성공을 통해서 나타나게 되었다고 믿고 있다.

진화의 증거는 무엇인가? 지구상 생명 역사의 많은 부분은 지구 자체에 매장된 화석들에 관한 연구를 통해 밝혀질 수 있다. 바위들은 우리가 숙독을 위해 서랍을 열어 그 안을 들여다보도록 보존된 과거에 존재했던 유기체들로 가득 찬 거대한 파일과 같다. 우리는 그 '서랍들'의 연대를 종종 아주 정확하고도 자주 몇 가지 독립적인 수단들을 통해 측정할 수 있다. 바위들의 연대는 생명체들의 특별한 배열과 연관되어 있다. 예컨대, 8억 년 전의 바위들은 5억 년 전의 바위들과는 아주 다른 종들의 배열을 포함하고 있다. 이어서 5억 년 전의 바위들은 4억 년, 3억 년 전의 바위들과는 또 크게 다르다. 거기에는 점점 더 복잡해지는 강력한 경향을 지닌 생명체들의 점진적이고 규칙적인 계승이 있었다. 그러므로 우리가 최근에 발견된 과도기의 종들에 대한 많은 예들과 함께 단세포로부터 모든 복잡성을 지닌 생명체에 이르기까지 모든 파일의 캐비닛을 열어 공부해 보면, 모든 종은 공통 조상으로부터의 계승이라는 과정을 통해 발생하고 다양화되었을 가능성이 있어 보인다.

그러나 가장 강력한 증거는 유전학으로부터 온다. 우리는 그것에 대해 10장에서 보다 상세히 다룰 것이다. 여기서는 게놈 안에 혈통을 통해 한 종에서 다른 종까지 추적할 수 있는 아주 특정한 '상처들'(DNA 손상의 결과들)이 존재한다고만 말해 두겠다. 이런 상처들은 분명히 조상 종들에서 발생한 사건들을 반영하며 공통 조상과 완전히 일치하는 방식으로 세대를 통해 추적될 수 있다. 어떤 이들은 다수의 종들이 공유하는 상처들에는 일종의 기능이 있다고 주장할지도 모른다. 그러나 상처들이 특정한 기능을 취하는 경우에조차 그것들이 정확하게 현재의 위치에 있거나 혹은 기능을 드러내기 위해 정확하게 그 특성들을 가질 필요가 없다는 것은 분명하다.

화석 자료와 유전자 자료뿐만 아니라 여기서 논의되지 않은 여러 다른 자료들은 공통 조상이라는 개념과 압도적으로 일치한다(바이오로고스의 웹사이트를 보라).

하나님의 말씀에 비추어 본 진화론 창조 세계 안에 존재하는 모든 것은 하나님이 우주 안에서 보이신 지속적인 임재와 활동에 대한 반영이다(골 1:16-17; 요 1:1-3을 보라). 자연의 법칙들은 우주 안에서 지속되는 하나님의 영의 규칙적이고 관습적인 활동에 대한 반영이자 설명이다. 그러므로 자연의 법칙과 초자연적 활동 사이에 구분이 생길 때 우리가 하나님은 자연적인 활동보다는 **초자연적인** 활동에 더 복잡하게 개입하시거나 더 높은 정도로 적극적이시라고 말하는 것은 잘못이다. 초(super)라는 접두사는 오해를 불러일으킬 수 있다. 그것은 초과적인 무언가를 의미하는데, 그럴 경우 실제로 그것은 대개 하나님의 지속적인 정상적인 작업 방식과 다른 비관습적인 무언가로 이해되기 때문이다.

바이오로고스에 속한 다른 이들은 이런 것들을 조금씩 달리 표현할 것이다. 그러나 나는 하나님의 초자연적인 활동(우리가 '기적'이라고 부르는 것)

이 생명 창조의 지속적 과정에서 발생하지 않았다고 결론지어야 할 과학적 이유가 있다고 생각하지 않는다. 실제로 그렇게 생각할 만한 타당한 신학적 혹은 성경적 이유가 있다면, 그것은 쉽게 생명의 역사에 관한 진화적 이해 속으로 통합될 수 있다. 중요하게 고려해야 할 점은 진화가 취해 온 방향이 (그것이 인간의 죄악으로 인해 방해를 받은 경우를 제외하고) 하나님의 뜻 바깥에 있지 않았으며, 이미 발생한 모든 일과 앞으로 발생할 모든 일은 하나님의 섭리에 의해 허락되었다는 것이다. 진화론에 그것과 일치하지 않는 것은 아무것도 없다. 생명의 과정은 하나님의 뜻과 계획에 완전히 일치하는 방식으로 성립되었다.

믿어야 할 이유   퍼즈 라나

생물학적 진화는 기독교 신앙과 양립할 수 있는가? 나를 포함해 많은 복음주의자들은 '생물학적 진화' 혹은 더욱 넓게 '진화적 패러다임'이라는 개념 때문에 어려움을 겪는다. 이 패러다임을 지지하는 이들은 누군가의 인도 없이 역사적으로 우연히 전개된 과정들이 생명의 기원과 역사, 생물학적 시스템의 설계를 설명하기에 충분하다고 주장한다.

철학적 우려 만약 진화적 메커니즘이 그런 능력을 갖고 있다면, 신자와 불신자 모두가 '그렇다면 창조주의 역할은 무엇인가' 하고 궁금해할 것이다. 예컨대, 진화생물학자이자 무신론자인 리처드 도킨스는 이렇게 빈정거린다. "비록 무신론이 다윈 이전에도 논리적으로 방어할 수 있기는 했으나, 다윈은 지적으로 충실한 무신론자가 되는 것을 가능하게 만들었다."⁴ 나는 2015년 2월 12일 '다윈의 날'에 노스다코타 주립대학에서 유명한 무신론자이자 상을 받은 블로그 '파린구라'(Pharyngula)의 운영자인 발달생물학자 폴 자카리 마이어스(Paul Zachary 'PZ' Myers)와 하나님의 존재에 관한 문제를 놓고 토론을 벌인 적이 있다. 마이어스가 제기한 핵심 요점들 중 하나는, 결국 진화가 생물학의 모든 것을 설명할 수 있는데 왜 내가 하나님을 믿느냐는 것이었다.

무신론자들이 자신들의 세계관을 지지하기 위해 다윈의 이론을 끌어들이기는 하나, 사실 하나님이 진화 과정을 사용해 창조하실 수 있었다는 것은 충분히 상상할 수 있는 일이다. 그러나 이런 접근법을 택할 때 발생하는 문제는, 하나님의 보호 아래에 있는 생명의 진화적 기원과 역사를 단순히 자연 과정의 작동에 불과한 것과 어떻게 구별해야 하는지가 분명하지 않다는 것이다. 이것은 사소한 문제가 아니다. 우리의 논의 과정에서 마이어스는 반복해서 나에게 하나님이 자연에 개입하셨다는 증거를 대라고 요구했다.

내가 마이어스(그리고 다른 무신론자들)와의 상호 작용을 통해 얻은 중요한 교훈이 있다. 우리가 창조주와 기독교 신앙을 입증하기 위해서는, 우리의 모델을 유물론적인 모델들과 구분하고, 생명의 역사에서 하나님이 어느 지점에서 개입하셨는지를 밝혀야 할 필요가 있다는 것이었다. 우리가 그렇게 하지 못한다면, 회의주의자들에게 창조주의 존재를 확신시키기는 어렵다.

신학적 우려 생물학적 진화(와 진화적 창조)는 성경에서 발견되는 창조 이야기와 명백하게 양립 불가능해 보인다. 예컨대, 창세기 1장과 2장에서 생명을 창조하시는 하나님의 일을 묘사하기 위해 사용되는 히브리어 동사들

---

4   Richard Dawkins, *The Blind Watchmaker: Why the Evidence of Evolution Reveals a Universe Without Design* (New York: W. W. Norton, 1996), p. 6.

(*bara*', '창조하다'; '*asah*, '만들다'; *yatsar*, '형성하다'; *bana*, '세우다')은 하나님이 직접적이고 인격적인 역할을 하셨던 것이지 단지 과정에 대한 감독만 하셨던 것이 아님을 의미한다.

하나님이 인간을 포함해 생명체를 창조하기 위한 수단으로 진화를 사용하셨다면, 그것은 또한 아담과 하와의 역사성에 관한 의문을 불러일으킨다. 진화는 개체 단위의 현상이다. 이것은 진화적 관점에서 최초의 인간이 최초의 한 쌍이 아니라 하나의 개체군으로 나타났어야 했다는 것을 의미한다. 인류의 유일한 조상으로서 아담과 하와의 역사성을 포기하는 것은 핵심적인 신학적 교리들에 대해 광범위한 영향을 끼친다.

그러나 내가 진화적 패러다임과 관련해 인식하는 문제는 단지 신학적인 것만이 아니다. 그것들은 과학적이기도 하다. 나는 진화적 메커니즘이 생명의 기원과 역사를 완전하게 설명할 수 있다고 생각하지 않는다. 그러나 이런 입장을 취하는 내가 생물학적 진화의 **모든** 측면이 아니라 단지 **일부** 요소들을 부정할 뿐이라는 점을 지적해 두는 것이 중요하다.

내가 '진화'라는 말로 의미하는 것은 무엇인가? '진화'라는 용어는 다양한 의미를 취할 수 있다. 각각의 의미는 서로 다른 형태의 생물학적 형질 전환(혹은 추정되는 형질전환)을 반영한다. 나는 진화적 **변화**(그것은 유전자 변이를 통해 주도되고, 선택에 의해 반복적으로 걸러진다)와 진화적 **패러다임**을 구별하는 게 유용하다고 생각하는데, 진화적 패러다임은 이 메커니즘이 생명의 기원과 역사와 다양성을 설명하기에 충분하다고 주장한다. 그러나 하나의 유형 변화와 관련해 진화적 변화가 관찰되거나 추론된다고 해서 그것이 곧 진화적 패러다임이 확립되었음을 의미하는 것은 아니다. 나는 진화적 변화가 다음 다섯 가지 범주 중 하나에 속한다고 생각한다.

1. 소진화(microevolution)는 종 안에서의 변화를 가리킨다. 소진화 혹은

'적응'에는 환경적·약탈적·경쟁적 압력에 대응해 개체군 안에서 발생하는 유전자 빈도의 변화를 포함한다. 소진화에 대한 교과서적인 예는 자나방과 곤충들이다. 이 곤충들은 영국에서 오염 수준이 높아지자 이에 대응해 날개의 색깔을 바꾸었다.

   2. 종분화(speciation)는 한 종이 분명하게 연관된 자매 종을 발생시키는 시나리오를 설명해 준다. 이에 대한 고전적인 예는 갈라파고스 군도의 되새류들이 남아메리카로부터 이 제도에 도착한 조상급 되새류 종으로부터 진화한 것이다. 그 조상급 되새류들은 그 제도에 도착한 후부터 주로 몸의 크기와 부리의 크기, 모양 등에서 아주 다양한 형태를 지닌 종으로 진화했다. 종분화는 소진화의 확장으로 간주될 수 있다. 하지만 거기에는 일반적으로 지리적 장벽에 의해 초래된 개체군 일부의 유전자적 고립이 포함된다. 일단 고립되고 나면, 그 개체군은 다른 궤적을 따라 진화하다가 결국에는 생식적으로 고립되기에 이를 수 있다.

   이 두 형태의 진화적 변화는 반복해서 관찰되었다. 내 생각으로는, 이에 대해 논쟁할 여지가 없다. 사실 나는 이런 특징들을 하나님 섭리의 일부로 여긴다. 그런 진화적 메커니즘은 종들을 견고하게 만들고, 그것들이 계속해서 변화하는 환경에 대응하고 적응하게 한다.

   3. 미생물 진화(microbial evolution)는 바이러스와 박테리아, 고세균, 단세포 진핵 생물의 형질전환을 묘사한다. 이는 또 다른 논쟁의 여지가 없는 형태의 진화다. 이에 대한 예에는 박테리아 안에서 나타나는 항생제 내성의 획득, 하나의 숙주로부터 다른 숙주로 뛰어넘어 가는 바이러스의 능력(가령, SARS와 HIV), 말라리아 기생충의 약물 내성 균주의 출현 등이 포함된다. 미생물 진화에는 미생물들 사이의 수평적 유전자 전달이 포함될 것이다. 이것은 비병원성 균주로부터 병원성 박테리아의 진화로 이어진다(가

령, 대장균 O17:H7). 미생물의 거대한 개체군을 고려한다면, 미생물 진화는 놀랄 일이 아니다.

소진화, 종분화, 미생물 진화가 논쟁의 여지가 없는 범주이자 우리 진화 모델의 긍정적 특징인 반면, 진화적 변화의 다른 두 범주인 화학적 진화와 대진화는 논쟁의 여지가 있다. 그것들은 창조주의 일을 대신하기 때문이다. 소진화와 종분화, 미생물 진화에는 이미 존재하는 설계에 대한 제한된 수정이 포함된다. 다른 한편, 과학자들은 화학적 진화 및 대진화와 관련해 진화적 메커니즘에 창조적 잠재력을 부여한다. 진화적 패러다임이 참이 되려면, 대진화와 화학적 진화가 명백하게 입증되어야 한다. 그런데 그것들은 아직 입증되지 않았다.

4. 화학적 진화(chemical evolution)—이것은 자연 발생(abiogenesis)과 생명의 기원(origin of life)이라고도 불린다—는 가정상 최초의 생명체를 낳은 과정을 가리킨다. 이 모델에 따르면, 화학적 선택은 단순한 복합물의 복잡한 화학적 혼합을 원시 세포들로 형질전환을 시켰고 그것들이 최초의 세포를 낳았다. 화학적 진화와 관련된 과학적 문제들은 아주 많다.[5]

이 분야를 연구하는 이들은 우리가 생명이 어떻게 시작되었는지에 대해 얼마간 단서를 갖고 있다고 주장할 수도 있을 것이다. 그러나 화학적 진화에 기초한 생명의 기원에 대한 실제적 설명이 존재하지 않는다는 주장에 대해서는 거의 아무도 이의를 제기하지 않을 것이다. 그런 단서들 중 일부에는 생명의 진화적 기원에 기여할 수 있는 다양한 화학적·물리적 과정들의 발견이 포함된다. 예컨대, 과학자들은 실험실 환경 속에서 초기 지

---

5   생명의 기원을 위한 진화적 모델들과 연관된 문제들에 대한 상세한 논의를 위해서는, Fazale Rana and Hugh Ross, *Origins of Life: Biblical and Evolutionary Models Face Off* (Colorado Springs, CO: NavPress, 2004)를 추천한다.

구에 존재했을 단순한 화학 물질에서 시작해서 대부분 생명의 구성 요소들을 낳을 수 있는 화학적 경로가 존재한다는 것을 입증해 왔다.

그러나 과연 이런 화학적·물리적 과정들이 초기 지구의 복잡한 화학적·물리적 상황하에서 생산적이었을지는 의문이다. 이런 반응들은 실험실에서는 잘 작동하는데, 그것은 화학자들이 상황을 신중하게 통제하기 때문이다. 그들은 매우 깨끗한 상황에서, 곧 반응물질의 농도를 신중하게 조정하고, 첨가의 순서를 통제하며, 가능한 화학적 간섭을 배제하고, 반응의 수소 이온 농도 지수(pH)와 온도를 조정하면서 화학적 변화를 시도한다. 이런 형태의 통제는 초기 지구에는 절대 존재하지 않았다. 다시 말해, 이런 생물 탄생 이전의 모의실험 설계에서는 **지적 존재**의 개입이 필요한 역할을 한다. 아이러니하게도, 화학적 진화를 이해하려고 하는 과정에서 이런 연구는 생명은 어떤 정신의 작업을 통해 생겨나야 한다는 경험적 증거를 제공한다.

이런 도발적인 결론은 합성생물학의 연구를 통해 확증된다. 이 흥미로운 새로운 학문 분야의 목표 중 하나는 인공 세포를 만들어 내는 것이다. 생화학적 시스템을 만들고 그것을 통해 원시 세포를 조립하기 위해서는 아주 분명하게 고도의 훈련을 받아 숙련된 연구자들의 상당한 노력이 필요하다. 더 중요하게, 그런 일에는 생화학과 관련해 수십 년간 축적된 지식과 이해에 기초해 연구 전략을 세우는 연구자들의 독창성이 요구된다.[6]

5. **대진화**(macroevolution)는 생명의 주요 집단들의 기원을 가리킨다. 대부분의 진화생물학자들은 대진화적 형질전환은 종분화를 이끄는 것과 동

---

6 생물 탄생 이전의 화학과 합성생물학의 연구가 창조주를 입증하는 방식에 대한 상세한 논의를 위해서는, 나의 책 *Creating Life in the Lab: How New Discoveries in Synthetic Biology Make a Case for the Creator* (Grand Rapids: Baker Books, 2011)를 추천한다.

일한 메커니즘을 사용한다고 주장한다. 당연히 이런 메커니즘은 방대한 기간에 걸쳐 작동한다. 대진화의 예로는 고래들이 육지의 늑대와 같은 포유류로부터 진화하고 새들이 수각류로부터 진화하는 것 등이 있다.

대진화에 대한 과학적 주장은 얼마나 강력한가? 대진화를 옹호하는 이들은 주로 두 계열의 증거를 인용한다. 하나는 화석 기록이고 다른 하나는 상동성(homologies, 어떠한 형질이 진화의 과정 동안 보존되는 것을 가리키는 용어-옮긴이)이다. 화석 기록은 지구상 생명의 지속적인 변화의 역사를 예시하며, 상동성은 연관된 유기체들이 공유하는 생물학적 특징들을 보여준다(이 유기체들은 진화 역사의 증거로 취해진 것이다).

그러나 두 계열의 증거들 모두 쉽게 창조 모델 안에 수용될 수 있다. 예컨대, 우리는 쉽게 화석 기록과 지구상 생명의 역사를 서로 다른 시기에 서로 다른 생명체들을 존재하게 하셨던 창조주의 일을 반영하는 것으로 여길 수 있다. 이 패턴은 하나님을 행성을 변화시키고 의도적으로 점진적인 방식으로 생명을 존재하게 하시는 분으로 묘사하는 창세기 1장과 시편 104편의 창조 이야기들과 일치한다.

상동성(homologies) 상동성 역시 창조 모델의 관점에서 이해될 수 있다. 이 공유된 특징들은 쉽게 창조주의 솜씨를 반영한다. 예컨대, 다윈을 앞서는 탁월한 생물학자였던 리처드 오웬(Richard Owen)은 이런 상호적 특징들은 공통의 청사진, 곧 어떤 원형에 대한 반영이라고 주장했다. 그는 그 원형을 "자연의 동물 집단 혹은 장기의 체계가 그것을 따라 구성되는, 그렇게 다양한 동물 혹은 장기들이 그것의 변형이라고 불릴 수 있는 이상적인 최초의 혹은 근본적인 패턴"이라고 정의했다.[7] 오웬에 따르면, 그 원

---

[7] Nicolaas A. Rupke, *Richard Owen: Biology Without Darwin*, rev. ed. (Chicago: University of Chicago Press, 2009), p. 120.

형은 "깊고 의미심장한 원리…하나님이 그분의 살아 있는 피조물 중 일부를 그것을 따라 만들어 내기를 기뻐하셨던 원형적 모형"을 가리킨다.[8] 그러므로 인간의 손과 박쥐의 날개, 말의 발굽, 고래의 지느러미발 모두가 각자 독특한 기능을 수행하기는 할지라도, 오웬은 이런 구조들 모두가 동일한 기본 설계(혹은 형태)를 지니고 있음을 인식했다. 흥미롭게도 오웬(그리고 그와 동일한 의식을 지닌 다른 생물학자들)은 원형이라는 개념 안에서 (고래와 뱀에게서 발견되는) 골반과 뒷다리 뼈의 퇴화한 구조들에 대한 설명을 발견한다. 그들은 이런 구조들을 유기체의 건축학적 설계에 필요한 것으로 간주했다.

화석 기록으로부터 제기되는 과학적 도전들 우리는 화석 기록과 공유된 생물학적 설계를 창조 모델 관점에서 이해할 뿐 아니라 그런 특징들을 대진화에 관한 회의론의 토대로 여긴다. 예컨대, 화석 기록은 생명의 점진적이고 지속적인 형질전환을 설명해 주지 않는다. 오히려 생명의 역사 전체를 통해 나타나는 주된 패턴은 균형 상태다. 생물학적 혁신이 일어날 때, 그것은 종종 폭발적으로, 곧 고생물학자들이 '방사 사건'(radiation events)이라고 부르는 방식으로 일어난다. 이것을 아주 잘 보여 주는 예는 생물학계의 빅뱅이라고 불리는 캄브리아기 폭발이다. 이것은 생명의 역사에서 나타난 극적인 사건으로, 그때 세상에 알려진 동물 종족의 50-80퍼센트가 비교적 짧은 지질학적 시간의 창 안에서 출현했다. 실제로, 생물학자 더글라스 어윈(Douglas Erwin)과 제임스 발렌타인(James Valentine)은 캄브리아기 폭발은 현재 진화론의 결함을 드러낸다고 주장해 왔다. 그들은 이렇게 쓴다.

---

8   같은 책, p. 112.

한 가지 중요한 관심사는 과연 진화생물학자들이 현대의 유기체들 안에서 일반적으로 관찰하고 있는 소진화 패턴들이 캄브리아기의 사건을 이해하고 설명하기에 충분한지, 혹은 과연 진화론이 더 다양한 대진화 과정들을 포함할 정도로 확장될 필요가 있는지 하는 것이다. 우리는 후자의 입장을 강력하게 지지한다.…소진화로부터 대진화로의 이동은 불연속성을 낳는다.[9]

수렴(convergence) 대진화와 관련된 또 다른 문제는 '수렴'이라고 알려진 현상이다. 상동성은 연관된 유기체들이 갖고 있는 공유된 특징들을 가리키는 반면, 수렴은 연관되지 않은 유기체들이 갖고 있는 공유된 특징들을 묘사한다. 진화적 관점에서 보자면, 수렴은 진화 과정이 생물학적 시스템을 같은 쪽으로 향하게 할 때 발생한다. 그러나 생물학적 시스템이 진화의 산물이라면, 동일한 혹은 거의 동일한 생물학적 시스템은 자연 전체에서 재발해서는 안 된다. 우연이 가장 근본적인 단계에서 생물학적·생화학적인 진화를 지배한다. 진화의 통로는 자연 선택에 의해 작동되는 우연한 유전적 변화의 역사적 순서에 의해 구성되는데, 그것 역시 우연한 요소들로 구성된다. 그 결과는 심원하다. 만약 진화적 사건들이 반복될 수 있다면, 결과는 매번 극적으로 달라질 것이다. 진화 과정이 동일한 길을 되짚을 수 없기에 동일한 생물학적·생화학적 설계가 자연 전체를 통해 되풀이되며 나타날 가능성은 거의 없다.

역사적 우연성이라는 개념은 이런 아이디어를 구체화한다. 이 개념은 스티븐 제이 굴드(Stephen Jay Gould)의 책 『생명, 그 경이로움에 대하여』

---

[9] Douglas H. Erwin and James W. Valentine, *The Cambrian Explosion: The Construction of Animal Biodiversity* (Greenwood Village, CO: Roberts and Company, 2013), pp. 10-11.

(*Wonderful Life*)의 주제이기도 하다. 이 개념을 명확하게 밝히기 위해 굴드는 생명의 테이프를 재생하는 은유를 사용한다. 어떤 이가 되감기 버튼을 누르고 생명의 역사를 지우고 그 테이프가 다시 돌게 한다면, 그 결과는 매번 완전하게 다른 것이 될 것이다.[10]

진화 과정의 본질은 진화의 결과를 되풀이될 수 없는 것으로 만든다. 그러나 수렴은 생물학 영역 전체에 널리 퍼져 있다.[11]

정당한 회의론 생물학적 진화가 대부분의 생물학자들에 의해 사실로 간주되고 있으나, 진화적 패러다임의 일부 측면들에 대해 회의적이 될 수밖에 없는 타당한 과학적 이유들이 존재한다. 가장 확실하게 진화적 메커니즘이 생명의 기원과 역사를 완전하게 설명할 만큼 충분한가를 의심할 만한 타당한 이유들이 존재한다.

후속 질문

테드 카발

데럴에게 당신은 진화 과정이 "하나님의 뜻과 하나님의 계획과 완전히 일치하는 방식으로 존재해 왔다"고 확언한다. 그러나 당신은 진화에 대한 하나님의 영향이 "과학적 연구라는 수단을 통해 감지될 수 있는 방식으로" 나타날 수 있다고 말한다. 또 무신론자들은 진화 과학이 유신론의 오류를 입증했다고 주장할 자격이 없다고 지적한다. "그들은 과학의 범위를 과도

---

10   Stephen Jay Gould, *Wonderful Life: The Burgess Shale and the Nature of History* (New York: W. W. Norton, 1989). 『생명, 그 경이로움에 대하여』(경문사).
11   생화학적 시스템 안에서의 수렴에 관한 논의를 위해서는 Fazale Rana, *The Cell's Design: How Chemistry Reveals the Creator's Artistry* (Grand Rapids: Baker Books, 2008)를 추천한다.

하게 확장시키고 있다. 진화는 인간의 것이든 다른 무엇이든 목적의 문제를 다루지 않는다. 또 그것은 우주 자체 너머에 있는 실재의 존재에 관한 질문도 다루지 않는다." 이것은 당신이 과학적 증거를 유신론이든 무신론이든 어떤 생물학적 근거 위에서도 이점을 갖지 못하는 것으로 이해한다는 것을 의미하는가? 만약 그 어떤 생물학적 증거도 진화 과정에서의 신적 활동을 암시하지 않는다면, 생명의 기원(자연 발생)이나 '마지막 게임'(가령, 인간의 의식)은 어떠한가?

퍼즈에게 생명에 대한 철두철미한 진화적 설명을 받아들이는 이는 그 역사의 몇 가지 측면들에 대한 증거와 이해가 여전히 취약하다는 것을 인정할 수도 있다. 그러나 그들은 진화를 지지하는 증거가 시간의 흐름과 더불어 쌓여 왔으며 그런 일이 앞으로도 지속되리라는 것을 의심할 이유가 없다고 지적할 수도 있다. 당신은 이런 주장에 어떻게 대응하는가? 어떤 이는 이렇게 물을 수도 있을 것이다. 당신은 보편적 공통 조상과 관련해 당신의 마음을 바꿀 만한 증거를 상상할 수 있는가? 혹은 당신은 언제나 당신의 성경적 이해와 일치하는 식으로 증거를 해석해야 한다고 확신하는가?

바이오로고스의 답변 데럴 포크

테드 카발이 후속 질문을 해 준 것에 감사한다. 나는 나와 파제일 라나의 대화에서 나타난 몇 가지 쟁점들을 밝힌 후 그 질문들에 직접 답할 것이다.

첫째, 라나가 진화적 창조 패러다임이 아담과 하와에 관한 성경적 개념에 대해 신학적 문제를 야기한다고 지적하기는 하나, 나는 그가 우리 중 진화적 창조를 지지하는 많은 이들이 역사적 아담과 하와를 믿는다는 사실을 간과하는 듯 보인다는 점을 강조해 두고자 한다. 주류 과학이 아담과 하와가 존재하지 않았다는 것이 아니라 단지 그들이 인류의 유일한 두 명의 조상들일 수 없다고 주장한다는 점을 강조하는 것이 중요하다. 성경의 아담과 하와를 유전학 및 고생물학과 완전히 양립하는 것으로 이해하는 다른 방법들이 존재한다. 실제로 앞 장들에서 로렌 하스마와 존 월튼은 이 문제와 관련해 진화적 창조론의 견해를 펼친 바 있다.

둘째, 나는 라나와 내가 진화에 대한 서로 다른 정의를 갖고 있음을 강조하고자 한다. 나는 주요한 대학(버클리의 캘리포니아 대학교)의 진화생물학과가 제시한 진화에 대한 표준적인 정의를 갖고 작업하는 것이 중요하다고 생각해 왔다. 반면에 라나는 자신이 진화에 관해 정의하는 방식을 고수하는 편을 선호했다. 나는 진화를 그와 같은 방식으로 정의하는 생물학 교과서를 알지 못한다. 그러나 나는 그의 특별한 정의에 반응하고자 한다. 요약하자면, 그는 (사실상 모든 그리스도인이 그렇게 하듯이) 대부분의 사람들이 소진화(그는 이것의 세 가지 하위 범주들에 대해 정의한다)라고 부르는 것에 동의한다. 하지만 라나는 대진화를 받아들이지 않는데, 이것은 그가 구조적으로 현저하게 다른 방식의 유기체들이 공통 조상을 통해 서로 연결되어 있음을 받아들이지 않는다는 것을 의미한다. 이것은 생물학의 주변에 있는 사소한 문제가 아니다. 이것은 RTB가 생명과학의 가장 근본적인 조항들 중 하나와 갈등하고 있음을 의미한다. RTB는 물리과학(physical science)―지질학·천문학·핵물리학(동위원소 연대 측정을 통한)―의 정확성은 수용하면서도 생명과학(biological science)은 핵심적 부분에서 정확하지 않다고 여긴다.

라나는 진화에 대한 자신의 정의에 생명의 기원을 포함시킨다. 생명의 기원에 관한 과학적 연구는 진화론의 일부가 아니다. 그것은 지금까지 알려진 것이 거의 없는 생화학적 연구의 역동적 측면이다. 과학은 (비록 매우 활발함에도) 여전히 다소 원시적인 단계에 있기 때문에 우리는 우리가 생명의 기원에 대한 신적 활동의 본질에 관해 의미 있는 논의를 하기에는 과학적으로 알려진 것이 거의 없다고 여긴다. 그런 상황은 곧 변할 수 있다. 그 문제에 관심이 있는 독자들은 닉 레인(Nick Lane)이 쓴 책 『바이털 퀘스천』(The Vital Question)[12]을 참고하기 바란다. 또 안드레아스 와그너(Andreras Wagner)의 책 『적자의 도착』(Arrrival of the Fittest)[13]도 참고할 만하다. 레인과 와그너가 묘사하는 것과 같은 일이 성숙한 단계에 이를 때까지 계속된다면, 그때 우리는 생명의 시작 단계에서 화학이 우리에게 신적 행동에 관해 말하는 바에 의미 있는 대화를 시작할 수 있을 것이다. 그러나 우리는 아직 그런 단계에 이르지 못했다.

셋째, 라나는 주류 과학자들이 공통 조상이라는 개념을 받아들이도록 이끄는 두 종류의 증거가 있다고 주장한다. 그는 중요한 점 하나를 놓치고 있다. 그것은 DNA에서 '상처'를 추적하는 것이다(10장을 보라). 유전학은 대화의 성격을 완전히 바꿔 놓을 정도로 공통 조상에 대한 증거를 굳혀 왔다.

넷째, 라나는 진화가 옳다면 "동일한 혹은 거의 동일한 생물학적 시스템은 자연 전체에서 재발해서는 안" 됨에도 그런 시스템이 여전히 재발하고 있다는 이유로 공통 조상이라는 개념을 비판한다. 그러나 라나는 스티븐 제이 굴드가 쓴 『생명, 그 경이로움에 대하여』에서 인용한 한 문단 외에는 이런 진술의 정당성을 입증할 만한 아무것도 제시하지 않는다. 게다

---

12   Nick Lane, *The Vital Question: Evolution, and the Origin of Complex Life* (New York: W. W. Norton, 2015). 『바이털 퀘스천』(까치).
13   Andreas Wagner, *Arrival of the Fittest: Solving Evolution's Greatest Puzzle* (New York: Current, 2014).

가 이 인용문에서 굴드는 '생물학적 시스템'의 문제와는 전적으로 다른 내용에 대해 쓰고 있다. 사실 그 문장에서 그는 종 전체에 대해 언급하고 있다. 실제로 굴드는 라나가 그에 대해 생각하는 것과 정반대되는 주장을 하는 것으로 유명하다. 아마도 그의 가장 유명한 논문일 『판다의 엄지』(*The Panda's Thumb*)는 시스템이 어떻게 그것을 반복하는지를 보여 준다.[14] 그러나 이에 대한 좀더 상세한 논의를 위해서는, 나는 독자들에게 와그너의 책 『적자의 도착』을 읽도록 권한다. 그 책은 라나가 주장하는 바가 가능하지 않다는 것을 정확하게 예시하는 컴퓨터 시뮬레이션 결과들을 보여 준다. 또 사이먼 콘웨이 모리스(Simon Conway Morris)의 책 『생명의 해결책』(*Life's Solution*)은 진화적 메커니즘이 진화의 역사 속에서 되풀이해서 나타나는 유사성들을 낳는다는 것을 예시하고 그것이 왜 진화론과 일치하는지를 보여 준다.[15] 라나는 자신이 상황이 이와 다르다고 여기는 이유의 과학적 기초에 대해 설명하지 않는다.

마지막으로, 나는 과연 생물학 연구 중에 창조주의 손길을 분명하게 지적하는 측면들이 있는가 하는 흥미롭고도 중요한 질문을 다루고자 한다. 그 질문에 대한 나의 답은, 생명의 기원에서부터 완전한 의식을 이루는 데까지 이르는 생명의 역사 전 과정이 유신론과 놀라울 만큼 일치한다는 것이다. 그러나 나는 우리가 어느 특정한 구조나 과정을 취해 그것을 유신론이 그 안에서 검증되어야 하는 가정이 되는 과학적 실험에 붙일 수 있다고 기대할 만한 성경적 이유를 전혀 찾지 못한다. 예컨대, 욥기에서 하나님은 욥을 대상으로 예측성 시험을 할 수 있기에 그분이 어떻게 행하실지에

---

14 Stephen Jay Gould, "The Panda's Thumb", in *The Panda's Thumb: More Reflections in Natural History* (New York: W. W. Norton, 1992). 『판다의 엄지』(사이언스북스).
15 Simon Conway Morris, *Life's Solution: Inevitable Humans in a Lonely Universe* (New York: Cambridge University Press, 2004).

대해 너무나도 아는 게 없음을 상기시킨다. 유명한 기독교 작가 마릴린 로빈슨(Marilynne Robinson)은 그것을 이렇게 표현한다. "아브라함과 이삭, 야곱의 하나님, 혹은 루터와 칼빈, 로욜라의 이그나티우스의 하나님, 혹은 디트리히 본회퍼와 시몬 베이유, 마틴 루터 킹의 하나님은 시계공이 아니시다. 존재 혹은 인과관계의 가장 긴 사슬 끝에서 그분을 발견하는 것은 그분이 (설령 아무리 위엄이 있다고 할지라도) 단지 사물들 중 하나임을 발견하는 것이다. 다시 말해, 그런 하나님은 하나님이 아니시다."[16]

믿어야 할 이유의 답변　　　　　　　　　　　　　　　퍼즈 라나

다윈이 생물학적 진화에 관한 이론을 발표한 이래 고생물학자들은 화석화된 유기체들에 대한 발견과 묘사에 기초해 생명의 역사에 관한 놀라운 이해를 발전시켜 왔다는 것은 사실이다. 진화생물학자들은 유기체들에 대한 수많은 해부학적·생화학적·유전적 비교를 수행해 왔고 그것들의 유사성과 차이점을 사용해 진화의 나무[evolutionary tree, 흔히 계통수(phylogenetic tree)라고 불린다—옮긴이]를 만들어 왔다. 생물학이 유전체학의 시대로 들어가면서 이제 이런 비교에는 게놈 전체가 포함된다.

그러나 이 모든 활동이 생물학적 진화를 위한 주장을 강화시켰을까? 나는 '아니요'라고 답할 것이다. 화석 기록과 생물학적 비교를 통해 나오는 자료들이 진화적 패러다임의 타당성을 평가하는 데 사용되기보다 단지 **진화적 틀 안에서 해석되고 있음**을 지적하는 것이 중요하다. 사실 나는 점증

---

[16] Marilynne Robinson, *The Death of Adam: Essays on Modern Thought* (New York: Picador, 2005), p. 37.

하는 데이터베이스가 사실상 우리에게 생물학적 진화가 생명의 기원과 역사, 설계를 설명하기에 충분한지에 대해 회의해 보아야 할 이유를 제공한다고 주장하는 쪽이다.

내가 8장에서 더 상세하게 설명하듯이, 캄브리아기 폭발 같은 화석 기록에서 나타나는 특징들은 진화적 설명을 거부하는 것처럼 보인다. 이 극적인 캄브리아기 사건에 대한 정보의 대부분은 지난 수십 년 동안에 나왔다. 캄브리아기의 신비를 심화시키는 화석 기록의 발견들은 지금도 계속해서 이루어지고 있다. 다윈은 그의 시대에 캄브리아기 폭발을 인식하고 있었고 그것을 자신의 이론에 대한 '난제'로 인정했다. 그는 이렇게 쓴다.

> 또 다른 연관된 난제가 있는데, 이것은 훨씬 더 심각하다. 지금 나는 동물의 왕국의 몇 가지 중요한 문(門, main divisions)들에 속한 종들이 지금까지 알려진 가장 낮은 층의 화석암들에서 갑자기 나타나는 방식에 대해 말하는 중이다.…나는 왜 우리가 캄브리아기 시스템 이전의 가장 이른 시기들에 속한 풍부한 화석암 퇴적층을 발견하지 못하는지에 대해 만족할 만한 답을 제공할 수 없다.[17]

오늘날 고생물학의 발전은 다윈의 딜레마를 풀기는커녕 그가 가졌던 애초의 우려를 악화시킬 뿐이다.

다윈은 수렴에 대해서도 회의적이었다. 그는 『종의 기원』의 나중 판에서 이렇게 쓰고 있다.

---

17 Charles Darwin, "On the Imperfection of the Geological Record: On the Sudden Appearance of Groups of Allied Species in the Lowest Known Fossiliferous Strata", chap. 10 in *The Origin of Species*, vol. 11 (New York: P. F. Collier & Son, 1909); www.bartleby.com/11/1006.html.

애초에 현저한 방식으로 서로 달랐던 두 유기체의 후손들이 훗날 서로 가까이 수렴해 그들의 구조 전체에 걸쳐 거의 동일하게 가까워진다는 것은 믿기 어렵다. 만약 이런 일이 일어났다면, 우리는 유전자적 연관성과 무관하게 널리 분리된 지질학적 형질 안에서 되풀이되는 동일한 형태를 만나야 하는데, 증거들의 균형은 그러한 어떤 인정에도 반대한다.[18]

이 장의 앞부분에서 지적했듯이, 수렴은 널리 퍼져 있는 현상이다. 진화 메커니즘의 성격을 감안할 때, 그것은 생물학의 영역에서 드물게 일어나야 한다. 그런데 진화생물학자들은 수렴에 관한 예들 대부분을 지난 10여 년 동안에 발견했다.

최근의 연구는 진화적 패러다임의 또 다른 불안한 문제를 발견했다. 그것은 서로 다른 데이터 세트로 구성된 진화의 나무들 사이의 부조화다. 전통적으로 진화생물학자들은 이런 나무들을 해부학적 특징들을 사용해 만들었다. DNA 염기서열을 빠르게 배열하는 기술이 등장하면서 진화생물학자들은 진화의 나무를 구성하는 일에서 점점 더 DNA 염기서열 자료에 의존하게 되었다. 이런 노력이 있기 전에 과학자들은 분자의 나무(molecular tree)가 해부학적 자료로 세워진 나무들과 일치하리라고 예측했다. 또한 그들은 게놈의 한 지역으로부터 나온 DNA 염기서열로 이루어진 분자적 계통수(진화의 나무)가 다른 게놈 지역에서 나온 진화의 나무들과 일치하리라고 예측했다.[19] 어느 예측도 사실이 아니다. 분자적 계통수들

---

18 Darwin, "Natural Selection; or the Survival of the Fittest: Convergence of Character", chap. 4 in *Origin of Species*, www.bartleby.com/11/4010.html.

19 Morris Goodman, "Reconstructing Human Evolution from Proteins", in *The Cambridge Encyclopedia of Human Evolution*, ed. Steve Jones, Robert Martin, and David Pilbeam (New York: Cambridge University Press, 1992), pp. 307-313.

이 형태론적 계통수와 모순되고 하나의 분자적 계통수가 다른 분자적 계통수와 불일치하는 것은 흔한 일이다. 내가 보기에 이런 불일치는 축적되는 자료 덕분에 드러나게 된 중요한 문제를 나타낸다.

내가 11장에서 지적하듯이, 원칙적으로 공통 조상을 위한 가장 강력한 증거는 인간과 유인원의 게놈에서 발견되는 공유된 비기능적(non-functional) DNA 염기서열이다. 유전학자들이 이른바 공유된 정크(junk) DNA 염기서열이 참으로 비기능적이라는 것과 그것이 드물고 무작위적인 사건들로부터 비롯되었다는 것을 명확하게 입증한다면, 나로서는 공통 조상에 대한 주장을 받아들일 수밖에 없을 것이다. 그러나 게놈학 분야에서 이루어진 최근의 발전은 계속해서 모든 종류의 비부호화 DNA의 기능적 유용성에 대한 증거를 제공하고 있다. 그러므로 이 시점에서 나는 공통 설계(common design, 공통 조상과 대비되는 개념―옮긴이)에 대한 주장을 포기해야 할 이유를 발견하지 못한다. 사실, 유전체학 분야의 연구는 게놈들의 구조와 기능이 우리가 상상했던 것보다 훨씬 더 세련되고 복잡하다는 것을, 그로 인해 지적 설계를 위한 논거를 더하고 있다는 것을 보여 준다.

결론

테드 카발

두 주장 사이의 대조는 놀라울 정도다. 데릴은 과학적 증거가 보편적 공통 조상이라는 개념과 "압도적으로 일치"하고, "증거를 굳혀 왔던" 유전학과도 "압도적으로 일치"한다고 믿는다. 그러므로 진화가 성경과 일치한다고 믿는 그는 진화적 창조론자다. 그러나 퍼즈는 진화가 성경과 양립할 수 없다고 믿으며 진화는 모든 과학적 증거를 "완전하게 설명"할 수 없다고 주장한다. 데럴은 주류 생물학을 자기편으로 삼으면서 퍼즈가 "물리과학의 정확성을 받아들이면서도" "생명과학은 그것의 핵심에서 정확하지 않다"고 여긴다는 것을 강조한다.

그러나 데럴이 진화를 유신론이나 무신론에게 이점을 제공하지 않으면서 철학적으로 중립적인 것으로 볼지라도, 그는 오늘날 많은 문헌들이 "마치 진화론이 유신론의 오류를 입증한 것처럼 쓰고 있는" "과학자들의 주장들로 가득 차 있다"는 것을 인정한다. 나는 데럴이 과학 공동체가 자주 진화론을 기독교에 맞서 무기화한다는 사실을 적시해 준 것에 감사한다. 신학적 우려와 별도로, 진화론자들의 반기독교적인 연속 사격은 왜 보수적인 복음주의자들이 진화의 완전한 프로그램에 그토록 오랫동안 저항해 왔는지를 설명해 준다. 퍼즈는 진화의 주류에 맞서 헤엄을 치는 것일 수 있으나, 데럴 역시 같은 일을 하고 있는 것처럼 보인다. 진화 과학에서 가장 크게 이름을 떨치는 이들이 과학의 이름으로 유신론에 맞서는 주장을 한다면, 복음주의자들은 누구를 신뢰해야 하는가? 그럴 경우, 우리가 성경을 믿는 평신도들이 성경적·과학적·문화적 긴장을 가장 잘 견뎌낼 수 있을 듯 보이는, 자기들이 선호하는 젊은 지구 창조론, 오랜 지구 창조론, 혹은 진화적 창조론의 권위를 택해야 하는 불행한 상황과 직면하게 되리라는 것은 놀랄 일이 아니다.

다시 말하지만, 보편적 공통 조상의 문제에 더해 성경의 권위와 일반계시, 방법론적 자연주의 같은 다른 장들에서 논의된 쟁점들은 나를 비롯해 대부분의 남침례교 신자들을 퍼즈가 주장하는 입장에 좀더 공감하도록 이끌어 간다. 그러나 나는 데럴과 같은 형제들과 진솔한 대화를 나눌 수 있었던 것에 감사한다. 어느 위대한 날에 우리는 더는 내부적 변증에서 능숙해질 필요가 없게 될 것이다!

8장 지질학적 증거

지구의 자연사와 생명의 기원은 무엇인가?

로버트 스튜어트, 랠프 스티얼리, 휴 로스

남침례회 진행자   로버트 스튜어트

의심할 것도 없이, 오늘날 복음주의 그리스도인들 가운데서 가장 크게 논의되는 과학적 쟁점은 생물학적 진화의 문제다. 바이오로고스와 믿어야 할 이유(RTB)는 이 점에서 서로 생각이 다르다. 바이오로고스는 생물학적 진화를 긍정하는 반면, RTB는 그것을 거부한다. 그러나 두 그룹은 모두 (내 생각에) 생물학적 진화 다음으로 가장 빈번하게 논쟁거리가 되는 문제인 지구의 나이에 대해서는 서로 의견이 일치한다.

우리의 행성이 오래되었다면(수천 년이 아니라 수십억 년이라면), 그때 진화는 확실하지는 않으나 가능하다. 그러나 우리의 행성이 젊다면(수십억 년이 아니라 수천 년이라면), 그때 진화는 가능하지 않다. 그러나 오랜 지구는 진화가 사실이 되기 위한 **필요조건일 뿐 충분조건은 아니다.** 그러므로 과학 특히 지질학이 우리의 행성에 관해 우리에게 무엇을 알려 줄 수 있는지가 중요하다는 것은 분명하다.

아주 흥미롭게도 지구의 나이에 대한 논쟁이 벌어지면, 양측은 서로 딴

소리를 한다. 한쪽은 자기들이 성경의 입장이라 여기는 것에 호소하고, 반면에 다른 쪽은 자기들이 과학적 입장이라 여기는 것을 강조한다. 스포츠와 관련된 은유를 사용하자면, 각 팀은 자신의 홈 코트에서 경기하기를 선호한다. 그러나 양측 모두 자연이라는 책과 성경이라는 책이 서로 모순될 수 없다는 데 동의한다. 젊은 지구를 옹호하는 커트 와이즈(Kurt Wise)는 분명하게 그렇게 말한다. "성경에 대한 액면 그대로의 읽기는 창조가 수천 년 전의 일임을 알려 준다. 창조에 대한 액면 그대로의 조사는 그것이 수백만 년 혹은 수십억 년의 일임을 암시한다."[1] 바이오로고스와 RTB 두 단체는 모두 이런 화해가 가능하다고 여긴다. 물론 그들이 서로 다른 경로로 그것을 추구하고 있을 수는 있지만 말이다.

지구의 나이와 관련해 계시의 두 책을 조화시키는 일은 참으로 중요한 과업이다. 하지만 그것만으로는 충분하지 않다. 지질학은 우리 행성의 나이를 정하는 것 이상의 일을 한다. 그것은 지구가 현재의 모습에 이르게 된 과정을 추적한다. 진화가 확증되려면 지구가 오래되었어야 할 뿐 아니라 지구의 진행 과정에 관한 지질학의 발견들도 진화론과 일치해야 한다. 그것들이 그러한가? 우리가 이 장에서 살펴볼 문제가 바로 그것이다.

바이오로고스

랠프 스티얼리

이 장에서 우리는 화석이 어떻게 지구의 더 긴 역사 속에서 30억 년 이상에 걸쳐 진행된 생명의 역사를 발견하는 데 도움을 주었는지를 논의할 것

---

1   Kurt Wise, *Faith, Form, and Time: What the Bible Teaches and Science Confirms About Creation and the Age of the Universe* (Nashville, TN: B&H, 2002), p. 58.

이다. 또 우리는 지구를 우리와 같은 보다 진보된 생명체가 거주할 수 있는 곳으로 만드는 일에서 생명체들이 수행한 역할에 대해서도 다룰 것이다. 나의 이 논문은 개인적인 것으로, 화석과 생명의 역사에 대한 40여 년의 연구를 토대로 하고 있다. RTB는 화석에 부여된 연대와 화석 기록에 반영된 생명체들의 전체적인 발전에 대해 거의 이견이 없을 것이다. 그러나 바이오로고스는 이 증거가 진화를 암시하고 지구상 모든 생명체의 상호연관성을 강하게 암시한다고 여긴다.

헤아리기 어려울 만큼 장구한 지구의 자연사에 우리 자신을 적응시키기 위해서는 잠시 시간을 들여 지질학자들이 지구의 역사를 구분하는 데 사용하는 용어들을 살펴보는 것이 도움이 된다. 오늘 우리는 지구의 나이를 45억 년이 조금 넘는 것으로 여긴다. 그 전체 역사는 네 개의 긴 누대(eon)로 나뉘고, 우리 자신의 누대 곧 현생누대는 다시 세 개의 대(era)로 나뉜다(표1을 보라).

고생물학(화석학)적 기록은 어떻게 우리에게 생명의 역사를 알려 주었는가? 자료는 계속해서 쌓이고 정보는 점점 더 분명해지고 있지만, 이미 몇 세기에 걸쳐 훌륭하게 수행된 화석 발굴과 신중한 큐레이션 덕분에 오늘 우리는 생명 역사에 대한 좋은 개요와 함께 여러 가지 상세한 지역적 역사들을 재구성할 수 있게 되었다. 수십 개의 사례 안들에 거의 완벽한 고대의 생태 시스템이 (섭리를 통해) 잘 보존되어 있다. 특정한 유기체의 잔해는 대개 보존된 경질부(껍데기, 해골, 혹은 이빨 같은)의 형태를 취하지만, 산소가 배제된 환경에서는 부패가 멈췄다(가령, 호박 속에 보존된 곤충). 이렇게 보존된 재료들은 총체적으로 적어도 34억 년에 이르는 생명의 역사의 **패턴**을 보여 준다. 또 그것들은 방사성 연대 측정을 통해 이 패턴 안에서 일어난 중요한 일들에 대한 **시간표**를 제시한다. 마지막으로 그것들은 과거에 유기체들에 작용했던 과정에 관한 **정보**를 제공한다. 예컨대, 뼈에 새겨진 이빨 자국들은 포식이나 사체 청소에 대한 증거가 된다.

누대	대	년(단위: 1백만 년)
현생누대	신생대	65-현재
	중생대	251-65
	고생대	542-251
원생누대		2500-542
시생누대		3850-2500
명왕누대		4500-3850

표1. 지구의 역사에 대한 지질학적 구분

고생물학의 일부 역사 1790년에서 1830년 사이에 바위의 지층과 관련된 질서(층서학적 패턴)가 존재한다는 것이 널리 인정되었다. 세계 전역의 서로 다른 바위층들에서 동일한 화석들이 거듭해서 발견되었다. 곧 유럽과 북아메리카 동부에서 수백 명의 과학자들이 수많은 화석의 순서들을 확인할 수 있었는데, 이것을 통해 그들은 생명체가 아주 오랜 세월 동안 단계를 거쳐 발전했음을 알게 되었다.

19세기 내내 화석들은 계속해서 전에는 꿈도 꿀 수 없었던 과거의 생물군(특정한 지역의 동물체와 식물체)에 대해 극적으로 알려 주었다. 1850년에 이르러서는 중생대에 속한 헤엄치는 해양 파충류와 날아다니는 파충류(익룡), 거대한 육지 파충류(공룡)의 뼈들이 세계 최초의 공룡 열풍을 불러일으켰다. 그때 이후 영감을 받은 수많은 아마추어 지질학자들이 화석 기록에 층서학적 질서가 존재한다는 것을 증명해 왔다. 이 논문을 읽는 누구라도 검증할 수 있는 이 규칙적인 질서는 지구상에서 오래 지속되었던 생명의 역사를 증거한다.

이 초기의 고생물학자들은 수많은 고대의 생물군이 전멸했음을 알게 되었다. 처음에 이에 대한 최상의 설명에는 모든 생물군을 한꺼번에 쓸어버린 대재앙이 포함되었다. 예컨대, 프랑스의 탁월한 고생물학자 조르주 퀴비에(Georges Cuvier)는 생명의 역사 속에서 일어난 '혁명'에 관해 말했다. 1650년에서 1860년까지 화석 연구에 뛰어들었던 대부분의 과학자들은 실천적인 그리스도인들이었다(비록 일부는 이신론자들이었으나). 그들은 생명의 역사가 자신이 원하는 대로 자유롭게 극적으로 혹은 일상적으로 행동하시는 하나님과 일치한다고 보았다.

이런 극적인 발견들이 이루어지는 중에 찰스 다윈과 알프레드 러셀 월리스(Alfred Russel Wallace)는 생명의 역사적 패턴이 계속해서 가지를 쳐나가는 혈통에 기초해 설명될 수 있다고 주장했다. 다윈의 『종의 기원』(1859)에 실려 있는 유일한 도해는 가지를 치며 나아가는 덤불과 다소 유사한 가지 치기 패턴에 관한 것이었다. 다윈은 모든 생명이 혈통상으로 연결되어 있다고 추론했다. 그는 하나의 혈통에서 다른 혈통으로의 변화는 오늘 우리가 가축에게서 보는 것처럼 미묘하며 주요한 변화들은 아주 오랜 세월에 걸쳐 조금씩 이루어진다고 주장했다. 또 그는 이런 미묘한 변화를 추동하는 메커니즘은 환경이 유기체에 가하는 압력이지, 반드시 타고난 추진력이나 목적인(final cause)은 아니라고 했다. 그는 이런 메커니즘을 '자연 선택'(natural selection)이라고 불렀다. 다윈은 이 과정이 경쟁적인 방식으로 이루어진다고 믿었다.

19세기 말에 고생물학자들과 계통생물학자들은 공통 조상에 관한 다윈과 월리스의 제안에 설명력이 있다는 것을 알게 되었다. 예컨대, 공룡과 새들의 잠재적 관계는 최초로 시조새의 화석들이 발견된 1860년 이전까지 오랫동안 논쟁이 되었다. 그 화석들은 현대적인 깃털과 함께 다른 새들과 같은 특징들을 지니고 있었으나 일부 공룡들에게서 전형적으로 나타나는 해부학적 구조를 드러냈다. 1985년에 이르러 새들이 깃털이 달린 공룡의 하위 집단이라는 해부학적 증거가 무시하기 어려울 만큼 분명하게 드러났다. 지금은 모든 조류학자가 그것을 받아들이고 있다.

1930년대와 1940년대에 이르러 대다수는 아니지만 많은 고생물학자들은 생명 혈통의 가지 치기 패턴을 점진적인 것으로, 개체와 종들 사이의 경쟁적인 상호 작용의 산물로 보는 경향이 있었다. 그들은 대재앙에 호소하지 않았고 생명의 역사를 질서정연한 진행으로 보았던 19세기 생물학자들의 일반적인 견해를 거부했다.

그러나 지난 50여 년 동안 지구의 역사 기간에 발생한 소규모에서 행성 규모급에 이르는 대재앙들을 보여 주는 지질학적 증거들이 압도적으로 증가했다. 오늘날에는 초기의 고생물학자들이 생명의 역사에서 극적인 사건들을 보고 있었다는 사실이 받아들여지고 있다. 과거의 대재앙들은 때때로 극심한 정도까지 지구 생물군의 축소를 초래하기는 했으나, 결국 그것들이 다른 종들이 발전할 수 있는 새로운 생태적 공간을 열었다. 오늘날 생명 역사의 우발적 성격은 당연한 것으로 간주된다. 혈통 내의 변화를 위한 메커니즘은 현재 다중적인 것으로 인정되지만 우리의 기록이 점점 상세해지면서 제약을 받고 있다.

지구화학적 형질전환 오랜 세월에 걸쳐 생명체가 지구의 화학적 조직에 끼친 영향은 심원하다. 예를 들어, 지난 40억 년 동안 생명체가 탄소와 이산화탄소에 끼친 영향에 대해 살펴보자. 현재 지구는 광물 방해석(CaC_3)으로 구성된 석회암 형태로 거대한 이산화탄소 저수지를 갖고 있다. 전부는 아니지만 이 이산화탄소 암석 저장소의 대부분은 방해석 외각(外殼) 혹은 껍질을 분비하는 유기체들로 이루어졌다. 이것들에는 수많은 조개와 산호 같은 해양 동물들과 함께 많은 조류(藻類)들이 포함되어 있다. 만약 지구의 석회암 전체를 끓여서 이산화탄소를 방출한다면, 지구의 대기는 현재의 기압보다 80배에서 90배나 높아져 대부분 이산화탄소로 이루어진 금성의 대기와 아주 비슷해질 것이다. 결국 온실효과가 크게 늘어나 지구의 표면은 아주 뜨거워질 것이다. 금성에서 높은 이산화탄소 농도의 효과는 모든 물이 증발되고 수소의 많은 양이 우주로 돌아가 그 행성을 물이 없는 곳으로 만들었고, 표면의 기온을 납을 녹일 정도로 높아지게 만들었다! 처음 수십억 년 동안 박테리아와 조류가 지구에 행한 일은 이산화탄소의 농도를 낮추고 이산화탄소를 석회암 속에 격리한 것이었다.

동시에 산소 광합성의 출현(박테리아가 사용했던 가장 이른 시기의 광합성 형태는 무산소 광합성이었다고 추정된다)은 우리의 대기에서 유리 산소(O_2)의 농도를 증진시키는 과정을 시작했고, 그것이 호흡에 기반을 둔 고차적인 신진대사를 낳았다. 특히 원생누대 초기에 산소 수준의 증가는 고대의 퇴적물에 들어 있는 산화물과 황화물 같은 여러 지구화학적 지표들을 통해 식별될 수 있다. 고도로 활성화된 유리 산소는 가장 이른 시기의 생명체들에게는 해로웠고 오늘날에도 일부 생존자들(가령, 박테리아들)에게는 여전히 그러하다. 이 반응성 폐기물들이 20억 년 동안 대기에 쌓인 후, 달팽이와 나비, 개구리, 벌새 같은 동물들(모두 산소에 기반한 신진대사를 한다)이 번성할 수 있었다.

고생대 중기에 추가적인 탄소의 격리가 발생했는데, 그때 복합적인 목질소(lignin, 침엽수나 활엽수 등의 목질부를 구성하는 다양한 구성 성분 중 지용성 페놀고분자―옮긴이)가 식물에 통해 나무의 조직을 형성하는 데 사용되었다. 목질소는 빨리 산화하지 않고 매장되면서 대기의 지구화학적 경로에서 더 많은 탄소를 제거하고 주변의 산소 수준을 추가적으로 높일 수 있었다.

생명의 역사에는 20억 년 이상에 걸친 연속적인 미생물의 파동이 포함되는데, 그 파동은 대부분의 생태학자들이 순진하게도 일종의 주어진 것으로 간주하는 탄소와 질소, 황, 인의 순환을 만들어 냈다.

화석 기록의 점증하는 복잡성과 완전성 원생누대 말기에서 시작되는 화석 기록은 단세포 유기체로부터 군체에 이르기까지, 자신들의 표피를 통해 모든 영양소를 흡수하는 매우 얇은 엽상체에 이르기까지, 수면을 따라 움직일 수 있는 해양 유기체들, 기어다니면서 굴을 팔 수 있는 유기체들, 해변에서 씻겨진 죽은 고기를 먹기 위해 잠깐 땅에 올라올 수 있는 유기체들에 이르기까지의 진행을 기록한다. 적어도 실루리아기, 곧 지금으로부터 4억 4천만 년 전부터 관다발 조직을 가진 육지식물들이 비우호적인 환경 속으로 점점 더 깊이 들어가기 시작했다. 이어서 식물즙을 흡수하는 절지동물들과 거미 및 전갈 같은 더 많은 절지동물들이 나타났다. 중생대 말기에 꽃을 피우는 식물들을 위해 꽃가루를 실어 나르는 파리와 말벌, 나비 같은 곤충들이 출현했다. 익룡과 새, 박쥐 등이 하늘을 날면서 곤충 및 다른 커다란 먹잇감을 잡아먹었다. 생명체의 전반적인 추세가 점증하는 복잡성을 지닌 생물의 출현이었음은 의심의 여지가 없다.

19세기 초에 고생물학자들이 최초로 발견한 화석의 패턴은 오늘날까지도 계속해서 채워지고 있다. 그것은 계속해서 우리에게 공통 조상 이론을 위한 여러 확증을 서로 다른 규모로 제공하고 있다. 한정된 생태계에서 시간의 흐름과 더불어 나타나는 유기체 내의 소규모 변화에 관한 예를 위해 우리는 네바다주 리노 근처에 있는 1천만 년 된 호수의 유적지에서 나온 큰가시고기를 살펴볼 수 있다. 스토니브룩 대학교의 마이클 벨(Michael Bell)과 그의 동료들은 이 퇴적물과 그것에 포함된 물고기들을 30년 넘게 연구해 왔다. 그들은 수많은 큰가시고기들을 포함하고 있는 퇴적물의 층들을 살펴보았다. 과학자들이 그것을 사용해 10만 년 동안 일어난 그 큰가시고기들의 골격 변화(주로 보호용 장갑판의 정교화나 손실)를 기록할 수 있었다.

하나의 혈통 안에서 시간의 흐름과 더불어 나타난 주요한 변화를 보여 주는 척추동물 화석 집단의 예를 위해 우리는 공기 호흡을 하는 일련의 육기어류(육기어강에 속하는 척삭동물의 총칭)들을 살펴볼 수 있다. 그것들은 수생으로 남아 있으면서도 점차적으로 다리와 같은 부속 기관들을 발전시켰고 결국 도롱뇽을 닮은 수생 사지동물이 되었다. 어릴 때는 아가미를 달고 있는 수생 사지동물이 되었다가, 마침내 온전한 육지 동물이 되었다. 물론 우리는 이런 발달의 모든 단계를 위한 화석을 갖고 있지는 않다. 그러나 지난 30여 년 동안 1985년 이전까지 존재했던 주요한 해부학적·행동적 간격은 판데리크티스(*Panderichthys*)와 틱타알릭(*Tiktaalik*), 아칸토스테가(*Acanthostega*), 엘기네르페톤(*Elginerpeton*), 그리레르페톤(*Greererpeton*) 같은 생명체들의 화석들을 발견하고 다시 분석하는 것을 통해 채워졌다. 이 혈통 안에서 보다 큰 연속성을 예시하는 다른 화석 형태들은 지금도 계속해서 기록되고 있다.

결론 화석이 포함된 퇴적암의 기록은 대기 및 해양 화학의 주요한 변화를 포함해 오랜 세월에 걸쳐 환경적 상황에서 심원한 변화를 겪은 행성에 대해 증언한다. 표면 온도는 완화되었고, 광합성을 하는 생물들에 의해 생성된 산소는 그 행성에 자외선을 차단하는 오존층을 제공해 주었다. 이런 변화는 생명체들에 의해 촉진되었고, 그 결과 지구는 명왕누대 때와 비교해 생명체가 서식하기에 매우 안정적인 행성이 되었다. 그것은 해저의 뜨거운 통풍구로부터 남극의 얼음, 매우 건조한 고원에 이르기까지 광범위한 서식지들을 차지한 아주 다양한 (그리고 감각적인) 생물군들을 포함하고 있다.

그리스도인으로서 우리는 이 거대한 다양성을 바라보며 놀란다. 우리는 마땅히 그것을 섭리를 통해 다스려지는 것으로 여긴다. 그러나 이런 다스림에는 오랜 시간에 걸쳐 혈통의 변화를 선택하는 미묘하고도 극적인 환경의 변화가 포함된다. 내가 나의 부모님을 비롯해 조부모님, 증조부모님과 닮았을지라도, 나는 내가 그분들의 순전한 복사본이 아님을 감사한다. 또한 나의 아이들이 독립적인 개인으로서 나와 나의 아내의 판박이가 아닌 것이 행복하다. 이와 유사하게, 우리는 하나님이 혈통의 분기와 종분화, 궁극적으로 생명의 역사적 패턴과 풍성한 다양성을 위한 메커니즘을 만드신 것에 감사드릴 수 있다.

믿어야 할 이유   휴 로스

우주와 지구, 생명체의 기원과 역사에 대한 믿어야 할 이유(RTB)의 해석은 하나님이 때때로 초월적 기적을 통해 개입하신다는 것이다. 이런 사건들은 하나님이 물리학의 법칙 및 우주의 시공간적 차원을 넘어서 일하시는 경우들이다. 더 자주 하나님은 **초자연적** 기적을 통해 개입하신다. 초자연적 개입은 물리학과 화학 법칙들의 작용 중지나 우주의 시공간적 차원의 중단을 강요하지 않는다. 그러나 그것은 위대한 지성과 지식, 사건의 방향을 정하고 관리하는 힘을 지닌 누군가의 섭리를 요구한다. RTB는 과학적 연구를 통해 자연에 기록된 각각의 사건을 초월적 기적으로든, 초자연적 기적으로든, 혹은 물리학과 화학 법칙들의 정상적인 작용으로든 확인하는 것이 가능하다는 입장을 취한다.

RTB의 성경적 창조 모델의 핵심적 요소인 초자연적 기적들에는 세 가지 예가 있다. 첫째, 우주의 기원, 둘째, 창세기 1:21-25과 욥기 38-41장에 묘사되어 있는 네페쉬 동물(*nephesh* animals, 생혼을 지닌 동물들로 천지창조 때 하나님이 지으신 생물에 대한 총칭—옮긴이)의 영적 특성의 기원, 셋째, 인간의 영적 특성의 기원이다. 우리는 첫 번째 예를 원인이 되는 비물질적 원천(nonphysical causal Source)으로부터 나온 물질적 결과로, 나머지 두 예를 원인이 되는 비물질적 원천으로부터 나온 비물질적 결과로 여긴다. 우리는 이 세 가지 예 모두를 무신론자와 불가지론자, 아무런 믿음도 갖고 있지 않은 자, 이신론자에게 성경의 하나님이 우리를 위해 세상을 창조하시고 친히 개입하셨다고 설득하기 위한 강력한 과학적 도구들로 여기고 그렇게 사용한다.

초자연적 개입 RTB의 성경적 창조 모델의 핵심적 구성 요소인 초자연적 개입에는 네 가지 예가 있다. 첫째, 순전히 물리적인 생명의 기원, 둘째, 지구 판구조론의 역사, 셋째, 희미한 태양의 역설, 넷째, 동물의 아발론과 캄브리아기 폭발이다. 각각의 예와 관련해 나는 초자연주의를 위한 논거를 개략할 것이다.

생명의 기원(origin of life) 생명의 기원에 관한 연구는 물리학과 화학의 법칙들이 가장 단순한 세포에 관해 **알려진** 모든 작용을 설명할 수 있음을 보여 준다. 이론적으로 세포가 무생물 구성 요소들로부터 조립되는 것을 막는 자연의 법칙은 존재하지 않는다. 그렇게 좁은 맥락에서 우리는 생명의 기원을 위한 자연의 경로가 존재한다고 말할 수 있다. 그러나 우리의 모든 지식과 지성, 기술, 자금 지원에도, 인간은 아직 생물학적 원천으로부터 나오지 않은 분자들로 생명체를 조립해 내지 못했다. 더 나아가 리보스($C_5H_{10}O_5$)와 생물에 작용하는 아미노산의 대부분 같은 일부 중요한 소재용 분자들은 우주의 어느 곳에도 존재하지 않는다. 생물학적 원천과 복잡한 생화학 실험실 밖 지구의 어느 곳에도 존재하지 않는다. 생물학적 원천과 생화학 실험실 밖에는 단일 카이랄성(homochirality)의 문제, 곧 단백질을 조립하기 위해 준비되는 모든 아미노산은 배타적으로 왼손잡이형(left-handed configuration)을 가지며 DNA 및 RNA를 제조하는 데 필요한 모든 당은 배타적으로 오른손잡이형을 가져야 한다는 요건을 풀 수 있는 수단이 전혀 존재하지 않는다. 인간이 언젠가 비생물학적 원천 재료들로부터 생명체를 조립하기 위한 기술과 자금을 집결시키는 것이 가능할지라도, 그리스도인들이 모든 인간을 합친 것보다 훨씬 더 지적이고, 훨씬 더 많이 알고, 훨씬 더 강력한 어떤 존재가 생명의 기원에 대한 책임이 있다고 결론을 내리는 것은 확실하게 정당화된다. 다른 한편, 과학자들이 생명의 기원이 필연적으로 우주의 시공간적 차원이나 우주를 지배하는 물리적 법칙들을 초월하는 기적을 필요로 하는 것은 아니라고 말하는 것 역시 정당화된다. 생명의 기원은 초자연적 사건, 곧 하나님의 창조적 손길을 직접 가리키는 사건이다.

판 구조론(plate tectonics) 판 구조 덕분에 지구는 물의 세상으로부터 지구가 진전된 생명체를 유지할 수 있게 해 주는 영양 순환과 서식지를 확립한 대륙과 해양을 지닌 행성으로 변모할 수 있었다. 38억 년에 걸친 판 구조 활동이 없었다면, 인간의 문명은 불가능했을 것이다.

지구의 판 구조 역사를 위한 준비는, 성간 매질 안에 들어 있는 우라늄과 토륨의 양이 최대치에 이르렀던 우주의 탄생 후 90억 년이 지난 시점에 진보된 생명체에 우호적인 어느 알려진 은하에서 태양이 출현한 것으로부터 시작되었다. 태양은 우리 은하의 중심 가까운 곳에 위치한 1만 개 이상의 별 무리 중에서 태어난 까닭에 인근에 있는 몇 개의 초신성들에 노출되었다. 이것이 그것의 원시 행성계 원반(protoplanetary disk, 갓 태어난 젊은 별 주위를 회전하면서 둘러싸고 있는 짙은 가스 원반─옮긴이)을 우라늄과 토륨으로 더욱 풍성해지게 만들었다. 태양과 그것의 원시 행성계 원반이 그것이 태어난 무리로부터 강력한 힘으로 퇴장해 우리 은하의 동자전 반경(corotation radius) 안에서 작은 z축 운동(z-axis movement)을 하는 안정된 궤도 안으로 들어간 것이 진보된 생명체가 안전하게 번성할 수 있는 우리 은하의 유일한 장소에 태양계를 만들었다. 그 후에 달의 형성 사건과 후기 베니어(late veneer, 태양계 밖의 원시물질 덩어리인 운석 중에서 휘발성 원소가 풍부한 거대한 천체가 지구에서 핵이 형성된 직후에 지구에 도달해 충돌한 사건─옮긴이)가 지구의 우라늄과 토륨의 양을 다른 바위 행성들에서 기대되는 농축 수준의 340배에서 610배에 이르기까지 높여 주었다.

지구의 극도로 풍부한 우라늄과 토륨은 그것의 중심부에 오래 지속되는 발전기를 마련했다. 또 지구에 그것의 대기를 보존하고 그 표면에서 살아가는 생명체들을 치명적인 우주 및 태양 복사로부터 보호하는 강력하고 안정적인 자기장을 제공했다. 지구의 풍부한 우라늄과 토륨은 또한 오래 지속되는 판 구조 활동을 가능하게 만들었다. 그러나 진전된 생명체가 삶을 시작하고 유지하기 위해 꼭 필요한 판 섭입(plate subduction, 암권의 판과 판이 서로 충돌해 한 판이 다른 판의 밑으로 들어가는 현상─옮긴이)을 위해서는 적절한 생명체가 지구의 역사에서 적절한 시간에 지구의 적절한 위치에 적절하게 많은 정도로 존재함으로써 섭입이 발생할 수 있는 지역에 우라늄 침전물을 낳고 전달하는 것이 중요했다.

판 섭입이 진보된 생명체의 궁극적 존재를 허용할 수 있는 조건을 만들어 낼 만큼 충분히 강력하고 충분히 오랫동안 지속되기 위해서는 적절한 때에 적절한 개체군 수준에서 적절한 생명체들이 점진적으로 도입되고, 제거되며, 교체되어야 했다. 적절한 때에 잘못된 생명체가 나타나거나 혹은 잘못된 때에 적절한 생명체가 나타나는 것은 모두 정체된 덮개(stagnant lid), 곧 판 구조의 영원한 운전 정지를 낳을 수 있다.

생명이 풍성하고 다양하게 오랫동안 유지됨으로써 진전된 생명체가 필요로 하는 조건과 자원을 만들어 낼 수 있기 위해서는 판 구조 활동의 절절한 수준과 위치, 타이밍이 필요하다. 지구의 판 구조 활동이 지구 역사의 어느 때라도 이렇게 미세 조정된 필요조건들에서 벗어났다면, 지구는 영원히 불모의 땅이 되었을 것이다. 이 모든 미세 조정된 필요조건은 초자연적 원인의 존재를 주장한다. 판 구조 활동이 적절한 생명체가 적절한 때에 제거되고 다른 생명체로 대체되는 것을 보장하기 위해서는 미래의 삶을 위한 필요조건들을 이해하는 어떤 정신의 적극적인 개입이 필요하다.

희미한 태양의 역설(faint sun paradox) 생명체가 살아남기 위해서는 지구의 표면 기온이 미세 조정되어야 하는데, 이것은 태양의 광도가 2퍼센트 이상으로 차이가 나서는 안 된다는 것을 의미한다. 그 이상의 차이는 지구 전체 물의 즉각적인 결빙이나 즉각적인 증발을 초래할 것이다. 그러나 생명의 역사와 연관된 문제는 태양의 핵 연소 역사가 생명이 시작될 당시에 태양이 오늘날보다 적어도 18퍼센트는 어두웠음을 입증하고 있다는 것이다. 이 희미한 태양의 역설을 해결하기 위해서는 몇 가지 독립적인 요소들에 대한 지속적인 미세 조정이 요구된다.

다음과 같은 조건에서라면, 지구의 표면 온도는 희미한 태양에도 생명을 위한 최적의 수준에서 유지될 수 있다.

- 지구의 대기가 열을 가두는 능력이 충분히 늘어난다면,
- 지구 표면의 반사율이 줄어든다면,
- 지구 생명체의 반사율이 줄어든다면,
- 지구 주위의 성간 및 행성 간 먼지의 양이 줄어든다면,
- 지구 주변의 우주선(cosmic rays)의 양이 줄어든다면,
- 이상의 요소들의 결합이 발생한다면,

적절한 때에 적절한 양과 다양한 수준으로 적절한 곳에 존재하는 적절한 생명체는, 판 구조 활동이 지구의 역사를 통해 지속적으로 미세 조정되고, 그와 동시에 지구의 역사 전체를 통해 대륙의 광대한 땅이 그것들의 크기를 비롯해 모양, 방향, 산맥과 화산들의 분포 및 높이와 관련해 미세 조정된다면, 처음 열거된 네 가지 요소들에 충분하게 영향을 줄 수 있을 것이다.

희미한 태양을 상쇄할 수 있는 네 가지 방법들 중 단지 하나나 둘 그리고 두 가지의 지구물리학적 미세 조정들 중 오직 하나만을 적용해 희미한 태양의 역설을 해결하려는 시도는 실패해 왔다. 그러나 거기에 한 가지 중요한 단서를 더한다면, 이상의 여섯 가지 모두를 적용하는 것은 적절한 해결책을 제공한다. 한 가지 단서란 특별한 생명체들이 지구의 대기에서 (열을 가두는) 온실 가스를 제거하고 많은 태양의 열과 빛의 방향을 바꾸는 일에서 점차적으로 더 효과적이 되는 다른 생명체들에 의해 비교적 잦은 간격으로 대체되어야 한다는 것이다. 즉 지구의 역사 전반에 걸쳐 대규모 멸절과 대규모 종분화가 미세 조정되어야 한다는 것이다.

희미한 태양의 역설에 대한 해결책에는 초자연적 원인이 요구된다. 태양의 미래 물리학과 다양한 생명체들과 지구물리학적 과정들이 점차적으

로 밝아지는 태양을 상쇄할 수 있는 다른 방법을 알고 이해하는 '정신'이 존재하지 않는다면, 지구가 적절한 때에 잘못된 생명체를 갖게 되거나 적절하지 않은 때에 적절한 생명체를 갖게 되거나 지구가 영원히 불모의 땅이 되는 것은 시간문제일 뿐이다. 그 정신이 38억 년 전에 있었던 생명의 시작 이후부터 지구의 역사 전체를 통해 각각의 지질 시대와 시기에 지구에 어느 생명체, 어느 판, 어떤 지질학적 배치가 있어야 하는지를 결정하는 데 직접 개입하지 않았다면, 불모의 지구는 불가피했을 것이다.[2]

아발론과 캄브리아기 폭발(Avalon and Cambrian explosion) 동물은 지구의 역사 중 지난 12.6퍼센트의 기간에만 존재했을 뿐이다. 동물의 출현이 지체된 한 가지 이유는 지구의 대기에 동물에게 필요한 호흡 수준을 유지할 만큼 충분한 산소가 없었기 때문이다. 가장 원시적인 동물(입과 소화기관, 항문이 없는 동물)은 산소가 지구의 대기 중 8퍼센트만 되어도 그럭저럭 살아갈 수 있다. 그러나 보다 진보된 동물(소화기관과 눈, 사지를 지닌 동물)은 대기에 최소한 10퍼센트의 산소가 있어야 살아갈 수 있다.

오늘날에는 지구의 대기 중 산소가 약 5억 8천만 년 전(아발론 폭발 직전)에 갑자기 1퍼센트에서 8퍼센트로, 5억 4천 3백만 년 전(캄브리아기 폭발)에 다시 갑자기 10퍼센트까지 늘어났다는 것이 널리 인정되고 있다. 고생물학자들은 이 두 차례의 산소화 사건들 사이에, 아발론기 동물의 출현과 나중의 캄브리아기 동물의 출현 사이에 각각 어느 정도의 시간적 지연이 있었는지 측정하지 못한다. 더 나아가 적어도 캄브리아기 동물의 경우, 지금까지 존재했던 가장 진전된 동물(척추동물과 척색동물)을 포함해 거의 모든 문(門, phylum)이 캄브리아기 폭발 시작 시점에 갑자기 동시적으로 출

---

2   이에 관한 더 많은 정보를 위해서는, Hugh Ross, *Improbable Planet: How Earth Became Humanity's Home* (Grand Rapids: Baker Books, 2016)을 보라.

현했다.

지구의 생명체가 산소화 사건에 부응해 미시적인 것에서 거시적인 것으로, 비동물에서 동물로 변화되었던 갑작스러운 퀀텀 점프(quantum jump, 단계를 뛰어넘어 비약적으로 발전하는 현상—옮긴이)은 설명 가능한 진화적 역사의 부족은 초자연적 원인의 존재를 주장한다. 수학적으로 상상할 수 있는 모든 골격 설계의 적어도 80퍼센트가 캄브리아기 폭발 때 동물에서 나타난다는 사실은 초자연적 원인에 대한 주장을 강화한다. 아발론기와 캄브리아기 동물의 출현이 물리적으로 가능한 한 일찍이, 가능한 한 공격적으로 이루어지지 않았다면 인간의 문명은 불가능했으리라는 것은, 우리의 판단으로 초자연적 원인을 위한 주장에 확인 도장을 찍는다.

모델의 적용 지구의 천문학적·물리학적·지질학적 역사를 피상적으로 조사해 보더라도, 하나님이 우주 안에서 그의 창조 사역의 정점인 인간이 하나님이 그들에게 부여하신 사명을 완수하는 데 필요한 모든 자원을 얻게 하시기 위해 적극적으로 개입하시는 모습이 드러난다. 하나님이 지구와 그 안에 속한 인간을 위한 생명체를 준비하시는 일에 초자연적으로 개입하시고 그토록 깊은 관심을 가지셨다면, 그분은 모든 인간의 삶에는 얼마나 더 관심을 가지시고 초자연적으로 개입하실까? 우리는 모두 전도와 선교와 사역에 적극적인 그리스도인으로서 우리의 삶에 기적적인 방식으로 거듭해서 개입하시는 하나님에 대해 증언해 왔다. 이 경험은 초월적 기적, 초자연적 개입, 그리고 그분이 그것을 사용해 시공간이라는 차원, 물리학의 법칙들, 우주와 그것의 모든 물리적 구성 요소의 특성들을 확립하셨던 정교한 설계 등을 통해 자신이 지으신 자연 영역의 모든 부분에 적극적으로 개입하시는 하나님이라고 불리시는 분과 잘 들어맞는다.

후속 질문 　　　　　　　　　　　　　　　　　로버트 스튜어트

바이오로고스와 RTB 모두가 오래된 지구라는 입장을 긍정한다는 것을 고려한다면, 두 단체 사이에 우주의 일반적인 나이와 관련된 견해의 차이는 없다. 이 장은 두 종류의 서로 다른 답의 특징을 드러내는 듯 보인다. 랠프는 과학이 현재 모습의 화석 기록에 대해 밝혀 주는 내용에 관한 서술적 논문을 제공한다. 반면에 휴는 먼저 창조 세계 안에서의 하나님 활동을 다음 세 가지 범주들로 분류하는 개요를 제시한다. 기적적 개입, 초자연적 개입, 물리적 법칙들. 이어서 그는 그 각각의 범주에 속한 자료들에 대한 예를 제시한다.

랠프에게 나는 하나님의 작용에 관한 바이오로고스의 입장에 대해 더 듣고 싶다. 그 입장은 RTB가 화석 기록을 낳은 메커니즘을 자연법과 짝을 이루는 초자연적 개입으로 여기는 반면, 바이오로고스는 화석 기록이 전적으로 자연법의 결과로 나타났다고 이해한다는 것인가?

휴에게 내가 당신이 화석 기록의 사실들에 대해서는 랠프와 바이오로고스에게 동의하지만 화석 기록이 어떻게 현재와 같은 모습이 되었는지에 대해서는 달리 해석한다고 말해도 괜찮겠는가? 만약 당신이 화석 기록의 사실들에 동의하지 않는다면, 정확하게 당신의 이견은 무엇인가?

바이오로고스의 답변 　　　　　　　　　　　　랠프 스티얼리

바이오로고스 재단 소속 학자들은 하나님이 자신의 창조 세계와 맺은 관계에 대한 기독교의 유신론적 접근법을 긍정한다. 우리는 RTB 학자팀처럼 하나님이 우주의 역사를 시작하셨고 지금도 이끄신다고 믿는다. 또 우리는 이런 섭리적 감독이 지구와 생명체가 존재했던 지난 45억 년을 포함해 수십억 년에 이르는 우주의 역사로까지 확대된다는 믿음을 공유한다. 이 장구한 감독 기간은 성경의 하나님에 대해 아무런 문제도 제기하지 않는다(시 90편을 보라).

사려 깊은 그리스도인들과 다른 유신론자들은 오랫동안 자신의 선한 창조 세계에 대한 하나님의 관리에 대해 숙고해 왔다. 창조 세계는 하나님이 아니다. 그러나 하나님은 모든 장소와 시간 안에 내재하신다. 세상의 정례적이고 규칙적인 작용을 뒷받침하는 것은 하나님의 신실하심이다. 다른 한편, 하나님은 궁극적으로 자유로우시다. 그분의 자유에는 예상치 않았던 '새로운' 일을 하시는 능력이 포함된다. 이런 자유로운 행동 중 일부는 우주의 정상적인 질서의 결과로서 일어나고, 그로 인해 아주 미묘하지만 우발적인 사건들이 발생한다. 다른 경우에는 특별하고 예기치 못했던 사건들, 가령 백악기 말에 외계 물체가 지구와 충돌함으로써 수많은 형태의 생물들이 사라지고 새로운 생태학적 틈새가 활짝 열린 것과 같은 사건들이 발생한다. 어떤 경우에 이런 자유로운 행동은 분명히 우리의 경험 밖에 존재한다. 예컨대, 예수의 성육신과 변모, 부활 같은 것들이다. 바이오로고스 소속 학자들이 제시하는 신적 활동에 대한 보다 상세한 설명을 위해서는, 나는 독자에게 짐 스텀프가 이 책의 5장에서 쓴 부분을 읽도록 권한다.

우리의 초점을 지구에서의 생명 역사에 대한 해석으로 좁힌다면, 고생물학자들은 우리가 화석 기록에서 발견하는 **패턴들**과 그것들을 설명하는 **과정들**에 대한 추론을 구분하는 일이 유익함을 발견할 것이다. 우리가 매일의 삶에서 광범위하게 경험하는 일반적인 과정들에는 유전학, 포식 같은 생태학적 관계, 유기체의 역학을 뒷받침하는 물리적 원리들, 기온과 효소 기능의 관계 같은 생리학적 원리들과 관련된 것이 포함된다. 고생물학자들은 자연법의 불변성에 관한 우리의 확신에 기초해 이런 원리들을 과거의 유기체들에 적용한다. 그리스도인 과학자들이 이런 불변성의 원리를 고수하는 것은 정당화된다. 그것은 실제로 자신의 창조 세계에 대한 하나님의 신실하심에 기초를 두고 있기 때문이다. 과정의 불변성이라는 원리를 적용하는 것에 관한 논쟁의 여지가 없는 하나의 예는, 우리가 뼈와 근육의 특성에 기초해 티라노사우르스 렉스가 1시간에 130킬로미터를 뛰거나 30미터 나무를 뛰어넘을 수 없다고 추론하는 것이 될 것이다. 또 다른 예는 우리가 화석 침엽수와 양치식물, 날개 달린 곤충들을 포함한 거대한 침전물을 발견했을 때 그런 생물들이 대양의 밑바닥에서 살았다고 추론하지 않으리라는 것이다.

세포 내의 유전자 분자들과 해부학적 유사성들, 생물지리학적 패턴들, 화석 기록들에 의해 제공되는 축적된 증거는 거의 모든 과학자에게 과거와 현재의 모든 생명체 사이에 **유전적 연속성**이 존재한다는 것을 확신시켜 주었다. 이런 확신은 바이오로고스의 과학자들과 신학자들, 다른 학자들에 의해 긍정된다. 시편 139편에서 다윗왕은 하나님이 자기를 자기 어머니의 모태에서 지으셨다고 선언했다. 하나님은 유전적 과정을 통해 일하고 계셨다.

주류 고생물학자들와 진화생물학자들은 생명의 역사에서 나타나는 유전적 연속성에 동의한다. 하지만 혈통 진화의 다른 과정들과 서로 다른 종들의 분기로 이어지는 과정들의 의미에 대해서는 얼마간 이견이 존재한다. 우리는 자연 선택이 일어나기는 하나 유전자 코드의 중복으로 인해 일부 유전적 돌연변이들이 완전히 중립적이라는 것을 이해한다. 또한 우리는 조절제 유전자의 DNA에 대한 약간의 변화가 태아와 유아의 발달에 큰 영향을 끼칠 수 있다는 것을 안다. 그러므로 유전자 정보에 대한 미묘한 변화는 잠재적인 유전적 변화의 스펙트럼, 곧 유기체의 설계에서 0에서부터 커다란 변화에까지 이르는 스펙트럼을 낳을 수 있다. 유기체의 역사에는 다세포성의 기원 같은 중요한 쟁점이 남아 있다. 잘 이해되지 않는 진화적 혁신의 예는 유충 단계 곤충의 기원, 특히 나비와 나방의 번데기 단계에서 발생하는 심원한 변형이다. 바이오로고스의 저자들은 대개 하나님의 신실하심에 기초한 자연의 불변성에 대한 확신을 갖고서 자신들의 믿지 않는 과학자 동료들과 보조를 맞춘다. 그들은 모든 생명체의 유전적 연속성에 대해서는 의견을 같이하지만, 생명 역사의 과정에 대한 하나님의 강력한 영향의 함의에 관해서는 아직 완전한 의견 일치를 보지 못하고 있다.

바이오로고스의 학자들과 RTB의 학자들 모두 역사와 역사적 과정을 진지하게 다룬다. 그런 이유로 나는 신학적 함의에 대한 우리의 상호 평가에는 많은 합의점들이 있을 것이라고 기대한다. 예컨대, 우리는 우리가 우주가 무로부터 창조-우리가 그것을 '개입'이라 부르든 부르지 않든 간에-되었다는 데 동의한다. 또 우리는 지구가 (그것의 태양과 함께) 두드러지게 생명체를 위한 거처의 역할을 해 왔다는 데 동의한다. 생명이 생물 발생 이전의 화학적 상태로부터 시작되는 것에 관해서는, 나는 바이오로고스의 지지자들 가운데서 다양한 적법한 신념들이 발견되리라고 생각한다. 나 같은 이들은 지구화학적 과정들이 원시세포들을 만들어 낼 수 있다는 것에 대해 회의적이고 RTB의 접근법에 완전히 동의하면서도 아마도 '초자연적 개입'이라는 RTB의 표현은 사용하지 않을 것이다. 반면에 바이오로고스의 다른 저자들은 세포의 기능이 정상적인 지구화학적 과정들로부터 유래했다는 개념을 편안하게 받아들인다. 이 장에서 휴가 초자연적 개입으로 묘사하는 현상들은-내가 생각하기에-하나님의 인내심 있는 관리 때문일 가능성이 크다. 예컨대, 에디아카라 생물군(Ediacaran biota, 오스트레일리아 남부 에디아카라의 언덕에서 산출된 동물화석군─옮긴이)과 이른바 캄브리아기 폭발 때의 생물군은 지구의 역사에서 규모가 작고, 평범하며, 생태학적으로 추진되었던 다양화 기간들로 분해될 수 있다. 그러나 나는 이런 다양화의 몇 가지 구성 요소들(가령, 삼중 모세포 배아 발달의 시작과 눈의 시작)은 분명히 경이로움의 원인이라는 점에서 휴에게 동의한다.

시편 104편은 창조 세계의 규칙성과 자연 질서를 유지하시는 하나님의 신실하심에 관한 주석이다. 예컨대, 그것은 사자들이 하나님으로부터 먹이를 얻는 것에 관해, 바다가 헤아리기 어려울 만큼 많은 생물들로 가득 차 있는 것에 관해, 그리고 화산들에 관해 말한다. 하나님이 "산들을 만지신즉 연기가 나는도다"(32절). 그런 일들은 계속해서 하나님의 신실하심에 대해 증언한다. 우리가 그런 일들에 대해 이해할 수 있을 만한 원인을 찾아낼지라도 말이다. 마찬가지 방식으로, 지구의 역사와 생명의 역사는 하나님의 대리인인 우리 연구의 대상이 되면서도 동시에 하나님의 신실하심과 자유와 아름다우심을 드러낸다.

믿어야 할 이유의 답변　　　　　　　　　　　　　　　휴 로스

나는 우리가 화석 기록의 사실들에 관해 랠프와 견해를 같이한다고 생각한다. 그러나 바이오로고스팀의 다른 팀원들 중 적어도 한 사람은 그동안 동물 생명체의 아발론 및 캄브리아기 폭발이 상대적으로 갑작스러운 사건이었다는 우리의 주장을 논박해 왔다. 우리는 세속의 과학적 문헌들이 우리의 주장을 지지한다고 믿는다.

이 논쟁은 잘 확립된 자연의 사실들을 지지하려는 두 단체 모두의 의지를 보여 준다. 잘 확립된 것이 무엇인지와 무엇이 서로 다른 해석에 열려 있는지에 관해 이견이 있을 경우, RTB는 과학적 문헌에 대한 보다 광범위한 조사와 평가, 특히 그 이견을 해소하기 위해 고안된 추가적인 연구를 요구한다.

화석 기록이 불완전하다는 것을 인식하면서도 우리는 그것이 지금처럼 보이는 것에 무엇이 혹은 **누가** 책임이 있는지를 두고 서로 경쟁하는 철학적 해석들을 검증하기 위한 적절한 기록이 존재한다고 믿는다. 우리가 지질학적 증거에 관한 우리의 서론적 선언에서 분명하게 진술했듯이, 우리는 지구의 역사에 대한 자연주의적 해석에 맞서는 압도적인 과학적 사실을 목도하는데, 그것은 성경 하나님의 초자연적 솜씨를 지지한다.

아마도 RTB와 바이오로고스가 서로 의견을 달리하는 부분은 우리가 분자시계(molecular clock)를 얼마나 신뢰하는지의 문제일 것이다. 생명체들이 공통 조상으로부터 분기했다는 가정에 기초를 둔 분자시계는 둘 혹은 그 이상의 종들 사이 생체분자의 차이들과 그런 생체분자들의 추정된 돌연변이율을 사용해 종들이 추정되는 공통 조상으로부터 분기하는 때를 결정한다.

분자시계가 실제로 믿을 만하다면, 그것은 화석 기록과 일치하고 서로와 일치하는 연대를 제시할 것이다. 그런데 그것들은 그렇게 하지 못한다. 그 사실은—우리의 의견으로는—분자시계를 뒷받침하는 진화적 가정들에 의문을 제기한다.[3] 그럼에도 우리는—비록 우리가 분자시계를 지구 생명의 역사를 결정하는 일에 사실상 쓸모없는 도구로 여기기는 하나—지

---

3   *Improbable Planet*, pp. 177-179에서 나는 이에 대한 몇 가지 극적인 예들을 제시했다.

구에서 생명의 역사를 결정하는 일에서 화석 기록이 지닌 신뢰성의 문제와 관련해 바이오로고스와 의견을 같이한다.

결론   로버트 스튜어트

나는 바이오로고스의 랠프와 RTB의 휴가 제공한 분명한 답들에 대해 감사를 표한다.

  나는 랠프가 그의 답변에서 하나님의 신실하심과 그분의 자유 사이의 균형, 그분의 내재와 그분의 초월 사이의 신학적 균형을 보여 준 것을 높이 평가한다. 그는 과학자들이 목격하는 '패턴들'과 그들이 관찰 내용을 설명하기 위해 패턴들로부터 추론하는 '과정들' 사이의 관계를 유용하게 지적한다. 이것은 완벽하게 이치에 맞는다. 어느 면에서 이것은 신학자들이 성경에 있는 패턴들로부터 하나님의 본질 혹은 그분이 역사 속에서 행하시는 일에 관한 신학적 원리들을 추론할 때 하는 일과 유사하다. 아마도 그런 추론에 반대하는 이는 없을 것이다. 그러나 이것은 특정한 과정이 특정한 패턴으로부터 추론되고 상세하게 설명될 때 아무런 반대가 없으리라는 뜻이 아니다.

  나는 우리의 저자들이 화석 기록의 사실들에 대해 동의하는 모습을 보는 것이 기쁘다. 나는 휴가 그의 답변에서 성경에 호소하지 않는 것에 주목한다. 그렇다면 그들이 갖고 있는 의견 차이가 무엇이든 그것은 과학적 자료를 가장 잘 해석하는 방식에 관한 것이 될 듯하다.

  나는 "지구의 역사에 대한 자연주의적 해석에 맞서는 압도적인 과학적 사실"에 관한 휴의 언급이 무신론적 해석을 향하고 있는 것인지 아니면

자연의 과정들에 전적으로 의존하는 해석들, 곧 전적으로 알려진 자연법들에 잘 들어맞는 인과관계로 구성된 해석들을 향하고 있는 것인지 잘 모르겠다.

나는 분자시계에 대해 잘 알지 못한다. 그러나 휴의 논점 자체는 잘 이해된다[부정 논법(*modus tollens*), 가언 명제와 그 결론의 부정으로부터 그 전제의 부정을 유도하는 추론법−옮긴이]. 그러므로 사실의 측면에서 그가 옳다면, 진화적 가정과 관련된 함의는 매우 진지하게 다루어져야 한다.

9장 화석 증거

호미니드는 누구였는가?

로버트 스튜어트, 랠프 스티얼리, 퍼즈 라나

남침례회 진행자　　　　　　　　　　　　　　　로버트 스튜어트

화석들은 멋지다! 그것들은 우리를 티라노사우루스 렉스와 육식조, 검룡과 뇌룡, 먼 과거에 살았던 다른 수많은 점잖은 거대 동물들이나 두려운 포식자들의 세계로 힘 있게 이끌어 간다.

　화석들은 적어도 두 가지 이유에서 중요하다. 첫째, 적어도 그것들 중 일부는 아주 오래된 것으로 보인다. 즉 우리가 젊은 지구론과 쉽게 화해하지 못하게 할 만큼 오래된 것으로 보인다. 둘째, 공룡 화석이 우리가 가진 유일한 종류의 화석이 아니기 때문에, 만약 진화론이 옳다면, 화석들은 우리에게 적어도 생명이 어떻게 하나의 종에서 다른 종으로 진화되었는지에 관한 넓은 윤곽을 보여 줄 가능성이 있다.

　그러므로 우리가 진화에 관해 생각할 때 제기되는 핵심 질문은 이것이다. 화석 증거는 우리가 진화의 과정에서 발견하기를 기대하는 종류의 발전을 보여 주는가? 특별히 중요한 질문은 이것이다. 화석은, 만약 무언가 그런 것이 존재한다면, 우리에게 인간의 발전에 관해 무엇을 말해 줄 수

있는가? 만약 화석 증거가 진화에 대한 우리의 생각과 일치한다면, 그때 우리는—이 증거 하나만으로 그 이론이 입증되는 것은 아니지만—그 이론을 지지할 만한 근거를 갖게 되는 셈이다. 다른 한편, 만약 그 자료가 우리가 진화에 대해 예상하는 것과 상충한다면, 그때 그것은 그 이론을 훼손하거나 아마도 심지어 논박할 수 있는 증거가 될 것이다.

그렇다면 우리가 갖고 있는 화석들은 우리에게 무엇을 말해 주는가? 그것이 이제 우리가 살펴볼 질문이다.

바이오로고스   랠프 스티얼리

포유류 영장목 내 사람과(family Hominidae)에 속하는 유인원들의 화석 기록은 구대륙 전체에 흩어져 발견되는 종들 사이에서 풍부하게 나타나며 2천 5백만 년 전까지 소급된다[우리말 '사람과'로 번역되는 용어 '호미니대'(hominidae)는 비공식적으로 '호미니드'(hominid)라고 불리며, 이 장에서는 자주 그 비공식적인 용어를 사용할 것이다]. 오늘날까지 그 어떤 화석 유인원도 신대륙에서는 발견되지 않았다. 오늘날에는 유인원의 화석 기록을 연구하는 고생물학자(화석학자)들이 아주 많다. 훌륭한 상황 정보를 지닌 상태로 잘 발굴된 탁월한 표본들의 수도 점점 더 빠르게 증가하고 있다. 호미니드의 아과들 중에 사람아과가 있다[우리말 '사람아과'로 번역되는 '호미니내'(homininae)는 비공식적으로 '호미닌'(hominin)이라고 불린다]. 사람아과에는 몇 종류의 화석 종들, 곧 오늘날의 아프리카 대형 유인원과 사람이 포함된다(다음의 논의를 보라). 호미닌에 관한 화석 기록은 1천 2백만 년 전까지 거슬러 올라가는 유럽의 형태에 뿌리를 두고 있다. 그러나 약 6, 7백만 년 전부터 아프리카에서 인간의 조상을 찾아내는 데 중요하다고 간주되는 유인원들이 나타나기 시작했다. 나는 이 글에서 그런 유물들에 대해 다룰 것이다. 그 전에 먼저 몇 가지 예비적 고찰이 필요하다.

인간을 유인원으로 분류하는 것의 의미 화석은 과연 인간이 생물학적으로 고대 유인원들로부터 내려왔는가 하는 질문을 다루는 다양한 종류의 증거를 제공한다. 그러나 이런 증거를 평가하기 시작하는 것조차 즉시 많은 이들의 마음속에 결국 인간은 유인원과 다를 바 없다는, 곧 인간은 오늘날의 침팬지나 고릴라와 동일하다는 취지의 논의가 발전하고 있다는 두려움을 불러일으킨다. 그러므로 인간이 모종의 유인원으로 분류되는 것이 무엇을 의미하는지를 살펴보는 일은 가치 있을 것이다. 생물학적으로 인간이란 정확하게 무엇인가? 인간은 곤충인가? 아니면 연체동물인가? 그들은 전체적인 생물학적 질서 안에서 어디에 속하는가?

생물학자들과 해부학자들은 1600년대부터 유인원과 인간 사이의 자연적 비교에 매료되었다. 잘 알려져 있듯이, 1699년에 에드워드 타이슨(Edward Tyson, 영국의 과학자이자 의사―옮긴이)이 침팬지의 해부학적 구조를 묘사한 바 있다. 다윈이나 다른 진화론자들보다 앞서 그는 침팬지가 인간과 밀접하게 닮은 특징들을 48개나 갖고 있는 반면, 원숭이들과 더 닮은 특징들은 단지 34개뿐임을 확인했다. 다시 말해, 타이슨은 현존하는 유인원과 인간을 모종의 공통적인 생물학적 범주에 포함하는 것을 정당화해 주는 특별한 해부학적 특성들을 확인한 것이다. 1700년대 중반에 카롤루스 린나이우스(Carolus Linnaeus, 스웨덴의 식물학자로서 생물분류학의 기초를 놓았다―옮긴이)는 생물분류학에 관한 그의 기념비적인 작품에서 인간을 유인원 및 원숭이와 함께 포유류 영장목에 포함시켰다. 1863년에 토머스 헨리 헉슬리(Thomas Henry Huxley, 영국의 생물학자―옮긴이)는 『자연에서 인간의 위치』(Man's Place in Nature)라는 그의 책에서 인간이 고대 유인원으로부터 내려왔다고 제안했다. 헉슬리의 제안은 당시로서는 드물었던 화석 증거가 아니라 전적으로 해부학적 특징에 근거한 것이었다. 우리가 인간의 조상에 관한 헉슬리의 결론에 동의하는지의 여부는 상관없다. 기본적인 해부학적 패턴에 따르면, 인간종은 **논쟁의 여지가 없이** 사람과(hominidae)에 속한 보다 큰 유인원 집단의 한 구성원이다. 이것은 인간이 골화된 등뼈를 소유하고 있기에 논쟁의 여지가 없이 척추동물에 속하고, 또한 새끼를 낳기 위해 태반을 사용하기에 논쟁의 여지가 없이 태반 포유류에 속하는 것과 마찬가지다. 더 나아가 인간은 오늘날의 아프리카 유인원(사람아과)이라는 보다 제한된 집단과 독특한 해부학적 특징들을 공유한다. 가령 두 개의 표준화된 포유류 손목뼈의 융합 같은 것이 그러하다. 그러므로 인간은 살아 있는 아프리카 유인원 및 몇몇 화석 유인원 종과 함께 사실상 사람아과의 구성원으로 간주된다. 이 분류는 생물학자들에 의해 중복해서 확실한 것으로 간주된다. 여기서 '중복해서'라 함은 여러 갈래의 생물학적 특성들이 인간을 살아 있는 거대 유인원과 함께 묶기 때문이다.

그러나 행동적 측면에서 인간은 현존하는 다른 유인원과 크게 다르며, 하나님 형상의 담지자의 역할을 할 수 있게 해 주는 특성들을 부여받았다. 그런 평가는 현재의 맥락에서 확실한 것으로 간주된다. 우리는 이런 관찰 사항들을 염두에 두면서 다음과 같은 두 가지 흥미로운 질문들을 살펴볼 수 있다. 첫째, 하나님은 '표준적인 혈통적 과정'을 사용해 인간을 창조하셨는가? 아니면 인간을 '무로부터' 그들의 포유류적·영장류적·사람과적 특징들을 지닌 존재로 창조하셨는가? 둘째, 만약 하나님이 전형적인 혈통적 과정을 사용해 인간을 창조하셨다면, 그런 과정이 하나님 형상의 담지자로서의 인간 역할의 기원을 설명할 수 있는가? 아니면 그런 과업은 창세기의 처음 장들이 묘사하듯이 시간과 공간의 특정한 지점에서 그들에게 부여된 것일까? 나는 첫 번째 질문에 대해, 화석들이 인간과 살아 있는 유인원 사이의 해부학적 유사성들이 우연의 일치가 아니라 역사적 과정의 결과라는 강력한 증거를 제시하고자 한다. 두 번째 질문에 대해서는 창세기의 처음 장들이 인간이 하나님 형상의 담지자로서의 과업을 위해 선택되는 것을 묘사한다고 믿는다.

인간의 조상에 대한 화석 증거 19세기에 들어와 고대 호미닌들의 화석이 발굴되기 시작했다. 가장 이른 시기에 빌굴된 것들 중 일부는 그것들이 발굴된 독일의 네안더 계곡에 있는 주된 발굴터의 이름을 따라 네안데르탈인(Neanderthals)이라고 알려졌다. 그 후로 계속해서 네안데르탈인의 신장과 용모, 기술 사용 능력, 정신적 능력 등에 대한 분석이 이루어지고 논의되었다. 19세기 말에 현대인의 모습을 한 인간(크로마뇽인)의 유골 역시 연대기적으로 네안데르탈인의 거주지와 겹치는 유럽의 동굴들에서 발굴되었는데, 이것은 아마도 그 현대인처럼 보이는 인간이 네안데르탈인의 집단을 대체했음을 암시할 것이다. 그 후 1900년 즈음부터 몇 개의 종과 속들에 돌려진 다른 호미닌 유골들이 남아프리카와 동아프리카, 중동, 남유럽, 러시아, 중국, 자바 등지의 플리오세기(5백만 년에서 180만 년 전)와 플라이스토세기(180만 년 전에서 1만 년 전) 유적지에서 발굴되었다. 우리는 지금까지 발굴되었고 인류의 생물학적 조상을 밝혀 준다고 믿어지고 있는 호미닌 화석들의 주요 범주들에 대해 간략하게 살펴볼 것이다.

인간으로까지 이어지는 혈통을 포함하는 호미닌 아족(subgroup Homininae)의 화석들은 7백만 년 전까지 거슬러 올라가는 아프리카의 발굴터들에서 발견되었다. 그러나 이런 형태들 중 가장 이른 시기의 것은 불완전한 두개골과 골격을 갖고 있어서 그것들의 정확한 생물학적 유사성에 대해서는 여전히 논란이 계속되고 있다. 이 이야기는 지금으로부터 거의 6백만 년 전에 유인원들로부터 시작될 것이다. 오스트랄로피테신속(australopithecines, 그 이름은 '남쪽 유인원'이라는 뜻이다)이라고 불리는 이 고대의 유인원은 잠재적인 인간 조상들 중 가장 이른 시기의 집단이며, 지금까지 그들의 유골은 오직 아프리카에서만 발견되었다. 오스트랄로피테쿠스(*Australopithecus*)와 파란트로푸스(*Paranthropus*), 아르디피테쿠스(*Ardipithecus*)속에 속한 몇 종으로 이루어진 오스트랄로피테신은 작은 뇌(400세제곱센티미터)를 지닌 원숭이 모양의 두개골을 갖고 있었다(현대인의 뇌 용량은 1,200-1,600세제곱센티미터다). 두개골 밖으로 척수가 나오는 큰 구멍(foramen magnum)은 오스트랄로피테신의 두개골 밑자락에 자리 잡고 있는데, 이것은 직립 자세를 가리킨다. 그들의 팔다리와 골반은 유연한 두발 보행에 적응해 있지 않았던 것으로 보인다. 사실 연대기적으로 가장 이르고 해부학적으로 보다 원시적인 아르디피테쿠스는 외전된(곧 대부분의 화석과 현존하는 유인원들의 경우에서처럼 측면으로 확대된) 엄지발가락을 갖고 있었다. 다른 한편, 탄자니아의 아에톨리 발굴터에서 발견된 잘 보존된 유명한 도로에는 모두 현대인처럼 발자국을 남기며 걸었던 세 개체의 발자국들이 여럿 남아 있는데, 오늘날 그 개체들은 오스트랄로피테쿠스 아프리카누스(*Australopithecus africanus*)라 불리고 있다. 오스트랄로피테쿠스속의 전치들(앞니와 송곳니)은 크기가 줄어들었고 상대적으로 인간의 것처럼 보인다.

이런 초기 호미닌들은 야구공 크기의 자갈들을 서로 세게 부딪혀 깨뜨려 간단한 휴대용 돌도끼를 얻는 방식으로 일관성 있는 연장들을 제작했다. 아마도 그런 돌도끼에서 분리되어 나온 파편들 중 일부는 식자재나 다른 재료를 자르는 날로 활용되었을 것이다. 이 가장 이른 시기의 연장들은 케냐 올두바이 협곡에 있는 중요한 화석 발굴터의 지명을 따라 올도완 기술(Oldowan technology)이라고 불린다. 이런 돌도끼들은—비록 우리의 기준으로는 조악하지만—오늘날의 침팬지들이 식자재를 부술 때 사용하는 돌들보다는 훨씬 더 정교하다. 올도완 기술은 1백만 년 이상 본질적으로 변함이 없이 남아 있었다. 요약하자면, 오스트랄로피테쿠스속은 직립한 유인원들의 다양한 집단으로, 분명히 사람은 아니지만 다른 한편으로는 현대의 침팬지들보다 기술적으로 훨씬 더 능숙했다.

약 2백만 년 전의 화석 기록에서 훨씬 더 큰 뇌 용량(800-1,000세제곱센티미터)을 지닌 다른 호미니드들이 나타나기 시작했다. 그들은 동아프리카로부터 중동, 남아시아, 북유럽 등지로 이주했다. 큰 뇌를 지닌 이런 호미닌들 중에는 호모 에르가스테르(*Homo ergaster*)와 호모 에렉투스(*Homo erectus*)처럼 사람속에 속한 몇몇 종들이 포함되어 있다. 그들은 인간의 것과 현저하게 닮은 골반과 인간의 형태로 걷고 달리는 데 적합한 다리 비율을 갖고 있다. 예컨대, 케냐 나리오코토미의 발굴터에서 나온 유명한 호모 에렉투스인 '나리오코토미 소년'은 호리호리하고 키가 180센티미터 정도 되었다. 호모 에렉투스와 호모 에르가스테르는 오스트랄로피테쿠스보다 훨씬 더 정교한 연장을 사용했다. 그들이 불을 사용했다는 증거도 존재한다. 일부 인류학자들은 이들이 어느 정도 소통 가능한 언어를 갖고 있었다고 추정하는데, 그것은 그들의 기술에 대한 일종의 문화적 전수가 가능했기 때문이다.

오스트랄로피테쿠스와 초기 플라이스토세(홍적세)의 호모 에르가스테르 같은 사람속 대표자들 사이의 해부학적 간격에 다리를 놓아 줄 몇 개의 주목할 만한 화석들이 발견되었다. 유력한 후보자들 중 둘은 호모 하빌리스(*Homo babilis*)와 호모 루돌펜시스(*Homo rudolfensis*)다. 이 두 형태는 잘 보존된 두개골을 갖고 있는데, 그것들의 뇌 용량은 오스트랄로피테쿠스에게 전형적인 용량과 호모 에렉투스나 호모 에르가스테르에게 전형적인 용량 사이인 600-700세제곱센티미터였다. 그들의 턱은 더 줄어들었고 그로 인해 안면 돌출도 줄어들었다. 그러나 호모 아빌리스와 호모 루돌펜시스의 뒷머리 골격의 유해는 드물어서 해석을 복잡하게 만들고 있다. 그러나 호모 아빌리스의 손은 굉장한 손재주를 암시하는 근육 부착 부위를 보여 주는데, 그로 인해 그는 '손재주 좋은 남자'라는 별명을 얻었다.

지금으로부터 50만 년에서 20만 년 전의 것으로 추정되는 남부 유럽과 영국 여러 곳에서 발굴된 화석들은 호모 에렉투스나 호모 에르가스테르보다 큰 두개골 용적을 갖고 있으며 얼굴은 네안데르탈인과 닮았다. 이들은 호모 하이델베르겐시스(*Homo beidelbergensis*) 종이라고 불려 왔다. 스페인 북부 아타푸에카에 위치한 시마 드 로스 후에소스에서 35만 년 전의 것으로 추정되는 2천여 개의 표본들이 발굴되었다. 그 유골들 중에는 3개의 완전한 두개골과 6개의 부분적인 두개골, 아주 많은 뒷머리뼈의 유해들이 들어 있었다. 이런 개체들의 평균 신장은 약 5피트 6인치이고 평균적인 뇌 용량은 1,300세제곱센티미터에 근접했다. 이즈음에 연장들은 복잡해졌다. 돌연장들은 준비된 핵심 기술에 의존해 만들어졌다. 최초의 원석이 준비되면, 그 원석을 연속적으로 내리쳐 돌도끼를 만들었다. 그 후에 돌도끼 날을 연마했다. 나무에 매달아 던지는 창이 알려진 것도 이 시기부터였다.

어느 화석 기록에서 약 18만 년 전의 것으로 추정되는 1,200세제곱센티미터 이상의 뇌 용량을 지닌 현대인의 모습을 한 골격의 유해가 나타난다. 그들은 종종 '해부학적으로 현대적인' 인간들이라고 불린다. 그들은 아프리카에서 나타나고 연속해서 중동과 그 바깥쪽에서 나타난다. 그들과 함께 조각된 조개껍데기 장식품들과 복잡한 다성분 연장들이 나타난다. 몇몇 기독교 신학자들과 심리학자들, 고인류학자들은 이들이 하나님의 형상을 지닌 최초의 호미닌을 대표한다고 주장해 왔다.

네안데르탈인은 유럽의 여러 발굴터에서 발굴되었다. 그들은 가슴이 크고 두툼했고, 그들의 팔다리에 있는 근육 부착 부위들은 그들이 매우 강건했음을 보여 준다. 많은 발굴터들이 부서진 뼈들을 보여 준다. 후기 네안데르탈인의 발굴터 중 일부는 그들이 색소를 사용하고, 정교한 매장 문화를 갖고 있으며, 아마도 미술을 즐겼음을 보여 준다. 그들은 현대인의 모습을 한 인간들이 남부 유럽을 가로질러 서쪽으로 이주하다가 결국 스페인과 지브롤터에서 죽음으로써 점차 기록에서 사라졌다. 오늘날 유전학의 연구들은 현대적인 유럽인들이 살아남은 네안데르탈인의 유전자들을 일부 갖고 있음을 보여 준다. 네안데르탈인은 '현대적' 인간과 함께 하나님의 형상을 공유했을까?

인간의 조상과 하나님의 형상 요약하자면, 우리는 과거 5백만 년의 세월 동안 화석 인류에게서 자세와 키, 운동, 뇌 크기, 치아, 기술 및 미학적 측면에서 점점 더 현대인과 유사한 상태가 나타나는 분명한 흐름을 관찰할 수 있다. 그리스도인들은 (세속의 고인류학자들이 그렇게 하듯이) 이런 변화와 문화적·윤리적·영적인 것의 상관관계가 무엇인지를 숙고해야 한다. 뇌의 크기가 어떤 분명한 신호를 제공하는가? 특정한 연장이나 불의 사용은, 혹은 다른 측면들은 어떠한가?

나는 모든 인간이 하나님에 의해 창조되었다고 이해한다. 그러나 나는 점차 다양해지는 '생명의 나무'에서 분기하는 가지들 중 또 다른 하나로서의 인간 혈통을 만들어 내는 것이 하나님의 목적에 어긋나는 일인지 확신하지 못한다. 이 역사적 가지에서 인간이 차지하고 있는 위치는 인간을 자신의 형상을 지니도록 선택하시는 하나님의 능력에 관해서는 아무것도 말해 주지 않는다. 그것은 마치 아브라함의 혈통이 하나님께서 그를 택해 자신의 구속사 안에서 특별한 혈통을 만들어 내시는 일을 배제하지 않았던 것과, 혹은 마리아의 비천한 신분이 하나님이 그녀를 택해 세상의 구주를 낳게 하시는 일을 방해하지 않았던 것과 마찬가지다. 호미닌에 관한 화석 기록은 그들과 유인원과의 혈통적 연속성을 강력하게 암시한다. 우리는 더 많은 화석들이 발견되는 모습을 계속해서 보게 될 것이다. 내가 예측하는 바는 인간과 다른 호미닌들과의 혈통적 연속성이 점점 더 강화되리라는 것이다. 그러나 우리 인간의 생물학적 배경에는 인간이 문화 명령을 이행하고, 하나님과 대화하며, 그분과의 교제 및 그분의 구속하시는 사랑을 영원히 즐길 수 있게 하는 심원한 문화적·영적 차원이 겹쳐 있다.

믿어야 할 이유 퍼즈 라나

지난 세계에 이루어진 가장 주목할 만한 과학적 성취들 중 하나는 일명 '투마이 맨'[사헬란트로푸스 차덴시스(*Sahelanthropus tchadensis*)], '아르디'[아르디피테쿠스 라미두스(*Ardipithecus ramidus*)], '루시'[오스트랄로피테쿠스 아파렌시스(*Autralopithecus afarensis*)], '손재주 좋은 남자'[호모 하빌리스(*Homo habilis*)], '터카나 소년'[호모 에르가스테르(*Homo ergaster*)], '자바 맨'[호모 에렉투스(*Homo erectus*)], '네안데르탈인' 같은 원시 인류들 화석의 발견과 그것들의 특성에 대한 서술이었다. 지난 수십 년은 특별히 주목할 만하다. 그 기간에 다양한 새로운 호미니드 화석들이 복구되었는데, 그중에는 오스트랄로피테쿠스 세디바(*Australopithecus sediba*), 호모 가우텐겐시스(*Homo gautengensis*), 호모 게오르기쿠스(*Homo georgicus*), 호모 안테세소르(*Homo antecessor*) 같은 새로운 종으로 확인된 것들이 들어 있다.

이런 특별한 발견은 고인류학자들이 '호미닌'이라 부르는 생물들의 6백만 년에 걸친 풍성하고도 정교한 자연사를 보여 준다. 화석 기록은 그것에 수반하는 고고학적·지질학적 기록과 함께 호미닌의 생물학과 행동, 문화, 삶의 역사에 대한 통찰을 제공한다. 또한 그 과학적 기록은 호미닌의 존재 시기와 그것들이 처했던 환경의 생태학에 관한 정보도 제공한다.

바이오로고스의 학자들을 포함해 대부분의 생물학자들은 호미닌에 관한 화석 기록을 진화적 패러다임이라는 범위 안에서 해석한다. 그들은 호미닌을 현대적인 인간의 진화적 기원을 입증하는 과도기적 중간체로 간주한다.

호미닌에 대한 창조 모델의 해석 어느 면에서 우리는 호미닌을 대다수의 과학 공동체 구성원들과 동일한 방식으로, 곧 그들을 지구의 과거에 존재했던 실제 동물로 간주한다. (이 장에서 나는 호미니드와 호미닌을—그것들이 몇 가지 분류학적 차이들을 갖고는 있으나—구별 없이 사용할 것이다.) 또한 우리는 호미닌 화석들에 부여된 연대를 일반적으로 그것들을 얻는 데 사용된 방법의 한계 내에서 믿을 만한 것으로 여긴다. 그러나 RTB 모델은 호미니드를 인류의 진화를 보증하는 과도기적 형태로 여기기보다 하나님에 의해 창조된 생물(동물)로 해석한다. 이 특별한 피조물은 서서 걷고 조잡한 연장을 조립하고, 심지어 어느 단계의 '문화'를 만들어 낼 정도의 지능을 갖고 있었다. 그러나 RTB는 호미니드들이 영적 존재가 **아니었다**고 주장한다. 그들은 하나님의 형상을 따라 지음받지 **않았다**. RTB 모델은 이 지위를 배타적으로 아담 및 하와와 그들의 후손(현대인)을 위해 유보한다.

우리의 모델은 호미니드와 현대의 인간 사이에서 여러 생물학적 유사성만이 아니라 중대한 차이도 발견한다. 가장 큰 차이는 그들의 인지 능력과 행동 패턴, 기술적 발전, 문화, 특히 예술적이고 종교적인 표현과 관련되어 있다. (현대의 인간과 호미니드 사이의 인지적 차이는 11장에서 상세하게 논의될 것이다.)

왜 진화론적 해석에 의문을 제기하는가? 어떤 이들은 우리가 어떻게 과학적 관점에서 인간 진화에 대한 우리의 회의주의를 정당화시키는지 궁금해할 수 있다. 이 질문에 철저하게 답하는 것은 이 장의 범위를 넘어선다.[1] 우리의 관점에서 인간의 진화가 타당한 것이 되려면, 오스트랄로피테쿠스와 원시적인 호모 종들을 연결하고 이어서 이런 호미니드들과 현대인을 연결하는 과도기적 형태가 화석 기록을 통해 식별되어야 한다.

이 연결점에서 고인류학자들은 현대인을 낳은 자연주의적 경로를 합리적으로 그려 내지 못한다. 사실 우리는 과연 이것이 언제 가능할지에 대해 의문을 품고 있다. 고인류학자들은 호미니드들 가운데 존재하는 진화적 관계, 특히 현대인으로 이어지는 경로에 관해 의견의 일치를 이루지 못하고 있다. 인간의 진화에 관한 교과서나 논문을 자세히 살펴보면 이런 갈등이 드러난다. 이런 중대한 실패에 비추어, 우리는 인간의 진화를 하나의 가설 이상으로 여기는 것은 정당하지 않다고 믿는다. **인간의 진화가 발생했다는 것은 그것이 어떻게 발생했느냐 하는 것만큼이나 하나의 가설이다.**

호미닌 화석 기록의 본질 대부분의 사람들은 호미니드 화석에 대해 생각할 때 거의 완전한 골격을 지닌 유골들을 상상한다. 인기 있는 화석 프

---

1   인간의 진화에 대한 포괄적인 비판과 이 에세이에서 인용된 과학 문서들에 관해 관심이 있는 독자들에게는 Fazale Rana and Hugh Ross, *Who Was Adam? A Creation Model Approach to the Origin of Humanity* (Covina, CA: RTB Press, 2015)의 증보판을 권한다.

리젠테이션은 거의 언제나 90퍼센트 이상의 완전한 골격을 지닌 터카나 소년의 표본이나 거의 40퍼센트 이상의 완전한 뒷머리뼈 골격을 지닌 루시의 표본을 제시한다. 그러나 이런 표본들은 흔하지 않다. 대부분의 호미니드 화석들은 부분적인 두개골과 부분적인 턱뼈, 빠진 이빨, 자주 분리된 팔다리 파편들로 이루어져 있다. 고인류학자들은 완전한 유골은 말할 것도 없고 완전한 두개골조차 거의 만나지 못한다. 화석 기록에서 광범위하게 나타나는 호미니드 종들은 거의 없다. 대부분의 경우 연구자들은 어떤 종을 제한된 숫자의 파편적인 화석 발굴물과 한 줌의 표본을 토대로 규정할 뿐이다.

충분한 수의 표본들이 없으면 고인류학자들은 하나의 개체군 내에서 발생하거나 지형과 시간을 가로지르며 발생하는 형태학적 변이의 범위를 정확하게 해독하지 못한다. 이런 지식이 없는 상태에서 과연 지질학적 시대의 두 시기에 나온 형태학적 차이를 지닌 호미니드들이 진화적 연관성을 지닌 두 개의 구별된 종을 나타내는 것인지, 아니면 특정한 종 내에 존재하는 변이의 범위를 나타내는 것인지는 분명하지 않다.

종종 호미니드의 유골들은 화석화되기 전에 으깨지거나 흩어진다. 더 나아가 지질학적 진행에 의해 형태가 훼손된다. 이런 한계들이 호미니드 화석 기록에 대한 적절한 분석을 매우 어렵게 만든다. 호미니드 화석의 왜곡과 변형은 정확한 진화의 나무를 구성하는 고인류학자들의 능력을 약화시킨다. 최근에 오스트랄로피테쿠스 아파렌시스 혹은 '루시'의 화석 발견이 예시하듯이, 이것이 인간의 진화라는 시나리오에 대해 갖는 함의는 아주 크다.

사례 연구: 인간의 진화에서 루시가 갖는 지위 표준적인 진화적 견해는 루시를 유인원 조상으로부터 현대인에 이르는 직접적인 경로에 위치시킨

다. 추정컨대, 아르디피테쿠스 라미두스(약 450만 년 전)가 오스트랄로피테쿠스 아나멘시스(약 4백만 년 전)를 낳았을 것이다. 이 호미드는 오스트랄로피테쿠스 아파렌시스로 진화했고, 그것이 나중에 인간속에 속하는 최초의 구성원인 호모 하빌리스를 낳았다. 인류학자들은 오스트랄로피테쿠스 아파렌시스가 오스트랄로피테쿠스 아프리카누스를 포함하고 파란트로푸스속(the genus *Pranthropus*)으로 분류된 세 종인 파란트로푸스 보이세이(*P. boisei*), 파란트로푸스 아에티오피쿠스(*P. aethiopicus*), 그리고 파란트로푸스 로부스투스(*P. robustus*)로 끝났던 두 번째 진화의 가지를 낳았다고 믿는다.

2002년에 고생물학자들이 루시를 발굴했던 장소로부터 1.6킬로미터 떨어진 곳에서 발굴한 오스트랄로피테쿠스 아파렌시스의 턱뼈에 대한 분석은, 진화론적 관점에서 볼 때 루시가 배타적으로 오스트랄로피테쿠스 아프리카누스와 파란트로푸스로 이어지는 가지의 일부였음을 지적한다. 턱뼈에 대한 해부에 근거해 판단하자면, 루시는 현대인으로 이어지는 혈통에 직접 속할 수는 없었다. 사정이 그러하다면, 그때 루시의 새로운 지위는 오스트랄로피테쿠스 아나멘시스와 호모 하빌리스(250만 년 전) 사이의 화석 기록에 2백만 년의 간격을 남긴다.

2010년 여름에 한 무리의 고인류학자들이 약 360만 년 전의 것으로 추정되는 오스트랄로피테쿠스 아파렌시스의 뒷머리뼈 유골의 놀랄 만큼 완벽한 컬렉션을 구성하는 화석을 발견했다. 약 320만 년 전의 것으로 추정되는 루시 표본의 유골―그것은 오스트랄로피테쿠스 아파렌시스가 유인원과 같은 신체 비율을 가진 소형 생물체였음을 의미했다―과 달리, 그 새로 발견된 화석은 오스트랄로피테쿠스 아파렌시스가 호모 에렉투스와 아주 흡사한 신체 비율을 갖고 있으며 선 키가 약 150센티미터 정도 된다는 것을 분명하게 보여 주었다. 또한 이 종은 오스트랄로피테쿠스 아파렌시스가 오랫동안 루시가 그랬다고 간주되어 왔던 것처럼 선택적인(기능적인 혹은 임의적인) 두발 보행이 아니라 불가피한(즉 다른 합리적 대안을 갖고 있지 않은) 두발 보행을 했음을 보여 주었다.

다시 말해, 루시 표본―그것은 단지 오스트랄로피테쿠스 아파렌시스의 전형적 인물이 아니라 화석 기록 속의 다른 호미니드들의 생물학을 해석하는 데 사용되는 핵심적 호미니드였다―은 이례적이었던 것이고 30년 넘게 고인류학자들을 잘못 이끌어 왔던 셈이다.

약 320만 년 전의 것으로 추정되는 오스트랄로피테쿠스 아파렌시스의 것으로 알려진 중족골 화석을 조사했던 다른 연구팀으로부터 오스트랄로피테쿠스 아파렌시스의 생물학과 루시의 진화적 지위에 대한 이런 새로운 이해를 지지하는 자료가 나왔다. 에디오피아 하다르 지역에서 발견된 이 발뼈의 구조는 그 발의 전체적인 구조를 이해하는 데 유용했다. 이 뼈의 건축학적 특징은 오스트랄로피테쿠스 아파렌시스가 사람속의 구성원들과 같은 아치형의 발을 갖고 있었음을 알려 준다. 이 새로운 통찰은 오스트랄로피테쿠스 아파렌시스가 호모 에렉투스의 그것과 같은 형태의 두발 보행을 했음을 의미한다. 즉 이 종은 선택에 의해서가 아니라 불가피하게 두발 보행을 했던 것이다.

라에톨리에서 발견된 발자국들은 오스트랄로피테쿠스 아파렌시스의 걸음걸이를 이해하는 데 특별히 중요하다. 약 370만 년 전까지 거슬러 올라가는 이런 발자국 화석들은 화산재를 밟으며 걸었던 세 개체에 의해 만들어졌다. 고인류학자들은 어느 오스트랄로피테쿠스 아파렌시스 가족이 이런 발자국을 만들었다고 믿는다. 라에톨리 발자국은 논쟁의 근원이 되어 왔다. 이 발자국들에 대한 분석은 오스트랄로피테쿠스 아파렌시스가 사람속의 구성원들처럼 불가피한 두발 보행을 하면서 걸었음이 분명하다는 것을 보여 준다. 2012년에 출판된 한 모델링 연구 결과는, 라에톨리 발자국을 만들었던 호미니드들이 선택적 두발 보행을 했던 것이 아니라 호모 에렉투스처럼 걸었다는 추가적인 증거를 제시한다.

호미니드 화석에 관한 절대적 표준인 루시 표본이 일탈적인 오스트랄로피테쿠스 아파렌시스였다고 판명이 날 수도 있다는 것은 정신을 번쩍 들게 한다. (그러나 몇몇 고인류학자들이 루시가 부적절하게 오스트랄로피테쿠스 아파렌시스의 일원으로 분류되었다고 주장해 왔다는 것에 주목할 필요가 있다. 실제로 그들은 그녀가 다른 호미니드 종에 속하는 남자였다고 주장한다. 다른 연구자들이 이런 주장을 논박해 왔다.) 루시의 특이한 해부학은 고인류학자들이 오스트랄로피테쿠스 아파렌시스의 생물학과 행동에 관한 잘못된 견해를 공식화하도록 만들었고, 그로 인해 호미니드 화석 기록이 가진 극도의 불완전성을 드러나게 했다. 이런 불완전성은 호미니드의 자연사에 대한 분명한 이해를 발전시키는 것과 이런 존재들과 현대인 사이의 진화적 관계를—그런 관계가 존재한다고 가정했을 때—확립하는 것을 불가능하게까지는 아닐지라도 매우 어렵게 만들었다.

루시의 생물학 및 인간의 진화에서 그녀가 차지하고 있는 위치를 둘러싼 혼란은 이례적인 것이 아니다. 새로운 호미닌 화석 발견물들이 인간의 진화에 관한 이론을 얼마나 자주 거듭해서 다시 쓰도록 만드는지 알면 놀라울 뿐이다.

호미닌의 진화의 나무를 만드는 것은 가능한가? 이런 어려운 와중에 마크 콜라드(Mark Collard)와 버나드 우드(Bernard Wood)가 함께 쓴 책 한 권이 호미니드들 사이의 진화적 관계를 수립하는 고인류학자들의 능력에 대해 심각하고도 근본적인 의문을 제기했다.[2] 그들의 견해에 따르면, 고인류학자들이 호미니드를 위해 구성하는 모든 진화의 나무는 늘 구제할 방법이 없을 만큼 불확실하다.

일반적으로 고인류학자들은 호미니드의 두개골과 이빨의 해부학적 특징들에 대한 비교를 통해 진화의 나무를 만든다. 그런 화석들이 그들이 활용할 수 있는 주된 자료를 제공하기 때문이다. 그러나 콜라드와 우드가 지적하듯이, 진화의 관계를 식별하기 위해 호미니드의 두개골과 이빨의 특징들을 사용하는 것이 유효했던 적은 거의 없다. 이런 주장을 하기 위해 그 두 명의 고인류학자들은 두개골과 이빨의 자료를 통해 구성된 진화의 나무들을 현재 존재하는 두 그룹의 영장류들을 위해 DNA와 단백질 염기서열을 바탕으로 만들어진 진화의 나무들을 비교했다. 전자에는 인간과 침팬지, 고릴라가 포함되었다. 후자는 개코원숭이와 마카크(일본 원숭이), 망가베이(서아프리카 원숭이)로 구성되었다. 이런 두 세트의 영장류 모두에서, DNA와 단백질 염기서열을 바탕으로 만든 진화의 나무들은 두개골과 이빨 자료를 통해 구성된 진화의 나무들과 크게 달랐다. 오늘날 진화생물학자들은 해부학적 특징들로부터 추론한 진화의 나무들보다는 분자 자료를 바탕으로 만들어진 진화의 나무가 본질적으로 훨씬 더 강력하다고 여긴다. 이런 발전으로 콜라드와 우드는 다음과 같은 결론을 내렸다. "오직 보다 높은 단계 영장류의 두개골과 이빨 증거로만 만들어진 계통수(진화의 나무)에 대한 확신을 갖기는 어렵다. 그로 인한 결과는 기존 인간의 진화에 관한 혈통 발생적 가정들이 신뢰할 만하지 않다는 것이다."[3]

이런 결과에 비추어 보면, "인간의 진화가 발생했다"는 주장은 과학적

---

2   Mark Collard and Bernard Wood, "How Reliable Are Human Phylogenetic Hypotheses?", *Proceedings of the National Academy of Sciences USA* 97 (April 2000): pp. 5003-5006; doi:10.1073/pnas.97.9. p. 5003.

3   같은 책, p. 5003.

으로 지지할 수 없는 진술이 된다. 인간이 생물학적 진화를 통해 유래했다는 것을 예증하기 위해서는 강력한 진화의 나무가 만들어져야 한다. 콜라드와 우드는 과학자들이 갖고서 작업해야 하는 거의 모든 것이 두개골과 이빨 자료뿐인 한 호미니드에 대해 그런 판단을 내리는 것은 절대로 가능하지 않을 수 있음을 보여 주었다. 실제로 최근의 연구는 이 문제가 호미드 화석 기록 너머로 확대된다는 것을 알려 준다. 핀란드 헬싱키 대학교의 진화생물학자들은 이빨 자료에 근거해 만들어진 **모든** 진화의 나무의 신뢰성에 대해 의문을 제기해 왔다.

    물론 호미닌 화석 기록이 인간의 진화라는 개념을 지지한다고 여기는 것은 완전하게 합리적이다. 그러나 고인류학자들은 현대인을 낳은 진화적 경로를 확인하지 못했다. 사정이 그러하다면, 과학적 근거라는 측면에서만 보더라도 우리가 인간의 진화라는 **사실**에 대해 회의를 품는 것 역시 동등하게 합리적이다.

후속 질문   로버트 스튜어트

랠프는 우리에게 인간이 하나님의 형상을 담지하는 역할을 배제하지 않으면서도 유인원으로부터 유래했다는 누적적인 주장을 제시했다. 그러나 그는 그런 주장이 입증된다고 말하려는 듯하다가 그만두고서 "화석 기록은 그들과 유인원과의 혈통적 연속성을 강력하게 암시한다"고 결론짓는다. 그는 더 많은 화석들이 발견되면 그런 주장이 강화되리라고 예측한다. 반면에 퍼즈는 현재 활용 가능한 증거를 고려한다면 랠프의 주장은 과장되었다고 주장한다. 우리의 두 필자는 증명의 부담과 관련해 서로 다른 견해를 보인다. 랠프는 인간이 유인원으로부터 진화되었음을 암시하는 증거를 보고 이런 진화를 부정하는 이들은 그들이 그렇게 여기는 반대 증거를 제시할 필요가 있다고 믿는다. 반면에 퍼즈는 랠프의 입장이 증거의 사슬에 존재하는 심각한 간격 때문에 지지를 얻을 수 없다고 여긴다.

랠프에게 진화를 위한 주장은 한 종류의 증거에 의존하지 않는다. 당신이 생각하기에 화석 기록은 얼마나 중요한가? 그것은 진화를 받아들이기 위한 필요조건인가? 아니면 단지 그 주장을 강화하는 근거인가? 만약 미래의 발굴물들이 당신이 예상하는 대로 당신의 입장을 강화해 주지 않는다면, 그것은 인간이 유인원으로부터 유래했다는 당신의 확신을 약화시키는가?

또한 나는 인간이 담지하는 하나님의 형상이 무엇인지에 관한 당신의 견해에 대해 좀더 듣고 싶다. 그것은 실체적인가, 관계적인가, 아니면 본질상 기능적인가?

퍼즈에게 왜 랠프는 당신의 관찰 주장에 대부분 동의하지 못하고 단지 당신이 기준을 너무 높이고 있다거나 잘못된 평가 기준을 적용하고 있다고 주장하는 것인가? 그는 그것이 결정적 증거가 아니라는 주장에 동의할 수 없고, 오히려 그 증거들은 진화와 일관되며 진화를 시사하기에 결과적으로 진화의 전반적 논거를 더욱 강화시킨다는 주장을 견지한다는 것인가?

바이오로고스의 답변　　　　　　　　　　　　　　　　랠프 스티얼리

바이오로고스 소속 학자들과 RTB의 연구자들은 고대의 유인원을 포함하는 화석 영장류가 수백만 년에 걸친 역사적 기간에 나타났다가 사라졌다

는 데 동의한다. 우리는 인간이 여러 면에서 다른 영장류와 다르다는 데 동의한다. 또한 인간이 하나님의 형상을 지니고 있다는 점에서 다른 영장류와 다르다는 데 동의한다. 우리는 인간이 하나님의 설계 안에서 특별한 역할을 하도록 창조되었다는 데 동의한다. 그러나 바이오로고스의 동료들과 RTB의 학자팀은 하나님이 인간의 구조를 끌어내기 위해 정상적인 창조적 계보 과정을 이용하셨는지와 관련해 견해가 다르다.

많은 이들이 자신들의 가계를 밝히는 데 관심이 있다. 그런 작업을 위한 자료의 근원은 다양하다. 출생과 사망 기록, 여객선의 승선자 명단, 토지 매매 기록, 교회 등록부, 가족묘에 새겨진 이름들과 출생 및 사망일 등등. 최근에는 부권 논쟁을 판결하는 데 도움을 주는 유전자 테스트가 일반화되었다. 보다 최근에는 23andMe(캘리포니아 서니 베일에 본사를 둔 개인 유전체공학 및 생명공학 회사―옮긴이) 같은 단체들이 혈통적 조상을 확인해 주는 비율을 0.1퍼센트의 오차범위 내에서 제공한다고 주장하고 있다. 이런 테스트들은 직접적인 계통 관계를 제공하지는 않으나 조상의 혈통적 성분과 관련해 폭넓은 정보를 제공한다.

계보학자들을 포함해 역사학자들은 늘 서로 다툰다. 우리는 이런 논쟁들을 더욱 많은 자료들을 통해 해결한다. 예컨대, 희곡 「에드워드 3세」가 윌리엄 셰익스피어의 작품인지에 관해 오랜 논쟁이 존재한다. 추정컨대 이 논쟁은 결국 해결될 것이다. 우리는 더 많은 조사들과 더 많은 자료들을 기반으로 하는 이 과정이 시간이 흐름에 따라 더 정확한 계보학적이고 역사학적 해석에 이르리라는 것을 안다.

해부학을 비롯해 공유된 생리학적 특성과 유전자에 기초해 판단해 보면, 모든 인간은 서로 연관되어 있다. 오늘날 모든 인간이 서로 연관되어 있지 않다고 가정하는 것은 터무니없어 보인다. 하지만 역사적으로 이것은 논란거리였다. 예컨대, 1550년 스페인 바야돌리드에 교황의 의회가 소집되어 아메리카의 원주민들이 실제로 인류의 나머지와 조상을 공유하느냐에 대해 논의를 벌였다. 도미니크회 사제였던 바르톨로메 데 라스 카사스(Bartolomé de las Casas)가 아메리카 원주민들의 인간성을 옹호했으나, 의회는 명확한 선언을 하지 않았다.

이와 유사하게, 오늘날 생물학자들은 해부학과 생리학적 유사성에 근거해 인간을 영장류에 포함시키며 이런 공유된 특징들이 공통 조상으로부터 유래되었다고 믿는다. 타이슨과 린나이우스, 헉슬리가 결코 상상하지 못했던 공유된 특징의 한 예는 영장류의 망막에 들어 있는 원뿔 색소인데, 그것은 모든 태반 포유류에게 독특하게 존재한다. 보다 큰 영장류 집단 안에서 인간은 현존하는 구세계의 원숭이 및 유인원과 여러 특징들을 공유한다. 가령, 그들 이빨의 수와 위치가 같다. 인간은 구대륙의 유인원과 해부학적·생리학적으로 그 이상의 분화를 공유하지만 구세계의 원숭이들과는 그렇지 않다. 공유된 유전자적 특성들은 관련성이라는 가설을 시험할 또 다른 자료 세트를 제공한다. 예컨대, 인간, 다른 유인원, 그리고 구세계의 원숭이는 모두 중복된 X염색체 옵신 유전자—우리의 색각(color vision)의 질에 대한 책임을 맡고 있으며 이 집단에만 독특하다—를 갖고 있다. 특별히 1920년대 이후 점점 늘어나고 있는 인간과 유인원의 화석 기록은 관련성이라는 가설을 시험할 또 다른 범주의 자료를 제공한다.

인간은 대형 유인원과 해부학적으로 놀라울 정도로 유사하다. 이것은 타이슨 시대 이후부터 인정되어 온 사실이다. 바로 그런 이유로 인간은 호미니대과에 속한 유인원과 함께 분류된다. 그러므로 인간은 호미니드다. RTB팀은 왜 호미니대과의 비인간 구성원들에게만 **호미니드**라는 용어를 사용하는가? 바이오로고스 소속 과학자들은 RTB의 학자팀처럼 하나님이 고릴라와 침팬지, 인간 같은 현존하는 유인원들을 포함해 다양한 호미니드종을 창조하셨다고 이해한다. 그러나 ('호미닌'이라는 용어에 대해서와 유사하게) 오직 비인간 호미니드들에 대해서만 '호미니드'라는 용어를 사용하는 것은 부정직한 것이다.

고인류학자는 역사가나 지질학자처럼 새로운 데이터를 찾는다. 2010년에 있었던 오스트랄로피테쿠스 아파렌시스 뒷머리뼈의 경우처럼 양질의 발견물들은 혈통과 그것에 수반하는 역사적 시나리오에 대한 우리의 재구성을 수정하도록 재촉한다. 예컨대, 이런 새로운 뒷머리뼈 유골들은 라에톨리 호미니드의 발자국에 책임이 있는 개체를 둘러싼 논쟁을 해결해 준다. 이런 화석들은 역사 이전 시대의 에피소드에 대한 우리의 이해에 보다 큰 명확성을 부여한다. 그것들은 과정을 무효화하지 않는다. 이런 자료들은 인간의 계통학에 대한 이해를 극적으로 변경시키지 않았다.

일부 호미니드 화석들은 왜곡을 겪었다. 물론 그중 많은 것들은 마멸되었다. 고생물학자들은 그런 화석들을 해석할 때 신중해지도록 교육을 받는다. 다른 화석들은 훨씬 더 원시 상태 그대로다. 내가 어느 조상의 생존 연대를 정하기 위해 1850년대에 출토된 비석을 조사한다면, 나는 풍파를 견뎌내고 또렷한 연대를 밝혀 주는 경질석과 풍파에 마모되어 연대를 빈약하게만 보존하고 있는 연석의 차이에 대해 말할 수 있을 것이다. 그러나 이런 식별 과정은 묘비를 족보의 재구성을 위한 증거로 사용하는 방법을 무효화시키지 않는다. 이와 비슷하게, 범죄 현장에서 체액에 대한 유전자 검사는 그것 자체의 오차의 한계에 대한 책임을 져야 하지만 그 방법은 여전히 유효하다.

오스트랄로피테쿠스 아파렌시스 혹은 그것과 아주 유사한 그 무언가는―내 생각에 퍼즈는 그것을 받아들이는 것처럼 보이는데―오스트랄로피테쿠스 아프리카누스로 이어지는 혈통에 속해 있을 수 있다. 그러나 나는 왜 이 장에 대한 퍼즈의 기고문이 오스트랄로피테쿠스 아프리카누스를 연관성 있는 방계로 다루지 않는지 모르겠다. 대부분의 계통발생론은 오스트랄로피테쿠스 아프리카누스를 사람속의 혈통적 조상에 근접한 어딘가에 포함시킨다. 그러므로 화석들에 대한 나의 해석에 따르면, 오스트랄로피테쿠스 아파렌시스 혹은 그것과 아주 유사한 그 무언가는 오스트랄레피테쿠스 아프리카누스의 조상이었다. 오스트랄로피테쿠스 아프리카누스는 차례대로, 아마도 파란트로푸스 로부스투스처럼 큰 턱을 지닌 '강건한' 오스트랄로피테쿠시네와 호모 하빌리스 모두를 낳은 호미니드 집단을 대표할 것이다. 나중에 나는 바로 이 지점에서 내가 오류를 범했음을 깨닫게 될지도 모르겠다.

  오늘날 다세포 동물들은 해부학에 의해 점점 더 중첩되는 유기체들의 집합으로 무리 지어질 수 있다. 그러므로 영장류에는 인간을 포함하는 호미니드를 포함하는 유인원이 포함된다. 화석 기록은 오늘날 중첩된 유기체들 사이의 구조적 연관성을 보여 주는 역사 속의 훨씬 더 많은 유기체들을 제공한다. 지난 2백여 년 동안 점점 더 많은 호미니드 화석들이 발굴됨에 따라 인간과 다른 호미니들 사이의 족보상 연관성은 점진적으로 더욱 분명해졌다. 새로운 자료들과 주장들이 이 과정을 추진하는 데 도움을 주고 있다. 그것들은 많은 그리스도인들이 그렇게 생각하는 것처럼 그 과정을 무효화시키지 않는다. 그러므로 육안 해부학과 조직 생체, 유전자, 화석에서 나온 자료들의 융합은, 내가 믿기로 우리가 족보의 패턴에 대한 우리의 그림을 계속해서 인간 몸의 기원에 맞추게 할 것이다.

  인간은 다른 유기체들과 많은 특성들을 공유한다. 예컨대, 우리는 살아남기 위해 먹고 숨을 쉰다. 우리는 무언가에 베이면 피를 흘린다. 또 배변 활동을 한다. 이런 공통성들이 인간의 독특성에 관심을 두는 그리스도인들을 괴롭히는 것처럼 보이지는 않는다. 인간은 다른 유기체들과 달리 하나님의 창조 세계 안에서 우리의 위치와 연관된 행동, 언어, 정신적·윤리적 능력을 갖추고 있다. 지금 공통 조상 이론은 검증을 받는 중이다. 나는 공통 조상이 언젠가 앞서 언급한 공통성보다 더 큰 걱정거리가 되리라고 생각하지 않는다.

이 답변의 첫 단락에서 나는 RTB와 바이오로고스의 동료들 사이에서 이루어진 여러 합의 사항들을 강조했다. 나는 우리의 대화를 즐겼고 RTB팀이 기독교 신앙과 역사적 과학을 조화시키기 위해 보여 준 노력에 감사를 드린다. 나는 퍼즈와 휴를 비롯해 다른 RTB팀 구성원들과의 오랜 우정을 기대하며 우리의 대화가 앞으로도 계속되리라고 믿는다.

믿어야 할 이유의 답변　　　　　　　　　　　　　　　　퍼즈 라나

랠프 스티얼리와 나는 다음과 같은 사항에 동의한다. 호미니드 화석은 실재하며 연대 측정도 믿을 만하다. 그것들은 우리에게 이런 생물들의 자연사에 관한 정보, 잠재적으로 그들의 진화적 관계에 관한 정보를 제공한다. 또한 나는 호미니드 화석 기록이 인간의 진화를 위한 증거로 간주될 수 있다는 데 동의한다. 사실 진화생물학자들은 호미니드 화석 기록이 찰스 다윈이 『인간의 유래』(*The Descent of Man*)에서 했던 예측을 성취한다고 주장한다. 다윈은 원숭이 같은 조상으로부터 현대인의 진화적 출현의 증거를 제시하는 과도기적 형태가 아시아나 아프리카에서 발견될 것이라고 주장했다.

그러나 나는 단 하나의 만족할 만한 예측이 인간 진화의 타당성을 확립해 주기에 충분한지에 대해서는 의문을 품고 있다. 내가 앞에서 지적했듯이, 호미니드 화석 기록은 인간과 대형 유인원 사이의 유전적 유사성처럼 인간의 기원에 관한 우리의 창조 모델에 쉽게 수용된다.

밥 스튜어트는 혹시 내가 진화생물학자들에게 그들의 이론이 추가적인 예측들을 만족시킬 것을 요구함으로써 "기준을 너무 높이고 있는 것" 아니냐고 물었다. 나의 즉답은 '아니요'다. 한 과학 이론의 타당성을 확립하는 문제와 관련해 너무 높은 기준은 있을 수 없다. 과학이 그것의 가장 순수한 형태로 수행되려면, 그 이론은 계속해서 혹독한 시련과 맞서야 한다. 그것은 계속해서 검증받아야 한다.

과학 공동체가 이런 기준을 유지하는 것에 관한 한 가지 두드러지는 예는 2004년 봄에 미항공우주국(NASA)이 측지 효과(geodetic effect), 곧 지구에 의해 야기되는 시공간의 곡률 현상을 측정하기 위해 그래비티 탐사 B호를 발사했을 때 나타났다. 그 실험을 위한 비용은 무려 7억 5천만 달러였다! NASA는 많은 이들이 물리학에서도 가장 잘 확립된 원리들 중 하나라고 여기는 일반상대성 이론을 좀더 확실하게 보증해 줄 증거 하나를 얻기 위해 그 모든 비용과 노력을 감당했다.

이런 유형의 실험이 중요한 것은, 그것들이 자연에 대한 더 깊은 이해와 기존의 이론적 틀을 대체할 새롭고 더 나은 이론을 도입하는 것으로 이어질 수도 있는 비정상성—이론 내의 균열들—을 드러낼 수도 있기 때문이다. 일반상대성 이론이 그래비티 탐사 B호에 의해 제기된 시험을 통과하지 못했다면, 아마도 그것은 그 이론의 타당성에 대한 재고의 필요성을 알리는 신호가 되었을 것이다. 그 이론에서 아무리 많은 다른 예측들이 만족스러웠을지라도 말이다. 그렇다면 왜 인간의 진화가 이 기준을 유지해서는 안 되는가?

바로 그것이 내가 고생물학자들이 더욱 상세하고 민감한 테스트를 적용함으로써 인간의 진화에 관한 이론을 계속해서 평가해야 한다고 주장하는 이유다. 여기에는 호미니드들 사이에 명확한 진화적 관계를 수립하는 것과 호미니드 화석 기록을 통해 현대인에게까지 이르는 분명한 진화적 통로를 확인하는 것을 포함한다. 내가 이 장 초반에 설명했던 것처럼, 이런 타당한 요구가 인간의 진화에 관한 이론에 적용될 경우 그 이론 안에 있는 균열들이 분명하게 드러난다. 아마도 우리는 이런 실패가 그 이론을 포기할 충분한 이유가 되지 않는다고 주장할 수 있을 것이다. 그러나 그것은 순전히 과학적인 이유에서 인간의 진화에 관한 회의론을 타당하게 펼칠 수 있게 해 준다.

랠프 스티얼리와 밥 스튜어트는 더 많은 호미니드 화석들이 발견되면, 인간의 진화에 대한 주장이 강화될 것이라고 지적한다. 그러나 내가 『아담은 누구였는가?』(*Who Was Adam?*)에서 상세하게 설명했듯이, 지난 20여 년 동안 고인류학 분야에서 이루어진 연구 결과들은 그런 주장을 지지해 주지 않는다.

근래에 들어와 새로운 호미니드종들에 대한 몇 가지 두드러진 발견들과 새로운 종들에 관한 확인이 있었다. 그러나 이런 발견들은 반복해서 변함없이 호미니드의 자연사와 인간의 진화에 대한 이해에 명확성이 아니라 혼란을 초래했다. 오늘날 "새로운 호미니드 발견, 인간 진화의 나무를 흔들다" 혹은 "새로운 발견, 인간 진화를 새로 쓰다" 같은 신문의 헤드라인을 읽는 것은 진부한 일이 되었다. 인간 진화의 나무는 지난 20여 년간 너무 많이 흔들려서 그 나무의 가지에 열매가 거의 남아 있지 않을 정도가 되었다.

과학자로서 나의 연구 경험에 비추어 볼 때, 만약 한 이론이 강건하다면 새로운 발견들은 명확성과 통찰을 더해 준다. 그런 발견들은 그 이론에 대한 확신을 더욱 견고하게 해 준다. 그러나 만약 한 이론에 타당성이 부족하다면, 새로운 발견들은 혼란과 혼돈으로 이어진다. 그것은 그 개념을 포기하거나 심각하게 재고해야 할 때를 알리는 신호가 될 수 있다. 설령 그 이론이 몇 가지 최초의 예측에서 만족스러운 결과를 내었을지라도 말이다. 한 이론의 타당성 척도는 그것이 계속되는 시험을 얼마나 잘 견뎌내느냐, 새롭고 예기치 못했던 발견들을 얼마나 잘 수용하느냐 하는 것이다. 인간의 진화에 관한 이론은 이 점에서 부족하다. 과학 공동체 내의 많은 이들이 진화적 패러다임―방법론적 자연주의라는 철학적 틀 안에서 솟아 나온―에 사전에 완전히 몰두했기 때문에 이런 유형의 실패들이 인간의 기원에 대한 진화적 설명에 맞서는 것으로 간주되지 않고 있다고 설명할 수 있다.

결론

로버트 스튜어트

나는 랠프와 퍼즈의 말을 들을 때마다 무언가를 새로 배운다. 특히 랠프가 주제와 관련된 자료들을 다루는 솜씨에 깊은 인상을 받았다. 그가 제시한 예들은 고생물학자가 아닌 이들에게 아주 유용하다. 그러나 나는 다음 두 가지가 우려된다. 첫째, 그는 RTB가 "('호미닌'이라는 용어에 대해서와 유사하게) 오직 비인간 호미니드들에 대해서만 '호미니드'라는 용어를 사용하는 것은 부정직한 것이다"라고 쓴다. 나는 RTB가 그 용어들을 그들의 방식대로 사용하는 것이 부정직하다고 생각하지 않는다. 나는 RTB팀이 이중적이거나 기만적이거나 성실하지 않거나 혹은 '부정직한'에 해당하는 다른 일반적인 동의어들에 해당하는 일을 하고 있다고 생각해 본 적이 없다. 그들은 이런 용어들을 이해하고 사용하는 방식에서 난해하거나 특이할 수는 있으나, 부정직하지는 않다. 그들은 자기들이 왜 어떻게 그 용어들을 그런 식으로 사용하는지를 설명하는 데 신중해야 할 필요가 있다. 둘째, 나는 랠프가 쓴 글을 아주 즐겁게 읽기는 했으나 그가 내가 제기한 질문을 다루었다고 여길 수는 없다.

나는 퍼즈가 나의 질문을 오해했다고 생각한다. 그는 랠프와 내가 "더 많은 호미니드 화석들이 발견되면, 인간의 진화에 대한 주장이 강화될 것이라고 지적한다"라고 썼다. 그러나 사실 내가 랠프에게 물은 것은 당신이 예측하는 대로, "만약 미래의 발굴물들이 당신의 입장을 강화시켜 주지 않는다면, 그것은 인간이 유인원으로부터 유래했다는 당신의 확신을 약화시킬 것인가?"였다.

나는 "만약 한 이론이 탄탄하다면, 새로운 발견은 명확성과 통찰을 더해 준다. 그런 발견은 그 이론에 대한 확신을 견고하게 해 준다"라는 말과 새로운 발견은 흠이 있는 이론들을 훼손할 것이라는 말에 전적으로 동의한다. 그러나 내가 기준을 너무 높이는 것과 관련해 그에게 물었던 질문은 과연 그가 너무 빨리 너무 많은 것을 요구하고 있는 것은 아닌가였다. 그것이 가능할 경우, 과연 우리가 추가적인 화석 증거들을 계속해서 시험해 보아야 하는가가 아니었다.

결론적으로 나는 내가 우리의 두 필자들 사이에 서서 두 사람 모두에게 부분적으로는 동의하고 부분적으로는 동의하지 않고 있음을 발견한다. 우리는 더 많은 증거들을 기다리고 있으며, 그 증거들은 평가를 받아야 한다. 우리는 그런 평가에 의존해야 한다. 나는 우리가 화석 하나만으로 모든 이야기를 할 수는 없다고 생각한다. 화석은 인간의 진화에 관한 이론을 온전하게 확립해 주지 못한다. 진화를 위한 주장은 누적적인 주장이기 때문이다. 또한 나는 그것이 논리적으로는 가능할지라도 화석이 인간의 진화를 완전하게 훼손하리라고 예상하지도 않는다. 그럼에도 물론, 화석은 멋지다!

10장 생물학적 증거

유전학은 공통 조상을 가리키는가?

존 랭, 데럴 포크, 퍼즈 라나

남침례회 진행자 존 랭

아마도 20세기 말의 가장 흥미로운 과학적 사건은 DNA의 이중 나선 구조의 발견과 그에 따른 인간 게놈 지도의 작성일 것이다. 인간 게놈 프로젝트(HGP)의 전 책임자이자 바이오로고스의 초대 회장인 프랜시스 콜린스는 그런 연구가 수많은 치명적인 질병들에 대한 치료와 치유를 약속하는 것에서 하나님의 손이 작동하고 있음을 보았다.[1] 그 작업의 몇 가지 가장 놀라운 적용점들은 언론의 광범위한 관심을 불러일으켰다.

인간의 유전적 특징에 관한 연구 중 두 분야가 특별히 그리스도인들에게 관심과 우려의 대상이 되었다. 첫 번째 분야는 인간 DNA가 상대적으로 복잡하지 않고 다른 동물들의 DNA와 비슷하다는 것과 연관되는데, 그것은 인간의 독특한 지위에 대해 의문을 제기하는 것처럼 보인다.[2] 예컨

---

1   Francis Collins, *The Language of God: A Scientist Presents Evidence for Belief* (New York: Free Press, 2006), pp. 118, 124. 『생명의 언어』(북하우스).
2   Collins는 자신의 발견을 통해 제기된 인간의 고유성에 관한 몇 가지 우려들을 훌륭하게 다룬다(같은 책, p. 125). 물론 이것은 인간이 하나님의 형상을 따라 지음받았다는 신학적 개

대, 인간과 침팬지 DNA의 유사성은 공통 조상에 대한 증거로, 때로는 인간이 아닌 생물들의 인간성에 대한 주장을 입증하는 데 널리 사용된다.[3] 이에 대응해 많은 그리스도인들이 이런 함의에 대해 도전했고, 심지어 어떤 이들은 통계 자체를 의심하기 시작했다.[4] 예컨대, 번 포이트레스(Vern Poythress)는 96-99퍼센트에 이르는 대응률에 대한 보고는 통계의 전제와 숨겨진 가정으로 인해 오해될 수 있다고 주장했다.[5] 과학의 상세한 내용은 일반 독자에게는 확실히 너무 전문적이다. 하지만 몇 가지 명확한 설명이 도움이 될 것이다.

두 번째 영역은 과학자들이 유전자 코드와 집단유전학에 대한 연구를 통해 인간의 혈통을 아담과 하와에까지 추적할 수 있다는 유명한 보고와 관련이 있다.[6] 어떤 이들은 '미토콘드리아 하와'와 'Y-염색체 아담'의 발견

넘에 대해 모종의 함의를 지니는데, 우리는 그것을 다음 장에서 다룰 것이다.

[3] 동물권 운동가인 Peter Singer와 Paolo Cavalieri는 이 분야에서의 그들의 활동이 대형 유인원들에게 법적 권리, 곧 일반적으로 인간에게 부여되는 권리를 부여하기 위한 로비 활동으로 이어지기를 바라고 있다. Singer and Cavalieri, eds., *The Great Ape Project: Equality Beyond Humanity* (New York: St. Martin's, 1993), pp. 1-3. Jared Diamond는 특별히 동물을 다루는 우리의 윤리적 태도가 재고되어야 한다고 주장한다. Diamond, "The Third Chimpanzee", 같은 책, pp. 99-100.

[4] 논의해 볼 만한 또 다른 질문은 DNA 염기서열과 유사성이 진화적 조상 관계에 대한 믿을 만한 지표의 역할을 할 수 있는가다. 예컨대, 인간의 DNA가 대형 유인원의 DNA와 가장 가깝다는 것은 놀랄 일이 아니지만, 동일한 접근법은 인간이 진화적으로 두더지나 뒤쥐보다 생쥐와 쥐에 더 가깝다는 주장으로 이어지는 것처럼 보인다(Collins, *Language of God*, fig. 5.1, p. 128를 보라). 『신의 언어』(김영사). Collins는 진화적 관계를 적절하게 판단하기 위해서는 유전적 유사성 외에도 다른 여러 요소들(가령, 화석 자료와 해부학적 관찰 등)이 고려되어야 한다고 신중하게 지적한다.

[5] Vern Poythress, "Adam Versus Claims from Genetics", *Westminster Theological Journal* 75 (2013): pp. 65-82. Poythress는 그 높은 비율은 오직 몇 가지 정렬 혹은 일치하는 염기서열이 이미 존재하는 DNA 영역들만을 설명하며 전체 DNA 중 28퍼센트는 '정렬의 문제' 때문에 평가에서 배제되어야 한다고 지적한다(p. 67). Poythress는 Ingo Ebersberger et al., "Genomewide Comparison of DNA Sequences Between Humans and Chimpanzees", *American Journal of Human Genetics* 70, no. 6 (June 2002): pp. 1490-1497에 의한 과학적 연구를 증거로 인용한다.

[6] 예컨대, Josh Ulick, "The Path Back to 'Adam' and 'Eve'", *Newsweek* 147, no. 6 (February 6, 2006): p. 49; Elizabeth Barber, "Genetic Adam and Eve Could Have Been Contemporaries, Scientists Say", *Christian Science Monitor*, August 2, 2013.

이 인간이 사실상 공통 조상(최초의 부모)을 갖고 있음을 의미한다고 주장해 왔다. 반면, 다른 이들은 그런 연구들이 그런 연관성을 암시하지 않는다고 주장한다.[7]

이 장에서 데럴 포크와 퍼즈 라나는 인간 유전학 분야에서 이루어진 최근의 연구를 둘러싼 복잡한 문제들, 곧 인간의 DNA와 다른 생물들의 DNA 관계, 유전자 연구에 대한 현재의 이해에 반영된 인간의 기원에 관한 질문들에 대해 논할 것이고, 그런 문제들이 그들 각각 단체의 작업에 어떻게 반영되고 있는지 설명할 것이다.

바이오로고스 데럴 포크

많은 이들에게 진화, 특히 인간 진화의 증거에 대해 말하는 것은 몹시 어려운 일이다. 나 자신부터 진화가 어떻게 나의 기독교 신앙과 조화를 이룰

---

[7] Rebecca L. Cann, Mark Stoneking, and Allen C. Wilson, "Mitochondrial DNA and Human Evolution", *Nature* 325 (1987): pp. 31-36; Peter A. Underhill et al., "Y Chromosome Sequence Variation and the History of Human Populations", *Nature Genetics* 26 (2000): pp. 358-361. James Marcum은 Wilson et al. at the University of California at Berkeley이 미토콘드리아 DNA와 그것이 인간의 기원에 대해 갖는 함의에 관해 수행한 연구의 몇 가지 한계들을 지적한다. 예컨대, 미토콘드리아 하와는 지구상의 모든 인간의 최초의 어머니가 아니라 단지 연구의 대상이 된 여자들(예외적으로 작은 표본)과 조상 관계를 가진 개인을 대표할 뿐이다. 이것은 과학적 연구를 위한 역방향 예측이 갖고 있는 보다 큰 어려움에 대한 징후일 뿐이다. 표본의 크기, 예측 가능성, 지속성 등등에 관한 많은 가정들이 이루어져야 한다. 비록 Underhill et al. at Stanford University가 수행한 연구가 보다 큰 표본(150 미만이 아니라 1천 개 이상의 개체들)을 지닌 더 확장된 것이었다고 할지라도, 유사한 문제가 Y-염색체 아담에 대해서도 존재한다. James A. Marcum, "Human Origins and Human Nature: Mitochondrial Eve and Y-Chromosomal Adam", *Faith & Philosophy* 26, no. 5 (2009): pp. 566-570. 또한 Marcum, "Metaphysical Foundations and the Complementation of Science and Theology", *Journal of Interdisciplinary Studies* 17 (2005): pp. 45-64를 보라.

수 있는지를 이해하는 문제로 씨름해야 했었다.⁸ 그러나 생물학과 유전학을 연구하면 할수록 나는 점점 더 진화를 하나님이 지구상에 생명체를 창조하신 방법을 묘사하는 훌륭한 과정으로 보게 되었다.

우리의 몸을 이루는 방식에 관한 코드 정보는 DNA 분자에서 발견되며, DNA 분자의 전체 세트는 **게놈**(genome)이라고 불린다. 인간과 침팬지의 경우, 시퀀싱(sequencing)이라는 프로세스를 통해 32억 비트의 코드(뉴클레오티드) 배열이 결정되었다. 침팬지와 인간의 염기서열 대부분은 나란히 배열될 수 있는데, 그럴 경우 그 두 염기서열은 그중 단지 1.4퍼센트의 불일치만을 드러낸다. 한 종에는 염기서열의 작은 조각이 존재하는데 다른 종에는 존재하지 않는 부분들도 있다. 이처럼 삽입된 혹은 삭제된 조각들이 그 두 종 사이의 1.4퍼센트의 차이를 구성한다. 몇 가지 다른 차이들도 존재한다. 그러나 게놈의 대부분에서 인간과 침팬지의 코드 정보는 97퍼센트 이상이 동일하다.

그러나 겉보기에 이 정도로 높은 유사성이 우리와 침팬지가 실제보다 유전적으로 훨씬 더 가까운 것처럼 보이게 만들 수 있음을 지적하는 것이 중요하다. 결국 게놈의 거대한 규모를 감안할 때, 그 두 종 간의 코딩상의 차이 1.4퍼센트는 3천 5백만 개의 단일 단위 코드 변화를 나타낸다. 삽입과 삭제 그리고 다른 게놈상의 차이를 고려할 때, 그 두 종은 유전적으로 다를 수 있는 거대한 가능성을 갖고 있다. 인간은 사실상 유전적·문화적·심리적·영적으로 독특한 존재다.

그러나 우리가 독특하기는 할지라도 하나님이 그런 독특함을 어떻게 가져오셨는지에 관한 문제는 여전히 남아 있다. 인간의 창조는 즉각 일어났

---

8   Darrel R. Falk, *Coming to Peace with Science* (Downers Grove, IL: InterVarsity Press, 2004)를 보라.

을까, 아니면 점진적 과정을 통해 일어났을까? 유전적 증거에 대한 상세한 분석은 이 질문에 대해 분명하게 답한다. 이 장은 그 결과를 요약한다.

돌연변이율 진화론은 인간과 침팬지가 공통 조상을 갖고 있다면 그 두 종 사이에 존재하는 현재의 차이들은 돌연변이, 곧 DNA 염기서열에 변화를 초래하는 분자적으로 잘 특성화된 일련의 과정을 통해 왔을 것이라고 예상한다.

자녀들의 DNA 염기서열을 부모와 비교해 직접 분석해 봄으로써 돌연변이의 빈도를 결정하는 것이 가능하다. 그런 작업을 해 보면, 32억 개의 코딩 단위들 중 약 70개가 변화되었다(곧 돌연변이되었다)는 것을 알 수 있다. 만약 한 세대에 약 70개의 변화가 있다면, 조손과 조부모 사이에는 140개의 변화가 있고 증조부모와는 210개의 변화가 있을 것이다. 만약 침팬지와 인간이 실제로 공통 조상을 공유하고 있다면, 그들의 DNA에서 나타나는 3천 5백만 개의 차이들을 설명하기 위해서는, 그들은 약 30만 세대까지 거슬러 올라가는 공통의 조부모 집단을 갖게 될 것이다. 화석 증거에 기초해 이것은 그 공통 조상 이후 대략 얼마나 많은 세대가 흘렀는지를 알려 준다. 예상되는 차이의 대략적인 수와 관찰된 차이의 수는 서로의 두 배 내에서 일치한다. 이것은 만약 두 종 모두가 공통 조상의 과정에 의해 단일한 조상 종들로부터 창조되었다면—그 경우 각 종은 실험적으로 결정된 속도로 시간을 통해 돌연변이를 축적해 왔다—예상과 완전히 일치하는 놀라운 발견이다.

이것은 돌연변이율이 오랜 시간 동안 상당히 일정하게 남아 있었다고 가정하지만(실험적 자료에 근거한 합리적 근사치), 몇 가지 다른 추정치들도 포함한다. 그러므로 차이의 예상된 수와 관찰된 수의 일치가 우연의 일치일 가능성이 있다. 그러나 이 가능성을 시험해 볼 방법이 하나 있다. 오늘날 가족에 관한 연구에서 부모와 자녀가 비교될 때 발견되는 약 70개의 돌연변이 변화들 중에서 10배 더 빈번하게 나타나는 특정한 유형의 돌연변이들이 존재한다. 우리는 이런 차이의 이유를 분자의 수준에서 파악한다. 그것은 코드의 한 부분을 다른 부분들보다 더 빈번하게 변화시키는 특정한 유형의 화학 반응과 관련되어 있다. 이것들이 돌연변이를 위한 민감점(hotspots)이다. 만약 침팬지와 인간 사이 코드의 차이가―우리가 오늘날 한 세대 안에서 관찰하는 것처럼―돌연변이의 결과라면, 우리는 이 특별한 코드의 차이를 10배 더 높은 비율로 보리라고 기대할 것이다. 실제로 우리가 침팬지의 DNA를 인간의 그것과 비교할 때 그 두 종 사이의 차이는 알려진 민감점에서 약 10배 정도 컸다. 이것은 그들이 각 혈통의 가지에서 돌연변이를 통해 나타났음을 가리킨다.

그 두 사실은 함께―양적으로(변화의 수) 그리고 질적으로(변화의 형태)―인간과 침팬지가 단일한 조상 종으로부터 유래했다는 거의 확실한 증거로 간주된다.

유전적 상처들 아주 드물기는 하나, 지난 60여 년 동안 유전학자들은 또 다른 형태의 변화에 관해 깊이 연구해 왔다. 이 유형의 변화를 통해 DNA 단위의 작은 블록이 삭제되거나 삽입된다. 삽입과 삭제는 DNA의 절단과 그 절단부에 대한 재부착을 통해 이루어진다.

그 원리를 예시하기 위해 잠시 당신이 당신 몸의 특정 부위에 상처를 갖고 있다고 상상해 보라. 그것은 당신이 7살 때 당신의 오른손 새끼손가락이 베었기 때문에 생긴 것일 수 있다. 그 상처는 손가락 중간 부분의 왼쪽이나 오른쪽이 아니라 안쪽에 있다. 그 상처는 수평이 아니라 수직으로 나 있고 길이는 약 1.5센티미터다. 더 짧지도 않고 더 길지도 않다. 그 상처가 그곳에 있는 것은 아주 특별한 사건, 곧 당신이 7살 때 발생한 칼과 관련된 사건 때문이다. 그 상처는 당신의 몸에서 어떤 목적을 수행하지 않는다. 그것의 존재는 단지 역사 속 특별한 사건의 결과일 뿐이다.

이와 거의 유사한 방식으로 게놈은 상처를 입는다. 삽입과 삭제는 상처 입은 손가락에 있는 상처다. 그것들은 정확하게 배치될 수 있다. 실제로 그것들은 전형적인 인간 염색체의 5000밀리미터의 DNA 중에서 .00000034밀리미터(단일 DNA 단위)로 분해될 수 있다. 때로는 상처가 치유될 때 10개의 DNA 단위가 삭제되고, 다른 경우에는 100개, 또 다른 경우에는 단 하나만 삭제된다. 때때로 치유는 규정된 길이의 작은 삽입과 관련된다. 그러나 당신의 손가락에 난 상처와 달리, DNA의 상처들은 다음 세대로 넘어가고, 그로 인해 조상의 혈통을 통해 추적될 수 있다.

우리의 DNA에 있는 상처들 중 일부는 인간의 혈통에서 (진화적으로 말하자면) 상당히 최근에 발생했다. 우리 중 일부는 특정한 상처를 그것이 과거에 우리의 공유 조상에게서 발생했기에 공유하고 있을 수 있다. 그들의 혈통이 동일한 오래된 조상을 포함하고 있지 않은 다른 이들은 그 상처를 갖고 있지 않다. 모든 인간이 정확하게 동일한 상처를 공유하는 다른 경우들이 있다. 우리는 절단이 발생하고 다시 밀봉될 때 실험실에서 관찰하는 특정한 상표적 특징 때문에 그것이 손상되고 다시 밀봉되었다는 것을 알 수 있다. 우리 모두에게 동일한 상처가 있는 이유는 그것이 오래전 어느 단일한 조상에게 발생했기 때문이다.

그 상처들 중 많은 것이 인간에게 독특하다. 그럴지라도 우리의 혈통이 실제로 침팬지의 혈통을 거기까지 추적할 수 있는 호미니드들의 동일한 조상 개체군까지 추적될 수 있다면, 그때는 우리가 침팬지와 공유하는 일련의 상처들이 있어야 한다. 그것들은 인간과 침팬지 모두가 공유하는 고대의 호미니드 개체군에서 발생한 치유 사건에 대한 반영일 것이다. 그렇다면 그것들은 실제로 존재하는가? 그렇다, 그것도 아주 많이 존재한다. .00000034밀리미터 해상도에서 그 두 종은 정확하게 동일한 상처 중 많은 것을 공유한다. 더 나아가 우리가 때때로 어떤 상처가 몸에서 특정한 기능을 한다고 상상할지라도(때때로 그것은 그런 기능을 취할 수 있다), 대개 그 상처의 정확한 위치는 그런 기능에 아무런 영향을 끼치지 않는다. 대부분의 기능들은 위치에 민감하지 않으며―이 해상도에서는 그렇다―조금 왼쪽이나 오른쪽으로 움직이더라도 잘 작동한다. 그러므로 각각 상처의 위치는 시대를 거쳐 전파된 독특한 역사적 사건의 함수이지, 핵심적인 설계적 특징의 함수가 아니다. 이런 공유된 상처들이 아주 많다는 사실은 사실상 모든 유전학자가 여전히 모든 후손에게 존재하는 상처들을 남긴 단일한 사건들 때문에 우리가 침팬지와 그것들을 공유한다고 확신하는 이유다.

개체군의 크기: 그것이 둘이었던 때가 있었는가? 이 책의 4장은 과학이 답할 준비가 되어 있지 않은 아담과 하와에 관한 중요한 신학적 질문들을 다룬다. 그러나 과학은 다음과 같은 질문들을 다룰 수 있다. 아담과 하와가 세상에 존재했던 유일한 사람들이었는가? 그들이 온 인류의 유일한 유전적 조상들이었는가? 이 문제에 대해 과학은 모호하지 않은 답을 제공한다.

오늘날 모든 남자가 한 명의 남자로부터 유래한 Y염색체를 갖고 있다는 것은 잘 확립된 사실이다. 현재의 자료들은 그 사람이 약 24만 년 전에 아프리카에서 살았다고 알려 준다. 더 나아가 유사한 연구들은 우리의 몸을 움직이는 데 필요한 에너지를 만드는 일에 사용되는 세포의 일부인 미토콘드리아의 기원을 다룬다. 모든 인간의 미토콘드리아는 약 16만 5천 년 전에 아프리카에서 살았던 한 여자로부터 유래한다. 이것은 'Y-염색체 아담' 혹은 '미토콘드리아 하와'의 때에 오직 한 명의 남자와 오직 한 명의 여자만 있었다는 것을 의미하지 않는다. 실제로 (몇 가지 독립적인 방식으로 이루어진) 계산들은 인간 개체군 안에 1만 명 이하의 사람들이 있었던 때가 있었을 가능성이 절대로 없음을 보여 준다. 만약 모든 남자가 한 남자로부터 유래한 Y염색체를 갖고 있고 모든 사람이 한 여자로부터 유래한 미토콘드리아를 갖고 있다면, 그런 일은 어떻게 가능한 것인가? 만약 한 남자에게 아들이 없다면, 그 Y염색체의 혈통은 그와 더불어 끝났다. 24만 년 안에는 약 8천 세대가 존재한다. 단지 1만 명 남짓한 사람들로 이루어진 세상에서 많은 세대를 거치는 동안, Y염색체 혈통 중 많은 것들이 남자가 사내아이를 낳지 못해서 종결된다. 같은 것이 미토콘드리아 DNA를 전하는 여자들에게도 해당된다. 수학은 사실상 그 많은 시간 동안 최초 개체군의 모든 후손이 한 쌍의 조부모를 공유하게 될 것을 보증한다.[9]

인간종의 진화적 발전에서 약 1만 명이라는 최소한의 개체군 규모를 보여 주는 수학적·유전학적 공식을 찾아내는 것은 이 장의 범위를 넘어선다. 그러나 과학은 탐정 작업처럼 복수의 독립적인 접근법을 통해 증거들을 확증하는 일을 포함한다는 것을 강조해 둘 필요가 있다. 범죄 현장에서 지문이 발견될 경우, 그것 하나만으로는 사건을 설득력 있게 해결하기에 충분하지 않을 수 있다. 그러나 그 사람을 범죄 현장에서 보았다는 (증인 같은) 다른 증거가 존재한다면, 그리고 그 사람이 범죄 현장에서 나온 보석 한 점을 막 전당포에 팔았다면, 복수의 출처로부터 나온 증거의 조각들은 체포된 그 사람이 범인이라는 강력한 증거가 된다. 그것들은 앞의 독

---

9   이런 시나리오들에 대한 보다 상세한 그러나 이해하기 쉬운 설명을 위해서는 Dennis Venema, "Mitochondrial Eve, Y-Chromosome Adam, and Reasons to Believe", BioLogos blog, October 28, 2011, http://biologos.org/blogs/dennis-venema-letters-to-the-duchess/mitochondrial-eve-y-chromosome-adam-and-reasons-to-believe 를 보라.

립적인 방식들이다.

인간 역사 속에 존재했던 최소한의 개체군 규모가 수천 명이라는 증거 역시 마찬가지다. 여기서 나는 수학과 유전학 분야에서 적절한 배경지식을 가진 관심 있는 독자들이 더 살펴볼 수 있도록 다음 네 계열의 증거를 거론할 것이다. 첫째, 유전자 융합 시간에 기반한 계산, 둘째, 유전적 다양성에 기반한 계산, 셋째, 연계 불균형에 기반한 계산, 넷째, 이동성 유전자 삽입의 다양성에 기반한 계산이다. 이런 각각의 계산은 동일한 결론에 이른다. 그것은 하나님이 영장류 혈통을 통한 공통 조상이라는 점진적 과정을 통해 인류를 창조하셨다는 것이다.[10]

이것은 어느 의미로도 우리를 하나님의 모자라는 피조물로 만들지 않으며, 인간이 하나님으로부터 받은 특별한 자질들을 빼앗아가지도 않는다. 과학이 발견하는 것은 하나님이 우리를 창조하신 메커니즘이다. 그 지식 속에는 인류의 나머지를 대표하는 자의 역할을 하는 역사적 아담과 하와의 가능성을 포함해 성경의 메시지와 상충하는 것은 아무것도 없다.

믿어야 할 이유　　　　　　　　　　　　　　　　　　　　　퍼즈 라나

아담과 하와는 실제로 존재했는가? 그들은 최초의 인간들이었는가? 온 인류는 최초의 부부로부터 나왔는가? 아니면 인류는 지구상의 대형 유인원

10　훌륭한 다음 단계는 Dennis Venema의 블로그 시리즈가 될 것이다. "Adam, Eve, and Human Population Genetics," http://biologos.org/blogs/dennis-venema-letters-to-the-duchess/series/adam-eve-and-human-population-genetics. 또한 Eugene E. Harris, *Ancestors in Our Genome: The New Science of Human Evolution* (Oxford: Oxford University Press, 2015)를 보라. 『유인원과 유전체 정보』(범문에듀케이션).

및 모든 생명체와 진화의 역사를 공유하면서 진화했는가?

유전적 유사성 살펴보기 인간과 대형 유인원의 게놈에서 나타나는 공유된 유전자적 특징들에 기초해, 과학 공동체에 속한 대부분의 사람들은 인간이 진화적 기원을 갖고 있다고 주장한다. 이런 유전적 특징들은 인간과 대형 유인원의 공유된 조상들에게서 발생하고 진화적 혈통이 분기된 후에도 유지된 '분자 화석들'(molecular fossils)로 간주된다. 사실 많은 이들은 이런 공유된 특징들을 이해하는 **유일한** 방법은 그것들을 진화적 관점에서 바라보는 것이라고 주장한다.

이 지점에서 방법론적 자연주의의 강력하지만 종종 인식되지 않은 영향력을 인정하는 것이 중요하다. 현대 과학의 토대를 이루는 이 개념은 오직 기계적인 과정만이 우주와 그 안에서 벌어지는 현상을 설명하는 데 사용될 수 있다고 주장한다. 이것은 하나님의 행동(그런 까닭에, 지적 작인)에 대한 호소가 선험적으로 금지된다는 것을 의미한다. 오랜 지구 창조론자인 나는 방법론적 자연주의가 과학 작업에 도움이 안 되는 제약을 가함으로써 자연계에 관한 진리를 발견하는 일을 방해한다고 주장한다.

그러나 이런 필요조건이 완화된다면, 그 공유된 특징들이 창조주가 사용하신 유사한 설계를 반영하는 것으로 간주될 수 있다. 다시 말해, 그 공유된 유전자적 특징들은 공통 **조상**이 아니라 공통 **설계**를 반영할 수 있다.

공유된 유전자적 특징들을 공통 설계에 대한 증거로 본 역사적 선례가 존재한다. 다윈보다 앞서 활동했던 탁월한 생물학자 리처드 오웬은 공유된 (상응하는) 생물학적 구조들을, 결과적으로 연관된 유기체들을 '변화를 동반한 계승'(descent with modification)이 아니라 제1원인의 마음에서 유래한 '원형'(archetype)에 대한 표현으로 해석했다. 나중에 다윈은 오웬의 원형을 '공통 조상'으로 대체했다. 다시 말하지만, 내 말의 요점은 이렇다.

우리가 생명의 역사 안에서 창조주의 활동을 기꺼이 허용한다면, 공유된 생물학적 특징들에 대한 대안적 해석을 생각해 낼 수 있다는 것이다.

어떤 지적 작인의 행동이 과학 구성의 일부가 된다면, 인간과 대형 유인원의 게놈에서 나타나는 공유된 분자 화석들은 다음과 같은 특정한 가정들이 참인 경우에만 공통 조상을 가리킨다.

1. 게놈의 공유된 구조와 염기서열들이 비기능적이다.
2. 이런 특징들을 만들어 낸 사건들이 드물고, 무작위적이며, 반복되지 않는다.
3. 공통 조상(수직적 유전자 이동) 외에 다른 어떤 메커니즘도 게놈 내의 공유된 특징들을 만들어 내지 못한다.

그러나 최근의 연구는 이런 가정들의 타당성에 대해 의문을 제기한다. 예컨대, 지난 수십 년간 분자생물학자들과 분자유전학자들은 대부분의 '정크 DNA'(junk, 단백질 합성에 관여하지 않거나 생물학적 기능을 하지 못하는 것으로 여겨져 그렇게 불린다—옮긴이)가 기능을 하는 것을 발견했다.[11]

또한 연구자들은 이제 게놈의 구조와 DNA의 염기서열을 변경시키는 사건들이 반드시 드물고 무작위적인 것이 아님을 배워 가고 있다. 예컨대, 생화학자들은 이제 돌연변이가 게놈 내의 민감점에서 발생한다는 것을 안다. 최근의 연구는 트랜스포존(transposon, 게놈 내에서 위치를 이동할 수 있는 유전자—옮긴이) 삽입과 인트론(intron, 진핵세포 DNA 중 아무런 의미가 없는 부

---

11 관심 있는 독자들은 다음에서 참고문헌들을 찾아볼 수 있을 것이다. Fazale Rana and Hugh Ross, *Who Was Adam? A Creation Model Approach to the Origin of Humanity*, 2nd ed. (Covina, CA: RTB Press, 2015); and Fazale Rana, *The Cell's Design: How Chemistry Reveals the Creator's Artistry* (Grand Rapids: Baker Books, 2008).

분—옮긴이) 삽입이 민감점에서 발생하며 유전자 상실이 되풀이될 수 있다고 지적한다. 이런 현상은 박테리아와 고세균류에 국한되지 않고 벡터 매개 경로 또는 세포 기관 포획을 통해 고등식물과 동물에서도 관찰되었다.

이런 발전은 공통 조상에 대한 주장을 위해 필요한 핵심적 가정을 훼손하는 역할을 한다. 이런 발견에 비추어, 공유된 유전자적 건축과 DNA 염기서열을 창조 모델의 틀 안에서 이해하는 것이 가능할까?

공통 설계를 위한 과학적 창조 모델 다음은 우리의 유전체학 모델에 대한 요약이다.[12] 8장에서 논의되었듯이, 우리는 진화적 메커니즘이 새로운 생물학적 설계를 만들어 낼 수 있다고 생각하지 않는다. 그렇게 생각하는 우리는 인간과 대형 유인원을, 결과적으로 그들의 게놈을 하나님의 직접적인 창조 활동의 산물로 여긴다. 그러나 일단 창조된 후에 게놈들은 소진화 과정에 종속된다.

간략히 말하자면, 우리의 모델은 유기체의 게놈들 사이의 유사성을 다음 둘 중 하나로 설명한다.

- (1) 공통의 기능 혹은 (2) 공통의 청사진에 따라 게놈들의 유사한 특징을 의도적으로 설계한 창조주의 작업을 반영하는 것으로 본다.
- (1) 자주 발생하고, (2) 무작위적이지 않으며, (3) 재현 가능한 물리적·화학적·생화학적 과정의 결과를 반영하는 것으로 본다. 이런 과정들은 서로 다른 유기체의 게놈들에서 나타나는 동일한 특징의 독립적인 기원을 초래한다. [연구자들이 수평적 유전자 이동이 공통 조상을 위한 게놈 시그너처 (genomic signature, 게놈 또는 염기서열에서 나타나는 올리고뉴클레오티드

---

12 우리의 모델에 대한 보다 상세한 설명과 옹호는 *Who Was Adam?*의 2판에서 찾아볼 수 있다.

의 특징적인 빈도—옮긴이)를 모방한다는 것을 발견했음을 지적하는 일도 흥미롭다.] 이런 특징들은 기능적인 것일 수도 있고, 비기능적인 것일 수도 있다.

또한 우리의 모델은 게놈들의 차이를 다음 둘 중 하나로 설명한다.

- 구별된 특징을 지닌 게놈들에서의 차이를 의도적으로 설계하신 창조주의 작업을 반영하는 것으로 본다.
- 소진화적 변화를 반영하는 물리적·화학적·생화학적 과정의 결과를 반영하는 것으로 본다.

원칙적으로 우리의 모델은 유기체들의 게놈에서의 유사성과 차이점을 창조주의 의도적인 작업이나 창조 후 게놈들을 변화시키는 자연 과정 메커니즘의 결과로 설명할 수 있다.

아담과 하와는 존재했는가? 우리의 인간 기원 모델의 핵심적 특징(과 인류의 발생에 대한 전통적인 성경적 견해)은 아담과 하와의 역사성이다. 우리는 하나님이 직접 스스로 아담과 하와를 자신의 형상을 지닌 최초의 인간들로 만드셨다는 견해를 취한다. 따라서 모든 인류는 이 최초의 부부로부터 유래한다.

전통적 견해에 대한 과학적 지지는 분자인류학의 연구로부터 나온다(참고문헌으로 『아담은 누구였는가?』를 보라). 특히 인간의 기원 연구에서 가장 중요한 발전들 중 하나는 DNA 염기서열 자료를 사용해 인류의 기원과 초기 역사에 대한 통찰을 얻은 것이다. 많은 유전자 표지들(genetic markers, 이것을 통해 사람 또는 동물에게서 염색체의 알려진 위치를 확인할 수 있다—옮간이)이 이 목적을 위해 사용되었는데, 거기에는 유전적 이질성과 미토콘드리아(mt) DNA, Y-염색체 DNA, 유사유전자, 인간 내성 리트로 바이러스(HERV), 짧은 산재 형인자(SINE) DNA, 미세부수체 DNA, 다형성 소위성 DNA 같은 것들이 포함된다. 연관불평형(Linkage disequilibrium) 역시 인간의 기원에 대한 이해를 발전시키는 데 사용되었다.

또 다른 창의적인 접근법은 인간 기생충[가령, 열대열원충(*Plasmodium falciparum*), 단순포진 바이러스, 위나선균(*Helicobacter pylori*) 등]의 유전적 가변성을 인간의 유전적 다양성을 위한 대용물로 사용하는 것이다. 연구된 기생충들 각각은 인간의 유전자 표지들에 기반해 독립적으로 결과를 확증할 기회를 나타낸다.

집합적으로 이런 연구들은 인류가 비교적 최근인 10만 년에서 15만 년 전에(연대에 관해서는 상당한 불확실성이 남아 있기는 하다) 아프리카 어딘가에서 유래했음을 가리킨다. 흥미롭게도 인간의 기원을 (각각 모계와 부계 혈통을 통해) 단일한 조상 염기서열에까지 추적하는 mt DNA와 Y-염색체에 관한 연구의 결과들은 '미토콘드리아 하와'와 'Y-염색체 아담'이라고 불린다.

진화생물학자들은 이런 결과를 상대적으로 큰 인간 개체군 집단이 재앙적 붕괴를 겪었음을 가리키는 것으로 해석한다. 그 일이 일어났을 때 유전적 다양성이 상실되었고 최초의 인간들은 유전자적 병목 현상을 겪었다. 살아남은 인간들은 세계 전역으로 이주하면서 급속한 인구 증가와 확장을 경험한 것으로 간주된다. 따라서 그 개체군의 붕괴에 관한 유전적 지표들은 오늘날의 인구 집단 안에 제한된 유전자 변이라는 형태로 남아 있다. 진화생물학자들은 아마도 최근에(약 10만 년 전에) 발생한 인류의 유전자적 병목 현상이 인류가 작은 집단에서 유래한 것처럼 보이게 한다는 이론을 제기한다.

이와 유사하게 진화생물학자들은 미토콘드리아 하와와 Y-염색체 아담이 최초의 인간들이 아니었다고 단언한다. 오히려 그들은 공동의 하플로타입(haplotype, 유전된 DNA 염기서열 지문의 세트)을 공유하는 다수의 '하와들'과 '아담들'이 있었다고 주장한다. 이 두 가지 하플로타입은 운 좋게 우연히 살아남은 것들이었다. 다른 최초 인간들의 유전자 계열은 시간이 흐르면서 사라졌다.

오랜 지구 창조론자인 나는 여전히 미토콘드리아 하와와 Y-염색체 아담이라는 개념이 흥미롭다고 여긴다. 인류 최근의 기원과 인간의 유전적 다양성의 패턴은 인류의 기원이 성경이 묘사하는 대로 일어났다면 기대될 법한 것과 잘 들어맞는다. 그러나 성경적 관점과 과학적 관점 모두에서 몇 가지 우려되는 점이 있다.

이런 우려에 비추어 분자인류학의 자료를 인류의 기원에 관한 역사적 기독교의 관점과 화해시키는 것이 가능할까? 어떤 이들은 화해가 불가능하다고 결론지을지 모른다. 그러나 과학적 자료와 성경적 자료를 신중하게 검토해 보면, 인간의 기원에 관한 성경의 설명과 과학의 설명 사이의 밀접한 일치가 나타난다.

인류 기원의 시기 최근까지 미토콘드리아 하와와 Y-염색체 아담을 위한 시기 사이에는 커다란 차이가 존재했다. 인류학자들은 미토콘드리아 하와는 15만 년에서 25만 년 전에, Y-염색체 아담은 5만 년 전에 출현했다고 추정한다.

진화생물학자들은 자주 유전자 혈통에 대한 자신들의 해석을 지지하는 것으로 이런 불일치를 지적한다. 분명히 그 부부는 같은 시간대에 살았을 수 없다. 그러므로 그들은 서로 다른 개체군에 속해 있었음이 분명하다. 그러나 몇 가지 최근의 연구들은 이런 차이를 제거한다. 오늘날 미토콘드리아 하와와 Y-염색체 아담을 위한 최적의 연대는 대략 130만 년 전으로 수렴된다. 이것은 (성경의 모델을 위한 필요조건인) 그 둘이 같은 시간대에 존재하는 것을 가능하게 해 준다.

인류 기원의 장소 과학적 자료는 분명히 인류의 기원이 아프리카에서 시작되었다고 지적한다. 아프리카의 개체군은 유전적으로 가장 다양하다. 인간의 유전자 나무들은 모두 그 뿌리를 아프리카에 두고 있고, 아프리카의 개체군이 가장 이른 시기의 가지를 구성한다. 게다가 아프리카 밖의 유전적 하플로이드 전체는 아프리카인의 하플로이드에 의해 포섭된다.

인류학자들이 인류의 기원과 전파의 장소를 정하기 위해 유전자 자료를 사용할 때, 그들은 오늘날의 개체군 집단들이 있는 위치가 인류의 역사를 통해 그들이 있었던 위치를 나타낸다고 가정한다. 그러나 이런 가정은 의문시된다. 특별히 많은 인간 개체군 집단이 그들의 역사 기간 동안 수천 마일 밖으로 이주했기 때문에 그러하다. 결과적으로 분자생물학 연구의 결과들은 인류 기원의 장소와 관련해 (기껏해야) 허술한 추측을 제공할 뿐이다.

인류 최초의 개체군의 규모 인류는 최초의 부부로부터 유래했는가? 나의 관점에서 보자면, 분자인류학의 자료들은 이 점에서 인간의 기원에 관한 기독교의 전통적 견해와 일치한다. 앞에서 논했듯이, 진화적 관점에서 보면, 인류는 유전자적 병목 현상─진화적 패러다임 안에 내재된 개념─을 통과한 것처럼 보인다. 창조 모델의 관점에서 인류의 제한된 유전적 다양성은 인구의 붕괴를 반영하는 게 아니라 창조 사건을 입증하는 표지다.

모든 인간이 그들의 조상을 단일한 미토콘드리아 DNA 염기서열로까지 추적할 수 있다는 사실은 인류가 한 명의 여자로부터 유래했음을 가리킨다. 즉, 미토콘드리아 하와는 성경의 하와다. 상응하는 추론이 Y-염색체 아담에게도 적용된다.

그러나 다른 이들은 이런 해석에 도전한다. 그들은 유전자 자료는 인류가 수천 명의 개인으로부터 유래했음을 가리킨다고 주장한다. 이런 주장을 위한 주된 근거는 유전적 다양성에 기반한 조상 개체군의 규모에 대한 추정으로부터 온다. 만약 돌연변이율이 알려진다면, 현재 개체군의 유전적 다양성으로부터 조상 집단의 유효한 개체군의 규모를 추정하는 것이 가능하다. 그러나 이런 방법으로 산출된 개체군의 크기가 확실하고 완전한 값이 아니라 단지 추정치일 뿐임을 인식하는 것이 중요하다. 수학적 방법은 고도로 이상화되어 있으며, 몇 가지 요소에 기반해 서로 다른 추정치를 낳기 때문이다.

보다 중요하게, 새와 포유류에 초점을 맞추는 최근의 연구들은 과연 이런 모델들이 개체군의 규모를 예측하는지에 대해 의문을 제기한다. 어느 연구 논문의 저자는 이렇게 주장한다. "미토콘드리아 DNA(mt DNA)에 대한 분석은 개체군 내의 유전적 다양성이 효율적인 개체군 규모와 돌연변이율에 의해 통제된다는 개념에 도전해 왔다.…개체군의 규모보다는 돌연변이율의 변동이 새의 종들 가운데서 관찰되는 mt DNA의 다양성에서 나타나는 변이들에 대한 주된 설명이 된다."[13] 실제로, 최초 개체군의 크기가 알려져 있던 세 가지 예(므플론양, 프시발스키말, 러바스트고래)에서 나중 세대에서 측정된 유전적 다양성은 그 모델들에 기초해 예측되었던 것보다 훨씬 더 컸다.

인류는 단일한 부부로부터 유래했는가? 개체군에 대한 추정치들은 수학적 모델에 근거해 인류가 몇 백 명에서 몇 천 명의 개인들에게서 나왔다

---

13 Hans Ellegren, "Is Genetic Diversity Really Higher in Large Populations?", *Journal of Biology* 8 (April 21, 2009): p. 41; doi:10.1186/jbiol135.

고 지적하기는 한다. 그러나 이런 수치들은 최초 인간들의 원래 수를 과도하게 계산한 것일 수 있다. 이런 개체군 규모의 모델들이 얼마나 일을 부실하게 하는지를 감안하고, 인류가 그 기원을 단일한 조상의 미토콘드리아 DNA 염기서열(다시 말하지만, 나는 그것을 단일한 개인으로 해석한다)까지 추적할 수 있음에 주목한다면, 과학이 인류가 최초의 부부로부터 유래했다는 개념을 거짓된 것으로 만들었다고 주장하기는 어렵다.

많은 이들이 유전자 자료가 명확하게 인류의 진화적 기원과 역사를 가리킨다고 주장한다. 그러나 우리는 방법론적 자연주의의 제약이 완화된다면, 공유된 유전적 특징들을 공통 조상이 아니라 공통 설계에 대한 증거로 해석하는 것이 가능하다고 주장한다. 게다가 분자인류학의 자료들은 인류의 기원에 대한 전통적인 성경적 관점을 과학적으로 정당화하는 데 사용될 수 있다.

후속 질문 존 랭

두 저자는 인간의 기원을 위한 생물학적 증거와 관련된 자신들의 견해에 대해 유익한 통찰을 제공했다. 퍼즈 라나 단락의 많은 부분은 형이상학적 자연주의의 전제들에 도전하고, 만약 유신론이 허락된다면 생물들 간의 유전적 유사성이 공통 조상보다는 공통 설계에 의해 설명될 수 있음을 주장하는 데 할애되었다.[14] 나는 데럴 포크가 이에 동의하리라고 생각하지

---

14 어느 면에서 공통 조상을 위해 충족되어야 하는 조건들에 관한 퍼즈의 우려는 사실상 공통 조상이 유일한 설명이라고 주장하는 다윈주의 변증을 훼손하려 하지만, 내가 보기에 대부분의 진화론자들 특히 바이오로고스 동료들은 진화가 활용 가능한 자료에 대한 최상의 설명이라는 보다 겸손한 주장을 하는 것처럼 보인다. 이런 주장에 대해서는 퍼즈가 제시하는

만, 공통 설계에 대한 호소가—설령 그것이 사실이라고 할지라도—생물학적 설명의 역할을 할 수는 없다는 주장에 반대한다. 그런 주장에는 설명이 필요하다. 데럴은 왜 인간과 침팬지 유전자들에서 나타나는 상처들이 공통 설계보다 공통 조상으로 가장 잘 이해되는지를 설명할 필요가 있다. 퍼즈는 왜 진화를 동반하는 공통 설계가 공통 조상보다 (과학적으로) 선호되어야 하는지 설명할 필요가 있다.[15]

그러나 더 중요하게 유전적 증거가 무엇을 보여 주는지와 관련해 근본적인 불일치가 있는 듯 보인다. 데럴은 Y-염색체 아담과 미토콘드리아 하와가 현대인들이 그들의 유전적 구성을 거기까지 추적할 수 있는 남자와 여자 조상 집단의 대표자들이라는 것이 오늘날의 과학적 합의임을 지적한다. 퍼즈는 그런 합의된 견해가 존재한다는 데 동의한다. 하지만 그것이 자연주의적 전제들에 의해 왜곡되었으며, 새와 포유류 개체군의 규모와 유전적 다양성에 관한 새로운 연구들은 그런 큰 규모의 최초 개체군에는 오늘 우리가 인간에게서 발견하는 유전적 다양성이 필요하지 않는다고 암시한다고 주장한다.[16] 나는 두 저자에게 그들의 수학적 모델을 보다 분명하게 설명해 주기를 요청한다. 예컨대, 지구상에 1만 명 이하의 사람이 있었던

조건들이 요구되지 않는다.

15 진화 과정 같은 무언가가 시작되기 전에 하나님이 직접 만드신 게놈이라는 퍼즈 자신의 예는 서로 다른 위치에 유동성이 존재한다는 것을 암시한다. 어떤 근거에서 게놈은 공통 조상/진화와 공통 설계/점진적 창조의 경계인가? 왜 하나님은 (바이오로고스의 입장에서처럼) 직접 생물체를 창조하지 않고 진화가 역할을 떠맡게 하실 수 없었는가, 혹은 어째서 하나님은 진화 과정에 대한 호소 없이 직접 각각의 피조물 형태를 창조하지 못하셨는가?

16 그의 우려는 방법론적 자연주의(자연주의적 설명에 근거한 과학에 대한 접근법)와 형이상학적 자연주의(오직 물리적 실체나 관계만 존재한다는 철학적 신념) 사이의 경계가 모호해지는 것과 관련이 있다. 그동안 많은 과학철학자들이 방법론적 자연주의가 검증주의 이데올로기와 결합될 경우 생산적인 설명의 많은 방법들을 효과적으로 부정할 수 있다는 우려를 표명해 왔다. 예를 위해서는, Roger Trigg, *Beyond Matter: Why Science Needs Metaphysics* (West Conshohocken, PA: Templeton, 2015)를 보라.

때가 결코 없었다는 데럴의 주장은 몇 가지 이유로 당혹스럽다.[17] 이와 유사하게, 독자에게 최초의 부부와 낮은 개체군 규모를 상상해 보라는 퍼즈의 초대는 자료가 진화적 창조론을 지지하지 않는다고 암시하지만, 그는 구체적인 예를 제공하지 않는다.[18]

바이오로고스의 답변　　　　　　　　　　　　　　　　데럴 포크

방법론적 자연주의 파제일 라나는 그의 답변을 그가 과학 안에 존재한다고 느끼는 편견에 관한 우려를 표명하는 것으로 시작한다. 그는 방법론적 자연주의가 과학자들이 설계의 가능성에 관한 주장을 살피는 것을 방해한다고 주장한다. 나는 대부분의 유력한 진화생물학자들이 창조주의 존재를 부인하는 쪽으로 편향되었다는 라나의 주장에 동의한다. 이런 편향성은 실제로 그들 저작의 논조의 특징을 이룬다. 그러나 라나는 특별히 19세기 중반에 리처드 오웬의 창조에 관한 (공통 설계) 모델이 널리 수용되지 못했던 이유를 설명하기 위해 이런 편견에 대해 언급한다. 그러므로 우리

17　첫째, 진화론에 따르면 지구상에 사람이 한 명도 없었던 때가 있었기에 지구상에 1만 명 이하의 사람들이 살았던 적이 분명히 있었다. 실제로 (생명의 시작 때부터 인간이 출현할 때까지) 한 사람도 존재하지 않았던 굉장히 오랜 세월이 존재했다. 둘째, 대부분의 독자들은 진화의 원리하에서 인간 발전의 어느 지점에서, 비록 그런 용어들이 생물학적으로 규정되기는 하나, '비인간'으로부터 '인간'으로의 변화가 있었다고 추정한다. 만약 침팬지와 인간이 침팬지도 인간도 아닌 공통 조상으로부터 진화했다면, 그들이 고립된 개체군의 진화 안에서, 생물학적으로 규정할 때, 그런 공통 조상이 되기를 그치고 새로운 종으로 변화되었던 때가 존재했을 것이다. 어느 지점에서 오늘 우리가 침팬지라고 부르는 개체군은 침팬지가 되었고 오늘 우리가 인간이라고 부르는 개체군은 인간이 되었다. 아마도 공통 조상은 죽어서 없어졌을 것이다. 개체군들이 어떻게 함께 진화하는지에 대해서는 얼마간의 설명이 필요하다.

18　퍼즈는 개체군 모델이 '허술하게' 작동한다고 말하지만, 독자들이 실제적인 예 없이 자신의 말을 받아들이도록 내버려 둔다. 몇 가지 구체적인 예들 — 예컨대, 그가 언급하는 문제가 많은 병목 현상 이론 같은 — 이 우리가 그가 자료에 대한 과학적 합의에 의한 해석에 대해 갖는 우려를 보도록 도와준다.

앞에 제기되는 질문은 과연 과학자들이 그들의 편견 때문에 오웬의 모델을 거부했다는 확실한 과학적 증거가 있느냐 하는 것이다. 성경을 하나님의 말씀으로 받아들이는 동료 기독교 과학자들로서 우리의 목적은 이 모델의 과학적 타당성을 대안에 비추어 함께 생각해 보는 것이었다. 나는 그 모델이 실패했다고 여긴다. 그 이유는 (다음에서 설명하겠지만) 우리가 학계 안에 존재한다고 동의하는 전제들에 있지 않고, 그 모델의 논리 자체에 깊이 내재되어 있다.

공통 조상 공통 조상을 위한 가장 강력한 논거들 중 하나는 오늘날 서로 다른 종들(예컨대, 인간과 침팬지) 가운데서 발견되는 동일한 유전적 '상처들'의 존재다. 라나는 이런 상처들에 관한 공통 조상 이론의 설명에 내포된 세 가지 문제들을 제기한다. 첫째, 그는 공통 조상론에 따르면 이런 공유된 상처들은 아무런 기능적 중요성도 갖고 있지 않으나 실제로는 그것들 중 일부에서 기능들이 발견되었다고 말한다. 그러나 여기서 중요한 것은 그것들의 '기능'이 아니라 오히려 게놈 안에서 그것들이 점유하고 있는 '위치'다. 분자생물학에서 대부분의 유전적 요소들이 나름의 기능을 하기 위해 DNA 내에서 정확한 위치에 있을 필요가 없다는 것보다 더 분명한 것은 달리 없다. 그러나 .00000034밀리미터의 해상도로 살펴보면 그 수많은 상처 쌍들 모두는 정확한 위치에 있다. 그것들은 그것들의 기능 때문이 아니라 조상 때문에 연관된 유기체 내에서 정확하게 동일한 위치를 점하고 있다. 라나는 논쟁의 요점을 놓쳤다.

다음으로 그는, 만약 그 상처들이 무작위적으로 일어난다면 동일한 상처들이 서로 다른 종들 안에서 동일한 위치에 나타나는 것은 공통 조상을 위한 중요한 증거가 될 수 있음을 인정하는 것처럼 보인다. 그러나 그는 상처들의 출현은 그것들이 우리 몸의 어떤 위치에서 보다 빈번하게 발생하기에 무작위적이지 않다고 주장한다. 맞는 말이다. 그러나 이런 비무작위성은 인간의 피부에 난 상처와 유사하다. 예컨대, 그런 상처들은 겨드랑이보다는 무릎에서 훨씬 더 자주 발생한다. 그러나 그가 언급하는 비무작위성의 정도는 단지 동일한 일반적 영역뿐 아니라 **정확하게** 동일한 위치에 **정확하게** 동일한 종료점을 지닌 수많은 공유된 상처의 쌍들을 과학적으로 설명하지 못한다. 라나는 이런 비무작위성을 다루지 않는데, 그것이야말로 여기서 쟁점이 된다.

마지막으로 라나는 인간과 침팬지에게서 나타나는 유전적 상처들의 패턴은 미생물 매개체를 통한 DNA의 수평적 이동에 의해 설명될 수 있다고 주장한다. 아주 드물게 DNA가 외부의 미생물 매개체를 통해 혈통 안으로 들어오는 것이 사실이라고 할지라도, 두 개의 사건이 독립적으로 인간과 침팬지의 게놈 안에서 정확하게 동일한 곳에서 두 개의 동일한 유전적 상처들을 초래할 가능성은 거의 없으며, 수천 수백 개의 공유된 유전적 상처 쌍들의 존재와는 확실하게 무관하다.

온 인류를 위한 오직 둘뿐인 조상? 첫째, 나는 이 책의 다른 장들이, 창세기를 문자적으로 다루는 것이 온 인류가 단지 두 사람에게서 유래했다는 견해를 요구하지 않는다는 것을 보여 주고 있음을 다시 한번 지적한다. 둘째, 그 어떤 때도 인간의 혈통에 1만 명 이하의 사람이 살았던 적은 없다는 판단의 근거는 독립적으로 검증될 수 있는 다수의 증거들에 의해 확증된다. 그것은 인간의 유전적 다양성의 양에만 의존하지 않는다. 그러나 라나는 오직 그것에 대해서만 논한다. 앞에서 나는 인류 역사에서 가장 작은 개체군의 규모를 추정하는 네 개의 독립적인 방법들에 대해 언급했다. 그 방법들 각각은 적어도 수천 명에 달하는 개인들의 존재를 암시한다. 라나는 그 네 가지 방법들 중 오직 하나만을 비판했다. 그것도 그가 공식적으로 동료들로부터 과학적 평가를 얻기 위해 제출한 적이 없는 한 가지 예를 갖고서 비판했다.[19] 사실을 말하자면, 인구 유전학 분야에서 이 문제에 대해서는 논쟁 자체가 존재하지 않는다. 이에 대한 과학적 근거는 유진 해리스(Eugne E. Harris)가 일반 청중을 위해 책 한 권 분량으로 쓴 놀라운 연구서 『유인원과 유전체 정보』(*Ancestors in Our Genome*, 범문에듀케이션)에 상세하게 설명되어 있다. 유감스럽게도 이 책에서는 그런 주장을 위한 근거를 추적하는 데 필요한 유전학적이고 통계적인 전문 지식들을 설명할 만한 지면이 허락되지 않는다. 현재로서는 라나의 대안적 이해가 전적으로 성경에 대한 특별한 해석에 근거할 뿐이라고 말하는 것으로 만족하자. 그는 자신의 견해를 위한 과학적 근거를 전혀 제시하지 않았다.

미토콘드리아 하와와 Y-염색체 아담 미토콘드리아는 사용 가능한 에너지가 생성되는 세포 내의 객실들이다. 약 1만 6천 5백 비트의 DNA 정보가 미토콘드리아에서 발견되는데, 이것은 세포 DNA 중 아주 작은 비율(0.0005퍼센트)이다. 라나는 이 0.0005퍼센트가 한 명의 여자에게서 왔다는 게 과학적 합의라고 정확하게 말한다. 과학자들은 이 여자를 '미토콘드리아 하와'라고 부르는데, 그 여자는 약 20만 년 전에 살았다. 그러나 DNA의 다른 99.9995퍼센트 역시 조상들로부터 유전되었다. 이 DNA는 사실은 재조합이라고 알려진 과정을 통해 작은 조각들로 나뉘어 있다. 라나가 언급하는 동일한 자료는 수많은 DNA의 조각들 모두가 미토콘드리아 조각처럼 역시 단일한 개인들에게서—그러나 동일한 한 사람이 아니다—유래했음을 보여 준다. 그것들은 서로 다른 수천 명의 개인들로부터 유래했

---

[19] 바이오로고스의 동료 Dennis Venema가 이 견해에 대해 내놓은 비판을 위해서는 "William Lane Craig, The Historical Adam, and the Kerguelen Sheep", BioLogos blog, August 20, 2015, http://biologos.org/blogs/dennis-venema-letters-to-the-duchess/william-lane-craig-the-historical-adam-and-the-kerguelen-sheep를 보라.

다. 그들 각각은 서로 아주 다른 시기에 살았다. 어떤 이들은 최근에 1만 년에서 2만 년 전에 살았다. 다른 이들은 수백만 년 전에 살았다. 그러나 대부분은 이 두 시기 사이 어디쯤에 살았다. 이 문제에 대해서는 강력한 과학적 합의가 존재한다. 그러므로 라나가 어느 작은 DNA 조각을 추적해 그것의 기원을 어느 한 명의 여자에게 돌릴 때, 그로서는 자기가 그 과학적 기술을 사용해 다른 수많은 조각들 중 어느 것이라도 추적한다면, 그것들 각각이 서로 다른 시기에 살았던 서로 다른 개인들에게 이르는 지도를 그릴 것이라고 지적하는 것이 중요하다. 그 기술을 사용한 후 그와 동일한 기술이 다른 수많은 조각들은 서로 다른 수많은 개인들에게서 유래한다는 결론에 이르게 할 때, 그 기술이 자기를 그 조각이 단지 한 사람에게 존재한다는 결론을 내리도록 이끈다고 말하는 것은 적절하지 않다.

Y-염색체 아담은 어떠한가? 미토콘드리아 DNA와 마찬가지로, Y-염색체 관련 DNA 역시 세대를 통해 전해지는 동안 더 작게 나뉘지 않는 조각으로 유전된다. 그것은 미토콘드리아 DNA보다는 큰 조각(전체의 2퍼센트)이다. 그러나 원리는 동일하다. 각각의 수많은 조각들처럼 그것은 특정한 시간에 살았던 한 개인에게서 발견된다. 우리가 원한다면, 우리는 그 사람을 'Y-염색체 아담'이라 부를 수 있다. 그러나 우리가 그렇게 한다면, 우리는 다른 수많은 아담들이 있다고 인정해야 한다. 그것들 각각은 수십에서 수백만 년 전에 게놈의 몇 가지 다른 조각들의 조상 형태를 지니고 있었다.

결론 나는 지난 7년 동안 적어도 19차례에 걸쳐 RTB에 있는 나의 동료들과 만나는 특권을 누렸다. 우리는 아주 심각한 방식으로 다르다. 바이오로고스에 속한 우리는 성경을 거룩하게 영감을 받은 하나님의 말씀으로 받아들이는 일에 생물학의 핵심에 놓여 있는 것, 곧 진화 과정을 통한 공통 조상이라는 개념을 폐기하는 것이 요구된다고 믿지 않는다. 반면에

RTB의 동료들은 그렇게 믿는다. 논의가 늘 쉬웠던 것은 아니다. 나는 때때로 좌절했고, 그들도 그랬으리라고 확신한다. 그럼에도 나는 그들과 함께 있을 때 계속해서 그리스도의 임재를 느꼈다. 나에게는 그것 곧 그들과 함께 살아 계신 그리스도의 영을 경험하는 것만으로도 우리가 함께하는 시간이 깨달음과 즐거움, (종종) 만족을 주었다.

믿어야 할 이유의 답변   퍼즈 라나

공통 설계가 공통 조상보다 과학적으로 더 나은 이유 나는 데럴 포크가 손가락 끝의 상처에 대해 했던 이야기로 돌아가고 싶다. 당신의 손가락 끝에 난 상처가 사고 때문이 아니라고 가정해 보라. 즉 그것이 의도적으로, 아마도 어느 단체에 들어가는 입회식의 일부로 이루어진 것이라고 가정해 보라. 당신과 다른 회원들 모두가 새끼손가락의 같은 장소에 같은 길이의 상처를 갖고 있다. 별생각 없이 보는 이들에게 그것은 사고처럼 보일 수 있다. 그러나 내막을 아는 이들에게 그것은 어떤 목적을 지니고 있다. 그것은 당신이 그 집단의 일원임을 가리킨다. 그 상처가 그 단체의 모든 구성원 신체의 같은 부위에 있다는 사실은 의도적이고 유의미하다. 그 상처는 어떤 기능을 한다. 그러나 당국이 손가락에 의도적으로 상처를 내는 것을 금하는 법령을 반포했다고 가정해 보자. 당신이 당신의 손가락에 있는 상처가 어찌 된 것이냐는 질문을 받는다면, 당신은 거짓말을 할 수도 있다. 당신은 그것은 사고였다고 주장할 수도 있다. 달리 말하면 당신이 곤란해지기 때문이다. 당국의 법령을 고려할 때, 당신의 손가락에 난 상처에 대한 유일하게 가능한 설명은 그것이 사고였다는 것이다.

방법론적 자연주의의 영향 때문에 대부분의 사람들은 반사적으로 공통 조상을 공유된 유전적 특징들에 대한 **유일하게** 과학적인 설명으로 여기도록 길들여졌다. 그래서 공통 설계 가설이 고려의 대상이 될 경우, 그것은 공통 조상 가설보다 훨씬 더 많은 증명의 부담을 진다.

이런 불합리한 부담에도, 유전체학에서 이루어진 최근의 발전은 추가적인 부담을 견뎌 내는 통찰을 제공한다. 인간 게놈 개요 염기서열이 발표되었을 때, 대부분의 과학자들은 인간 게놈이 진화 역사의 흔적인 정크 DNA로 더럽혀져 있다고 생각했다. ENCODE 프로젝트(인간 게놈에서 기능적 요소를 식별하는 것을 목표로 하는 연구 프로젝트—옮긴이) 덕분에 그런 견해는 바뀌었다. 인간 게놈의 거의 전부가 모종의 기능적 역할을 한다는 건강한 과학적 주장이 제기될 수 있다. 실제로 인간 게놈(그리고 다른 유기체들의 게놈)에서 이른바 정크 DNA 지역은 유전자 발현을 조절하고, 그 누구도 상상할 수 없었던 훨씬 더 우아하고 복잡해 보이는 시스템을 드러내는 역할을 한다. ENCODE 프로젝트 2단계의 결과가 발표되었을 때, 인간 게놈 연구소 소장 에릭 그린(Eric Geen)은 "ENCODE는 인간 게놈의 대부분이 유전자 정보를 살아 있는 세포와 유기체로 변환시키는 데 요구되는 복잡한 분자의 안무(molecular choreography)에 관여하고 있음을 밝혀냈다"고 주장했다.[20]

개체군의 규모에 대한 측정이 신뢰할 만하지 않음을 보여 주는 한 예
2007년에 한 연구팀이 케르겔렌 제도의 아남극 다도해의 일부인 섬들 중 하나에서 살아가는 야생 무플론양의 유전적 다양성에 대해 보고한 적이

---

[20] NIH/National Human Genome Research Institute, "First Holistic View of How Human Genome Actually Works: ENCODE Study Produces Massive Data Set", *ScienceDaily*, September 5, 2012, www.sciencedaily.com/releases/2012/09/120905140913.htm.

있다.[21] 이 양 집단은 연구자들에게 개체군 역학이 작은 개체군에서 나타나는 유전적 다양성에 끼치는 영향에 관해 연구할 이례적인 기회를 제공해 주었다.

1957년에 호트섬에 한 살배기 수컷과 암컷이 살기 시작했다. 이 두 마리는 프랑스에 있는 포획 집단에서 가져온 것이었다. 1970년대가 시작될 즈음에 그 수는 1백 마리로 늘어났고, 1977년에는 7백 마리까지 늘어났다. 그때 이후 그 개체 수는 250마리에서 7백 마리 사이에서 순환하며 변동을 거듭했다. 그 개체군이 단지 두 마리에서 시작된 것(창시자 효과), 그것이 개체군 규모에서 순환적 변화를 경험한 것, 그리고 그것이 한 섬에 고립되었던 것을 감안해서 연구자들은 아주 낮은 유전적 다양성을 예상했다.

수학적 모델을 사용할 경우, 한 개체군의 이형접합성(heterozygosity)은 조상 개체군의 이형접합성(그것은 최초의 무플론양 쌍 때문에 알려져 있다)과 원래의 집단의 크기로부터 어느 때든 계산될 수 있다. 그러나 연구자들이 호트섬의 양떼에 대해 이 수치를 직접 측정했을 때 그들이 발견한 사실은 그 수치가 그 모델들이 했던 예측치를 최대 네 배까지 초과한다는 것이었다.

연구자들은 유전적 다양성의 증가가 개체군의 생존 가능성을 증가시키므로 자연 선택이 유전적 다양성의 증가를 추동한다고 추정함으로써 이런 불일치를 설명했다. 결과적으로, 이와 동일한 모델들이 어느 때라도 측정된 유전적 다양성으로부터 조상 집단의 유효 크기를 측정하기 위해 사용된다면, 그것들은 최초의 집단 규모를 두 개체보다 훨씬 더 많게 계산할 것이다.

---

21 Renaud Kaeuffer et al., "Unexpected Heterozygosity in an Island Mouflon Population Founded by a Single Pair of Individuals", *Proceedings of the Royal Society B* 274 (February 2007): pp. 527-533.

결론

존 랭

두 저자 사이에 상당한 불일치가 존재하는 것이 분명하다. 단지 자료를 해석하는 방식에 관해서뿐 아니라 논의를 전개하는 방식에서도 그러하다. 한편으로, 데릴은 왜 진화적 창조론자들이 공통 조상이 인간 집단유전학과 인간 및 침팬지 DNA의 유사성에 대한 가장 합리적인 설명이라고 확신하는지를 설명하고자 했다. 집단유전학을 위한 몇 가지 수학적 모델들은 인간의 기초 집단 크기가 한 자리 숫자(곧 두 사람)가 아니라 수천 명이었다고 확언하고, 인간과 침팬지 DNA에서 발견되는 공통 상처의 많은 수는 직접적인 창조 모델에 문제를 일으킨다고 확언한다.[22] 다른 한편으로, 퍼즈는 하나님의 존재가 자료에 대한 설명을 위해 열려 있을 가능성을 설명하고자 했다. 그는 그것이 순전히 자연적인 설명이어야 할 필요가 없다고 결론짓는다. 특히 그는 인간과 침팬지 DNA에서 나타나는 동일한 상처들이 어떤 목적을 가진 것일 수 있음을 암시하기 위해 공통 설계와 인간의 무지라는 이중의 개념에 대해 언급했다.

여기서 불일치의 핵심은 과학을 하는 방법이 아니라 성경에 대한 해석에 있을 수 있다. 두 저자 모두 가공되지 않은 자료들을 다루어야 하고 그것을 이해하는 법을 정해야 한다. 둘 다 그 자료에 성경의 진리에 헌신하는 그리스도인으로서 접근한다. 나는 그들이 창세기에 묘사된 하나님의 창조 작업이 어느 정도나 자연주의적 과정을 허용하는지에 관해 일치하지 않는다고 여긴다. 내가 옳다면, 이런 불일치는 이 장의 범위 안에서 해소될 수 없다.

---

22 **상처들**은 하나님이 왜 그것을 초래하시는지 혹은 이미 존재하는 상처를 지닌 피조물들을 창조하시는지를 알기가 어렵기에 무작위 과정을 암시한다. 인간과 침팬지에서 나타나는 수많은 동일한 상처들은 모종의 관계를 암시하는데, 그것은 그들이 서로 독립적으로 나타나는 것은 거의 불가능하기 때문이다. 그래서 포크는 공유된 조상이 최상의 설명이라고 주장한다.

11장 인류학적 증거

인간은 어떻게 독특한가?

스티브 렘케, 제프 슐로스, 퍼즈 라나

남침례회 진행자   스티브 렘케

인류학은 인간이 실제로 어떤 존재인가에 관한 질문이다. 성경은 인간을 하나님의 형상대로 창조된 자(창 1:27)와 "천사보다 조금 못한" 자(시 8:5)로 묘사한다. 이 장은 여러 핵심적인 인류학적 쟁점들을 다룬다. 이마고 데이(*imago Dei*), 곧 창세기 1:27이 언급하는 하나님의 형상이란 무엇인가? 인간이 된다는 것은 무엇을 의미하는가? 여러분은 인간 예외주의(human exceptionalism), 곧 인간이 창조 세계 안의 다른 그 어느 것과도 구별되는 능력과 재능을 갖고 있다는 주장을 믿는가? 어떤 능력이 다른 생명체와 구별되는 인간의 독특성을 보여 주는가? 인간은 영장류 및 호미니드들과 어떻게 구별되는가? 인간과 다른 생명체의 차이를 입증해 준 행동적 간격 혹은 '사회문화적 빅뱅'이 존재하는가? 고고학과 고인류학의 발견들은 성경과 일치하는가? 네안데르탈인은 온전하게 인간이었는가? 창조에 관한 '오랜 지구'의 관점에서 최초의 온전한 인간은 언제 등장했는가?

이런 인류학적 쟁점들을 다루면서 이 장의 기고자들은 다음과 같은 질

문들에 답하도록 요청받았다.

- 하나님의 형상이란 무엇이며, 그것은 사람들에게서 어떻게 입증되는가?
- 여러분은 인격체(human person)와 인간 존재(human being)를 어떻게 정의하는가?
- 여러분은 인간 예외주의를 긍정하는가? 만약 그렇다면, 어떤 독특함이 인간을 다른 생물들과 구별해 주는가?
- 여러분이 옹호하는 기원 모델은 인간과 다른 종들 사이의 유사성과 차이점을 어떻게 설명하는가? 최초의 인간은 언제 등장했는가?

바이오로고스   제프 슐로스

인간의 본질과 기원은 진화에 의해 제기된 믿음과 관련된 가장 중요한 쟁점일 수 있다. 대개 그리스도인들은 다음 두 가지 질문에 초점을 맞춘다. 우리는 누구인가? 우리는 어떻게 존재하게 되었는가? 첫 번째 질문은 인간의 독특성과 하나님의 형상이라는 신학적 문제와 연관된다. 두 번째 질문은 창조의 역사와 수단에 관한 주석적 질문들을 수반한다. 이 장에서 나는 영장류학과 고인류학의 자료가 이런 문제들에 대해 어떤 의미를 갖는지 살필 것이다. 또한 나의 견해와 믿어야 할 이유(RTB) 견해 사이의 합의점을 확인하고 차이점을 식별할 것이다.[1]

---

1   RTB의 견해는 Fazale Rana and Hugh Ross, *Who Was Adam? A Creation Model Approach to the Origin of Humanity*, 2nd ed. (Covina, CA: RTB Press, 2015)에서 인용했다.

우리는 누구인가? "다원주의는 인간이 하나님의 형상대로 지음을 받았다는 개념과 인간이 독특하게 이성적인 존재라는 개념 모두를 훼손한다.…그로 인해 인간의 존엄성이라는 개념은 신빙성이 떨어지는 형이상학의 도덕적 발산으로 판명된다."[2]

앞의 인용문은 진화의 의미를 과장하는 편집증적인 그리스도인의 말이 아니라, 인간 예외주의의 정체를 폭로하는 여러 유력한 철학자들 중 한 사람의 말이다. 진화가 인간이 독특한 도덕적 장점 혹은 책임성을 갖고 있지 않은 "단지 또 다른 동물일 뿐"임을 보여 준다는 주장은 이해할 만한 우려를 낳는다. 여기서 나는 자료들이 진화적 공통 조상과 일치하기는 하나, 그것이 곧 인간의 독특성이나 '하나님의 형상'이라는 개념에 대한 거부를 정당화하는 것은 아니라고 주장할 것이다. 먼저 세 가지 근본적인 쟁점들을 밝혀 두는 것이 중요하다.

첫째, 성경은 인간이 하나님의 형상대로 지음을 받았다고 분명하게 확언한다. 그러나 나의 RTB 동료들이 지적하듯이, 성경은 이것이 무엇을 의미하는지에 대해 분명하게 말하지 않는다. 그것은 우리가 하나님과 맺고 있는 특별한 관계를 의미하는가? 하나님이 우리에게 맡기신 역할을 의미하는가? 일련의 구별되는 능력인가? 만약 그렇다면, 어떤 능력인가?

둘째, 독특성을 설명하는 데는 늘 얼마간의 모호성이 존재한다. 그것은 종종 "정도의 차이 대 종류의 차이"로 언급되지만, 그것은 지나친 단순화다. 어떤 것은 변화의 비탈을 따라 극단적인 것이 됨으로써 독특할 수 있다(가령, 인간의 협동 집단의 규모). 혹은 어느 독특한 특성은 중간적 형태를 조금도 허락하지 않으나, 그럼에도 필요하지만 충분하지는 않은 토대를 제

---

[2] James Rachels, *Created from Animals: The Moral Implications of Darwinism* (Oxford: Oxford University Press, 1990), p. 5. 『동물에서 유래된 인간』(나남).

공하기 위해 확장되는 다른 능력들을 요구할 수도 있다(가령, 인간의 언어).

셋째, 일부 진화생물학자들은 다른 동물들과 공유된 기원을 갖는 것은 필연적으로 인간에게 근본적으로 독특한 무언가가 있다는 사실을 배제한다고 단언한다(많은 그리스도인들이 그런 단언을 수용한다). 그러나 그렇지 않다. 이런 주장보다는 오히려 무생물과 생물 모두가 원래 별들에서 형성된 분자들로 만들어졌기에 둘 사이에 아무런 근본적 차이가 존재하지 않는다는 주장이 오히려 타당하다. 공통의 본질은 공통 조상의 필연적 결과가 **아니라는** 점에 유의하는 것이 중요하다. 실제로 많은 진화생물학자들은 인간 예외주의를 강하게 긍정한다.

그러므로 인간의 독특성에 관해, 심지어 우리를 구별하는 것처럼 보이는 것에 관해서도 RTB와 바이오로고스 사이뿐 아니라 많은 세속 동료들 사이에도 공유된 합의점이 존재한다. 나는 두 가지 특성들을 강조할 것이다. 첫번째 특성은 **지적 능력**, 곧 상징적 사고와 언어다. 다른 생물 종들도 문제를 해결하고 서로 소통하는 놀라운 능력을 지니고 있다. 그러나 그들이 상징을 조작해 문제를 해결한다거나 상징들의 위계적이고 조합적인 시스템을 갖고 소통한다는 증거는 거의 없다. 더구나 우리는 상징을 사용할 뿐 아니라 쓰기와 미술, 도구, 장식 등에서 그것들을 부호화해 물질문화로 만들어 세대를 통해 전수하기까지 한다.

두 번째 특성은 **관계적 능력**, 곧 도덕성과 이타심이다. 성경은 우리가 우리의 도덕적 선택에 대해 독특하게 책임을 지게 될 것이라고 가르치며, 나의 많은 동료들은 우리가 도덕적 인식의 기초가 되는 특별한 능력을 지니고 있는 것처럼 보인다는 것을 인정한다. 발달심리학자인 제롬 케이건(Jerome Kagan)은 이렇게 주장한다. "자기를 좋게 여기려는 지속적인 갈망은 호모 사피엔스의 독특한 특성이다.…(우리의) 생물학적으로 조직된 편향은 인간의 경험을 그 어떤 다른 종들의 경험과도 비교되지 않는 것으로 만든다."[3] 우리를 특별하게 만드는 것은 단지 도덕성이 아니라 도덕성에 의해 확증되는 행동이다. 인간은 어떤 다른 종들에서도 넓고 깊게 관찰되지 않을 정도로 다른 이들과 협동하고, 심지어 그들을 위해 자신을 희생할 수도 있다. 진화론자인 윌슨(Wilson)은 우리의 예외적인 협력을 "모든 생물학의 절정을 이루는 신비"라고 묘사한다. 세계적으로 유명한 무신론자인 리처드 도킨스는 "지구상에서 오직 우리만 이기적인 복제자들의 폭정에 맞서 항거할 수 있다"고 단언한다.[4]

우리는 어떻게 존재하게 되었나? 이런 예외적인 능력들은 인간과 다른 동물들 사이의 중대한 간격을 반영한다. 그러나 그것들의 바탕에는 특성들의 인상 깊은 상승적 순서도 존재한다. 두 개의 연구 영역이 이것을 명확하게 밝혀 준다.

영장류학과 비교동물행동학 한 세대보다 조금 이전에 나온 인간의 독특성에 대한 가장 두드러진 주장들 중 대부분은, 도구의 사용과 문화의 전수, 관계에 대한 인식 등 우리가 인간과 연관시키는 핵심적 행동들이 동물에게는 완전히 부재하다고 단언했다. 이런 주장들은 놀라운 새로운 발견들에 비추어 폐기되어야 했다.

지적 능력과 관련해서 동물의 세계는 기술, 문제 해결, 소통을 위한 점증하는 복잡한 능력의 연속성을 보여 준다.

---

[3] Jerome Kagan, *Three Seductive Ideas* (Cambridge, MA: Harvard University Press, 1998), pp. 190-191.
[4] E. O. Wilson, *Sociobiology* (Cambridge, MA: Harvard University Press, 1980), p. 182. 『사회생물학』(민음사); Richard Dawkins, *The Selfish Gene* (Oxford: Oxford University Press, 1976), p. 215. 『이기적 유전자』(을유문화사).

- 한때 오직 인간만이 도구를 사용한다고, 그 후에는 오직 인간만이 도구를 변형시킨다고, 이어서 오직 인간만이 모방적 학습을 통해 도구를 만든다고 주장되었다. 그러나 동물 역시 이 모든 일을 한다.[5]
- 영장류는 세상에 대한 개념적 표현과 정신적 조작을 포함하는 인상적인 문제 해결 능력을 갖추고 있다. 그들은 새로운 다중 구조를 세우고 다단계 문제에 대한 해결책을 사전에 계획할 수 있다. 개념적 표현은 상징적 부호화와 동일하지 않다. 그러나 그것은 동물 안에서 새롭게 인식되는 진전된 인지적 구성 요소다(가장 이른 시기의 인간의 유물들은 개념적 표현을 보여 주지만 분명하게 상징적 부호화를 보여 주지는 않는다.)
- 대형 유인원은 결합적 신호들을 배우고 그것들로 소통할 수 있다. 다시 말하지만, 분명히 이것은 상징적이고 재귀적인 언어(반복되는 패턴을 만들어 내는 특성의 언어-옮긴이)와 같지 않다. 하지만 그것은 인간 소통의 기초를 이루는 중요한 능력이다.

관계적 측면에서 동물은 고통을 느끼고, 지속적인 관계를 형성하며, 서로를 돕고 위로하고, 심지어 집단 구성원들 사이에서 갈등을 조정하는 일련의 능력을 보여 준다.

- 영장류는 (제한적이기는 하나) 다른 존재에게 믿음을 보이는 능력을 갖고 있다.
- 최근의 연구는 영장류가 심지어 공정성이라는 개념을 갖고 있음을 입증해 주었다. 즉각적인 자기 이익에 대한 관심과 놀랄 만큼 대조되게, 그들은 자

---

5 *Who Was Adam?*이 이에 대한 매력적인 개요를 제공한다.

기들의 파트너가 더 나은 보상을 얻는 것을 볼 경우 화를 내며 자기들이 앞서 받았던 보상을 거부한다(나의 아이들처럼이 아니라 많은 성인들처럼!).

확실히 이런 특성들은 만개한 도덕성 혹은 "너의 적을 사랑하라" 식의 이타심을 이루지는 않는다. 하지만 그것들은 '열등한' 동물에게는 전혀 없고 인간의 관계성과 관련해서는 타당하게 중간적 구성 요소로 보이는 사회적 능력의 연속성을 보여 준다.

역사인류학 위에서 언급한 동물의 능력은 온전하게 인간적인 능력에 필요하기도 하고 진화의 시간을 통해 증대되기도 하나, 분명히 그것들은 인간의 능력이 아니다. 화석 기록에 인간의 능력과 다른 살아 있는 영장류의 능력 **중간에** 의미 있게 존재하는 무언가가 있는가? 나의 RTB 동료들은 멸절한 호미닌들이 제한적인 지성을 갖고 있었고 "개코원숭이와 고릴라, 침팬지처럼" 조잡한 도구들을 사용했다고 주장한다.[6]

'다수결'은 진리를 판별하는 확실한 원리가 아니다. 그러나 사실상 모든 고인류학자는 점증하는 호미닌의 염기서열을 인간과 살아 있는 영장류의 중간체로 보고 있다. 왜 그런가? 첫째, 현대적 인간이 출현하기 전 2백 년 동안 상대적인 뇌의 크기와 기술적 정교함, 문화적 전승이라는 측면에서 단계적 상승이 있었다.[7] 여기에는 도구들의 확대된 다양성과 정교함, 70만 년 전부터 불을 사용했음을 보여 주는 점증하는 증거, 그리고 최근에 발견된(2016년) 호모 사피엔스의 시대를 훨씬 앞서는 동굴 판화와 구조물들이 포함된다. 중요하게도, 이것들 중 어느 것도 현대적 인간이 갖고 있는

---

6   Rana and Ross, *Who Was Adam?*, p. 50.
7   일련의 해부학적 혹은 행동적 중간체들이 진화적 변화의 순서와 동일하지 않다는 것을 인정하는 것이 중요하다.

것과 같은 상징적 능력을 예시하지 않는다. 그러나 이런 것들 중 어느 것도 비인간 동물에게는 결코 존재하지 않는다.

또 다른 중요한 요소는 신비로운 네안데르탈인이다. 많은 인류학자들이 네안데르탈인의 능력이 인간의 능력과 매우 가깝다고—비록 구별되지 않는 것은 아니지만—여긴다. 그러나 모두가 그렇게 여기는 것은 아니다. 과연 네안데르탈인이 언어 혹은 상징적 인지 능력을 갖고 있었는지를 두고 심각한 논쟁이 존재한다. 나의 RTB 동료들이 상징적이고 '온전히' 인간적인 것처럼 보이는 예술 혹은 의식적 매장 같은 행동에 대한 주장과 관련해 논란이 있음을 지적한 것은 완전히 적절하다. 그러나 다음과 같은 완전히 독특한 다른 발견들은 널리 인정되고 있다.

- **불** 불의 사용은 실제로 네안데르탈인의 문화 안에서 불이 붙었다. 최근의 증거(2016년)는 심지어 그들이 불을 잘 붙게 하도록 망간을 사용했음을 암시하기까지 한다. 요리를 하고, 도구를 만들며, 온기를 중심으로 무리를 모으는 일에서 불이 하는 역할에 관한 논쟁이 남아 있다. 그러나 인간 외에 지구상의 그 어떤 생명체도 그들의 사회 집단 안에서 불을 체계적으로 사용하지 않는다.
- **옷** 에너지 손실과 체온 조절을 위한 모델들은 북부 지방에서 인간과 네안데르탈인 모두가 그들의 몸 특히 발과 머리를 가리고 있었음을 지적한다. 최근의 연구(2016년)는 각 종들 안에서—인간들이 더 정교한 (바느질한) 옷을 활용했던 것으로 보이기는 하나—동물 외피에 대한 물리적 증거를 발견했다.
- **장식** 최근에 4만 년 이상 된 장식용 깃털과 조개껍데기, 동굴의 에칭 등이 많이 발견되었다. 그러나 일부 인류학자들은 그것들의 기원이 네안데르탈

인에게 있는지를 두고 논란을 벌이고 있다. 붉은 황토와 동굴 구조물, 표시를 지닌 독수리 발톱 같은 다른 발견물들은 분명히 인간의 시대를 앞선다. 그것들의 실용적 용법과 장식적 용법 역시 논란이 되고 있으나, 실용적 용법조차 그것들에 대한 고도로 진전된 인식을 보여 준다. 가장 최근의 연구(2016년)는 목걸이로 사용하기 위해 변형되고 모아진 여덟 개의 독수리 발톱 세트를 보여 주었다.[8]

- **매장** 네안데르탈인을 위한 매장지라고 알려진 것들이 많이 있기는 하나, 그런 매장지들에 대한 몇몇 유명한 연구들에 대한 논란이 존재한다. 그러나 지금껏 이루어진 가장 방대한 연구인 라 샤펠 유적지에서 이루어진 12년에 걸친 재조사는 그것이 의도적인 매장이었음을 보여 준다. 매장은 중요하기는 하나 '장례'와 같지 않다. 다른 동물들도 동료의 죽음을 기념한다. 최근의 한 연구(2016년)를 제외하면, 현대적 인간에게서 보이는 것과 같은 상징적이고 의식적인 매장에 대한 반박되지 않는 증거는 존재하지 않는다.

- **정교한 도구 사용** 네안데르탈인은 뾰족한 끝을 지닌 창 같은 복잡한 도구를 계획하고 조립하고 옮겼다. 더 나아가 그들은 돌과 나무뿐 아니라 유럽에서 최초로 뼈를 도구로 사용했다. 인간 외에 지구상의 그 어떤 동물도 이 정도의 기술을 획득하지 못했다. 가장 이른 시기의 호모 사피엔스와 연관된 도구들은 실제로 덜 정교했다.

- **철저한 사회적 돌봄** 여러 가지 발견들이 네안데르탈인들 중에 손이나 발이

---

[8] RTB는 개인 장식은 독특하게 인간적이고, "생존을 위한 즉각적인 이점을 제공하지 않으며", "상징적 언어의 사용을 나타낸다"고 주장한다(Rana and Ross, *Who Was Adam?*, p. 87). 그러나 장식은 독특한 적응적 가치를 가질 수 있다(공작의 꼬리를 생각해 보라). 우리는 다른 종들이 타고난 장식들을 강화한다는 것을 안다. 네안데르탈인들 외에, 침팬지가 스스로를 장식하는 것이 관찰된다. 장식이 상징적 표현을 예시할 필요는 없다. 장식용 장식과 표현용 장식 사이에는 중요한 차이가 있다. 후자는 독특하게 인간적이지만, 가장 이른 시기의 호모 사피엔스에서 *그것은* 나타나지 않는다.

절단되고 기형을 지니고 이가 빠져 여러 해 동안 인간 집단 밖에서는 보이지 않는 방식으로 돌봄을 받았음을 보여 주는 상처 패턴을 지닌 중증 환자들이 있었음을 알려 주고 있다.

- **대뇌화** 대뇌화 지수(encephalization quotient, EQ)는 신체의 질량과 비교되는 두개골의 부피에 대한 계측이다. 그것은 우리의 RTB 동료들을 포함해 많은 생물학자들에 의해 "말 그대로 두개골의 용량이라기보다는 지성에 대한 계측"으로 간주된다.[9] 중요하게도 네안데르탈인의 EQ는 사실상 인간의 EQ와 구별되지 않으며, 다른 영장류나 화석 호미닌의 EQ보다도 크다. RTB의 학자들이 쓴 『아담은 누구였는가?』는 호모 사피엔스의 EQ와 세 종의 멸절된 호미닌들의 EQ 사이의 인상적일 정도로 커다란 차이를 그래프를 통해 보여 준다. 그러나 네안데르탈인은 이 그래프에 포함되어 있지 않다. 칭찬할 만하게도, 이 책의 두 번째 판에서 저자들은 "우리는 네안데르탈인 같은 다른 호미니드들을 위한 EQ 자료를 포함시켰어야 했다"라고 시인했다.[10] 표2는 RTB가 제시한 평균적인 EQ 값을 예시하는데, 거기에 네안데르탈인의 것을 덧붙이고 있다.

하지만 네안데르탈인과 연관된 발견들을 해석하는 일에서 일관된 주제는 과연 그들이 상징적 능력을 갖고 있었느냐에 관한 논쟁이다. 그러나 중간체에게는 상징적 표현이 요구되지 않는다. 당신이 곧추선 채 두발 보행을 하고, 옷과 어쩌면 목걸이를 착용하고, 뾰족한 끝이 달린 창을 만들며, 불을 사용하고, 장애가 있는 이들을 돌보고, 죽은 자를 매장하고, 심지어 인간과 함께 아이들을 낳는 네안데르탈인들을 만났다고 상상해 보라. 그

---

9   Rana and Ross, *Who Was Adam?*, p. 356.
10   같은 책.

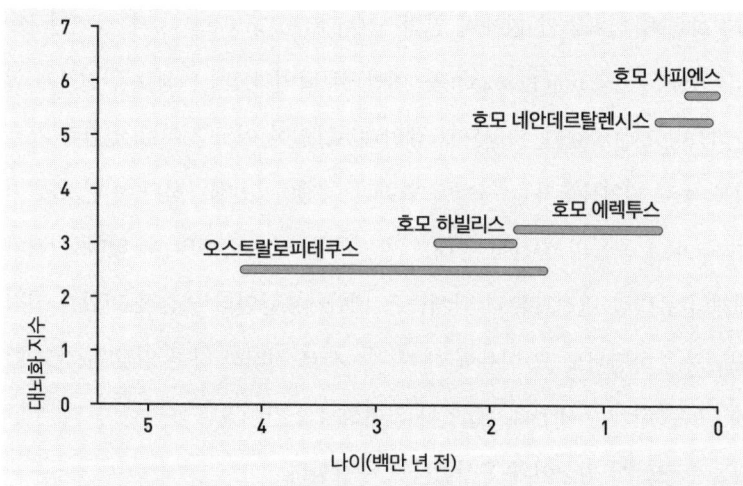

표2. 선택된 호미닌 종들의 대뇌화 지수 vs 시간

파제일 라나와 휴 로스의 *Who Was Adam? A Creation Model Approach to the Origin of Humanity*, 2nd ed. (Covina, CA: RTB Press, 2015), pp. 169, 357에서 가져온 자료임.

* 호모 네안데르탈렌시스(*Homo neanderthalensis*)는 덧붙인 것으로 라나와 로스가 다른 종들을 위해 인용했던 것과 동일한 출처에서 나온 값이다. Roger Lewin and Robert A. Foley, *Principles of Human Evolution*, 2nd ed. (Malden, MA: Blackwell, 2004), p. 452.

들이 상징적 언어를 갖고 있든 그렇지 않든, 당신은 그들을 단지 "감정적 표현을 위한 얼마간의 능력과 오늘날의 대형 유인원의 그것과 유사한 정도의 지성"[11]을 지닌 존재로만 생각하겠는가?

재미있는 사실은 진화를 거부하는 많은 그리스도인들이 네안데르탈인이 인간과 같다고 동의할 뿐 아니라 그보다 더 나아간다는 것이다. 유명한

11　같은 책, p. 195.

반진화론적 단체들인 창세기 안의 답(Answers in Genesis)과 창조연구소(Institute for Creation Research)는 네안데르탈인이 1백 퍼센트 완전하게 인간이었다고 주장한다. 그러므로 네안데르탈인이 어느 정도나 인간과 같은지를 두고 고인류학자들 사이에 얼마간 논쟁이 있기는 하나, 이런 불일치는 (적어도) 종들의 중간적 상태를 반영하는 것으로 보일 수 있다. 그러나 세계의 유력한 반진화론적 단체들은 네안데르탈인의 중간적 지위를 전적으로 거부하면서도 그 이유에 대해서는 서로 철저히 다른 입장을 갖고 있다. 그 두 단체는 네안데르탈인이 완전하게 인간이었다고 말한다. 다른 단체들은 그들이 원숭이와 유사했다고 주장한다.

이 모든 것은 '인간이 누구이며, 어떻게 인간이 되었는가'라는 우리의 두 질문과 어떻게 연관되는가? 중간체의 존재는 사실상 하나님의 형상 혹은 인간의 독특성이라는 근본적인 문제에 아무런 영향을 주지 않는다. 우리는 우리로 이어지는 선구적 존재가 있든 없든 독특하다. 일련의 중간체들은 특별한 창조를 배제하지 않는다. 하나님은 인간과 중간적 종들을 (RTB가 주장하듯이) 초자연적으로 창조하실 수 있었다. 그러므로 중간체의 존재는 하나님의 형상에 도전하지 않으며, 중간체의 결여는 특별한 창조가 엄격하게 예견하는 것이 아니다. 그러나 그들의 존재는 기원에 관한 진화적 모델이 특별하게 예견하는 것이다. 바로 그것이 우리가 갖고 있는 것이다. 진화를 거부하면서 일련의 행동상 중간체들을 거부하는 이들은 서로 완전히 대립하는 이유로 그렇게 하게 된다. 자료를 서로 모순되게 해석하면서 서로 상충하는 반진화적 주장들은 사실상 경험적으로 관찰되는 것의 중간적 지위를 지지하게 된다.

결론 바이오로고스와 RTB 사이에는 우리가 누구인지에 대해 심원한 의견의 일치가 존재한다. 인간은 독특하다. 더 나아가 우리의 구별된 특성들—거기에는 상징적 사고와 도덕적 이타심이 포함된다—은 하나님의 형상대로 지음을 받는 것과 조화를 이루며 단순히 동물의 능력의 약간 증폭된 버전에 불과한 것이 아니다. 그러나 우리는 우리가 어떻게 존재하게 되었는지를 두고 서로 의견을 달리한다. 네안데르탈인의 유전적·해부학적·행동적 특성들을 포함해 영장류학적·인류학적 증거들은, 하나님의 형상에 대해 아무런 위협도 제기하지 않으면서 근본적인 중간체들의 분명하게 상승하는 순서를 보여 준다.

믿어야 할 이유   퍼즈 라나

인간은 누구인가? 역사적인 기독교 신앙의 핵심적 개념들 중 하나이자 RTB 창조 모델의 핵심적 측면 하나는, 인간이 하나님의 형상대로 지음을 받았다는 개념이다. 성경은 하나님의 형상에 대해 분명하게 정의하지 않으므로, 오랜 세월 동안 신학자들은 그 개념에 대해 논의하고 토론을 벌여 왔다. 어떤 이들은 하나님의 형상이라는 개념을 인간이 영적으로—그러나 유한하고 제한적으로—하나님을 **닮은 것**을 가리키는 데 사용한다. 다른 이들은 그것이 인간의 **관계적** 능력을 가리킨다고 여기고, 또 다른 이들은 그것이 인간이 하나님의 **대리자** 혹은 세상에서 하나님의 총독 역할을 하도록 허락한다고 여긴다.[12]

믿어야 할 이유(RTB)에 속한 우리는 이 세 견해가 서로 배타적이지 않음을 인정하면서 주로 닮음(resemblance)이라는 견해, 그중에서도 특히 다

---

12 이 문제에 대한 서로 다른 견해들에 관한 토론은 C. John Collins, *Science and Faith: Friends or Foes?* (Wheaton, IL: Crossway, 2003)에서 찾아볼 수 있다.

음과 같은 요소들을 주장한다.

1. 인간은 도덕적 요소를 갖고 있다. 그들은 생래적으로 옳고 그름을 이해하며 정의에 대한 강력한 선천적 의식을 갖고 있다.
2. 인간은 이 우주와 육체적 삶 너머에 있는 실재를 인식하는 영적 존재다. 인간은 하나님의 존재를 직관적으로 인식하며 예배와 기도에 대한 성향을 갖고 있다.
3. 인간은 하나님과 자기 자신, 타인, 다른 피조물과 관계한다. 하나님의 형상에는 관계적 측면이 존재한다.
4. 인간의 정신적 능력은 하나님의 형상을 반영한다. 인간은 추론하고 논리적으로 사고하는 능력을 갖고 있다. 그들은 상징적 사고를 할 수 있다. 인간은 복잡하고 추상적인 언어로 자신을 표현한다. 그들은 과거와 현재와 미래를 의식한다. 인간은 미술과 음악, 문학, 과학, 기술적 발명을 통해 강렬한 창의성을 드러낸다.

호미니드는 누구였는가? 우리는 호미니드를 하나님의 목적을 위해 그분의 직접적인 개입을 통해 창조된 동물로 여긴다. 그들은 한동안 존재했고 그 후에 멸절했다. 그들은 직립 보행을 했고, 많은 동물들이 그러하듯이 어느 정도의 제한된 지성과 감정적 능력을 갖고 있었다. 그런 특성들은 호미니드들이 개코원숭이와 고릴라, 침팬지와 비슷하게 조잡한 도구를 사용하고 심지어 낮은 수준의 '문화'를 만들어 내는 것을 허락했다. 우리의 창조 모델은 호미니드들이 하나님의 거룩한 명령에 의해 창조되었다고 단언하기는 하나, 그들은 그분의 형상대로 지음을 받은 영적 존재가 아니었다. 그 지위는 오직 인간을 위해서만 배타적으로 유보되었다.

우리의 모델은 호미니드를 대형 유인원과 유사하지만 그것들과 구별되는 것으로 다룬다. 그런 이유로 우리의 모델은 호미니드와 인간 사이에는 해부학적·생리학적·생화학적·유전체학적 유사성이 다양한 정도로 존재한다고 예측한다. 그러나 호미니드는 하나님의 형상대로 지음을 받지 않았기에 우리는 그들이 인간과는 주목할 만한 방식으로 다를 것이라고 예상한다. 그것은 그들의 인지적 능력과 소통 능력, 행동, '기술', '문화'에 반영되어 있다. 더 나아가 우리의 모델은 인간은 그들의 활동을 통해 하나님의 형상을 반영하는 반면, 호미니드는 그렇지 않다고 주장한다. RTB 모델은 오직 인간만이 독특하게 영적이며 호미니드는 그렇지 않다고 단언한다.

우리의 창조 모델에 따르면, 인간의 많은 행동들은 궁극적으로 하나님의 형상으로부터 나온다. 고고학적 기록은 행동과 활동의 산물이기에 그것은 하나님의 형상을 살펴볼 수단을 제공한다. 이성의 결과물인 인공물과 상징적 사고, 기술적 발명, 미술적·음악적·종교적 표현은 하나님의 형상을 반영한다. 우리의 모델은 호미니드를 '동물'로 여기기에 우리는 하나님의 형상을 지닌 그런 인공물들이 고고학적 기록에서 현대적 인간의 유해들과 함께 최초로 오직 거기에서만 나타나리라고 예측한다.

우리의 모델은 화석 기록에서 인간을 앞서는 호미니드와 함께 발견된 그 어떤 인공물도 최초의 참된 인간과 연관된 인공물들과는 근본적으로 다르다고 주장한다. 호미니드와 일치하는 고고학적 유해들은 하나님의 형상과 관련된 행동의 부재를 보여 준다.

고고학적 기록 의심할 바 없이, 2백만 년 전에 살았던 호미니드들은 돌 연장을 사용했고 모종의 문화를 갖고 있었다. 그들의 조잡한 기술과 단순한 삶의 방식은 수십만 년 동안 정체 상태로 머물러 있었다. 고고학적 기록에 새로운 기술과 문화가 나타날 때 그 진전은 대체로 상대적으로 작은 발걸음을 보이며, 그 후 오랫동안 정체 상태가 이어진다.[13]

그러나 도구의 사용만으로 하나님의 형상을 반영한다고는 할 수 없다. 침팬지들은 돌 연장을 만들고 사냥용 창을 조립하는 것으로 관찰되었다. 현대적인 인간과 연관된 인공물들은 호미니드들이 만든 것들과는 질적으로 다르다. 현대적인 인간들이 만든 인공물은 상징적 표현, 곧 우리가 하나님의 형상과 연관시키는 탁월함에 대한 능력을 반영한다.

최근까지 많은 인류학자들은 현대적인 인간의 행동(흔히 '사회문화적 빅뱅'으로 묘사되는 사건)이 갑자기, 그러나 해부학적으로 현대적인 인간이 등장한 이후에 나타났다고 주장했다(화석 기록과 유전적 자료들은 인간의 기원을 15만 년 전 즈음에 위치시킨다). 이 패턴이 옳다면, 그것은 인간의 기원에 대한 진화적 설명과 일치한다.

사회문화적 빅뱅에 대한 증거는 전적으로 유럽의 고고학적 기록에서 나왔다. 유럽에 현대적 인간이 도착하자 정교한 도구들과 신체 장식, 동굴 회화, 비유적인 미술, 악기 등의 형태로 나타나는 예술적 표현이 폭발적으로 증가하기 시작했다.

아마도 현대적인 인간은 유럽으로 이주했을 때 이미 상징적 표현을 위한 능력을 갖고 있었을 것이다. 이런 개념에 대한 지지는 최근에 남동 아시아의 동굴 지역에서 발견된 미술 작품들로부터 나온다. 고고학자들은 4만 년 전경으로 추정되는 동굴 벽에서 인간의 손을 그린 그림들과 동물에 대한 묘사들을 발견했다. 그런 그림들의 수준은 유럽에서 발견되는 동굴 벽에 그려진 그림들과 비교된다. 이런 발견은 인간이 약 6만 년 전에 세

---

13   고고학적 기록에 대해 설명하는 과학적 문서들에 대한 상세한 참고문헌을 위해서는, 내가 휴 로스와 함께 쓴 *Who Was Adam?*의 확대된 두 번째 판을 보라.

계 전역으로 이주하기 시작하기 이전부터 상징적 표현을 위한 능력을 갖고 있었음을 의미한다.

지난 10년 동안 고고학자들은 남아프리카 해안 지대 몇 개의 동굴 유적지(블롬보스, 시부두, 피너클 포인트, 딥클루프 암석 주거지)에서 상징적 표현을 위한 능력을 갖춘 인간의 활동을 보여 주는 수많은 가공품들을 발굴했다. 이런 유적지들에서 찾아낸 발굴물 중에는 조각물이 들어 있는 붉은 황토, 조각된 타조알, 보석 구슬, 열과 압력으로 처리된 돌들(그것은 쉽게 조각내는 것을 가능하게 한다), 접착제의 사용, 방충의 특성을 가진 상록수로 만들어진 침구 등이 포함되어 있다. 남아프리카 지역에서 나온 이런 발굴물은 상징적 표현의 기원을 적어도 8만 년 전까지 소급시킨다.

고고학적 기록이 누덕누덕할 수밖에 없음을 감안할 때, 정교한 인간의 행동이 그보다 일찍 나타났을 수 있다고 여기는 것은 타당하다. 결정적인 것은 아니지만, 많은 연구들이 현대적인 인간의 행동이 7만 년에서 8만 년 전에 나타났다고 제안한다. 예컨대, 연구자들은 바다로부터 멀리 떨어진 곳인 이스라엘(스컬 동굴)과 알제리의 발굴지들에서 해양 조개껍데기로 만들어진 구슬들을 발굴했다. 이것은 그 조개껍데기들이 보석으로 만들어지기 전에 멀리 운반되었다는 것을 의미한다. 열자극 발광 기술을 사용해 보면, 이 구슬들은 10만 년에서 13만 5천 년 전에 만들어졌음을 알 수 있다.

또한 고고학자들은 이스라엘의 카프제 동굴에서 9만 2천 년 전의 것으로 추정되는 붉은 황토와 구멍이 뚫린 해양 조개껍데기들에 대한 증거를 발굴했다. 조사자들은 남아프리카의 피너클 포인트 동굴의 거주자들이 16만 5천 년 전에 안료를 사용하고 있었다는 증거를 찾아냈다. 이 모든 인공물은 아마도 상징적 표현을 위한 능력을 반영할 것이다. 이런 관찰 주장들은 현대적인 인간 행동의 기원을 약 15만 년 전의 것으로 추정되는 인류의 기원에 대한 화석 기록 및 유전적 연대와 완전하게 일치시킨다.

네안데르탈인은 상징적 표현을 위한 능력을 갖고 있었는가? 네안데르탈인은 진전된 인지 능력을 갖추고 있었는가? 아마도 고인류학자들 사이에서 이보다 더 심한 이견을 보이는 문제는 달리 없을 것이다. 어떤 이들은 네안데르탈인이 인간보다 인지적으로 열등하다고 주장한다. 다른 이들은 네안데르탈인이 인간과 동등한 정도로 세련된 행동을 했다고 주장한다. 네안데르탈인이 상징적 표현을 위한 능력을 갖추고 **있었다면**, 그 능력은 우리의 창조 모델에 치명타가 될 것이다.

네안데르탈인이 진전된 인지 능력과 상징적 표현 능력을 갖고 있었음을 증명하기 위해, 일부 인류학자들은 이런 호미니드들이 그들의 죽은 동료를 매장하고, 동굴 미술을 만들고, 악기를 제조하며, 신체 장식을 만들고, 언어를 갖고 있었다고 주장한다. 그러나 이런 주장을 정당화하기 위해 사용된 고고학적 증거들을 비판적으로 살펴보면, 네안데르탈인의 상징적 표현에 관한 주장은 힘을 잃는다.

예를 들어, 그동안 몇몇 고인류학자들은 약 4만 년 전에, 곧 인간이 유럽에 도착하고 네안데르탈인이 사라지기 직전에, 네안데르탈인이 현대적인 행동을 하고 그것과 더불어 상징적 사유를 위한 능력을 발전시켰다고 주장해 왔다. 그로뜨 드 렌느(프랑스의 동굴)에서 있었던 고고학적 발견은 이런 주장을 위한 중요한 증거를 제공한다. 네안데르탈인과 인간 모두가 2만 8천 년에서 4만 5천 년 전 사이 다양한 때에 이 동굴에서 살았다. 그 유적지는 15개의 고고학적 층으로 이루어져 있다. 고인류학자들에게 가장 큰 관심사는 네안데르탈인의 이빨과 개인 장신구, 반지, 구멍 뚫린 동물의 이빨, 상아 펜던트 같은 가공품을 포함하고 있는 한 층이 남아 있었던 것인데, 그것은 전형적으로 인간과 연관된 상징적 사고에 대한 증거로 보였다. 그러나 연구자들이 그 동굴의 층들에 방사성 탄소 연대 측정법을 면밀하게 적용했을 때, 그들은 그 동굴의 층들이 아마도 마지막 거주자들이었던 이들에 의해 서로 뒤섞였다는 것을 발견했다. 그것은 과연 네안데르탈인이 실제로 상징적 사고를 위한 능력을 갖고 있었는지에 대한 의문을 불러일으켰다.

네안데르탈인의 매장? 많은 인류학자들은 네안데르탈인이 그들의 동료들을 매장했다는 개념을 논쟁의 여지가 없는 것으로 여긴다. 1961년에 고고학자들은 록 드 마샬(프랑스에 있는 동굴)에서 3살짜리 어린아이의 유골을 발굴하고 그것을 네안데르탈인의 정교한 매장으로 해석했다. 그 무덤은 의도적인 매장을 보여 주는 명확한 실례로 간주되었다. 그러나 그 발굴지에 대한 면밀한 재조사는 그 무덤이 사실은 동굴 바닥 중 자연스럽게 내려앉은 곳이었고 그 아이의 유해가 그 자연스럽게 생긴 구멍 속으로 미끄러져 들어갔던 것으로 보인다고 지적했다. 한 세기 동안 네안데르탈인의 가장 중요한 매장지들 중 하나인 라페라시 동굴(프랑스)을 살펴보았던 고고학자들은 마치 정교하게 매장된 것처럼 보이는 몇 개의 표본들을 찾아냈다. 그러나 그런 겉모양은 과학적 조사를 견디지 못했다. 2012년에 있었던 그 발굴지에 대한 새로운 분석은 이런 발굴물이 의도적인 것이 아니라 자연스럽게 이루어진 매장이었음을 시사했다.

네안데르탈인의 예술? 최근에 연구자들은 각각 4만 1천 년과 3만 8천 년 전의 것으로 추정되는 동굴 그림들(붉은 색 원반들)과 어느 동굴의 기반암에 있는 에칭들을 발견했다고 주장해 왔다(둘 다 스페인에 있다). 그것들의 이른 연대 때문에 인류학자들은 그것들을 네안데르탈인의 것으로 여겨 왔다. 그러나 다른 연구들은 네안데르탈인이 약 4만 5천 년 전에 스페인에서(그리고 유럽에서) 사라졌음을 지적한다. 이것은 현대적인 인간들이 이전에 생각했던 것보다 훨씬 앞서 유럽으로 진출하면서 그 예술품의 가장 타당한 주인공을 네안데르탈인이 아니라 현대적 인간으로 만들었던 것처럼 보이게 한다.

악기? 네안데르탈인의 악기 중 가장 널리 알려진 예들 중 하나는 슬로베니아의 어느 동굴에서 발견된 뼈로 만든 플루트다. 이것을 발견한 고인류학자들은 동굴 곰의 대퇴골에서 나온 11센티미터의 뼛조각을 플루트로 해석했다. 이 뼈대에는 한쪽에 균일한 간격으로 네 개의 구멍이 뚫려 있었다. 그러나 후속 분석에 따르면, 그 구멍들은 동굴 곰의 사체를 먹어 치웠던 하이에나가 만들어 놓은 천공들이었다.

신체 장식? 네안데르탈인의 보석으로 추정되는 가장 인상적인 예 하나는 이베리아의 어느 지역에서 발견된 착색된 해양 조개껍데기들이다. 해양 조개껍데기들은 붉은색과 노란색 착색제들(해양 조개껍데기 안에 들어 있는 안료들) 곁에서 발견되었고 그중 하나는 주황색을 띠고 있었다. 탄소-14 연대 측정법을 사용해 연구자들은 그 가공품들의 연대를 약 5만 년 전으로 측정했다. 또한 연구자들은 북부 이탈리아의 어느 동굴에서 표면의 미세한 구멍들에 붉은색 안료를 갖고 있던 아주 많은 수의 해양 조개껍데기들을 발견했다. 탄소-14 연대 측정법은 그 조개껍데기를 4만 5천 년에서 4만 7천 년 사이에 속한 것으로 추정했다. 이런 발견들은 인상적이지만, 그것들을 네안데르탈인의 상징적 표현에 대한 증거로 여기는 것은 시기상조다. 오히려 그런 가공품들을 인간의 것으로 돌리는 것이 훨씬 더 타당하다. 두 경우 모두에서 그 유물들의 연대는 인간이 유럽으로 들어갔던 때와 가깝다. 다시 말하지만, 네안데르탈인이 이전에 알려졌던 것보다 일찍 멸절했다는 합의가 점증하고 있다. 게다가 이 두 발굴물의 연대는 일부 인류학자들이 네안데르탈인이 사라졌다고 여기는 때와 가깝다.

네안데르탈인의 언어? 2007년 말에 과학자들은 최근에 스페인에서 발견된 네안데르탈인 표본에서 이른바 '언어 유전자'인 FOXP2를 분리했다고 발표했다. 어떤 이들은 이 발견을 네안데르탈인이 인간과 같은 언어 능력을 갖고 있었다는 증거로 여겼다. 그러나 네안데르탈인의 게놈 안에 FOXP2가 들어 있는 것이 이 호미니드들이 언어를 갖고 있었음을 의미할까? 필연적으로 그런 것은 아니다. 이 유전자는 인간의 언어를 담당하는 유일한 유전자가 될 수 없다. 언어는 인간의 발달 과정을 통해 역동적으로 변하는 복잡한 유전자 상호 작용 네트워크의 활동에서 유래할 가능성이 크다. FOXP2는 단지 이런 유전자들 중 **하나**를 대표할 뿐이다. 연구자들은, 그 유전자들이 언어 능력을 만들어 내기 위해 상호 작용을 하는 방식은 말할 것도 없고, 아직도 인간의 언어 능력과 관련된 모든 유전자의 목록조차 만들지 못했다. 네안데르탈인이 갖고 있었던 것은 언어를 위한 **필요**조건일 뿐 **충분**조건이 아니었다.

독특하게 구별되는 형상 네안데르탈인의 상징적 표현에 대한 모든 주장들은 충분히 논박된다. 네안데르탈인이 현대적인 인간의 지각에 버금가는 진전된 인지 능력을 갖고 있었다는 결정적 증거는 존재하지 않는다.

고고학적 기록을 기반으로 삼아 현대적인 인간이 하나님 형상의 표시인 독특하게 진전된 인지 능력과 상징적 표현력을 갖고 있다고 주장하는 것은 가능하다. 또한 고고학적 기록은 호미니드들이 제한된 지성과 어쩌면 감정적 능력까지 갖고 있었음을 가리킨다. 하지만 그들의 행동은 현대적 인간의 행동과 비교할 때 상대적으로 덜 정교했다. 오직 인간만이 그들의 창조주를 닮은 것처럼 보인다.

후속 질문

스티브 렘케

이 장에서 우리는 이 분야의 전공자가 아닌 대부분의 독자에게는 새로운 정보일 수밖에 없는 상세한 설명을 제공하면서 행동인류학 분야의 문제들을 다뤄 준 두 명의 탁월한 학자들에게 큰 빚을 졌다. 훌륭한 정보를 제공하는 이런 설명은, 학문적 독서 과정에서 이런 자료들과 씨름하는 대학생들과 평신도들에게 유익한 자원이 될 것이고 교회를 위해서도 유익할 것이다. 내가 관찰한 문제들은 다음과 같다.

바이오로고스와 RTB는 행동인류학의 증거들을 진지하게 다룬다. 그러나 그들은 이 증거가 어떻게 해석되어야 하는지에 대해 의견이 엇갈린다.

제프 슐로스가 그의 답변에서 언급하듯이, 두 단체는 모두 인간이 유일무이하다는 것과 인간이 하나님의 형상을 반영하는 도덕성과 사랑, 상징적 사고의 능력 같은 독특한 특성을 갖고 있다는 데 동의한다.

두 단체는 비인간 동물들(영장류)이 인간적 능력을 얼마나 가깝게 보여 주는지, 비인간 호미닌들(특히 네안데르탈인)의 능력이 인간의 그것에 얼마나 가까이 접근하는지, 그리고 네안데르탈인이 인간과 얼마나 구별되는지에 대해 의견이 엇갈린다. 바이오로고스는 상급 영장류와 네안데르탈인을 동물과 인간의 중간체로 보는 경향이 강하다. 반면에 RTB는 동물 혹은 호미닌들과 인간 사이에서 보다 분명한 차이를 본다.

이제 두 기고자 모두에게 몇 가지 요청을 드린다.

- 여러분이 인간 예외주의를 긍정하는지를 보다 분명하게 밝혀 달라.
- 만약 그런 것이 있다면, '인간 존재'(human beings)와 '인격체'(human persons) 사이에는 어떤 차이가 있겠는가?

- 여러분이 인류학의 역사 속에서 하나님의 형상대로 창조된 온전한 인간이 출현한 때를 언제로 잡고 있는지를 보다 분명하게 밝혀 달라.

바이오로고스의 답변 제프 슐로스

인간 예외주의 감사와 진지함으로 나는 인간을 세상의 생물들 가운데서 예외적인 것으로 여긴다. 바로 두 가지 측면에서 그렇게 여긴다. 하나는 신학적 측면인데, 그것은 과학적 질문이 아니라 성경의 계시를 통해 알려진다. 인간은 우리의 창조주와 독특한 관계를 갖고 있으며 그분과의 교제를 발전시킬 (혹은 거부할) 수 있다. 또 우리는 창조 세계 안에서 특별한 역할, 곧 하나님의 세상과 서로를 돌봄으로써 그분께 영광을 돌려야 할 책임을 맡고 있다. 더불어 우리는 독특한 운명을 갖고 있다. 모든 인간은 세상에서 들림을 받아 그리스도와 마주하게 될 것이다. 관계, 역할, 운명이라는 계시된 요소들은 사실상 모든 그리스도인이 하나님의 형상으로 지음을 받았다는 개념에 귀속시키는 내용의 핵심을 이룬다.

그러나 둘째로, 인간이 그런 직무들을 얻을 수 있는 것은 하나님이 우리에게 다른 특성들, 곧 우리가 경험적으로 조사할 수 있는 특성들을 부여하셨기 때문이다. 그런 능력들 중에는 상징적 사고와 재귀적 언어를 통한 소통, 도덕적 의식, 스스로 막대한 비용을 치러가면서까지 의도적으로 다른 이들(심지어 우리에게 반대하는 이들까지)을 돌보는 능력 등이 포함된다. 오직 우리만 우리의 적을 사랑할 수 있다. 비록 그런 일이 아주 드물기는 하지만 말이다.

중요하게도, 퍼즈 라나와 나는 이런 능력들의 독특성에 대해 의견이 일치한다.[14] 더 나아가 우리는 그것들이 단순히 인간이 아닌 존재들 안에 있는 덜 발달되었지만 근본적으로 비슷한 능력들의 확대된 표현에 불과한 것이 아니라는 점에서 의견이 일치한다. 인간 밖에서는 도덕적 이상주의와 원수에 대한 사랑에 상응하는 것을 찾을 수 없다. 그러나 그것들은 가장 이른 시기의 생명 형태에서는 완전히 결여된 능력이자, 진화의 역사 전반에 걸쳐 인상적인 일련의 중간 능력 형태로 명백하게 확장되는 다른 능력들, 곧 개인적 인식, 사회적 기억 및 협력, 공감, 반사실적 인식, 정서적 돌봄 등을 요구한다. 같은 것이 상징적 사고와 언어에도 해당된다. 이것들은 정신 능력에서의 별개의 도약을 수반하지만, 또한 시간을 통해 연속적으로 상승하는 다른 특성들, 곧 모방을 통한 학습, 개념적 표현, 시간적 계획, 말하기를 가능하게 하는 신경학적 구조들, 심지어 해부학적 구조들을 요구한다. 그러므로 퍼즈 라나의 단락에서 등장하는 표현을 사용해 말하자면, 참으로 독특한 인간적 능력을 위해 "필요하지만 충분하지는 않은" 특성들의 순차적 증가가 존재한다. 진화의 이런 점진적 차원은 그 자체가 창조 질서의 놀라운 측면이다.

인간 존재와 인격체 여기서는 세 가지 구별이 중요하다. 첫째는 분류법상의 구별이다. '인간'은 호모 사피엔스다. 우리는 묘지에서 파낸 뼈를 인간의 골격으로 혹은 게놈 분석을 위해 보낸 뺨 면봉을 인간의 DNA로 확인할 수 있다. 그러나 고인류학적 기록으로 돌아가 보면, 인간과 인간 이전을 구분하는 것은 논란의 여지가 있다. 앞으로 나아가 봐도 마찬가지다. 우리는 그것이 '인간 이후'가 되기 이전에 인간의 게놈을 얼마나 많이 편집할

---

14 이 장에서 그리고 *Who Was Adam?*에서 RTB는 계몽주의 이후의 기독교 전통 안에서 많은 이들이 그랬던 것처럼, '인지 능력과 상징적 표현'을 '하나님의 형상의 표지'로 강조한다. 우리는 이 점에서 다소 다른데, 그것은 내가 거기에 아가페적 사랑을 위한 능력을 포함시키고 실제로 그것을 높이기 때문이다.

수 있는가?

호모 사피엔스의 분류학적 경계는 제쳐 두고, 인간은 우리 종의 핵심적 특징인 발달성 목적인을 온전하게 부여받은 살아 있는 유기체다. 어떤 골격이나 뺨 세포는 인간의 것일 수 있으나 인간은 아니다. 같은 것이 정자나 난자에도 해당된다. 그러나 태아는 인간이다.

그러나 태아가 '인격체'인가? 인격체란 실제로 무엇인가? 이 질문은 너무나 많은 학문 분야에 걸쳐 있고 또한 너무나 무거운 주제이기에, 그것에 대해 답하는 것은 고사하고 그런 질문을 하는 것조차 이 간략한 문맥 안에서는 허세를 부리는 일이 될 듯하다. 한 가지 널리 알려진 대답은 인간은 갈망과 믿음, 의도를 지닌 존재이자 자신과 다른 이들 안에서 그런 것들을 의식하는 살아 있는 존재라는 입장을 취한다. 인격체는 도덕적 평가에 종속되는 갈망과 믿음, 의도를 갖고 있다. 그들이 인식할 수 있는 보이지 않는 다른 존재는 하나님이다.

인간의 출현 잠시 하나님 형상의 문제를 제쳐 두고, 인류학적 기록은 위에서 언급한 비신학적 의미에서조차 '온전한 인격체'가 출현한 때를 분명하게 밝히지 않는다. 우선 우리는 도덕적 의식의 출현을 분명하게 식별하지 못한다.[15] 우리가 인간에게 돌리는 상징적·언어적·문화적 능력과 관련해서는 물리적 가공품들이 명확하지 않다. 어떤 이들은 이런 능력이 인간의 혈통 이전부터 점차적으로 나타나 그 혈통 안으로 들어왔다고 주장한다. 다른 이들은 가장 이른 시기의 호모 사피엔스에게 중대한 도약이 있었다고 가정한다. 그들은 호모 사피엔스가 인지적 능력을 완전하게 부여

---

15 이것은 고고학적 발달과 개인적인 발달 모두에 해당한다. 법원은 젊거나 면역 반응이 제대로 발휘되지 않는 개인에게 도덕적 능력을 귀속시키는 것에 관해 논쟁을 벌인다. 종교 전통들은 과연 무언가에 대한 책임을 질 나이가 있는지 그리고 그때가 언제인지에 대해 서로 의견이 다르다.

받았으나 훗날의 폭발적인 문화적 발전을 위해 인구학적 혹은 기술적 돌파구가 마련되기를 기다렸다고 여긴다. 또 다른 이들은 상징적 사고와 구어에 대한 특별한 적응을 통해 문화적 '빅뱅'을 촉발시킨 보다 최근의 생물학적 도약이 있었다고 결론짓는다.

그러므로 많은 고인류학자들이 '인간 예외주의'를 긍정하기는 하나, 언제 혹은 과연 단일한 과도기적 문턱이 존재했었는지에 대해서는 합의가 이루어지고 있지 않다. 그러나 한 가지 쟁점에 대해서는 만장일치의 합의가 존재한다. 이 분야의 그 어떤 학자도 농업, 축산, 혹은 구상 미술에 대한 증거가 농부 아담에 관한 RTB의 모델이 제시하는 13만 년 전까지 거슬러 올라간다고 인정하지 않는다.

'하나님의 형상'의 문제로 돌아가 보자. 나는 성경이 그것에 어떤 구체적인 능력들이 수반되는지 알려 주지 않는다고 여기는 점에서 RTB와 의견을 같이한다. 그러나 RTB는 특별한 관계와 운명을 인정한다. 또 그들은 하나님을 역사상 어떤 시점에 개인들과 교제를 시작하시는 분으로 묘사한다. 더 나아가 상상할 수 있는 중간적 운명은 존재하지 않는다. 인간은 부활하거나 부활하지 않는다. 그러므로 신학적 이유에서 나는 '하나님의 형상'을 별개로 부여된 것으로 여긴다. 나는 이 특별한 인간의 지위가 언제 출현했는지 알지 못한다. 그것은 성경이나 과학을 통해 분명하게 밝혀지지 않는다. 중요한 점은, 이 문제를 해결하는 것이 하나님의 형상이 우리에게 부여하고, 죄가 전복시키며, 복음이 놀랍게 갱신하는 하나님과의 관계를 포용하는 일에 필요한 것은 아니라는 것이다. 더 나아가 복음을 신뢰할 만하고 매력적으로 만드는 것은, 하나님 형상의 본질과 시점에 관한 논쟁에서 이기는 것이 아니라, 그것의 실제와 우리를 형성하는 그분의 은혜를 증거하는 사랑을 나누는 것에 달려 있다는 것이다.

믿어야 할 이유의 답변 퍼즈 라나

인간 예외주의 믿어야 할 이유(RTB)의 학자들은 인간 예외주의라는 개념을 완전히 긍정한다. 흥미롭게도, 오늘날 점점 더 많은 인류학자들이 인간이 단지 다른 동물들과 다른 것은, 정도가 아니라 종류의 측면이라는 것을 인정하고 있다. 이런 차이의 기초는 주로 상징적 표현을 위한 우리의 능력에서 나온다. 인간은 다른 가능성을 만들어 내기 위해 정신적으로 조작하는 추상적인 상징들로 세상을 표현할 수 있는 독특한 능력을 갖고 있다. 상징적 표현은 인간의 언어(발설된 것과 기록된 것 모두)와 미술, 음악을 통해 나타난다. 우리는 하나님의 형상과 관련해 '닮음'이라는 견해를 유지한다. 그러므로 우리는 상징적 표현을 하나님 형상의 구성 요소라고 여긴다.

인간을 예외적으로 만드는 능력이 호미닌들을 통해 "계속해서 상승하는 것"으로 여기는 제프 슐로스(와 바이오로고스)가 지지하는 견해와 대조적으로, 우리는 현대적 인간과 화석 기록상으로 인간을 앞서는 호미닌들 사이에는 행동적 불연속성이 존재한다고 주장한다. 사실 우리의 견해는 소수이기는 하나 일부 인류학자들에 의해 공유되고 있다. 예컨대, 세속의 인류학자들인 이안 태터샐(Ian Tattersall)과 제프리 슈워츠(Jeffrey Schwartz)는 "상징적인 인지 상태와 상징적이지 않은 인지 상태는 질적 격차로 분명하게 구분된다. 전자는 단순히 후자의 확장, 곧 동일한 것의 조금 더 나은 형태가 아니다"라고 쓴다.[16]

인격체와 그들의 출현 우리는 인간 존재(human beings)와 인격체(human persons) 사이에서 아무런 차이를 보지 못한다. 우리의 인간 기원

---

16   Ian Tattersall and Jeffrey Schwartz, "Evolution of the Genus Homo", *Annual Review of Earth and Planetary Sciences* 37 (May 2009): p. 81.

모델에 기초해, 우리는 해부학적으로 현대적인 인간 존재가 지구상에 처음으로 등장했을 때 그들은 행동적 측면에서 현대적 인격체였을 것이라고 예측한다. 달리 말해, 인간이 창조되었을 때 그들은 하나님의 형상을 담지하는 완전한 인격체들이었다.

최근의 진척된 연구들은 해부학적으로 현대적인 인간 형태가 약 20만 년 전의 화석 기록에서 나타난다고 지적한다. 이 책 10장에서 지적되었듯이, 미토콘드리아와 Y-염색체 DNA에 기반한 인류의 기원을 위한 유전자적 연대는 약 13만 년 전으로 수렴된다. 현대적인 인간 정신이 출현한 시기에 대한 통찰을 제공하는 고고학적 기록은 점점 더 행동적 측면에서 현대적인 인간의 최초 출현을 화석 및 유전자 자료의 그것과 일치시키고 있다. 즉, 화석과 유전자, 고고학적 자료들은 해부학적·행동적 측면에서 현대적인 인간이 동시적으로 출현했다고 지적한다. 과학적 자료에 비추어 우리는 인류의 기원이 대략 13만 년 전이라고 추정한다.

우리는 인류의 기원에 대한 이 연대가 인류의 발생에 대한 성경의 이야기와 일치한다고 주장한다.[17] 얼핏 보기에 과학적 자료는 성경의 연대와 충돌하는 것처럼 보인다. 이런 불일치는 일부 성경 해석자들이 창세기 5장의 족보(아담에서 노아까지)와 창세기 11장의 족보(노아에서 아브라함까지)를 철저한 연대기로 다루면서 그것들로부터 아담과 하와의 연대를 결정하려고 할 때 발생한다. 창세기 5장과 11장의 족보들은 아주 정확한 시계 역할을 하도록 의도된 것이 아니라, 성경에서 발견되는 모든 족보가 그런 것처럼 신학적 진리를 전하도록 의도된 것이다.[18]

---

17 이에 대한 상세한 논의를 위해서는 Rana and Ross, *Who Was Adam?*을 보라.
18 William Henry Green, "Primeval Chronology", appendix 2 in *Genesis One and the Origin of the Earth*, by Robert Newman and Herman Eckelmann Jr. (Hatfield, PA: Interdisciplinary Biblical Research Institute, 1977).

'아버지'(*ab*)와 '아들'(*ben*)로 번역되는 히브리어 의미의 범위에는 각각 '조상'과 '후손'이 포함될 수 있다.[19] 유사하게, '낳다' 혹은 '-의 아버지가 되다'로 번역되는 히브리어는 '어느 개인의 아버지가 되다' 혹은 '한 혈통을 낳다'를 의미할 수 있다.[20] 히브리적 사고 안에서 아버지는 그 자식의 부모일 뿐 아니라 또한 그 자식들의 후손들의 부모이기도 하다. 케네스 키친(Kenneth Kitchen)에 따르면, 창세기 5장과 11장의 족보들은 "A가 (P를 낳았다, 그가 Q를 낳았다, 그가 R을 낳았다, 그가 S를 낳았다, 그가 T를 낳았다, 그가⋯를 낳았다) B를 낳았다"로 읽힐 수 있다. 그러므로 창세기 5장과 11장은 "A가 B에서 정점을 이루는 혈통을 낳았고, 그 가계를 낳은 후, X년을 살았다"로 읽힐 수 있다.[21]

요점은 인류의 기원에 대한 과학적 자료가 성경의 이야기와 상충한다고 여길 이유가 없다는 것이다.

결론

스티브 렘케

행동인류학에 관한 이 두 견해 사이의 일치점과 불일치점을 요약해 보자.

바이오로고스와 RTB는 모두 특별히 '하나님의 형상' 때문에 인간의 독특성을 인정한다. 그러나 바이오로고스는 RTB보다 동물의 왕국과 인간 사이에서 높은 연속성을 본다.

---

19 R. Laird Harris, Gleason Archer Jr., and Bruce Waltke, eds., *Theological Wordbook of the Old Testament* (Chicago: Moody Press, 1980), 1:5-6. 『구약원어 신학사전』(요단출판사).
20 같은 책, pp. 378-379.
21 Kenneth Kitchen, *On the Reliability of the Old Testament* (Grand Rapids: Eerdmans, 2003), pp. 440-441.

바이오로고스와 RTB는 고인류학의 연구를 진지하게 다룬다. 그러나 바이오로고스는 인간의 발달을 진화적 틀 안에서 이해하고, RTB는 그렇지 않다.

슐로스와 라나 모두 동일한 고인류학적 증거를 조사하지만, 그들은 그 증거로부터 서로 다른 결론에 도달한다. 바이오로고스는 RTB보다 네안데르탈인과 인간 사이에서 보다 높은 연관성을 본다.

우리의 기고자들은 우리에게 자신들의 확언을 지지해 줄 높은 수준의 구체적인 고고학적·인류학적 증거를 제공해 주었다. 그 증거들은 대부분의 목회자와 평신도들이 알았던 것보다 훨씬 더 전문적인 것이었다. 그들은 우리가 교회 안에서 창조와 진화의 문제로 씨름하는 사람들과 공유할 수 있는 많은 정보를 제공해 주었다. 그들은 인간의 기원에 관한 성경의 자료들을 해석하는 방식에 관한 두 개의 서로 다른, 그러나 아주 잘 표현된 시각을 제공해 주었다. 그들의 기여에 감사한다.

결론

다음 단계는 무엇인가?

케네스 키슬리, 데보라 하스마, 휴 로스

남침례회 진행자　　　　　　　　　　　　　　　　케네스 키슬리

믿어야 할 이유(RTB) 및 바이오로고스와의 모든 대화에 참여하고 그 대화의 결과물인 이 책 작업까지 마친 지금, 나는 여러 이유로 놀라고 있다. 분명하게 말하자면, 이 문제는 아주 크다. 창조-진화에 관한 이 대화는 그 주제가 아주 넓고 학제간적이라는 의미에서 크다. 이 논의에는 여러 학문 분야에 속한 과학자들, 곧 생물학자, 천문학자, 지질학자뿐 아니라, 거기에 더하여 신학자와 역사학자, 철학자, 성경학자가 관여했다. 그러나 이 문제는 그 논의가 신학적·과학적 중요성을 지닌다는 점에서도 그 의미가 크다. 사람들이 이 문제들에 대해 강력한 느낌을 갖는 것은 그것들이 중요하기 때문이다.

지금은 참으로 흥미진진한 시대다. 인간 게놈 프로젝트가 판도를 바꿔 놓았다. 요즘은 거의 매일 기원에 관한 논의에 영향을 주는 추가적인 발견들이 이루어지고 있다. 때때로 그 과정에서 잘못이 저질러지기도 했다. 몇몇 선언들은 미숙하거나 부정확한 것으로 판명이 났다. 그러나 그런 것들

은 혁명 시대의 특징이다. 지금 우리는 정기적으로 새로운 정보를 제공받는 대화에 개입하고 있다.

나는 현재 노력의 결실에 고무되어 있다. 최근의 과학적 발견들은 신학자들과 성경학자들에게 성경의 창조 이야기를 재고하도록 만들었고, 그로 인해 놀라울 정도로 생산적인 결과들이 나타났다. 많은 구약학자들이 창세기 1-2장을 그것이 애초에 쓰였던 고대 근동 문화에 비추어 다시 살피고 있다. 그들은 우리가 성경의 본문을 고대의 문맥을 고려하는 방식으로 해석해야 한다는 것을 인정한다.

지금은 중요한 때다. 대화가 바뀌었다. 무게 중심이 이동했다. 이와 같은 대화가 40년 전에 있었다면, 그것은 아주 다르게 보이고 들렸을 것이다. 그 차이는 아주 컸을 것이다. 아마도 한 세대 전에는 이런 대화가 가능하지 않았으리라고 말하는 편이 더 정확할 것이다.

우리에게는 아직 해야 할 일이 많이 남아 있다. RTB는 선교와 교리적 입장에 초점을 맞추는 전도 사역이다. 바이오로고스는 그것의 사역을 일차적으로 그리스도인 청중에게 맞추고 보다 넓은 교리적 입장을 갖고 있다. 이런 서로 다른 강조점과 접근법은 그 두 단체의 차이점들 중 일부를 설명해 준다. 그러나 이 책은 RTB와 바이오로고스 사이의 다른 차이가 겉보기보다 더 깊다는 것을 보여 준다. 그 모든 불일치에 대한 완벽한 해소는 불가능할지도 모른다. 그러나 각 단체의 구성원들은 다른 단체에 속한 이들을 향한 참된 애정과 이해를 갖고 있다. 양측 모두 그리스도에 대한 사랑, 하나님의 말씀에 대한 확신, 그리고 선교에 대한 의식을 일관된 드러냈다. 영광스럽게도 나는 두 단체의 사람들 모두와 함께 일할 기회를 얻었다.

바이오고로스

데보라 하스마

나는 이 글을 휴와 켄을 비롯해 이 대화에 참여했던 다른 모든 이에게 감사드리는 것으로 시작하고자 한다. 이 책의 서문을 쓸 때 우리 모두는 성경(가령, 요 17장)이 교회에게 우리가 어떤 문제들에 대해 의견을 달리할 때라도 한몸이 되라고 요구하고 있다는 데 동의했다. 우리는 그런 차이들에 관해 어떻게 그리스도인답게 말할 수 있을까? 오늘날의 대중화된 문화 속에서 그런 대화는 거의 드물다. 그러므로 서로 다른 견해를 지닌 그리스도인들과 함께 예배하고 교제하는 것은 축복이었고, 실제로 은혜로 충만한 대화가 이루어지는 모습을 지켜보는 것은 특권이었다. 우리는 그리스도에 대한 헌신과 성경의 권위에 대한 지지, 과학과 하나님의 창조 세계를 연구하는 일에 대한 사랑을 포함해 우리가 서로 일치하는 분야들을 경축했다. 그러나 우리는 우리의 폭넓은 합의 사항에 대해 즐거워하는 것을 넘어서 우리의 차이들에 대해 공개적으로 이야기했다. 대화의 참여자들은 다른 이들을 곤란하게 하기 위해서가 아니라 진심으로 그들의 견해에 대해 알고자 하는 갈망 때문에 질문을 던졌다. 그들은 자신들의 견해 차이를 분명하게 밝혔지만, 적의나 사람들의 눈길을 끌어 인기를 얻으려는 의도 없이 그렇게 했다. 나는 RTB의 퍼즈 라나가 어떤 이가 바이오로고스의 견해를 보다 분명하게 표현하도록 돕기 위해 몇 가지 표현을 제안했던 때를, 그리고 바이오로고스의 짐 스텀프가 RTB의 접근법에 대해 두 단체에 속한 이들 모두가 공감할 만한 언어를 제안했던 때를 분명하게 기억한다. 이 것은 실제로 은혜로운 대화였다.

이것은 그 대화가 쉬웠음을 의미하지 않는다. 기독교적 일치는 획일성을 의미하지 않는다! 우리는 많은 학자들을 한데 모으고 서로 다른 조직

문화를 지닌 단체와 함께 일할 때 예상할 수 있는 모든 물류상의 도전과 소통상의 도전에 직면했다. 그뿐만 아니라 우리의 단체들은 특정한 쟁점들에 대한 실제적이고 심각한 견해상의 차이를 갖고 있었고, 우리는 그런 견해들이 바뀔 가능성이 거의 없다는 것을 알았다. 서로 의견이 갈리는 가장 큰 두 개의 분야는 진화 과학과 성경을 해석하는 방식이었다. 아마도 우리 모두는 때때로 좌절하면서 이렇게 물었을 것이다. **왜 당신은 내 주장의 강점을 보지 못하는 거지?** 혹은 **왜 당신은 당신의 입장에 내포된 위험을 보지 못하는 거지?** 우리가 서로 강력한 인격적 관계를 맺지 못했거나 겸손과 기독교적 일치에 헌신하지 않았다면, 우리는 올바른 관계를 유지하지 못했거나 아니면 서로를 무시하는 말을 하며 거친 논쟁을 벌이는 수준으로 내려갔을 것이다.

이 대화를 공개하는 것, 곧 행사 때 서로 나란히 앉아서 연설을 하고 이 책을 써내는 것은 이 대화를 다른 수준으로 이끌어 갔다. 그것은 우리에게 우리의 소통을 보다 분명하게 하고 앞선 대화들에서 해소되지 않았던 특별한 차이점들과 마주하도록 도전했다. 또한 대화를 공개하는 것은 위험을 내포했다. 우리 두 단체에 지분을 가진 이들과 우리를 비판하는 이들이 우리의 대화에 귀를 기울이기 시작했기 때문이다. 오늘날의 공적 광장에서 그리고 (슬프게도) 우리의 교회 안에서 사람들은 '연좌로 인한 유죄'를 강요받는다. 그로 인해 다른 견해를 가진 이들과 대화하는 것만으로도 그 견해를 지지하거나 동의하는 것으로 보일 수 있다. 나는 그런 위험에도 우리의 대화를 지속하는 데 참여했던 모든 이의 용기에 존경을 표한다.

우리의 주된 목표는 서로의 핵심적 입장을 변화시키는 것이 아니라, 오해를 불식시키는 것, 합의점을 발견하는 것, 그리고 자신의 입장을 정확하고 너그럽게 표현하는 것을 배우는 것이었다. 나는 이런 목표들이 달성되었다고 느낀다. 보너스로 우리는 우려와 의문 앞에서 우리 자신의 입장을 보다 분명하게 정의하고 표현하는 법을 배웠다. 참으로 "철이 철을 날카롭게 [한다]"(잠 27:17).

이 책을 통해 우리는 우리가 함께 나눴던 대화의 유익을 다른 이들과 공유하고 싶다. 독자는 유력한 단체들이 제시하는 기원에 관한 두 가지 입장에 대해 배움으로써 젊은 지구 창조론과 무신 진화론이라는 두 개의 극단적인 견해들 사이에 얼마나 풍성한 다른 입장들이 존재하는지 알 수 있을 것이다. 이 책을 통해 목회자와 교사들은 교우들과 학생들에게 기원에 관한 다양한 견해들을 설명할 준비를 하게 될 것이다. 그러나 이 대화는 단지 견해와 주장에 관한 것 훨씬 이상이다. 우리는 이것이 그리스도인들이 서로 의견을 달리하면서도 여전히 서로를 사랑하는 법, 곧 교회 안에서의 일치를 위한 그리스도의 명령을 따르는 법에 관한 모델이 되기를 소망하고 기도한다. 우리가 그렇게 할 때, 우리는 양극화되고 거친 의견 차이로 가득 찬 세상에 대해 강력한 증인이 될 것이다. 예수님이 말씀하셨다. "너희가 서로 사랑하면 이로써 모든 사람이 너희가 내 제자인 줄 알리라"(요 13:35).

믿어야 할 이유 휴 로스

이 책에서 다뤄진 쟁점들은 아주 크고 논쟁적이어서 과학이나 신학 분야의 박사 학위를 지닌 사람들에게조차 혼란스러울 수 있다. 이 책에서 우리의 목표는 두 가지였다. 하나는 몇 가지 혼란을 제거하는 것이었고, 다른 하나는 중요한 논쟁적 불일치가 유연함과 존중, 사랑의 정신으로 다뤄질 수 있음을 보이는 것이었다.

궁극적으로 바이오로고스와 RTB는 우리와 기독교 공동체의 나머지를 분열시키는 창조-진화 관련 쟁점들에 대해 어느 정도의 해결과 평화를 가져오려고 노력하고 있다. 이런 일이 일어나게 하려면 먼저 두 단체가 지지하는 입장과 목표, 우선순위, 전략, 핵심적 가치들에 대한 분명한 이해가 있어야 한다.

이런 이해에 도달하는 것이 이 책의 주된 목표였다. 그런 이유로 바이오로고스와 RTB는 남침례회의 신학자들에게 우리 두 단체가 지지하는 입장과 목표, 우선순위, 전략, 핵심적 가치들에 관한 나머지 의심들을 제거하기 위해 고안된 시험적인 질문들로 우리를 괴롭혀 주기를 요청했다.

그러므로 이 책은 두 가지 견해에 관한 책이지 서로 논쟁하는 책이 아니다. 우리는 우리의 차이점들을 해소하기 위한 길을 만들기에 충분한 논의를 하기에는 한 권의 책으로는 부족하다는 것을 의식하면서 장황한 반박과 대답을 의도적으로 피했다. 우리의 목표는 앞으로 나올 책들을 통해 그런 일을 하는 것이다.

이 책에서 묘사된 것과 같은 큰 차이들은 반박이나 대답만으로는 해결되지 않는다. 일반적으로 그런 일에는 연관된 데이터베이스의 질과 양 모두의 확장이 필요하다. 그러므로 두 단체 모두의 목표는 그런 데이터베이스를 확장하기 위한 연구 노력을 제안하고 수행하기 위해 지속적인 대화에 참여하는 것이다.

이미 두 단체 모두는 출판된 연구 문헌들에 대한 보다 철저한 편집과 종합과 분석을 수행하고 있다. 우리는 창조-진화 관련 쟁점들의 범위를 감안해 이런 노력들이 광범위한 학제간 연구가 되어야 한다는 것을 인식하고 있다. 그러나 바이오로고스와 RTB는 학제간 연구에 참여하는 데 있어 아마도 그 어떤 다른 기독교 단체들보다도 훨씬 더 잘 훈련되고 더 잘 준비된 학자들을 연관된 학제간 연구에 참여하도록 준비된 학자들을 갖추고 있다.

우리는 시험을 제안하는 일에 전념하고 있다. 창조-진화 관련 쟁점들이라는 분야는 문제 해결을 위한 큰 가능성을 지닌 달성 가능한 시험과 실험, 관찰 주장들로 가득 차 있다. 우리는 특별히 생명과학 분야의 연구 결과들에서 체계적인 오류를 이해하고 줄이는 것에, 또한 모델 종속성과 가정들을 이해하고 제거하거나 최소한 줄이는 것에 부적절한 관심이 주어지고 있다는 것을 인정한다.

바이오로고스와 RTB는 우리 앞에 놓인 길이 단순히 더 많은 연구나 책을 쓰는 일을 통해 열리지는 않으리라는 것을 안다. 우리에게는 우리가 서로 대화하는 일에서, 우리의 연구와 저술에서 우리를 이끌고 도와줄 청중의 참여가 필요하다. 그런 참여는 우리가 서로에게 그리고 우리와 의견을 달리하는 이들에게 자애롭고 존중하는 태도를 유지하도록 도울 것이다. 그러므로 우리는 바이오로고스와 RTB의 학자들이 서로 대화하는 공적 행사의 빈도를 높이기를 희망한다. 그런 공적 참여의 일환으로 우리는 우리가 우리의 창조주와 구주, 주님의 영광과 명예를 향해 전진할 수 있는 방법에 관한 여러분의 제안을 환영한다.

해설

송인규(한국교회탐구센터 소장)

우주, 지구, 생명, 생물, 인간의 기원과 관련하여 매우 드물고도 여러 면에서 유익한 책이 등장했다! 넓게는 과학과 신앙의 문제요 좁게는 창조-진화의 이슈를 다룬 책이지만, 저술의 취지와 내용의 전개 방식에 있어서 유례없이 독보적인 특징을 선보이고 있다.

두 단체의 입장 표명서

이 책의 진면목을 놓치지 않으려면, 실린 글들의 내용이 과학과 신앙의 문제에 천착하는 두 단체 사이의 대화와 토의 결과임을 유념해야 한다. 두 단체는 각각 믿어야 할 이유와 바이오로고스다. 대다수의 한국 그리스도인들에게는 아마도 두 단체의 이름이 낯설게 느껴질 것이다. 또 각 단체의 설립자가 RTB는 천체물리학자이자 변증가인 휴 로스이고, 바이오로고스는 게놈 프로젝트의 책임자였고 현재 국립보건원(NIH)의 원장인 유전학자 프랜시스 콜린스라고 운을 띄워도, 사정은 크게 달라지지 않을 것이다.

오히려 두 단체가 창조-진화에 있어서 어떤 입장을 취하고 있는지 밝히는 것이 책의 내용을 이해하는 데 도움을 주리라고 생각한다. 이렇게 되면 결국 창조-진화의 이슈와 관련하여 기독교 내에 존재하는 세 가지 입장부터 언급해야 한다. 이 세 가지 입장은 주류 과학의 이론(천문학·지질학·생물학)에 대한 태도와 연관이 있다.

입장 분야	A. 즉각적 창조론 (창조과학론)	B. 점진적 창조론 (오랜 지구 창조론)	C. 진화적 창조론 (유신 진화론)
천문학	배척	용인	용인
지질학	배척	용인	용인
생물학	배척	배척	용인

표1. 기독교 내에 존재하는 세 가지 입장

A는 보통 창조과학회의 입장으로 알려져 있는데, 이들은 모든 주류 과학의 이론을 배척한다. 우주와 지구, 생물은 기껏해야 1만 년 전후에 창조되었다고 주장한다. B는 이른바 오랜 지구 창조론으로서, 우주의 연대가 138억 년 정도인 것과 지구의 연대가 46억 년 정도인 것은 받아들이나 생물학의 주된 이론인 진화론은 인정하지 않는다. 진화적 창조론으로 불리기를 바라는 C는 통상 유신 진화론으로 알려져 왔다. C는 주류 과학의 모든 이론을 받아들인다. 이들은 생물 진화론을 받아들인다는 점에서 B와 극명한 차이가 난다. B를 대표하는 단체가 RTB이고, 바이오로고스는 C의 입장을 내세운다. 이 책은 B와 C 사이의 논의를 담고 있다.

그런데 RTB와 바이오로고스가 직접 대화나 토의를 하는 것이 아니고, 다른 인물을 조정자로 초청하여 진행을 의뢰한다. 흥미로운 점은 이 조정자들이 교회 회원 다수가 A. 즉각적 창조론을 지지하는 것으로 알려진 남침례교 계통의 신학교 교수들이라는 사실이다.

차이를 일으키는 두 요인

RTB와 바이오로고스를 구별 지우는 특징은 두 가지다. **첫째, 가장 큰 요인은 진화론에 대한 입장이 서로 다르다는 데 있다.** 혹자는 이 두 단체의 가장 큰 차이가 진화론의 수용 여부라는 설명이 타당한지에 의문을 품을 수도 있다. 오히려 더 큰 차이는 두 단체의 사역 목표에 있다고 생각할지도 모른다. RTB는 사역의 1차적 목표가 비그리스도인들에 대한 전도이고 과학적 변증을 복음전도의 수단으로 활용하는 데 비해(이 책 38쪽), 바이오로고스는 이미 믿는 그리스도인들이 신앙과 과학 사이에 갈등이 있다고 잘못 생각하여 신앙을 떠나는 일이 없도록 교육시키는 데 주력하고 있기 때문이다(46쪽).

물론 이것은 일리가 있는 관찰이다. 그러나 바이오로고스는 이런 교육 또한 "하나님의 창조에 대한 진화론적 이해를 제시함으로써" 이루어진다고 밝히고 있다(26쪽). 이와 달리 RTB는 "검증 가능한 성경적 창조 모델을 통해"(17쪽) 자신들의 변증적 전도 사역을 수행한다고 말한다. 결국 사역 목표에서의 차이도 진화론의 수용 여부가 중요하게 작용하고 있음을 알 수 있다.

둘째, 성경과 과학이라는 주제에 대한 접근 방도가 서로 다르다. 바이오로고스는 모든 과학적 내용의 진리는 과학 자체에서 얼마든지 찾을 수 있다고 본다(33쪽). 성경은 그런 과학적 진리가 갖는 종교적·철학적 의미나 관점을 제공할 따름이다. 반면 RTB는 성경의 어떤 본문들은 미래의 역사적 사건과 과학적 발견들을 예측하는 기능을 발휘한다고 주장한다(37쪽). 특히 창세기 1-11장은 우주와 지구, 지구상의 생명체, 그리고 인간의 기원과 역사에 관한 과학적 정보를 담고 있다고 여긴다(49쪽).

차이점의 구체적 서술

이렇듯 바이오로고스와 RTB의 입장은 진화론의 수용 여부와 성경 및 과학에 대한 상이한 접근 방도로 인해 상당한 견해의 차이를 보인다. 이 책의 2-11장까지에서 나타나는 구체적 차이점들은, 앞에서 설명한 두 가지 요인 가운데 어느 한쪽과의 연관성 때문인 것으로 판정할 수 있다. 이제 각 장에 나타나는 세부적 차이점들을 두 부류로 나누어 살펴보자. 분량을 고려하여 두 번째 요인부터 다루고자 한다.

먼저, **성경과 과학에 대한 상이한 접근 방도 때문에 발생하는 견해의 차이를 살펴보자.** 2장 성경 해석을 보면, RTB와 바이오로고스는 성경의 영감과 성경의 권위를 받아들인다는 점에서는 똑같다. 둘 사이에 차이를 보이는 것은, 의미 규명의 원칙에 있어서다. 바이오로고스는 성경 본문의 의미를 항상 원저자의 의도에서만 찾아야 한다고 보지만(59-61쪽), RTB는 어떤 경우 원저자의 인식이나 전달 의도를 넘어서 후대의 독자에게 적실하다고 여겨지는 내용에서도 의미를 찾을 수 있다고—그리하여 저자의 의도가 성경 본문의 이해에 필요조건이기는 하지만 충분조건은 아니라고(76쪽)—주장한다.

6장 과학적 방법을 보면, 방법론적 자연주의(methodological naturalism)는 과학자들이 과학을 할 때 자연적 설명을 벗어나지 말아야 한다(172-173쪽)는 원칙으로서, 과학적 방법의 정석처럼 여겨진다. 방법론적 자연주의는 교조적인 형태와 온전한 형태의 것으로 대별이 가능하다. 전자는 과학과 과학적 방법을 규정하는 핵심적 본질이 있는 것처럼 간주하여 그것을 표준으로 내세우는 경직된 견해(177쪽)이고, 후자는 과학의 한계와 방법론적 자연주의의 유용성을 동시에 인정하는 느슨한 견해(178-179쪽)다. 바이오로고스나 RTB는 모두 유연한 형태의 방법론적 자연주의에는 동의한다(178-179, 186쪽). 그러면서도 RTB는 성경과 과학에 관한 일치주의적 관점(유연한 일치주의)을 견지하고 바이오로고스는 보완적 관점을 채택함으로써(195쪽), 해석학적 전략을 달리한다.

두 번째, **진화론의 이슈 때문에 발생하는 견해의 차이**를 살펴보자. **3장 최초의 부부를 보면**, 최초의 부부 아담과 하와의 역사성 문제는 진화론적 관점의 수용과 직접적으로 연관이 된다. 기독교의 전통적 입장을 고수하는 RTB는 다양한 성경적 증거에 입각하여 아담과 하와가 역사적 인물임을 주장하고 있다(98-100쪽). 이에 반하여 바이오로고스는 아담과 하와가 역사적 인물이기는 하나 인류의 조상은 아닌 세 가지 시나리오(93-94쪽)와 아예 비역사적·문학적 고안물로 간주하는 견해(94쪽)까지 제시한다. 바이오로고스 관련자들 사이에 이렇게 특이한 해석 모델이 등장하는 것은, 그들이 인류의 출현에 대해 진화론적 관점을 수용하기 때문이다.

4장 죽음, 포식, 고통을 보자. 동물의 죽음과 포식에 관한 자연적 악의 문제는 신정론(神正論)의 주제를 더욱 확장시켰다. RTB든 바이오로고스든 동물의 죽음은 인간의 타락 이전부터 발생했다고 보기 때문에, 이런 자연적 악이 어떻게 하나님의 선하심과 양립할 수 있는지를 해명해야 한다. 그러나 바이오로고스는 진화론을 수용하는 까닭에 RTB와 달리 부가적으로 "진화론적 악"(evolutionary evil)에 대해서도 책임 있는 설명이 요구된다. 이것은 "하나님이 적자생존의 법칙을 따라 일어나는 과정을 설계하셨는가?" 하는 어려운 질문이다(119쪽).

5장 하나님의 행동을 보면, 하나님의 섭리는 자연 질서를 통해 이루어지기도 하고, 초자연적이거나 초월적인 수단(기적)을 매개로 이루어지기도 한다. 두 단체가 이 점을 인정하는 면에서는 입장을 같이한다. 그러나 종 분화와 생물의 다양화 과정에 대한 설명에 있어서, RTB는 기적이라는 방편을 필수적으로 도입하지만 바이오로고스는 그럴 필요를 느끼지 않는다(159쪽).

7장에서 다루는 주제인 생물학적 진화는 RTB와 바이오로고스가 이견과 상충의 민낯을 드러내는 격돌의 영역이다. 바이오로고스는 진화 과정의 메커니즘(203-205쪽)과 증거 제시(205-206쪽)에 집중하고, RTB는 이에 대해 철학적·신학적·과학적 우려(207-209, 214-216쪽)로 응수한다.

8장 지질학적 증거를 살펴보자. 바이오로고스와 RTB는 모두 46억 년 정도인 지구의 나이, 화석들에 부여된 연대, 화석 기록에 반영된 생명체들의 전체적 발전 상황 등을 과학적 사실로 받아들인다. 그러나 바이오로고스는 화석 기록으로부터 진화의 메커니즘과 생명체들에 대한 공통 조상의 증거를 찾는다(230-236쪽). 반면 RTB는 지구의 자연사가 현재의 모습을 띠는 데 하나님의 초자연적 개입이 필수적이었음을 주장하면서, 생명의 기원·판 구조론·희미한 태양의 역설·아발론과 캄브리아기 폭발을 구체적 예로 제시한다(237-243쪽).

9장 화석 증거에서는 인류의 기원과 연관된 화석의 증거를 다룬다. 바이오로고스와 RTB 양측은 이 영역에서도 정면 대결의 양상을 연출한다. 바이오로고스는 오스트랄로피테신속에서 시작하여 호모 사피엔스에 이르는 5백만 년 동안의 호미닌 역사를 추적하면서, 인간이 이 긴 진화적 여정의 절정인 것으로 여긴다(257-261쪽). 반면 RTB는 이러한 진화론적 관행이 과학적 근거만 따져 보아도 회의적이라고 평가하면서(264-270쪽), 호미니드는 인류의 진화를 보증하는 과도기적 형태라기보다 그저 하나님에 의해 창조된 동물이라고 설명한다(263쪽).

10장 생물학적 증거를 보자. 과연 유전학의 정보는 인류의 진화론적 발전 과정을 확정적으로 보여 주는가? 바이오로고스는 이 질문에 대해 단연코 긍정적으로 답변한다. 첫째는 인간과 침팬지 사이에서 발견되는 DNA의 유사성에 근거하여 공통 조상설을 피할 수 없는 결론으로 내세운다(286-290쪽). 둘째는 집단 유전학의 수학적·유전학적 공식에 의하면 인간종은 최소한 약 1만 명이라는 개체군의 규모를 가져야 하기 때문에, 인류의 조상은 결코 아담과 하와 한 쌍으로 국한시킬 수 없다는 것이다(290-292쪽). RTB는 이에 맞서 인간과 침팬지 사이에 공유된 유전자적 특징들은 공통 설계에 의해 설명될 수 있다고 반박한다(293-296쪽). 또 돌연변이율에 기초하여 현재 개체군의 유전적 다양성으로부터 조상 집단의 유효한 개체군의 규모를 추정하는 작업은, 언뜻 보기만큼 완벽하거나 정확한 것이 아니라고 비판한다(300-301, 309-310쪽).

그런데 2017년부터 집단유전학에서 상정하는 조상 집단의 개체군 규모가 추론상의 허점 및 오류를 포함하고 있음이 밝혀져, 더 이상 유전학적 근거를 빌미로 아담과 하와의 인류 조상설을 배제할 수 없게 되었다. 이로써 RTB의 창조 모델은 더욱 힘을 얻게 되었다. 사실 바이오로고스의 입장을 대변하는 데니스 베너마(Dennis Venema) 같은 생물학자는 집단유전학의 증거에 기반하여 최초의 부부가 인류의 조상일 수 없음은 태양이 우리 행성계의 중심인 것처럼 확고한 사실이라고 공언해 왔다[William

Lane Craig, "What Became of the Genetic Challenge to Adam and Eve", *Peaceful Science* (May 12, 2020)]. 이러한 견해의 문제점은 컴퓨터생물학자인 조수아 스와미다스의 집요한 도전[*The Genealogical Adam and Eve* (IVP Academic, 2019) 및 "A U-Turn on Adam and Eve", *Peaceful Science* (August 30, 2021)]과 신학자이자 변증가인 윌리엄 크레이그(William Lane Craig)의 비판[*In Quest of the Historical Adam* (Eerdmans, 2021), pp. 339-355]에 의해 밝히 드러난 바와 같다. 사실 이 책 10장 내용의 작성자인 데럴 포크는 2019년에 스와미다스의 책에 대한 추천사를 쓰면서 자신의 실책을 공개적으로 인정했고, 바이오로고스는 2020년 초에 베너마의 글 가운데 상당수를 삭제했다. (그 가운데에는 이 책의 292쪽 각주10에 소개된 블로그 시리즈가 포함된다.) 만약 『창조론 대화가 필요해』가 2021년에 출간되었다면, 10장 (및 3장)의 내용은 상당히 달라졌을 것이다.

11장 인류학적 증거에서 바이오로고스와 RTB 두 단체 모두 유독 인간만이 하나님의 형상을 반영한다는 것과 인간에게서만 도덕성·사랑·상징적 사고의 능력 같은 특성들이 발견된다는 것을 인정한다. 그러나 인간의 수행 능력과 비인간 동물들 및 비인간 호미닌들의 수행 능력을 묘사하는 데 있어서는, 각 단체가 행보를 달리한다. RTB는 모든 동물 및 호미닌들과 인간 사이에는 보다 분명한 차이가 있다고 못 박는 데 비해, 바이오로고스는 인류 발달에 대한 진화론적 사고 때문에 상급 영장류와 네안데르탈인을 동물과 인간의 중간체로 보는 경향이 있다(334쪽).

이 책은 1, 2장을 제외하고는 각 장의 내용을 순서대로 읽을 필요가 없다. 어떤 장이 흥미를 유발한다 싶으면, 그 장부터 읽으면 된다. 순서를 어떻게 정하든 이 책의 내용은 연관 주제/이슈와 관련하여 우리에게 깨달음과 통찰력을 선사할 것이다. 물론 이 책의 유익은 거기에만 국한되지 않는다. 생각과 견해가 서로 다른 그리스도인들끼리 어떻게 건설적으로 교류할지—진술은 명확하고 날카롭게 그러나 태도는 겸허하고 평화롭게—도 능란히 가르쳐 줄 것이다.

참고 도서

Alexander, Denis. *Creation or Evolution: Do We Have to Choose?* Oxford: Monarch Books, 2014.

Barber, Elizabeth. "Genetic Adam and Eve Could Have Been Contemporaries, Scientists Say", *Christian Science Monitor*, August 2, 2013.

Begun, David R. *The Real Planet of the Apes: A New Story of Human Origins*. Princeton, NJ: Princeton University Press, 2016.

Belgic Confession, The. In *Ecumenical Creeds and Reformed Confessions*. Grand Rapids: CRC Publications, 1988.

Bishop, Robert. "God and Methodological Naturalism in the Scientific Revolution and Beyond", *Perspectives on Science and Christian Faith* 65 (2013): pp. 10-23.

Cann, Rebecca L., Mark Stoneking, and Allen C. Wilson. "Mitochondrial DNA and Human Evolution", *Nature* 325 (1987): pp. 31-36.

Chicago Statement on Biblical Hermeneutics. International Council on Biblical Inerrancy, 1982. Available at the Dallas Theological Seminary Archives, http://library.dts.edu/Pages/TL/Special/ICBI_2.pdf.

Chicago Statement on Biblical Inerrancy. International Council on Biblical Inerrancy, 1978. Available at Alliance of Confessing Evangelicals, www.alliancenet.org/the-chicago-statement-on-biblical-inerrancy.

Coakley, Sarah. *Sacrifice Regained: Evolution, Cooperation and God*. Oxford: Oxford University Press, 2016.

Collard, Mark, and Bernard Wood. "How Reliable Are Human Phylogenetic Hypotheses?" *Proceedings of the National Academy of Sciences USA* 97 (April 2000): 5003-6; doi:10.1073/pnas.97.9.5003.

Collins, C. John. "The Case for Adam and Eve: Our Conversation with C. John Collins", *In the Church* (blog), *byFaith*. April 24, 2012. http://byfaithonline.com/the-case-for-adam-and-eve-our-conversation-with-c-john-collins.

_____. *Did Adam and Eve Really Exist? Who They Were and Why You Should Care*. Wheaton, IL: Crossway, 2011. 『아담과 하와는 실제로 존재했는가』(새물결플러스).

_____. *Science and Faith: Friends or Foes?* Wheaton, IL: Crossway, 2003.

Collins, Francis. *The Language of God: A Scientist Presents Evidence for Belief*. New York: Free Press, 2006. 『신의 언어』(김영사).

Conway Morris, Simon. *Life's Solution: Inevitable Humans in a Lonely Universe*. New York: Cambridge University Press, 2004.

Darwin, Charles. *The Origin of Species*. New York: P. F. Collier & Son, 1909. 『종의 기원』(동서문화사).

Dawkins, Richard. *The Blind Watchmaker: Why the Evidence of Evolution Reveals a Universe Without Design*. New York: W. W. Norton, 1996. 『눈먼 시계공』(사이언스북스).

_____. *River Out of Eden*. New York: Basic Books, 1995. 『에덴의 강』(사이언스북스).

_____. *The Selfish Gene*. Oxford: Oxford University Press, 1976. 『이기적 유전자』(을유문화사).

de Vries, Paul. "Naturalism in the Natural Sciences", *Christian Scholar's Review* 15 (1986): pp. 388-396.

Dean-Drummond, Celia. *The Wisdom of the Liminal: Evolution and Other Animals in Human Becoming*. Grand Rapids: Eerdmans, 2014.

Dembski, William. *The End of Christianity: Finding a Good God in an Evil World*. Nashville: B&H, 2009.

Dennett, Daniel. *Darwin's Dangerous Idea: Evolution and the Meanings of Life*. New York: Simon & Schuster, 1995.

Draper, Paul. "God, Science, and Naturalism", In *The Oxford Handbook of Philosophy of Religion*, edited by William J. Wainwright. Oxford: Oxford University Press, 2005.

Ebersberger, Ingo, Dirk Metzler, Carsten Schwarz, and Svante Paabo. "Genomewide Comparison of DNA Sequences Between Humans and Chimpanzees," *American Journal of Human Genetics* 70, no. 6 (June 2002): pp. 1490-1497.

Ellegren, Hans. "Is Genetic Diversity Really Higher in Large Populations?" *Journal of Biology* 8 (April 21, 2009): 41; doi:10.1186/jbiol135.

Elwell, Walter A., ed. *Evangelical Dictionary of Biblical Theology*. Grand Rapids: Baker, 1996.

Erickson, Millard. *Christian Theology*. Grand Rapids: Baker, 1998. 『복음주의 조직신학』(CH북스).

Erwin, Douglas H., and James W. Valentine. *The Cambrian Explosion: The Construction of Animal Biodiversity*. Greenwood Village, CO: Roberts and Company, 2013.

Falk, Darrel R. *Coming to Peace with Science*. Downers Grove, IL: InterVarsity Press, 2004.

Gaffin, R. B., Jr. "Adam", In *New Dictionary of Theology*, edited by Sinclair B. Ferguson, David F. Wright, and J. I. Packer. Downers Grove, IL: Inter-Varsity Press, 1988. 『(아가페)신학 사전』(아가페출판사).

Gee, Henry. *The Accidental Species: Misunderstandings of Human Evolution.* Chicago: University of Chicago Press, 2013.

Geisler, Norman L. *Baker Encyclopedia of Christian Apologetics.* Grand Rapids: Baker, 1999.

Goodman, Morris. "Reconstructing Human Evolution from Proteins", In *The Cambridge Encyclopedia of Human Evolution*, edited by Steve Jones, Robert Martin, and David Pilbeam. New York: Cambridge University Press, 1992.

Gould, Stephen Jay. *The Panda's Thumb: More Reflections in Natural History.* New York: W. W. Norton, 1992. 『판다의 엄지』(사이언스북스).

_____. *Wonderful Life: The Burgess Shale and the Nature of History.* New York: W. W. Norton, 1989. 『생명, 그 경이로움에 대하여』(경문사).

Grabowski, Mark, Kjetil L. Voje, and Thomas F. Hansen. "Evolutionary Modeling and Correcting for Observation Error Support a 3/5 Brain-Body Allometry for Primates", *Journal of Human Evolution* 94 (2016): pp. 106-116.

Green, William Henry. "Primeval Chronology", Appendix 2 in *Genesis One and the Origin of the Earth*, by Robert Newman and Herman Eckelmann Jr. Hatfield, PA: Interdisciplinary Biblical Research Institute, 1977.

Grudem, Wayne. *Systematic Theology.* Leicester, UK: Inter-Varsity Press, 1994. 『(웨인 그루뎀의) 조직신학』(은성출판사).

Ham, Ken. "Richard Dawkins and Mr. Deity." Ken Ham's blog. Answers in Genesis. February 16, 2015. http://blogs.answersingenesis.org/blogs/ken-ham/2015/02/16/richard-dawkins-and-mr-deity.

Harbin, Michael A. "Theistic Evolution: Deism Revisited?" *Journal of the Evangelical Theological Society* 40, no. 4 (1997): pp. 639-651.

Harris, Eugene E. *Ancestors in Our Genome: The New Science of Human Evolution.* New York: Oxford University Press, 2015. 『유인원과 유전체 정보』(범문에듀케이션).

Harris, R. Laird, Gleason Archer Jr., and Bruce Waltke, eds. *Theological Wordbook of the Old Testament.* Chicago: Moody Press, 1980. 『구약원어신학사전』(요단출판사).

Harris, Sam. "Everything and Nothing: An Interview with Laurence M. Krauss." Sam Harris's blog. January 3, 2012. www.samharris.org/blog/item/everything-and-nothing.

Hawking, Stephen, and Leonard Mlodinow. *The Grand Design.* New York: Bantam, 2010. 『위대한 설계』(까치).

Hume, David. *An Enquiry Concerning Human Understanding.* Edited by Eric Steinberg. 2nd ed. Indianapolis: Hackett, 1993. 『인간의 이해력에 관한 탐구』(지식을만

드는지식).

Jeeves, Malcolm, ed. *Rethinking Human Nature: A Multidisciplinary Approach*. Grand Rapids: Eerdmans, 2011.

Jones, John E., III. "Kitzmiller v. Dover, Memorandum Opinion." Middle District of Pennsylvania case no. 04cv2688. December 20, 2005. http://web.archive.org/web/20051221144316/http://www.pamd.uscourts.gov/kitzmiller/kitzmiller_342.pdf.

Kaeuffer, Renaud, et al. "Unexpected Heterozygosity in an Island Mouflon Population Founded by a Single Pair of Individuals." *Proceedings of the Royal Society B* 274 (February 2007): pp. 527-533.

Kagan, Jerome. *Three Seductive Ideas*. Cambridge, MA: Harvard University Press, 1998.

Kitchen, Kenneth. *On the Reliability of the Old Testament*. Grand Rapids: Eerdmans, 2003.

Klein, Richard G. *The Human Career*. 2nd ed. Chicago: University of Chicago Press, 1999.

Klein, Richard G., with Blake Edgar. *The Dawn of Human Culture: A Bold New Theory on What Sparked the "Big Bang" of Human Consciousness*. New York: Wiley & Sons, 2002.

Lane, Nick. *The Vital Question: Energy, Evolution, and the Origins of Complex Life*. New York: W. W. Norton, 2015. 『바이털 퀘스천』(까치).

Lavery, Trish, et al. "Iron Defecation by Sperm Whales Stimulates Carbon Export in the Southern Ocean." *Proceedings of the Royal Society B* 277 (June 2010): pp. 3527-3531; doi:10.1098/rspb.2010.0863.

Lewis, C. S. "The Seeing Eye." *In Christian Reflections*, ed. Walter Hooper. Grand Rapids: Eerdmans, 1982. 『기독교적 숙고』(홍성사).

Louis, Ard. "A Response to James Dew, Part 2." BioLogos. May 30, 2012. http://biologos.org/blog/southern-baptist-voices-a-biologos-response-to-james-dew-part-2.

MacArthur, John. "Is Evolution Compatible with Christianity?" Grace to You. August 28, 2009. www.gty.org/resources/articles/A188/is-evolution-compatible-with-christianity.

Marcum, James A. "Human Origins and Human Nature: Mitochondrial Eve and Y-Chromosomal Adam." *Faith & Philosophy* 26, no. 5 (2009): pp. 566-570.

_____. "Metaphysical Foundations and the Complementation of Science and Theology." *Journal of Interdisciplinary Studies* 17 (2005): pp. 45-64.

Mills, Gordon C. "Theistic Evolution: A Design Theory at the Level of Genetic

Information." *Christian Scholar's Review* 24, no. 4 (1995): pp. 444-458.

_____. "A Theory of Theistic Evolution as an Alternative to the Naturalistic Theory." *Perspectives on Science and the Christian Faith* 47, no. 2 (June 1995): pp. 112-122.

Moore, Aubrey. *Science and the Faith: Essays on Apologetic Subjects*. 6th ed. London: Kegan Paul, Trench, Trubner & Co., 1905.

Moritz, J. M. "Evolution, the End of Human Uniqueness, and the Election of the Imago Dei." *Theology and Science* 9, no. 3 (2011): pp. 307-339.

Morris, Henry M. *The Long War Against God: The History and Impact of the Creation/Evolution Conflict*. Grand Rapids: Baker, 1989.

NIH/National Human Genome Research Institute. "First Holistic View of How Human Genome Actually Works: ENCODE Study Produces Massive Data Set." *ScienceDaily*, September 5, 2012, www.sciencedaily.com/releases/2012/09/120905140913.htm.

Padgett, Alan G. "God and Miracle in an Age of Science." In *The Blackwell Companion to Science and Christianity*, edited by J. B. Stump and Alan Padgett. Malden, MA: Wiley-Blackwell, 2012.

Pascal, Blaise. *Pensées*. Translated by A. J. Krailsheimer. Rev. ed. New York: Penguin, 1995. 『팡세』(민음사).

Plantinga, Alvin. "Science: Augustinian or Duhemian?" *Faith and Philosophy* 13 (1996): pp. 368-394.

Poythress, Vern. "Adam Versus Claims from Genetics." *Westminster Theological Journal* 75 (2013): pp. 65-82.

Quine, W. V. O. "Naturalism; Or, Living Within One's Means." *Dialectica* 49 (1995): pp. 251-261.

Rachels, James. *Created from Animals: The Moral Implications of Darwinism*. Oxford: Oxford University Press, 1990. 『동물에서 유래된 인간』(나남).

Rana, Fazale. *The Cell's Design: How Chemistry Reveals the Creator's Artistry*. Grand Rapids: Baker Books, 2008.

_____. *Creating Life in the Lab: How New Discoveries in Synthetic Biology Make a Case for the Creator*. Grand Rapids: Baker Books, 2011.

Rana, Fazale, and Hugh Ross. *Origins of Life: Biblical and Evolutionary Models Face Off*. Colorado Springs, CO: NavPress, 2004.

_____. *Who Was Adam? A Creation Model Approach to the Origin of Humanity*. 2nd ed. Covina, CA: RTB Press, 2015.

Reeves, Mike. "Adam and Eve." In *Should Christians Embrace Evolution? Biblical and Scientific Responses*, edited by Norman C. Nevin. Phillipsburg, NJ: P&R, 2011.

Robinson, Marilynne. *The Death of Adam: Essays on Modern Thought*. New York: Picador, 2005.

Rolston, Holmes, III. *Science and Religion: A Critical Survey*. Philadelphia: Templeton Foundation Press, 2011.

Ross, Hugh. *Improbable Planet: How Earth Became Humanity's Home*. Grand Rapids: Baker Books, 2016.

_____. *A Matter of Days*. 2nd ed. Covina, CA: RTB Press, 2015.

_____. *More Than a Theory*. Grand Rapids: Baker, 2009.

_____. *Navigating Genesis*. Covina, CA: RTB Press, 2014.

_____. *Why the Universe Is the Way It Is*. Grand Rapids: Baker, 2008.

Ross, Hugh, and Tim Callahan. *Does the Bible Have Predictive Powers?* Reasons to Believe. MP3 audio. http://shop.reasons.org/Does-the-Bible-Have-Predictive-Powers-p/y10m01.htm.

Rupke, Nicolaas A. *Richard Owen: Biology Without Darwin*. Rev. ed. Chicago: University of Chicago Press, 2009.

Samples, Kenneth Richard. *A World of Difference: Putting Christian Truth-Claims to the Worldview Test*. Grand Rapids: Baker, 2007.

Scruton, Roger. *The Soul of the World*. Princeton, NJ: Princeton University Press, 2014.

Shea, John J. "*Homo sapiens* Is as *Homo sapiens* Was." *Current Anthropology* 52(2011): pp. 1-35.

Singer, Peter, and Paolo Cavalieri, eds. *The Great Ape Project: Equality Beyond Humanity*. New York: St. Martin's, 1993.

Sterelny, K. *The Evolved Apprentice: How Evolution Made Humans Unique*. Cambridge, MA: MIT Press, 2012.

Tattersall, Ian. *The Fossil Trail: How We Know What We Think We Know About Human Evolution*. 2nd ed. Oxford: Oxford University Press, 2009.

Tattersall, Ian, and Jeffrey Schwartz. "Evolution of the Genus Homo." *Annual Review of Earth and Planetary Sciences* 37 (May 2009): p. 81.

Taylor, Jeremy. *Not a Chimp: The Hunt to Find the Genes That Make Us Human*. Oxford: Oxford University Press, 2010.

Trigg, Roger. *Beyond Matter: Why Science Needs Metaphysics*. West Conshohocken, PA: Templeton, 2015.

Ulick, Josh. "The Path Back to 'Adam' and 'Eve.'" *Newsweek* 147, no. 6 (February 6, 2006): p. 49.

Underhill, Peter A., et al. "Y Chromosome Sequence Variation and the History of

Human Populations." *Nature Genetics* 26 (2000): pp. 358-361.

University of California Museum of Paleontology and National Center for Science Education. "An Introduction to Evolution." Understanding Evolution. Accessed March 24, 2016. http://evolution.berkeley.edu/evolibrary/article/evo_02.

Venema, Dennis. "Mitochondrial Eve, Y-Chromosome Adam, and Reasons to Believe." BioLogos blog. October 28, 2011. http://biologos.org/blogs/dennis-venema-letters-to-the-duchess/mitochondrial-eve-y-chromosome-adam-and-reasons-to-believe.

_____. "William Lane Craig, The Historical Adam, and the Kerguelen Sheep." *Letters to the Duchess* (blog). BioLogos. August 20, 2015. http://biologos.org/blogs/dennis-venema-letters-to-the-duchess/william-lane-craig-the-historical-adam-and-the-kerguelen-sheep.

Wagner, Andreas. *Arrival of the Fittest: Solving Evolution's Greatest Puzzle*. NewYork: Current, 2014.

Walton, John. "A Historical Adam: Archetypal Creation View." In *Four Views on the Historical Adam*, edited by Matthew Barrett and Ardel B. Caneday (GrandRapids: Zondervan, 2014). 『아담의 역사성 논쟁』(새물결플러스).

_____. *The Lost World of Adam and Eve*. Downers Grove, IL: InterVarsity Press, 2015. 『아담과 하와의 잃어버린 세계』(새물결플러스).

_____. *The Lost World of Genesis One*. Downers Grove, IL: InterVarsity Press, 2009. 『창세기 1장의 잃어버린 세계』(그리심).

Walton, John, and D. Brent Sandy. *The Lost World of Scripture*. Downers Grove, IL: InterVarsity Press, 2013. 『고대 근동 문화와 성경의 권위 : 성경의 잃어버린 세계』(CLC).

Ward, Keith. *Rational Theology and the Creativity of God*. New York: Pilgrim, 1982.

Wesley, John. "The General Deliverance." In *The Works of John Wesley*. Vol. 6. 3rd ed. Grand Rapids: Baker Books, 1998.

Wilson, E. O. *On Human Nature*. Cambridge, MA: Harvard University Press, 1978. 『인간 본성에 대하여』(사이언스북스).

_____. *Sociobiology*. Cambridge, MA: Harvard University Press, 1980. 『사회생물학』(민음사).

Wise, Kurt. *Faith, Form, and Time: What the Bible Teaches and Science Confirms About Creation and the Age of the Universe*. Nashville, TN: B&H, 2002.

Zweerink, Jeff. "Maybe the Bible Was Right About the Exodus." Reasons to Believe. September 29, 2010. www.reasons.org/articles/maybe-the-bible-was-right-about-the-exodus.

기고자들

기고 및 엮은이들

케네스 키슬리(Kenneth Keathley) 사우스이스턴 침례신학교 신학 수석교수로, 같은 대학에서 제시 헨들리 신학 의장과 러스 부시 신앙과문화센터 소장을 맡고 있다. 저서로는 Mark Rooker와 공저한 *40 Questions About Creation and Evolution*과 *Salvation and Sovereignty: A Molinist Approach* 등이 있다.

짐 스텀프(J. B. Stump) 바이오로고스 선임 편집자다. 보스턴 대학교에서 철학으로 박사 학위를 받았고, 철학 교수와 행정관을 역임했다. 저서로는 『진화는 어떻게 내 생각을 바꾸었나?』(Kathryn Applegate와 공동 편집, IVP), *Science and Religion: An Introduction to the Issues* 등이 있다.

조 아귀에(Joe Aguirre) RTB 편집장이다. 그의 최근 저서들 중에는 *The (Creation) Show Must Go On*과 *Here's a Switch: 80 Percent of Junk DNA Has Function*이 있다.

기고자들

테드 카발(Ted Cabal) 남침례신학교의 기독교 철학 및 응용 변증학 교수다. 저서로는 Peter Rasor와 공저한 *Controversy of the Ages: Why Christians Should Not Divide Over the Age of the Earth*가 있다.

제임스 듀(James Dew) 사우스이스턴 대학의 학장이자 사우스이스턴 침례신학교의 사상 및 철학사 부교수다. 저서로는 *Science and Theology, How Do We Know? An Introduction to Epistemology*(Mark Foreman과 공저), *God and Evil*(Chad Meister와 공저) 등이 있다.

데럴 포크(Darrel Falk) 바이오로고스 재단에서 대화를 위한 수석고문을 맡고 있다. 또 포인트 로마 나사렛 대학교 생물학과의 명예교수이자 콜로시안 포럼의 시니어 펠로우다. 저서로는 *Coming to Peace with Science: Bridging the Worlds Between Faith and Biology*가 있다.

데보라 하스마(Deborah Haarsma) 바이오로고스 재단 회장이다. 저서로는 남편 Loren Haarsma와 공저한 『오리진』(IVP) 등이 있다. 편저로는 *Delight in Creation: Scientists Share Their Work with the Church*(Scott Hoezee와 공동 편집)가 있다.

로렌 하스마(Loren Haarsma) 칼빈 대학교 물리학과 부교수다. 저서로는 아내 Deborah Haarsma와 공저한 『오리진』(IVP) 외에 *Why Believe in a Creator?* 등이 있다.

존 랭(John Laing) 사우스웨스턴 침례신학교 조직신학 부교수다. 그가 쓴 최근의 논문들 중에는 "Introduction to the New Athesism: Apologetics and the Legacy of Alvin Plantinga"와 "The New Atheists: Lessons for Evangelicals"가 있다.

스티브 렘케(Steve Lemke) 뉴올리언즈 침례신학교 교무처장 겸 철학 및 윤리학 교수다. 최근 저서들로는 *Whosoever Will: A Biblical Theolo-gical Critique of Five Point Calvinism*(David Allen과 공동 편집)과 *Biblical Hermeneutics: A Comprehensive Introduction to Interpreting Scripture*(Bruce Corley 및 Grant Lovejoy와 편집)가 있다.

파제일 라나(Fazale Rana) 생화학자이자 RTB의 연구 및 변증 담당 부회장이다. 저서로는 *Creating Life in the Lab, The Cell's Design, Who Was Adam?, Origins of Life*(뒤의 두 권은 Hugh Ross와 공저) 등이 있다.

휴 로스(Hugh Ross) 천문학자, 목회자, RTB의 설립자 겸 회장이다. 저서로는 *The Fingerprint of God, A Matter of Days, The Creator and the Cosmos, Navigating Genesis, Improbable Planet, Why the Universe Is the Way It Is* 등이 있다.

케네스 샘플즈(Kenneth Samples) RTB에서 선임 연구학자로 활동하는 철학자 겸 신학자다. 저서로는 *7 Truths That Changed the World, Christian Endgame, A World of Difference, Without a Doubt, God Among the Sages: Why Jesus Is Not Just Another Religious Leader* 등이 있다.

제프 슐로스(Jeff Schloss) 바이오로고스 재단 선임 학자이자 웨스트몬트 대학 생물학 교수이며 T. B. 워커 자연과 행동과학 의장을 맡고 있다. 또한 같은 대학에서 신앙과 윤리 및 생명과학 센터 소장으로 일하고 있다. *Biological Science, Biblical Faith, and an Evolving Creation, Altruism and Altruistic Love: Science, Philosophy, and Religion in Dialogue* 등에 글을 기고했다.

랠프 스티얼리(Ralph Stearley) 칼빈 대학교 지질학 교수다. 기후 변화와 생물권은 물론이고 해양학, 고생물학, 침전, 층서학 등도 가르치고 있다. 저서로는 Davis A. Young과 공저한 『성경, 바위, 시간』(IVP)이 있다.

로버트 스튜어트(Robert Stewart) 뉴올리언즈 침례신학교 철학 및 신학 교수이자 신앙과 문화의 그리어-허드 의장을 맡고 있다. 저서로는 *God and Cosmology: William Lane Craig and Sean Carroll in Dialogue, Can We Trust the Bible Concerning the Historical Jesus?* 등이 있다.

존 월튼(John Walton) 휘튼 칼리지의 구약학 교수다. 저서로는 『아담과 하와의 잃어버린 세계』, 『창세기 1장과 고대 근동 우주론』(이상 새물결플러스), 『창세기 1장의 잃어버린 세계』(그리심)가 있다.

제프 즈위링크(Jeff Zweerink) RTB 온라인 학습 책임자이자 연구학자이며 UCLA에서 보조 연구 물리학자로 일하고 있다. *Who's Afraid of the Multiverse?*를 포함해 여러 권의 책을 썼다.

옮긴이 김광남은 숭실대에서 영문학을, 동대학 기독교학대학원에서 성서학을 공부했다. 여러 해 동안 기독교 언론과 출판 분야에서 일했다. 역서로『초기 교회와 인내의 발효』(IVP),『아담의 역사성 논쟁』『예수의 부활』(이상 새물결플러스),『예언자들의 메시지』『칼빈의 십계명 강해』(이상 비전북) 등 다수가 있다.

창조론 대화가 필요해

초판 발행_ 2021년 12월 7일

지은이_ 휴 로스·데보라 하스마 외
엮은이_ 케네스 키슬리·짐 스텀프·조 아귀에
옮긴이_ 김광남
펴낸이_ 정모세

펴낸곳_ 한국기독학생회출판부
등록번호_ 제313-2001-198호(1978.6.1)
주소_ 04031 서울시 마포구 동교로 156-10
대표 전화_ (02)337-2257 팩스_ (02)337-2258
영업 전화_ (02)338-2282 팩스_ 080-915-1515
홈페이지_ http://www.ivp.co.kr 이메일_ ivp@ivp.co.kr
ISBN 978-89-328-1885-6

ⓒ 한국기독학생회출판부 2021

책값은 뒤표지에 있습니다.
무단 전재와 복제를 금합니다.